KB178751

남북한
문화통합과
교육환경

북한의 교육환경이
남북한 문화통합에 미치는 영향에 관한 연구

남북한
문화통합과
교육환경

이용을 지음

좋은땅

이 책은 남북통일의 시대를 준비하면서 남북한의 교육환경, 그리고 문화의 이질성과 동질성을 인식하되, 남북 각 체제가 만들어 내는 문화를 비판적으로 통합하여 통일성취의 외향적 측면보다는 그것의 실질적 기반이 되는 내면적 측면에 주목하면서 문화통합의 차원에서 접근해 보았다. 이 책의 중심적인 통일접근 시각은 영토적 통합이나 국가기구의 통합과 같은 통일의 외형보다는 그것을 뒷받침하고 나아가 실질적인 민족통합을 가능하게 하는 사회문화적 통합을 형성·심화시키기 위한 근원적 방안을 모색하는 것이 목적이다.

이 책의 주제어인 교육환경은 인간의 삶에 지대한 영향을 준다. 일반적으로 교육환경이 인간에게 미치는 영향은 단순히 교육적 기능을 넘어 향후 인간의 성장과정에서 인간 본연의 가치를 발견하고 유지하는 데 중요한 역할을 하게 된다. 교육환경은 '개인을 둘러싼 물리적 환경과 심리적 환경을 포함한 개인 자신이 가진 내재적 특성과 인식 등 교육적 영향을 미치는 내·외적 자극의 상호작용의 총합'이라 정의할 수 있는데, 교육환경에는 가정환경, 학교환경, 사회환경으로 구분할 수 있다.

일반적으로 문화를 가진 인간만이 그 문화의 창조적 계승을 위해 교육을 필요로 한다. 그런데 교육이 문화에 미치는 영향과 문화가 교육에 미치는 영향은 매우 광범위하고 보편적일 뿐만 아니라 미묘한 부분까지 포함되기도 한다. 일반적으로 교육과 문화에 대한 접근방식은 크게 세 가지 유형으로 구분된다. 첫째는 '민족문화적 접근'이고, 둘째는 '이질문화통합적 접근'이며, 셋째는 '문화갈등적 접근'이다. 이 책에서는 두 번째인 이질문화통합적 접근과 첫 번째인 민족문화적 접근을 병행하고자 한다.

다음으로 교육환경의 요인 중 교육이념과 목적, 교육제도가 학교 교육에 미치는 영향이 지대하다. 그러나 남북한의 교육이념과 목적, 교육제도를 비교해 보면, 상호유사성보다는 상이성이 많은 것도 사실이다. 하지만 상이점에 대한 확인도 중요하지만 남북한 교육이 지향하고 있는 공통적인 특성을 발견하여, 교육 동질성 회복의 단초로 삼아야 한다는 전제 하에 논의를 전개하고자 한다.

북한의 문화정책을 체제 구축기, 체제 확립기, 김정일체제 수립기의 세 단계로 구분하고, 이를 기초로 문화정책을 살펴본 다음, 남북한 문화의 이질성과 동질성을 살펴본다. 남북한 문화의 이질성은 체제의 상이성에서 비롯된 문화적 차이, 그리고 근대화로 인한 문화변동 방향의 차이, 남북분단 이후 전통문화에 부여하는 가치의 차이, 분단으로 인한 문화적 왜곡 현상의 결과라 할 수 있다. 문화적 동질성으로는 민족의식을 들 수 있다. 민족의식이란, 동일한 조상에서 유래된 혈연집단이 동일한 문화유산을 가졌으며, 동일한 삶의 터전을 갖고 동일한 운명공동체를 이루고 있다는 의식을 말한다.

남북한의 문화통합은 양극화된 문화적 이질성을 동질화하는데 기여하는 방향으로 추진되어야 한다. 남북한 문화통합을 설명하는 분석 틀에는 두 가지가 있을 수 있다. 일방의 흡수를 전제로 할 것인가, 점진적 문화통합을 전제로 할 것인가의 문제이다. 이 책에서는 후자를 전제로 하여 문화통합의 단계를 교류 모색단계, 교류 활성화 단계, 문화통합의 단계로 전개하였다.

마지막으로, 이 책에서는 문화통합을 위한 과정 모델로 기능주의와 신기능주의 그리고 문화변동모델, 흡수통합모델, 수렴 통합적 모델, 계기적 통합모델을 제시한 다음 이 중에서 '계기적 통합모델'에 초점을 맞추었다. 왜냐하면, 계기적 통합모델은 남과 북으로 분단된 민족공동체가 이질화를 방지하고 나아가 동질성을 점차적으로 회복하기 위해서는 민족공동체의 구조적 및 기능적 하위단위들의 계기적 통합과정을 진전시켜야 한다고 보았기 때문이다. 그리고 기존의 남북한 통합이론이 초점을 두어 온 '정치적 영역'보다는 남북한 상호호혜성이 높은 문화, 경제, 사회 등 비정치 영역의 복합적인 계기적 통합에 중점을 두기 때문이다.

북한 교육과 문화의 이론적 배경이 되는 주체사상을 '이론적 측면'에서 분류해 보면, 좁은 의미로서의 주체사상과 김일성주의를 일컫는 넓은 의미의 주체사상으로 나눌 수 있다. 좁은 의미의 주체사상이란, '철학적 원리', '사회 역사 원리', '지도적 원칙'으로 구성된 본래 의미의 주체사상을 의미한다. 넓은 의미의 주체사상은 '김일성 동지의 혁명사상'으로 불리는 '김일성 주의'를 지칭한다. 넓은 의미가 일반적으로 주체사상으로 받아들여지고 있다. 이는 좁은 의미의 주체사상의 원리 즉 철학적 원리, 사회 역사원리, 지도적 원칙을 정수로 삼아 사상, 이론, 방법들이 더해진 것으로 주체사상, 혁명이론, 영도방법으로 구성된 전일적 체계로 설명되고 있다. 이러한 주체사상은 수령유일체제를 정당화하는 기능으로 작용했다.

하지만 북한은 1990년대 국가의 총체적 위기 상황에 직면하면서 주체사상도 위기에 직면했다. 주체사상은 수령유일체제를 정당화하는 이데올로기였기 때문에 경제위기를 극복할 수 있는 이데올로기의 기능을 수행할 수 없었다. 이러한 상황에서 김정일은 1990년 '우리식 사회주의'와 '조선민족제일주의'를 제시했다. 또한 김정일은 붉은기사상과 고난의 행군정신을 제시하면서 수령중심의 사회주의체제를 고수하기 위해 불굴의 혁명정신을 가져야 한다는 점을 강조했다. 그리고 북한은 2009년 헌법 개정을 통해 주체사상과 선군사상을 지도적 지침으로 삼는다고 규정했다. 결국 이러한 주체사상으로는 남북한 문화통합을 통한 통일국가의 궁극적 생존과 장기적 발전을 보장할 수 없다는 점은 명백하다.

북한은 2010년 4월 9일 개정된 헌법 서문 제43조에 "국가는 사회주의 교육학의 원리를 구현하여 후대들을 사회와 인민을 위하여 투쟁하는 견결한 혁명가로, 지덕체를 갖춘 주체형의 새 인간으로 키운다"로 명시하여, 교육이념이 공산주의적 새 인간으로의 육성임을 명확하게 밝히고 있다. 이의 구현을 위한 북한의 교육행정체계를 보면 당, 내각 그리고 학교 등으로 구성되는 3원 구조에 기초하고 있다. 여기서 당은 지시와 감독을 하고, 내각은 당에서 내려온 지침에 따라 구체적인 교육정책을 관장하며, 학교는 교육을 실시한다.

북한의 교육과정과 교육방법은 『사회주의 교육에 관한 테제』에 규정되어 있는데, '테제'에 의하면, 학교 교육에서 중요하게 다루어지는 내용은 정치사상교육, 과학기술교육, 체육교육으로 구분된다. 정치사상교육은 김일성·김정일의 혁명역사와 혁명활동을 가르치고, 과학기술교육은 일반과학과 전문기술을 가르치며, 체육교육은 노동과 국방에 필요한 체력 향상을 목적으로 하며, 교육방법은 다섯 가지의 사회주의 교육방법 즉 '이론교육과 실천교육, 교육과 생산노동의 결합', '조직생활과 사회교육의 결합, 학교 전 교육, 학교 교육, 성인교육의 병진'에 기초하고 있다.

본 책에서는 북한의 학제 분석이라는 특성을 고려하여 교육의 정치사상적 배경과 의무교육 변천에 따른 시기 구분을 고려하되, 교육에 대한 사회적 요구와 교육의 변화, 중요한 교육방침의 제시와 교육제도의 변화 그리고 시기별 교육 발전 추세를 고려하여 시기 구분을 하고, 각 시기별 학교 교육의 내용과 교육의 사회통합적 기능을 살펴보고자 한다. 하지만 교육제도와 문화통합과의 관계는 남북한이 정치적 통일을 이루었다는 전제하에 논의해야 한다. 왜냐하면 통일 사회는 보편성과 동시에 다양성을 추구하고, 동질성을 회복하면서 이질성을 인정하는 방향으로 나아가야 하며, 또한 보편적인 지식과 가치체계라고 하더라도 북한 사회와 주민들의 특수성을 고려하여 교육방안을 마련하는 것이 중요하기 때문이다.

북한 학생들의 학교생활을 보면, 반 편성과 수업 분위기는 상당히 경직적이고 이데올로기적이다. 그리고 특별활동은 크게 2가지로 분류해 볼 수 있다. 하나는 학교행사나 직업준비과정으로서 학생회, 음악반, 연극부, 운동부 등의 활동과 다른 하나는 공식적·비공식적으로 특별한 정치조직과 연결된 특별활동이 있다. 북한에서는 우리와 같은 과외는 실시되지 않지만, 남한의 학원(과외)과 비슷한 종류인 소년궁전이라는 곳이 있는데 주로 여기서 정규 수업이 끝난 이후 주로 소조(과외)활동이 이루어진다. 북한 청소년들은 조직 속에서만 심리적 안정감과 성취감을 느끼고, 조직에서 이탈하거나 혹은 조직구성원이 동조하지 않을 때에는 심리적 소외감과 박탈감을 맛보게 된다. 즉 조직을 통해서만 강한 귀속감을 느끼게 된다. 이처럼 집단생활에 의해 형성된 북한 청소년들의 인성은 일원론적 절대주의, 집단주의, 권위주의와 의존성, 배타주의, 가족적 온정주의, 수동성을 특징으로 한다.

이렇게 집단주의 가치관에 젖어있던 북한 청소년들의 가치관과 태도가 변화하게 된 첫 번째 계기가 1989년 평양에서 개최된 '제13차 세계청년학생축전'부터이다. 북한 청소년들에게 이 행사에 참가한 세계 각국 청년 학생들의 자유스런 몸짓과 복장은 하나의 충격이었으며, 자신들의 모습과 북한의 현실을 되돌아보게 하는 계기가 되었다. 두 번째는 1990년대 북한의 경제위기이다. 그 이후 북한 청소년들에게는 집단주의에 반하는 개인주의와 출세주의 그리고 물질주의, 배금주의 가치관이 확산되고 있다.

북한 청소년들의 가치관 변화는 규범약화를 수반하고, 1990년대 이후 계속되고 있는 경제난은 집단주의에 기초한 규범 즉 사회주의적 생활양식과 공중도덕의 해이를 가져왔다. 그 대표적 사례가 폭력적인 패거리 문화와 일탈행위의 증가이다. 북한에서 폭력조직이 많은 도시는 평양, 신의주, 함흥, 원산, 청진 등 대도시이며, 비교적 늦게 개발된 순천이나 개천 등지로 확산되고 있는 것으로 알려지고 있다. 북한 당국은 일탈행위를 '황색바람'과 대비시켜 비판한다. 다시 말하면 제국주의 황색바람의 침투로 인해 사회범죄나 일탈이 횡행하고 있다는 것이다.

다음으로 교육환경과 문화통합과의 관계를 살펴보면, 남북한의 학교 제도는 공통점보다 차이점이 더 많이 나타나고 있어 문화통합의 과정이 순탄하지 않을 것이다. 그리하여 주목하고자 하는 바가 청소년 문화와 전통문화이다. 청소년 문화와 관련지어 주목해야 할 부분이 1989년 평양 축전이다. 이때부터 북한 사회에 자유주의적 황색풍조가 확산되면서 자유로운 이성교제와 연애결혼에 대한 의식의 변화가 나타나고 있는데, 이는 가족이나 단체의 뜻보다는 개성과 취미가 중시된다는 것을 의미한다고도 볼 수 있다. 그리고 자유주의적 황색풍조의 확산은 북한 청소년들에게 있어서 자유주의적 문화생활의 확산으로 이어지고 있다. 대표적 사례들을 보면, 외식문화의 확산, 기호문화(술, 담배)의 확산, 체육 및 여가문화의 확산, 영화배우나 가수에 대한 열광적 환호 그리고 청소년들을 중심으로 팔찌나 반지 등 액세서리를 선호하는 경향이다.

문화통합을 위한 전통문화 요소 중에서 언어와 풍속은 가장 중요한 요소로 작용한다. 의식의 표현으로서의 예술, 가치의 정제된 표현으로서의 종교도 문화동질성을 감지하게 하는 주요 요소로 작용한다. 따라서 우리가 해야 할 가장 원초적인 작업은 전통문화의 확인, 승계, 발전, 보급의 과업이라 할 수 있다. 또한 남북한 주민을 의식 차원에서 묶어 주는 연대의식이 전통문화의 공유에서 비롯된다면 바로 그 연대를 강화하고 유지시켜야 할 것이다. 이는 지속적인 문화교류와 협력, 그리고 교육을 통해서 지속적으로 신장시켜야 할 과제들이다.

이 책의 핵심 주제는 교육환경과 문화통합이다. 교육환경은 '교육에 영향을 미치는 제반 환경'이다. 교육환경의 변인으로 가정환경, 학교환경, 사회환경, 교육제도, 교육내용, 교육과정, 교육행정 등이 문화 형성 및 문화통합에 미치는 긍정적 혹은 부정적 영향을 살펴볼 것이다. 그리고 문화통합의 중요한 동인으로 청소년 문화와 전통문화를 제시할 것이다.

문화통합을 위해서는 남북한 문화구조의 개선이 선행되어야 하지만, 본 책의 기저에는 북한보다는 남한이 먼저 능동적으로 앞장서야 한다는 남한 중심적 시각이 깔려 있음을 인정한다. 다시 말하면 남한이 먼저 문화구조 개선에 앞장서야 한다는 의미이다. 다음으로 남북한 문화통합을 위한 과제로 '남북한 문화구조의 개선', '전통문화를 통한 남북한 문화의 공유 확대', '통일 이후 문화갈등해소'로 제시하고, 마지막으로 남북한 문화통합을 위한 실천 정책으로는 '민주시민교육', '재사회화 정책', '문화교류의 확대', '통일문화운동 지원' 등이 다각적으로 전개될 필요가 있다는 점을 밝히고자 한다.

끝으로 특별히 고마운 몇 분들에게 감사의 말을 드리며 생각보다 길어진 이 서문을 마무리하고자 한다. 이 글을 끝까지 자세하게 읽어 보시고 자상한 조언을 해 주셨던 동국대학교 윤리문화학과 고 박종훈 명예교수님, 한국학 중앙연구원 이서행 명예교수님, 공주교육대학교 윤리교육과 박찬석 교수께도 감사를 드린다. 이 책의 출판을 맡아 준 좋은땅 출판사 편집진에게도 감사드리는 바이다.

이 책은 동국대학교 윤리문화학과 교직 필수과목인 '통일과 민족문화'라는 강좌의 교재로 사용했었다. 이번에 재출간하는 2판에서는 내용의 전면수정에 방점을 찍었으나, 오탈자 외 띄어쓰기를 수정하는 작업이 만만치 않았을 뿐만 아니라, 지면의 한계로 인해 본문 내용의 부분 수정과 보완에 그쳐 아쉬움이 크다. 이후 지속적인 개정작업을 통해 아쉬움을 달래 볼 작정이다. 10개월 여 동안 거의 날밤을 바꿔 생활하는 부족한 저자를 자상한 미소로 온화하게 감싸 준 평생의 동지인 아내, 두 아들과 딸, 며느리, 사위에게도 고마움을 표시하는 바이다. 원고작업을 하느라 손녀, 외손주와의 거리감을 느껴야만 했던 아쉬운 시간들이 주마등처럼 스쳐 지나간다.

보린재 연구실에서
2022년 11월 이용을

|목차|

제1장

—

서론

제1절
민족통합의 배경으로서 문화통합

2000년 6월 15일 남북정상의 역사적 만남을 보면서 '반갑다', '놀랍다'라는 탄성이 쏟아져 나왔지만, 일각에서는 '머리가 어지럽다', '현기증이 난다'라고 실토하기도 한다. 아무리 많은 사람이 '반갑다'라고 생각해도, 일부에서 '어지럽다'고 실토하는 대목이 중요하다.

남북 정상이 참으로 어렵사리 부둥켜안았는데 왜 머리가 어지러운 것일까? 아마도 이는 오랜 세월 습관적으로 길들여 온 분단고착적 교육의 산물일 뿐만 아니라 분단현실의 기득권을 포기할 수 없다는 몸부림이기도 하지 않을까? 그리고 강한 자기주장은 콤플렉스와 일관되게 만나게 된다. 남한은 레드 콤플렉스의 환상에서 벗어나지 못하고 있고, 특히 레드 콤플렉스를 이용하여 '밥벌이'를 해 오던 다수의 집단이 존재한다. 반대로 북한 역시 '미국 콤플렉스'에 젖어 있는 것이 분명하며, 남북 경제력 격차가 벌어지면서 '남한 콤플렉스'가 강화되어 자기방어적인 체제 옹호 논리가 더욱 짙어지는 지향성을 보여 주고 있다.

그러나 6·15공동선언은 해방 이후 갈등과 대립으로 이어지던 남북관계를 화해와 협력으로 발전시켰다는 점에서 역사적 사건으로 평가받을 수 있을 것이다. 이후 북한도 많은 변화에 직면하였는데, 특히 '7·1경제관리개선조치', 미사일 발사와 핵실험, 이명박 정부의 대북강경책으로 인해 남북관계는 다시금 긴장국면으로 회귀하였으며, 2010년 3월 26일 천안함 사태와 동년 11월 23일 연평도 포격사태는 남북관계를 극도로 악화시키고 말았다. 더군다나 연평도 포격으로 인해 우리 정부가 내놓은 '5·24조치'[1]에서도 제외되었던 개성공단이 잠정적 폐쇄상태에 이르렀다 그 후 2013년 8월 8·14합의로 재개되었다. 이러한 일련의 사태는 이명박 정부에서 시작된 남북 간 경색 분위기가 박근혜 정부에까지 이어지고 있는 상황이다.

이러한 상태에서 통일문제와 남북한 관계에 대한 접근은 먼저 '전부 아니면 전무'라는 사고와 '이기고 지는' 승부의 문제로 바라보는 사고로부터 벗어날 필요가 있다. 이는 먼저 상대방 체제에 대한 상호인정이 전제되어야 함을 뜻한다. 왜냐하면 통일은 해도 좋고 안 해도 좋은 선택사항이 아니라 한민족의 생존과 항구적인 평화, 그리고 번영과 행복을 위해서 필수불가결한 과업일 뿐만 아니라 동북아 지역의 안정과 세계평화에 기여하기 위한 시대적 과제이기 때문이다.

한반도 평화통일은 한민족 모두의 숙원이며 당위적인 절대 과제로서, 이를 위해서는 남북의 정치적 통합뿐만 아니라 한민족의 진정한 화합 즉 내면적 통일을 위해서는 사전 정지작업이 이루어져야 한다. 이러한 작업은 곧 통일의 과정에서뿐만 아니라 통일 이후의 내면적 통일을 위해서도

---

1) 2010년 5월 24일 정부는 북한의 도발행위에 대한 구체적인 후속조치를 외교통상부, 통일부, 국방부장관을 통해 발표하였다. 그 주요 내용은 개성공단을 제외한 모든 남북교역의 중단, 심리전 재개, 북한 선박의 우리 해역 운항 불허 등으로 요약된다. 이에 북한은 5월 20일 인민군 대변인 성명을 통해 천안함 사건을 '모략극'으로 주장하며, 제재에는 전면전쟁을 포함한 강경조치로 맞서겠다고 발표하였다. 또한 정부의 5·24조치와 관련해서는 심리전 전개 시 직접 조준사격, 남북협력사업 전면 철폐, 남북교류협력 관련 군사적 안전보장합의 전면철회 등의 조치를 취할 것임을 알려왔다. 또한 5월 26일에는 판문점 직통전화 폐쇄, 남북경제협력협의사무소 철폐 및 남측 관계자 추방, 남측 선박·항공기의 북측 영해·영공 통과 금지 등의 조치들을 구체화하였다. 김정수, "이명박 정부의 통일세 제안 배경과 향후 추진과제", 『통일정책연구』 제20권 제1호(서울 : 통일연구원, 2010), p. 7.

필수적이며, 남북한의 상호이질화 극복과 함께 동질성의 회복을 위한 연구의 필요성을 뜻하는 것이라 하겠다.

한편 최근에 들어와서는 북한연구의 문화적 접근이 보다 더 강조되고 있으며, 궁극적으로는 문화통합의 형성을 지향한 연구 활동을 나타내고 있다. 이 글에서는 언젠가 혹은 어느 날 갑자기 다가올 통일을 미리 준비하여 혼란과 후유증을 최대한 줄이는 것이 통일을 열어 가야 하는 우리의 시대적 사명이라는 인식하에 남북한 민족통합의 배경이 되는 문화통합의 방법을 모색해 보고자 한다.

민족통합은 제도적·영토적 통일과 함께 문화적 측면에서도 이루어져야 한다. 제도적 통일은 협상과 협의를 통해 이루어질 수 있지만, 민족통합의 배경이 되는 문화통합은 장기간 지속되는 과정이다. 더욱이 통일이나 통합은 제도적 측면에서뿐만 아니라 향후 전개될 민족공동체의 삶을 충분히 고려하여 진행되어야 할 것이다. 왜냐하면, 동서독 통일과정에서 보았던 것처럼 경제적 통합이나 정치적 통일이 이루어지더라도 오랜 세월 동안 서로 이질화된 이념, 정치문화, 경제의식, 생활의식 등을 조화시키는 일은 단시일 내에 이룰 수 없는 난해한 과제이다. 한반도의 경우도 제도적 차원에서의 분단극복 노력만으로는 한계를 지닐 수밖에 없다.

그 이유는 첫째, 아무리 세련된 제도가 마련된다고 해도 오래도록 상이한 체제하에서 개인 및 사회를 지배해 왔던 규범, 가치, 신념 등의 습성은 쉽게 극복될 수 없기 때문이다. 둘째, 사회적 분화가 가속화되는 현대사회에서 사회통합이나 갈등문제를 제도적으로 해결하는 데는 명백한 한계가 있기 때문이다. 이는 제도적 통일 이전에 문화적 교류 및 협력을 통한 상호문화적응이 매우 중요함을 입증하는 사례이다. 그동안 독일에 비해 문화적 교류가 거의 없다시피 한 우리들은 제도적 통일 이전에 다양하고 빈번한 문화교류와 경제협력을 통해 정신적, 내면적 안정과 이해, 그리고 극복이라는 측면의 문화통합(cultural integration)을 준비[2]해야만 한다.

남북한 문화통합은 정치·사회적 통합과 밀접한 관계가 있지만, 민족공동체 통일방안에 맞춰 남북한 문화통합의 방법도 함께 모색되어야 한다. 남북 문화의 통합을 이루기 위해서는 무엇보다도 먼저 문화의 내적 형성에 기여하는 요소들, 이를테면 언어, 관습, 민족성 등의 공통적 기반을 철저하게 연구하여 그 동질성을 확보[3]해야 한다. 그리고 문화의 사회화 과정에서 문제가 되는 사회경제적 제도와 정치적 이념의 요구 등에 따른 이질적인 요소가 명확하게 인식되어야 한다. 물론 남북한의 정치·사회·경제·군사적 통합이 이루어진다면 문화의 통합도 함께 이루어질 것으로 생각된다.

남북한 문화통합은 무엇보다도 먼저 한민족공동체 문화의 확립을 목표로 한다. 남북 문화의 동질기반을 바탕으로 문화공동체의 인식을 확대시킬 필요가 있다. 한민족의 문화적 전통과 역사적 조건을 통해 민족문화의 정통성을 바로잡는 일도 중요하지만, 정치체제와 이념의 요구에 의해 훼손된 문화적 공동체 의식을 새롭게 회복하기 위해서는 무엇보다도 먼저 북한의 개방과 개혁이 이루어져야 할 것이다. 북한체제의 개혁 없이는 어떠한 형태의 문화교류도 실질적 의미를 갖기는 어렵다.[4]

---

2) 오기성, 『남북한 문화통합론』(서울 : 교육과학사, 1999), pp. 14~15.
3) 권영민, "남북한 문화통합", (21세기논단, 6. 1992. 12) pp. 15~16.
4) 위의 논문, p. 16.

남북한 문화통합에 의해 이루어지는 민족공동체 문화는 우리 민족문화의 정신적 기반을 이루고 있는 인본주의적 사상을 현대적으로 구현하는 데 목표를 두어야 한다. 인본사상의 근원은 멀리 단군신화에서부터 비롯되는 것이지만, 한국 전통문화의 가장 본질적인 요소로 면면히 그 전통을 이어오고 있음을 알 수 있다.

이 책에서는 남북통일의 시대를 준비하며 남북한의 교육환경, 그리고 문화의 이질성과 동질성을 인식하되 남북 각 체제가 만들어 내는 문화를 비판적으로 통합하여 통일성취의 외향적 측면보다는 그것의 실질적 기반이 되는 내면적 측면에 주목하면서 문화통합의 차원에서 접근하고자 한다. 본 연구의 중심적인 통일접근 시각은 영토적 통합이나 국가기구의 통합과 같은 통일의 외형보다는 그것을 실질적으로 뒷받침하고 나아가 실질적인 민족통합을 가능하게 하는 사회문화적 통합을 형성·심화시키기 위한 근원적 방안을 모색하는 데 목적을 두고 있다고 할 수 있다.

제2절
연구 방법과 범위

이 책의 핵심 주제는 교육환경과 문화통합이다. 교육환경이란 '교육에 영향을 미치는 제반 환경'을 의미한다. 교육환경과 관련된 부분은 2장, 3장, 4장, 5장, 6장이다. 제1장 서론에 이어 2장에서는 교육과 교육환경(가정·학교·사회)의 중요성과 더불어 남북한 교육환경의 이질성과 동질성을 비교해 보고자 한다. 그리고 교육이 문화에 미치는 영향을 살펴볼 것이다. 왜냐하면 교육은 문화 형성에 미치는 영향이 크기 때문에 문화통합에 영향을 미친다는 전제하에 논의를 전개하게 될 것이다. 이를 기초로 하여 3장에서는 북한의 문화에 대한 연구 동향과 남북한 문화통합과 통합모형의 개발에 대해 알아볼 것이다.

4장에서는 북한의 교육과 문화의 공식 이데올로기인 주체사상의 형성 및 발전과 한계 및 선군사상이 제기된 배경을 살펴볼 것이다. 특히 1967년 이후 주체사상은 김일성의 유일체제 구축을 위한 지배권력의 통치담론적 성격을 담게 되면서 변질되는 과정에 초점을 맞추게 될 것이다. 그리고 주체사상의 한계가 드러나기 시작한 1990년대 이후 새로운 통치담론인 선군사상과 강성대국론 또한 중요하게 다루어지게 될 것이며, 주체사상 속에 담겨 있는 문화적 성격을 살펴봄으로써 이후 문화통합 가능성도 알아보게 될 것이다.

5장에서는 주체사상이 '사회주의 교육학'으로 일반화되어 전개되는 과정 즉 북한의 교육제도 변천 과정을 살펴본다. 여기에서는 북한 교육의 이념과 목표, 교육행정체계, 교육과정과 교육방법 등이 포함된다. 특히 북한 교육제도 속에 스며 있는 문화적 성격을 정리해 봄으로써 문화통합과의 상관관계 여부를 알아보게 될 것이다.

교육환경과 관련된 마지막 부분이 제6장 '교육현장과 문화'이다. 여기서는 북한 학생들의 학교생활과 인성 특성 그리고 북한 새 세대(청소년)들의 가치관의 변화 그리고 가치관 변화에 따른 규범의 약화 및 일탈에 대해 정리하고자 한다. 이러한 현상은 북한뿐만 아니라 남한에서도 일반적으로 나타나고 있는 현상이기도 하다. 특히 경제위기 이후 가치관의 변화가 초래한 북한 사회의 변화 가능성을 살펴볼 것이다.

다음으로는 '문화통합'이다. 문화통합을 논하기 전에 먼저 '동질화'와 '동질성 회복'이라는 개념을 구분할 필요가 있을 것이다. '동질화'가 해방 이후 이질화되어 온 지금까지의 모습이 달라지지 않고 같아져 간다는 의미라면, '동질성 회복'은 어느 시점을 기준으로 하는 개념으로, 해방 당시를 기준으로 할 때 남북한이 같은 모습으로 돌아간다는 의미이다. 그러므로 남북한은 동일한 역사의 공유와 동일언어의 사용에 바탕을 둔 민족동질성 회복과 문화적 변용을 통한 '동질화' 추구에 역점을 두고 본 논문을 전개하고자 한다. 이와 맥을 같이하는 부분이 제7장 '남북한 문화통합의 가능성 모색'이다. 특히 교육환경이 문화통합에 어떻게 영향을 미치며, 교육적 측면에서 문화통합의 가능성과 한계를 살펴보고자 한다. 여기서 주안점을 두어야 할 부분은 '전통문화를 통한 남북한 문화통합 가능성 모색'이 될 것이다. 그리고 문화통합의 방향을 두 측면, 청소년 문화와 전통문화를 통해 민족동질성 회복과 민족정체성 확립 가능성을 알아볼 것이다.

8장은 이 책의 '결론'으로서 이상의 모든 자료를 요약하고, 통일과 통합을 위한 전망과 과제를 제시해 보고자 한다. 특히 문화통합과 민족공동체 형성은 어느 개인이나 소수의 안목이 아니라 남북한 모두의 노력이 될 것이라는 점을 지적할 것이다.

사실 올바른 접근 시각과 연구 방법을 모색하는 것은 이론·현실·역사의 유기적 종합으로써 북한연구를 수행하기 위해서는 필수적이며 한 가지 이론적 틀이나 방법론에 의해서 완벽하게 해명[5]되는 경우란 없다 따

5) 이종석, 『새로쓴 현대북한의 이해』(서울 : 역사비평사, 2000), p. 23.

라서 다양한 접근법과 방법론[6]을 적절하게 동원·활용하는 것은 특정한 사회현상을 제대로 분석하기 위한 기본조건이 된다.

북한연구와 관련한 선행연구들을 살펴보면, 대체적으로 '일반론적 접근'과 '새로운 접근법'의 둘로 구분하고, 일반론적 접근법으로는 전체주의적(반공론적) 접근법, 객관적·비교론적 접근, 통합론적 접근을, 새로운 접근법에는 내재적 비판적 접근과 통일지향적 접근법[7]으로 분류하고 있다. 일반론적 접근법 중 전체주의(반공론)적 접근은 1970년대까지 주류를 이루어 온 접근법으로, 냉전적 시각에서 접근한다. 여기서는 북한 사회를 김일성 일인 독재체제에 의해 획일적으로 통제되는 전체주의 사회로 본다. 이를 교육에 관한 시각에서 설명해 보면, 김일성 우상화 교육, 획일적인 교육체제, 억압적인 학생 통제방식 등에 초점을 두어 연구하는 경향이다.

일반론적 접근법 중 반공론적 접근은 주로 '정치사상교육'에 초점을 두

---

6) 김동규는 『북한학 총론』에서 북한연구의 기본 틀을 크게 외재적(外在的) 연구 방법과 내재적(內在的) 연구 방법론으로 구별한다. 외재적 접근법은 외부에서 연구대상의 현상학적 특징들을 분석자의 가치 기준에서 분석·평가하는 것이고, 내재적 접근은 분석대상의 입장에서서 현상들을 설명하는 방법이라고 설명한다. 가령 김일성의 '주체사상'을 두고 해석할 때 외재적일 경우에는 '일인독재와 우상화를 위한 도구'로서 부정적으로 평가함에 대하여 내재적 접근은 '당시 국제적 여건에서 생존하기 위한 당위론적 결과'라고 긍정적으로 해석하는 것이라 설명하고 있다. 외재적 접근 주로 1980년대 전반기까지 적용된 접근법으로, 1977년 안병영이 발표한 『북한연구의 방법론』과 1982년 『현대공산주의 연구』 등으로 이론적 틀을 갖추게 되었다고 본다. 그리고 1980년대 후반부터 종래의 전통적인 북한연구 방법론에 일련의 진보적 소장학자들은 '내재적 접근법'이라는 새로운 이론으로 도전하면서 기존 이론을 비판하면서 본격화되었다고 본다. 대표적 연구들을 보면, 송두율, "북한 사회를 어떻게 볼 것인가", 『사회와 사상』, 1988, 12월호, 서울 : 한길사, 1988; 이종석, "북한연구 방법론, 비판과 대안", 『역사비평』 1990년 가을호, 서울 : 역사비평사, 1990; 강정구, "연구 방법론-우리의 반쪽인 북한 사회를 어떻게 이해하고 설명해야 할까", 『북한의 사회』, 서울 : 을유문화사, 1990; 이온죽, 『북한 사회연구』, 서울 : 서울대학교출판부, 1988. 등이 있다.

7) 한만길, 『통일시대 북한 교육론』(서울 : 교육과학사, 1997), pp. 4~20.

고 북한 교육의 부정적 측면만을 부각시켜 북한 학생의 공격적 특성을 강조하는 연구 경향이라면, 객관적 비교론적 접근은 북한을 객관적으로 조망하면서 남북한에 대해 객관적 사실에 기초하여 비교·분석하고자 하는 경향인데, 이러한 경향은 1980년대 후반 들어서 국제적인 냉전체제가 와해되고 남북대화가 진전되면서 객관적 시각에서 남북한의 차이를 인정하면서 남북한의 특성과 장단점을 비교·분석[8]하려는 접근법이다. 이에 반해 통합론적 접근은 남북한 통일에 대비하여 통합의 방법론을 모색하는 연구 경향이다. 특히 1992년 남북기본합의서가 채택된 이후에 본격적인 연구가 시도되고 있다. 이 접근법은 남북한의 통일에 대비하여 교육체제의 통합을 위해 '북한 교육을 어떻게 개편할 것인가?' 그리고 '남한 교육도 어떻게 개선해 나갈 것인가?'에 초점을 두고 연구를 진행하는 정향[9]을 보이고 있다.

북한연구에 관한 새로운 접근법인 내재적 비판적 접근[10]을 내부자 시각이라고도 부르는데, 주로 문화인류학에서 채택하여 연구하는 접근법

8) 위의 책, p, 8. 객관적 비교론적 접근은 크게 두 가지 방향에서 연구가 이루어졌다고 볼 수 있다. 첫째, '교육과정에 대한 연구'와 둘째, '다른 사회주의 국가와 비교연구'이다. 첫째의 대표적 비교연구로는 문용린(문용린, 『북한의 학교 교육과정 분석-인민학교 및 고등중학교』, 서울 : 국토통일원, 1987.)과 북한 교육을 각 부문별로 정리하여 종합적으로 제시하고 있는 『북한의 교육』 김형찬 편집책임, 『북한의 교육』(서울 : 을유문화사, 1990)을 들 수 있다. 둘째는 다른 사회주의 국가와의 비교연구로는 '북한과 중국의 교육제도 비교연구'를 들 수 있다(최영표, 한만길, 홍영란, 『북한과 중국의 교육제도 비교연구』, 서울 : 한국교육개발원, 1989).

9) 위의 책, p. 11.

10) 내재적 비판적 접근은 '내재적 접근법'과 '현상학적 접근법', '내재적 비판적 접근법'으로 구분된다. 내재적 접근법은 송두율(『북한 사회를 어떻게 볼 것인가』, 1988), 강정구(『통일시대의 북한학』, 1996), 이종석(분단시대의 통일학, 1988)이 대표적이고, 현상학적 접근은 이온죽(북한 사회연구, 1988), 내재적 비판적 접근법(이종석, 『북한연구 방법론-비판과 대안』, 역사비평)이 있는데 여기서는 이종석의 견해에 따라 내재적 비판적 접근법의 견해를 따르기로 한다.

이다. 내재적 비판적 접근은 연구대상이 되는 사회나 집단의 내재적 작동논리(이념)를 이해하고 그것의 현실적합성과 이론·실천적 특질과 한계를 규명해 내려는 접근[11]을 말한다. 내부자 시각은 문화를 '정신적 혹은 관념적인 것으로 보아, 문화는 오직 그 문화를 가진 사람들의 사고 과정에 젖어 보아야만 기술될 수 있다.'고 본다. 이 시각은 자문화 중심주의를 벗어나 다른 사회와 문화를 그 문화의 주인인 연구대상의 내부로 들어가 문화의 내적인 논리를 이해하고자 한다. 이런 관점에서 북한의 사회, 문화 그리고 교육을 바라볼 때도 북한의 논리(이념)를 이해하면서도 그것을 객관적인 관점에서 비판하는 자세가 필요하다. 다시 말하면, 북한 연구는 북한 사회를 지배하는 가치체계와 생활규범 속에서 분석해야 북한 사회를 올바르게 이해할 수 있다는 것이다.

그리고 통일지향적 접근은 남북한 교육과 문화의 동질성과 상호발전을 모색하는 동시에 궁극적으로 민족공동체 회복에 기여하도록 하는 데 중점을 두는 접근방법이다. 민족통일을 위해 민족공동체를 회복하는 방안에는 전통문화 중에서 남북한이 공통적으로 수용할 수 있는 부분을 발굴하여 동질성을 확인하는 방법과 또 하나는 북한의 교육목표와 도덕교육에서 민족동질성을 회복할 수 있는 단서[12]를 찾는 것 등이 있다. 민족

---

11) 이종석, 앞의 책, p. 24. 이종석은 송두율 교수의 내재적 접근만으로는 한계가 있다고 본다. 물론 "사회주의 이념과 논리, 그리고 그 정책의 현실정합성을 따지는 것, 즉 '안'으로부터 이해하고, '안'으로부터 비판적으로 검토하는 것은 매우 중요하다. 그러나 어떠한 현상이든 일단 '안'으로부터 이해한 뒤에 그 검토는 '안'으로 부터만이 아니라 '바깥'의 기준을 가지고 검토할 수도 있다. 다시 말해서 한 사회 혹은 이론에 대한 내재적 이해가 충분히 전제된다면 그것에 대한 평가나 검토는 내재적 정합성만이 아니라 외재적 기준에 의한 평가도 가능한 것이다."라고 주장하면서 내재적 비판적 접근을 주장하고 있다. (이종석, "북한연구의 진전을 위한 일 제언: 연구 방법과 문헌분석을 중심으로", 반시대 창간호, 1994, p. 296.)

12) 한만길, 앞의 책, p. 18.

동질성 회복을 위해서는 먼저, 전통문화 중에서 정치사상적 요소를 제거하고 남북한이 공유할 수 있는 부분을 찾아내어 그것을 민족동질성 회복의 계기로 삼을 수도 있다. 예를 들면, 한반도 민족문화의 고유한 특성[13]들인 '가부장적 권위주의 문화', '우리나라에서 가족으로 대표되는 집단주의',[14] '단일성과 동질성',[15] '토착화된 무속신앙, 불교문화, 전통관습',[16] '어울림'[17]과 같은 요소들을 통해 동질성 회복의 단서로 삼을 수도 있을 것이다.

본 책에서는 내용분석법 위주의 문헌연구 방식을 취하고자 한다. 여기서 사용하고자 하는 문헌자료의 성격은 공식적 자료이며, 자료분석기법은 문서적 증거를 비교하여 분석하는 방법을 취할 것이다. 그러나 방법

---

13) 배성인, "남북한 민족문화건설과 남북통합모색", 『통일정책연구』(제2권 제2호), 서울 : 통일연구원, 1993, 12월. pp. 206~208.

14) 김용규는 가부장적 권위주의는 유교가 지배계급의 이데올로기로 제시되었기 때문에 형성되었으며, 예전의 신분제 사회 전통이 현재에 이르러서도 계급적 모순을 지니며 잔존하고 있다고 본다. (김용규, "한국 사회의 문화변동과 대중문화", 최경구 편, 『한국 사회의 이해』, 서울 : 일신사, 1996. p. 17. 참조)

15) 김대환은 단일성과 동질성은 삼국통일 이후 동일민족의 단일국가로 자리 잡았고, 우리의 전통적인 사회구조와 생활양식에 의한 폐쇄성과 고립성은 그것을 특이하게 유지 · 발전시키는 데 기여하게 되었다. 또한 자연적이고 순응적이며 정서적 · 목가적인 농경문화적 성격은 오늘날 산업화 · 도시화된 시대에도 생활문화에 많은 부분이 남아 있다고 본다. (김대환, 『통일을 위한 민족주의 이념』, 서울 : 을유문화사, 1993. pp. 200~203. 참조)

16) 배성인은 한반도 민족문화는 우리의 전통문화와 외래 문물의 점진적인 조화를 이루면서 토착화되었다고 본다. 무속신앙과 불교의 만남, 전통관습과 유교적 생활양식의 형태는 함께 공존하고 변화되어 왔다. 즉, 우리 전통문화에는 불교 · 유교문화와 식민지 시대의 일본문화, 해방 이후 민주주의 · 사회주의체제와 함께 들어온 서구 문화 등이 복잡하고 다양한 형태로 존재하고 있다고 본다. (배성인, 앞의 논문, p. 208 참조.)

17) 배성인은 다른 민족과의 뚜렷한 차이를 갖는 문화의 특성으로 어울림의 문화를 지적하고 있다. 자본주의 시장경제와 더불어 전 세계에 퍼져 있는 개인주의와 달리 아직도 남북한 사회에는 다양한 형태의 어울림의 문화와 신명의 문화가 있다. 함께 기뻐하고 함께 슬퍼할 줄 아는 정적인 정서가 민족 구성원들 모두에게 남아 있다는 것은 커다란 정서적 유산이라 본다. (배성인, 앞의 논문, p. 208 참조.)

론상의 문제는 객관적 자료의 빈약, 제시된 자료의 근거 불명확, 목적론적인 해석 등이 있다. 이는 북한 사회가 폐쇄적이어서 홍보성 자료 이외에는 외부 세계에 자료 유출을 엄격히 금지하고 있기 때문이다. 그러므로 북한 교육 및 문화에 관한 연구는 제한된 자료에 근거하여 유추하는 연구가 대부분이라고 할 수 있다. 따라서 북한 자료의 분석과 탈북자 증언 자료집 등에 근거하여 유추 해석하는 방법을 채택하였음을 덧붙인다.

남북한의 교육환경과 문화 그중에서도 특히 문학과 예술, 언어 등은 다의적인 성격을 띠고 있다. 이런 부분을 제대로 다룬다는 것은 무리일 뿐만 아니라 저자의 얕은 지식과 무지로 인해 한계를 느낄 수밖에 없었다. 이 점은 앞으로의 연구를 통해 지속적으로 개선해 나갈 것을 약속드리는 바이다. 많은 질책과 조언을 부탁드리는 바이다.

제2장

—

교육환경, 교육 그리고 문화

제1절
교육과 교육환경

인간은 태어나면서부터 환경의 영향을 받으며 성장하고 발달해 간다. 다양한 환경 중에서 특히 교육환경은 인간의 삶에 지대한 영향을 준다. 일반적으로 교육환경이 인간에게 미치는 영향은 단순히 교육적 기능을 넘어 향후 인간의 성장과정에서 인간 본연의 가치를 발견하고 유지하는 데 중요한 역할을 하게 된다. 교육학 용어사전에서 환경을 정의하는 방식을 보면, '개체발달에 영향을 미치는 외적 조건과 요인의 총체이며, 환경은 물리적 환경과 사회적 환경으로 구분된다. 물리적 환경은 지리적 환경 또는 생태적 환경이 있는데, 이는 유형적임을 특징으로 한다. 이에 반해 사회적 환경은 심리적 환경 또는 행동적 환경이 있는데, 이는 무형적임을 특징으로 한다. 교육에 있어서 환경의 중요한 과제는 학력, 지능, 인성에 미치는 환경적 변인을 발견하여 가정, 학교, 사회의 영향력을 통해서 어떻게 적절히 구성할 것인가에 있다.'[18]라고 정의한다. 이러한 정의에 기초해 볼 때, 개인에게 주어지는 모든 사물, 힘, 조건 및 외적자극을 환경이라 정의할 수 있다. 즉 개인의 외적인 물리적, 심리적 조건의 전체를 환경이라는 개념 속에 포함될 수 있다. 이는 교육환경의 하위요소인 가정환경, 학교환경, 사회환경의 모든 측면에서 개인이나 집단에게 적절한 교육환경이 마련되어야 한다는 것을 의미한다.

정원식은 교육환경에 대해 '개인에게 교육적으로 긍정적인 영향을 미

---

18) 서울대학교 교육연구소 편, 『교육학 용어사전』(서울 : 하우동설, 2011), p. 807.

치는 외적 조건 및 자극의 개별적 또는 총합적 구조와 작용'[19]이라 정의한다. 이를 해석해 보면, 환경은 유기체 밖에 있는 조건 또는 자극이며 물리적 자극이나 물리적 조건만을 의미하는 것이 아니라 심리적 조건이 더욱 중요하다는 의미이다. 여기서 주의할 점은 만약 인간에게 발견되는 여러 가지 심리적 특성의 다양성이 환경에 의하지 않고 유전적 요인이나 우연적 요인 혹은 그 밖의 알 수 없는 작용에 의해서 일어난다고 가정해 보자. 그럴 경우 교육의 힘과 교육이 인간에게 미치는 영향은 미미할 것이다. 그러나 인간의 성장과 발달은 유전적, 우연적 요인보다는 환경적 요인에 의해 더욱 영향을 받는다고 볼 수 있다. 특히 21세기 지식기반사회에서는 개인의 교육 수준에 의해 결정되는 인적자본의 중요성이 부각되고 있고, 교육과 훈련을 통해 형성되는 인적자본은 개인의 생산성을 향상시켜 소득증대를 가져오기 때문이다.[20] 그러므로 교육적으로 좀 더 의미 있고 긍정적인 변화를 가져올 수 있는 환경을 구성해 주느냐가 교육에서 가장 중요한 과제로 부각되고 있다.

위의 내용을 종합해 볼 때 교육환경은 '개인을 둘러싼 물리적 환경과 심리적 환경을 포함한 개인 자신이 가진 내재적 특성과 인식 등 교육적 영향을 미치는 내·외적 자극의 상호작용의 총합'이라 정의하면서, 교육환경을 가정환경, 학교환경, 사회환경으로 구분하여 살펴보고자 한다.

---

19) 정원식, 『교육환경론』(서울 : 교육출판사, 1991); 정원식·이상로·이성진 공저, 『현대 교육심리학』(서울 : 교육출판사, 2000), p. 136.

20) 이봉주, "인적자본과 불평등, 그리고 사회복지 서비스", 한국 사회복지학회, 『춘계학술대회 자료집』(2006), p. 54.

1. 가정환경

가정은 인간이 태어나면서 가장 먼저 영향을 받는 교육적 장소이며, 학교에 취학하기 전까지 절대적 영향을 미치게 된다. 특히 부모와 형제로 구성된 가족은 아동에게 다양한 사회적 지지를 제공할 뿐만 아니라 사랑과 수용, 안전, 자아존중감 증진 등을 통해 아동의 신체 및 건강 발달, 지적 발달, 정서적 발달, 사회적 발달의 기초는 가정교육에 의해 결정된다고 해도 과언이 아니다.[21]

아동의 지적 발달, 정서적 발달, 신체적 발달에 큰 영향을 미치는 가정환경은 물리적 환경과 심리적 환경으로 구분할 수 있다. 물리적 환경은 물적 요인과 인적 요인으로 구성되는데, 물적 요인은 거주지의 생태적 환경, 가옥의 크기, 문화시설 등을 말하며, 인적 요인은 가족구성, 부모의 직업, 부모의 교육 정도 등이다. 그리고 심리적 환경은 가족과 자녀의 심리적 상호작용의 환경을 가리키는 것으로서 부모의 양육태도, 가정의 분위기, 언어모형 등[22]을 말한다.

가정환경에 대한 연구의 최근 경향을 보면, 과거에는 주로 물리적 환경 특히 가정의 사회경제적 지위와 교육과의 관계에 대한 연구가 활발하였다. 예를 들면, 가정의 사회경제적 지위와 학업성취성적과의 상관, 부모의 직업과 지능과의 상관 등에 대한 연구들이었는데, 이러한 연구결과에 따르면 그 상관관계는 대부분의 경우 상관관계(χ)가 0.5 정도 또는 그

---

21) 이찬교 · 최정숙 · 조화태 공저, 『교육의 이해』(서울 : 한국방송대학교 출판부, 1999), pp. 27~28.

22) 김종서 · 이영덕 · 정원식 공저, 『최신교육학개론』(서울 : 교육과학사, 1995), p. 57; 이찬교 · 최정숙 · 조화태 공저, 앞의 책, p. 28.

미만에 머무르고 있지만, 심리적 환경과 지능발달은 그 상관이 훨씬 높은 것[23]으로 밝혀지고 있다. 이에 따라 가정의 물리적 환경보다 심리적 환경의 중요성이 새롭게 강조되고 있다. 특히 심리적 환경 중에서도 부모의 양육태도나 아동과의 상호작용과 같은 요인은 아동의 지능이나 성격발달에 물리적 환경보다 더 강력한 영향을 미치는 것으로 밝혀지고 있다.

교육환경에 대한 교육학적 정의를 체계화하였다는 평가를 받는 정원식은 가정환경은 학교환경이나 사회환경보다 강력한 영향력을 지닌 환경으로 설명한다. 그 근거로 먼저, 인간형성의 기초작업은 대부분 취학 전 가정에서 이루어지기 때문이며, 다음으로 취학 전의 발달이 다른 시기에 비하여 가장 왕성하게 성취되기 때문에 가정환경의 영향을 가장 크게 받는다고 주장한다. 그리고 가정환경의 분류방식에 대해서도 일부 수정을 가하여 물리적 환경을 지위환경으로, 심리적 환경을 지위환경과 구조환경[24]으로 분류한다.

이상의 논의를 바탕으로 먼저 가정환경의 개념을 정의해 보면, '가정에서의 다양한 물리적 환경과 심리적 환경의 상호작용으로 아동에게 교육적 영향을 미치는 환경'이라 정의할 수 있다. 다음으로, 가정환경의 중요성을 정리해 보면 첫째는 어린이가 성장·발달해 가는 성격 또는 특징 그 자체가 환경의 영향을 전제로 하고 있다는 점이고, 둘째는 아동기의 어린이와 가장 밀접한 관계를 맺는 대상은 그의 부모이며, 부모는 가정환경의

23) 김종서·이영덕·정원식 공저, 앞의 책, p. 57.
24) 정원식·이상로·이성진 공저, 앞의 책, p. 154. 정원식은 지위환경의 변인으로는 ① 양친의 상태, ② 거주지의 생태적 환경, 사회·경제적 지위, ③ 가족구성, ④ 가옥상태를, 구조환경변인으로는 ① 문화적 상태, ② 영양 및 위생상태, ③ 언어모형, ④ 강화체제, ⑤ 가치지향성, ⑥ 학습체제, ⑦ 집단특성으로, 과정환경 변인으로는 ① 수용-거부, ② 자율-통제, ③ 보호-방임, ④ 성취-안일, ⑤ 개방-폐쇄를 제시하였다.

중추적 요인이 된다. 특히 가정환경의 요인 중 부모의 영향은 절대적이라 볼 수 있다. 따라서 환경요인 중 특히 개인의 가정환경이 가장 중요한 요인이라 할 수 있다.

본 책에서 주로 다루어질 가정의 변인 중에서 가정 분위기, 경제수준, 학습여건, 학습조력, 방과 후 시간활용 등에 대한 인식을 살펴보되, 외부 환경 특히 이데올로기가 가정에 미치는 영향을 살펴보고자 한다. 왜냐하면 북한의 통치 이데올로기인 주체사상, 그리고 당 조직의 영향으로 인해 가정에서 형성된 가치관이 학교 및 사회환경 그리고 문화 형성에 어떻게 작용하는가를 알아보기 위해서이다.

2. 학교환경

학교는 단순히 '학습의 장'만이 아니라 다양한 물리적, 심리적 조건이 상호작용을 하는 교육적 활동의 장이다. 학교는 아동에게 있어 다양한 교육적 자극을 주는 생활공간이며, 유아기를 벗어나 아동기로 접어들면서 학교생활의 비중은 학년이 올라갈수록 증가되고, 학교생활을 통해서 학생 자신이 행동조절을 위한 규율과 가치체계를 습득하면서 사회화를 경험하게 된다.

종래에는 학교환경이라는 개념을 물리적 조건에 한정시켜 사용하여 왔다. 그러나 환경의 개념에서 심리적 요인을 빼놓을 수는 없다. 다시 말하면 교육환경이라는 관점에서 심리적 측면이 더욱 중요한 의미를 지닌다. 정원식은 학교환경에 대해 '학교라는 울타리, 조직체 또는 사회체제에 있어서 학생과 교사, 직원 등 학교구성원과 이들의 심리적 특성과 행동에 직·간접으로 일정한 힘, 자극, 영향, 압력을 미치고 있는 세계'[25])라고 정의하였다.

여기서는 학교환경을 두 측면 즉 지위환경·구조환경·과정환경과 교육적 학교환경으로 나누어 살펴보자. 먼저 지위환경, 구조환경, 과정환경이다. 지위환경은 기관의 지위와 상태를 나타내는 정적인 환경이다. 이에 해당하는 변인으로는 교직원 상황, 학생구성, 사회적 평가, 시설상황, 역사와 전통 등이다. 구조환경은 개인에게 작용하는 환경적인 조건과 자극이 일정한 틀에 의하여 조직되어 체계화되어 있는 구조적 상태를 의미하는데, 이에 해당하는 변인으로는 문화적 상태, 위생상태, 생활공간, 언어모형, 강화체제, 가치지향성, 학습체제, 집단특성 등이다. 과정환경은 환경의 심리적 과정인데, 이 입장에서는 개인과 그를 둘러싸고 있는 외적 조건이나 자극과의 상호작용에만 의미를 부여한다. 과정환경의 주된 측면은 수용-거부, 자율-통제, 보호-방임, 성취-안일, 개방-폐쇄[26])로 분류된다.

다음은 교육적 학교환경의 조성이다. 여기서는 학교의 지위환경, 구조환경 및 과정환경 중에서 교육환경조성을 위하여 교사로서 특히 유의해야 할 변인만을 간추려 고찰해 보고자 한다. 첫째, 지위환경 중에서 교실환경이다. 교실은 학생들이 학교생활에서 대부분을 보내는 곳으로, '가정'과도 같은 곳이다. 이런 점에서 교실 내의 환경개선을 위하여 교육적 배려를 하는 것은 의미 있는 일이다. 교실 내 환경개선을 위해 유의해야 할 점을 정리해 보면, 학생들은 하루가 다르게 성장하고 발달하고 있으므

---

25) 위의 책, pp. 143~144.
26) 위의 책, pp. 144~148.

로, 정적이 아닌 동적이어야 한다는 점이다. 그리고 교실을 면밀하게 계획하고 의도된 교육적 환경이 될 수 있도록 해야 하며, 마지막으로 학생들이 당면한 생활의 장벽을 뚫고 나가게 하는 교량적 역할[27]을 담당해야 한다.

둘째는 구조 환경으로서 학교의 언어모형과 강화체제이다. 먼저 학교의 언어모형이다. 일반적으로 언어능력이 발달되면 그만큼 지능도 발달하게 되며 학업성취도도 향상될 수 있다는 것이다. 학습부진아의 경우 언어능력의 결함 때문에 학습부진현상이 나타나는 경우가 있는데, 이는 언어능력이 학교학습의 기본조건이라는 점을 시사해 준다. 그러면 학교 내 언어능력 향상을 위해서는 적어도 세 가지 점을 유의해야 한다. 먼저, 학생들 간의 대화에 있어서나 교사-학생 간의 언어적 접촉에 있어서 보다 풍부한 어휘가 사용되도록 해야 하며, 다음으로는 언어적인 표현을 보다 완성된 문장으로 표현하도록 하여야 한다. 즉 단순히 어휘를 나열하는 표현이 아니라 아름다운 문장으로 표현하게 하는 것이다. 그리고 학생들의 언어생활 속에 추상적인 개념을 적절히 도입하는 것도 필요하다.

다음으로 학교의 '강화(reinforcement)'체제이다. 강화를 보상이라 해석할 수 있는데, 행동주의 심리학에서 이 강화의 개념은 대단히 중요한 위치를 차지하고 있으며, 인간행동의 형성과 통제는 강화계획에 의해서 가능하다는 견해도 있다. 강화제공에 있어서는 학교에서 공식적으로 주어지는 보상체제보다도 오히려 교사들과 학생과의 일상적인 접촉에서 비공식적으로 주어지는 인정과 칭찬이 더욱 중요하다. 이것이 시사해 주는 바는 교사들이 은연중에 바라고 있는 바가 무엇이냐에 따라 학생들의

27) 위의 책, pp. 148~150.

행동방향이 개선될 가능성이 높은 것이다. 따라서 강화체제를 교육적으로 바람직한 것으로 만드는 것은 교육적인 학교환경 구성[28]을 위한 하나의 첩경이라 하겠다.

셋째, 과정환경이다. 과정환경이란 어떤 외적 조건과 개인과의 상호작용이라는 관점에서 보는 개념으로, 환경을 정적인 구조나 체제로만 보지 않고 동적인 작용이라고 규정한다. 그러므로 개인의 지각 여하에 따라서 어떤 조건과의 상호작용의 의미가 달라지는 것이다. 또한 이 개념은 환경 내의 인적·물적 조건이나 자극과의 관계에서 발생한다. 즉 권위주의적인 부모 자체가 환경이 되는 것이 아니라 그 부모와의 인간관계가 환경이 되는 것이다. 일반적으로 과정이라는 관점에서 환경을 분석해 보면 작용의 극단적인 양극을 연결하는 연속선으로 표시될 수 있다. 수용과 거부, 자율과 통제, 보호와 방임, 성취와 안일 등은 그 대표적인 예라고 할 수 있다. 이러한 과정환경이 교육적으로 중요하다는 것은 충분히 인정되고 있다. 그 이유는 과정환경은 가정이나 학교 분위기를 결정해 주는 개념이기 때문이다. 또한 개인이 어떤 환경조건을 어떻게 받아들이는가를 결정해 주기 때문에 역동적인 의미를 내포하는 개념이다.[29]

학교의 과정환경은 주로 교사와 학생과의 인간관계에 의하여 성립된다. 그리고 교육적인 환경구성을 위해 지향해야 할 방향은 수용, 자율, 보호, 성취 및 개방이다. 만일 교사-학생 간의 관계가 위의 방향과는 반대의 방향으로 기울어지면 그만큼 교육적이 되지 못한다. 교사-학생 간의 관계에 의하여 이루어지는 과정환경에 있어서 명백하게 비교육적이라고

---

28) 위의 책, pp. 150~152.
29) 서울대학교 교육연구소 편, 앞의 책, p. 72.

할 수 있는 것은 교사가 학생을 거부하고 방임하며, 안일을 요구하는 것이다. 학생이 교사에 의하여 거부될 때 그 관계는 원만하게 성립될 수 없고 또 어떤 교육적인 영향을 미칠 수도 없다. 방임의 경우나 안일의 경우도 마찬가지이다. 그러나 통제와 폐쇄에 있어서는 일부의 논의가 있을수 있다. 즉 무조건적인 자율보다는 어느 정도의 통제가 필요하다는 견해도 있다. 그러나 지향해야 할 방향은 명백히 자율과 개방이다. 다만 연령시기에 따라 어느 정도의 통제가 필요하다는 것뿐이며 점차적으로 자율성을 강조하여 마침내는 자율적으로 행동하는 자율인이 되도록 해야할 것이다. 개방-폐쇄의 경우도 마찬가지이다. 자기중심적인 폐쇄성을일시에 탈피할 수는 없지만 보다 개방적인 방향으로 유도함으로써 깊이있고 참된 관계가 성립[30]된다고 볼 수 있다.

위에서 살펴본 바와 같이 학교는 생활체계로서의 교육적 활동이 이루어지는 곳으로 아동의 학교환경이 주는 교육적 영향은 매우 크다 할 수 있다. 학교환경은 학생들에게 학습의 장을 제공함과 동시에 교사, 친구가 아동의 삶 속에서 중요한 타인으로 등장하고 교사와 학교 내의 여러 구성원들로 사회적 관계망이 넓혀지게 됨으로써 학생들이 갖게 되는 자기인식과 자아존중감 등의 정서발달에도 그 영향을 미치는 곳이라 볼 수 있다.

본 책에서는 학교환경을 심리·사회적 요인인 과정적 환경요인을 중심으로 하되, 학교환경의 내적 요인인 교사와 학생 그리고 교육내용을 분석해 보기로 한다. 그리고 외부요인인 교육제도와 교육과정 및 교육방법 그리고 이데올로기인 주체사상과 당 조직이 학교 교육 및 구성원들에게 미치는 영향도 분석해 볼 것이다. 이는 학교환경에 대한 단순한 물리

---

30) 정원식 외, 앞의 책, pp. 152~153.

적 환경의 실태를 파악하기보다는 북한 학생들의 특수한 개인적 배경에
따른 학교환경의 내·외적 요인에 대한 인식정도를 살펴봄으로써 이들의
학교생활적응 간의 관계를 알아보기 위해서이다.

3. 사회환경

사회환경은 인간이 살아가면서 가정과 학교 다음으로 교육적 기능과
영향을 미치는 영역이다. 흔히 '인간을 사회적 동물'이라 칭한다. 이 용어
가 의미하는 바는 인간은 사회적 환경과의 상호작용을 성장하고 발달해
간다는 의미일 것이다. 특히 아동들에게 있어서는 가정과 학교 외에도
지역사회의 물리적 환경과 심리적 환경으로부터 많은 교육적 영향을 받
게 된다. 그러나 사회환경은 가정환경이나 학교환경의 개념에 비해 사람
에 따라 달리 사용되는 경우가 있다. 그만큼 사회환경의 개념이 모호하
다는 반증이며, 개념이 모호하다는 것은 사회환경을 보는 측면이 각기 다
르기 때문일 것이다. 여기서는 사회환경을 개념화하기 위해 네 가지 측
면으로 나누어 살펴보고자 한다.

첫째, 사회환경을 사회적인 관계라 규정하는 견해로서, 개인이 맺는 타
인과의 관계를 모두 사회환경이라 본다. 개인이 출생해서 처음으로 경험
하는 사회환경은 가정 내의 부모와의 관계, 형제와의 관계이지만 어린이
가 성장하여 사회적 관계가 가정에서 가정 밖으로 확대됨에 따라 그 어
린이가 속해 있는 또래집단(peer group)은 새로운 사회환경으로 등장하
게 된다. 사회환경을 사회적 관계라 규정하는 입장에서는 자연, 가정, 학
교, 사회기관(사회단체, 대중매체기관, 교회 등)을 막론하고 그 속에서 이

루어지는 집단적인 상황과 집단내의 인간관계에 대하여 집중적인 관심[31]을 부여하게 된다. 따라서 이 관점은 사회환경을 보는 견해는 환경에 대한 과정중심의 개념이라 할 수 있다.

둘째, 사회환경을 구조중심으로 규정하는 견해이다. 이 견해는 사회환경의 문화적 구조에 관심을 집중한다. 문화적 구조란 종교, 언어, 가치관, 관습 등으로 예시될 수 있는 문화적 표현의 체제화와 대중매체를 포함하는 문화적 기관을 의미한다. 이러한 관점에서 사회환경을 개념화할 때에는 문화라는 속성이 핵심[32]을 이루게 된다. '사회환경은 곧 문화'라는 말은 이 견해를 대변한다.

셋째, 사회환경을 지위와 제도로 규정하는 견해로서, 정치, 경제, 법률, 가족제도 등 사회를 구성하는 제반제도와 그 제도의 상대적 지위로 개념화할 수 있다[33]고 본다. 이 견해는 사회환경의 교육적인 의미를 규정하는 것은 사회의 제반제도가 교육적으로 보아 어느 정도 의미 있게 되어 있는가에 따라 정해진다고 보기 때문에 사회환경을 사회적 관계로 규정하려는 입장과 대조된다.

넷째, 사회환경을 완전히 물적(物的)인 측면에서 규정하는 견해로서 도시, 건물, 도로, 놀이터, 공원, 교통시설, 학교주변의 비교육적 시설 등에 대하여 관심이 집중된다. 이 견해는 자연환경과는 대비되는 개념으로 사용하기 때문에 인위적, 물적 소산에 한정하게 된다.

이상에서 사회환경을 개념화하기 위한 네 측면 즉, 사회적 관계, 문화

---

31) 위의 책, p. 172.

32) 위의 책, pp. 172~173.

33) 김종서 외, 앞의 책, p. 173.

적 구조나 제도, 물적 측면을 살펴보았다. 그렇지만 어느 한 측면을 취하기에는 사회환경의 개념이 협소하다는 느낌이 든다. 따라서 사회환경을 보다 포괄적이고 전체적으로 보아 네 측면을 종합하여 사회환경의 개념을 정의해 보면, '개인이 생활하는 지역의 다양한 물리적 환경과 심리적 환경의 상호작용을 통해 개인에게 교육적 영향을 미치는 환경'이란 정의가 가능할 것이다.

본 책에서는 사회환경의 변인으로 문화구조 즉 언어, 가치관, 관습 등과 지위와 제도로 규정되는 정치, 경제, 법률 그리고 이데올로기인 주체사상과 당 조직 등과 함께 교육제도와 교육과정, 교육방법 등도 살펴볼 것이다. 이는 사회환경에 대한 단순한 물리적 환경의 실태를 분석하기보다는 북한 새 세대들의 사회생활 가운데 심리적 측면에 대한 인식의 정도를 파악함으로써 이들의 학교생활 적응간의 관계는 물론 새 세대들의 가치관 변화가 규범의 약화와 일탈행동에 미치는 영향을 알아보기 위해서이다.

제2절
교육환경과 문화

1. 인간과 문화 그리고 교육

문화와 대비되는 개념은 자연이라 할 수 있는데, 자연은 주어진 것인데 반해 문화는 인간이 자연에 적응해 가면서 창조해 낸 것이다. 인간이 문화를 창조하고 따라서 사회를 변화시킨다는 말은 주어진 환경에서 직면하게 되는 문제의 해결 즉 적응방법이 발달한다는 것을 의미한다.

'교육'은 기본적으로 '환경에 적응하기 위한 능력습득의 과정'이라 할 수 있지만, '교육'의 사전적인 의미는 '가르치고 배우는 것'으로 규정된다. 그러나 교육은 단순히 '가르치고 배우는 것'만을 의미하는 것이 아니라 그 이상의 여러 가지 뜻과 조건을 함축하면서 사용된다. 예컨대, '대학까지 다녔다고 해서 교육을 제대로 받았다고 할 수 없다', '교육은 동물들을 훈련시키는 것과는 다르다', '교육의 전형은 학교 교육 속에서 찾을 수 있다', '인간다운 인간을 길러내야 교육이라 할 수 있다' 등의 예들에서 볼 수 있듯이 교육은 단순히 가르치고 배우는 것 이상의 의미를 내포하고 있으며, 형식화되고 조직화된 활동, 인간을 대상으로 한 활동, 그리고 바람직한 무엇인가를 포함하는 활동 등을 그 개념 속에 함축[34]하고 있다. 이러한 측면에서 볼 때 문화를 가진 인간만이 그 문화의 창조적 계승을 위해 교육을 필요로 한다. 생산능력의 증대에 따라 계층과 연령의 양면에서 비생산 인구가 증가하고 교육기능이 분화될 수 있었다. 즉 형식을 갖춘 교육은 문화의 발전과 함께 사회기능의 분화 결과[35]로 발생한 것이다.

인간이 문화를 학습하는 데 있어서 인간의 가소성(plasticity) 즉 '가능성과 성장'은 매우 중요하다. 왜냐하면 인간이 인간으로서의 가능성과 성장을 실현시켜 나가기 위해서는 그 실현을 도와주는 사회적 활동이 있어야 하며, 그러한 활동이 곧 교육이며, 인간은 이러한 능력을 사용하여 구체적으로 어떤 문화를 학습할 것인가를 결정하는 것은 그가 살면서 접하

---

34) 이찬교·최정숙·조화태, 앞의 책, pp. 14~15.
35) 이종각, 『교육인류학의 탐색』(서울 : 하우, 2011), p. 5.

게 되는 문화적 환경과 밀접하게 관련된다. 즉 인간은 누구나 언어능력을 갖고 태어나지만 한국말을 쓸 것인지 아니면 영어를 쓸 것인지는 문화적 환경에 달려 있다. 그리고 사회관계를 어떻게 배우며 남녀관계를 어떻게 맺으며, 어떤 도덕규율을 배울 것인지 또한 그가 속한 문화적 환경에 달려 있다.

문화는 인간의 신체적 · 심리적 · 사회적 발달에 커다란 영향을 미친다. 문화적 영향을 전달하는 주요 담당 기관은 부모와 가족들, 이웃 · 동료 · 대중매체, 그리고 교육제도 등을 대표적인 것으로 꼽을 수 있다. 그중에서도 교육제도는 인간이 자신의 문화를 창조적으로 계승하기 위해 만든 것이다. 문화의 발전은 그 집단 구성원에게 학습해야 할 내용의 양적 · 질적 증가를 의미한다. 문화의 발전과 함께 사회의 기능적 분화의 결과로 형식을 갖춘 학교 교육이 발생된 것이다. 배움이나 학습 위주에서 가르침 위주의 교육이 형성되기 시작했고, 교육의 개념도 의도성과 조작성을 강조하는 것으로 변화하게 되었으며, 오늘날에 이르러서는 형식적 · 의도적 교육을 중심으로 행해지게 되었다.

이와 같이 교육은 그 자체가 문화적 산물인 동시에 교육은 문화를 유지하고 계승하며 나아가 발전시키기도 한다. 따라서 교육은 문화전달의 과정이며 또한 문화혁신의 과정이기도 하다. 이와 같은 성격을 가진 교육의 과정에는 필연적으로 다양한 문화와의 만남, 즉 전통문화와의 만남, 외래문화와의 만남, 성인문화와의 만남, 계층문화와의 만남 등이 일어난다. 이러한 다양한 문화와의 만남은 항상 질서 있고 조화로운 것만은 아니며 간혹 문화단절이나 문화갈등[36]이 발생하기 마련이다.

---

36) 이종각, 앞의 책, p. 6.

2. 교육환경, 문화 그리고 북한

교육환경을 가정, 학교, 사회환경으로 나누어 살펴보았다. 하지만 교육은 어느 한 기관이 전담할 수 없는 것은 너무나 명백한 사실이다. 이는 가정, 학교, 사회의 삼자 사이에 상보적 관계가 이루어질 때 그 본연의 기능을 다할 수 있다는 의미가 될 것이다. 즉 학교나 가정에서 아무리 좋은 교육을 하더라도 사회가 협동적 관계의 위치에 있지 않으면 교육의 실효를 거둘 수 없다는 것은 우리의 일상경험을 통해서 쉽게 관찰할 수 있는 일이다. 특히 삼자의 긴밀한 상보적 관계가 요청되는 것은 인지적인 학습에서보다는 정의적인 학습[37]에서 보면 더욱 그러하다. 이렇게 보면 사회환경이 교육에 있어서 불가결의 위치에 있다는 것을 알 수 있다.

이제부터는 교육현상과 문화와의 관계를 살펴보기로 하자. 사실 이 양자는 밀접한 관련이 있다. 왜냐하면 교육은 문화 형성에 영향을 미칠 뿐만 아니라 결국 문화통합에도 영향을 미치기 때문이다. 교육환경이 문화에 미치는 영향을 살펴보면, 첫째, 교육은 문화전승(혁신포함)을 포함하며, 둘째, 문화는 교육목표와 내용의 자원이며, 선택된 문화를 가르치는 학교는 문화의 전달과 통제기관으로서 기능을 하게 되며, 셋째, 인간의 학습은 본질적으로 문화적이며, 교육의 과정 또한 본질적으로 사회문화적 과정이다. 넷째, 문화는 인성형성의 중요한 요인이 되며, 다섯째, 교육은 문화통합의 기능과 함께 문화갈등의 요인이 되기도 한다. 여섯째, 교육체제와 현상은 문화적 분석의 대상이며, 교육제도의 발명도 인간이 변화하는 환경에 적응하기 위한 능력습득을 위한 발명품으로, 교육체제는

---

37) 정원식 외, 앞의 책, p. 178.

그 자체가 문화적 분석의 주요 대상이 된다. 일곱째, 문화의 혁신과 변화에 대해서도 교육이 영향을 미친다. 특히 비서구 사회에서 서구 문화를 전달하는 학교 교육은 이러한 영향이 더 크다 할 수 있다.

그런데 교육이 문화에 미치는 영향과 문화가 교육에 미치는 영향은 매우 광범위하고 보편적일 뿐만 아니라 미묘한 부분까지 포함되기도 한다. 따라서 그러한 영향에 대한 교육적 의미의 해석도 단순하지 않으며, 이러한 이유로 인해 교육과 문화가 관련되어 있다는 것은 일찍부터 인식되어 왔으나, 교육과 문화에 관해 무엇을 어떻게 인식할 것인가에 대해서는 시대와 상황에 따라 변해 왔다. 일반적으로 교육과 문화에 대한 접근방식은 크게 세 가지 유형[38]으로 나누어 볼 수 있다.

첫째는 '민족문화적 접근'이다. 19세기 국민국가의 형성이 중요했던 상황에서는 한 국가 단위의 교육이 문화적으로 인식되어야 한다는 주장이 강하게 대두되었다. 대표적으로 슈프랑거(E. Spranger)는 『문화교육학』에서 한 나라의 교육은 그 역사와 문화와 민족 그 이상에 뿌리박고 있으며, 그에 맞게 운영되고 개혁되어야 한다. 특히 국민교육은 그 나라의 문화적·사회적·역사적 과제를 풀 수 있는 그리고 그것을 푸는 과정에서 삶의 의의와 보람을 느끼는 인간형성의 작용이며, 교육은 그 민족 그 국가의 역사와 전통위에서 이루어져야 한다고 주장한다. 이러한 민족문화적 접근에서는 교육의 주요목적이 민족의 문화적 전통의 형성과 계승 및 발전이며, 학교는 그러한 목적을 달성하는 가장 중요하면서도 효과적인 장소로 인식된다.

둘째로는 '이질문화통합적 접근'이다. 이 접근은 두 가지 서로 다른 문

---

38) 이종각, 앞의 책, pp. 9~13.

화적 배경 위에서 싹트고 성장하였는데, 먼저 미국처럼 이주해 온 여러 민족이 섞여서 살고 또 국가로서의 역사가 짧은 나라에서는 '민족문화적 접근'과는 다른 형태의 문화적 문제가 중요한 문제로 인식되었다. 즉, 다문화적 뿌리를 가진 각 이주민들을 미국식 문화 용광로 속에 어떻게 통합시키느냐가 중요한 과제였다. 이질문화통합적 접근의 또 다른 배경은 산업사회 이후에 문화변동의 속도가 빨라짐에 따라 새로운 문제점들이 인식되었다. 산업화·도시화에 따른 급격한 사회문화 변동과 그에 따른 문화전계 과정에서의 전통문화와 신생문화 사이의 문화단절과 갈등, 세대 간의 차이와 갈등, 정체성 위기의 문제를 중심으로 하여 문화변동이 빠르면 빠를수록 문화의 다양화, 문화의 지체현상, 문화 간의 갈등과 부조화가 많이 발생하고, 문화의 불안정 요인은 증가하게 된다.

이질문화통합적 접근에서는 문화가치들 사이의 불일치 현상에 관심을 집중하게 되는데 이를 극복하기 위해 학교를 문화통합의 수단 또는 중핵 문화전계의 전략지로 보는 경향이 강하다. 오늘날 급격한 사회문화적 변동과 문화적 다양화, 문화적 단절현상의 편재성은 교육에 의한 문화전달을 대단히 복잡한 현상으로 만들고 있기 때문에 이질문화통합적 접근은 계속 중요한 연구대상으로 남아 있을 것이라 본다. 특히 통일을 염두에 두고 있는 한국 사회에서는 남한과 북한의 이질문화를 어떻게 통합할 것인가가 중대한 문제로 대두될 것이다.

셋째는 '문화갈등적 접근'인데, 교육과 문화에 대한 이 접근은 1960년대에 중요한 계기를 맞이하게 되는데, 여기에는 중요한 두 가지 이유가 있었다. 하나는 미국 사회에서의 역사적 사건과 관련이 있고, 다른 하나는 국제적 불평등 관계에 있어서 문화의 역할에 대한 인식이다. 미국의 경우 1960년대의 민권운동과 함께 소수민족들의 권리의식이 증대됨에 따라 문제인식의 방향이 달라졌는데 특히, 인종 및 계층 차이에 따른 문화적 차이 그리고 교육적 불이익 문제와의 연계성을 중심으로 문제의식이 형성되는 가운데 연구가 진행되었다. 또 다른 하나는 급변하는 20세기의 사회문화적 환경에서 국제적으로 다양한 문화와의 접촉빈도가 높아지면서 국내적으로는 급속한 문화변동에 따른 교육문제에 대한 인식이 증가하게 되면서부터이다.

교육과 문화에 대한 오늘날 논쟁의 초점은 문화차이와 교육불평등, 나아가 사회불평등 그리고 국제적 불평등과의 연계성과 관련되어 있다. 문화적 차이에 대한 인식은 비교적 일찍부터 연구되어 왔다. 그러나 문화적 차이를 문화적 우열의 문제로 인식하였을 때에는 지배계층의 문화는 가르치고 피지배계층의 문화는 소외되는 문제가 발생하게 된다. 결국 문화의 다양성을 인정하지 않게 되면 지배계층의 문화만이 교육에서 가르쳐지게 된다. 그러나 문화의 다양성을 인정하게 되면 지배계층의 문화뿐만이 아니라 피지배계층의 문화도 가르쳐질 가능성이 존재하기 때문에 그들 문화집단의 사회적 지위가 신장되고 결국 교육내용도 풍부해질 수 있다.

문화갈등론적 접근에서 교육에 있어서 문화의 문제를 살펴보면, 지배계층과 지배문화, 사회계층과 계층문화, 문화자본, 문화실조, 문화적 억압과 불이익, 문화적 희생 등의 언어로 표현되기도 한다. 이러한 분석과 주장의 이면에는 문화의 문제가 근본적으로 집단갈등의 문제나 권력의 문제와 결부되어 있다는 점을 암시해 주고 있다.

본 책에서는 위의 세 가지 유형의 접근방식 중 두 번째인 이질문화통합적 접근과 첫 번째인 민족문화적 접근을 병행하고자 한다. 즉 남북한 문화통합을 위한 교육의 역할에 있어서 분단 이후 이질화된 남북한 문화를 통합하는 방향에서 접근하는 것이다. 그리고 이러한 목표를 성취하기 위한 방법론적 차원에서 남북한에서 공존하거나 혹은 공통적으로 가치 있게 생각하는 우리 고유의 민족문화의 전통을 계승·발전시켜 가는 접근 방식이다.

다음은 북한의 교육환경과 문화이다. 북한에서는 교육뿐만 아니라 정치, 경제, 사회, 문화, 군사 등 모든 측면의 중심에 주체사상이 자리하고 있다. 그러나 북한처럼 폐쇄적, 전체주의적, 획일적 사회에서는 교육환경이 교육에 미치는 영향은 다른 사회에 비해 더욱 클 것이며, 또한 이와 같이 이루어진 교육은 나아가 다른 사회에 비해 매우 특이한 문화를 형성할 것이다. 이런 점에서 남북한 문화통합의 가능성을 모색하는 데 있어서 북한의 문화 중 특히 교육에 영향을 미치는 교육환경을 살펴보는 것은 매우 중요하다. 본 책에서는 주체사상, 교육제도 그리고 학교현장을 학교, 가정, 사회환경과 연관시켜 살펴보면서 이의 문화적 특성의 고찰을 통해 남북한 문화통합의 가능성을 검토하고자 한다.

제3절
남북한 교육환경의 이질성과 동질성

교육환경에 대해서는 앞에서 전술한 바 있다. 여기서는 교육환경의 요인 중 교육이념과 목표, 교육제도(학교제도, 취학 전 교육제도, 의무교육제도. 고등교육제도, 성인교육제도) 측면의 이질성과 동질성을 비교해 보고자 한다. 사실 교육이념과 목적, 교육제도가 학교 교육에 미치는 영향이 지대하다. 그러나 남북한의 교육이념과 목적, 교육제도를 비교해 보면, 상호유사성보다는 상이점이 많은 것도 사실이다. 하지만 상이점에 대한 확인도 중요하지만 남북한 교육이 지향하고 있는 공통적인 특성을 발견하여 교육동질성 회복의 단초로 삼아야 한다는 전제하에 논의를 전개하고자 한다.

1. 남북한 교육이념과 목표의 이질성과 동질성

먼저 남북한 교육이념의 이질성을 비교해 보면 다음과 같다. 남한의 교육이념은 교육기본법 제2조에 규정되어 있다. 우리나라의 교육이념은 '홍익인간의 이념 아래 모든 국민으로 하여금 인격을 도야하고, 자주적 생활능력과 민주시민으로서 필요한 자질을 갖추게 하여 인간다운 삶을 영위하게 하고, 민주국가의 발전과 인류공영의 이상을 실현하는 데 이바지하게 함을 목적으로 한다.'[39] 이에 반해 북한은 사회주의 헌법(2012. 4. 13)에 '국가는 사회주의 교육학의 원리를 구현하여 후대들을 사회와 인민을 위하여 투쟁하는 견결한 혁명가로, 지덕체를 갖춘 공산주의적 새 인간으로 키운다'고 명시하였다. 교육목적은 학생들을 공산주의적 혁명인재, 사회와 인민을 위해 투쟁하는 공산주의적 혁명가로 키우는 것이다. 다시 말하면, 교육이란 공산주의에 헌신하는 사람을 길러내는 것이었다. 이렇게 볼 때, 북한 교육의 이념적 기초는 공산주의적 인간육성,

---

39) "국가법령정보센터", 2007년 12월 21일(http://www.law.go.kr/main.html 검색일 : 2013. 4. 24)

주체사상, 집단주의, 이론과 실천의 결합으로 정리될 수 있다.

둘째, 남한은 학생들의 연령과 발달단계를 고려해서 각급학교를 초등학교, 중학교, 고등학교로 구분해 교육목표를 세분화해서 제시[40]하고 있다. 각급학교의 교육목표를 보면, 초등학교의 교육은 학생의 학습과 일상생활에 필요한 기초능력배양과 기본생활습관을 형성하는 데 중점을 두며, 중학교의 교육은 초등학교 교육의 성과를 바탕으로, 학생의 학습과 일상생활에 필요한 기본능력과 민주시민으로서의 자질을 함양하는 데 중점을 둔다. 그리고 고등학교의 교육은 중학교 교육의 성과를 바탕으로, 학생의 적성과 소질에 맞는 진로개척능력과 세계 시민으로서의 자질을 함양하는 데 중점을 둔다. 이와는 달리 북한의 학교 교육은 초·중등교육을 합쳐 '중등일반교육'으로 제시하고 있다. 중등일반교육이란, 학습과 생활에 필요한 기본능력을 함양하는 '일반교육'과 생산과 기술의 기초원리나 기계에 대한 지식을 습득하는 '기초기술교육'을 포괄하고 있다.

셋째, 남한은 주지주의적 학습능력의 함양이라는 교육의 본질적 가치를 중시한다. 따라서 남한에서는 '진리탐구의 정신과 과학적 사고력, 창조적 활동과 합리적 활동'을 강조하고 있다. 특히 교과활동에서 기본적인 학습능력과 지적 능력을 배양함으로써 지적인 탐구심, 창의적 사고능력을 기르는 데 중점[41]을 두는 데 반해, 북한은 실제 생활에서의 응용능력을 중심으로 교육의 실용적 가치를 중시하고 있다. 즉 교과활동이나 과외활동을 막론하고 교육과 노동의 결합, 학습활동과 실생활의 연관성을 강조하고 있다.

---

40) 교육부, 『초·중등교육과정』(서울 : 교육부, 2000), pp. 19~20.
41) 한만길(1997), 앞의 책, p. 36.

넷째, 남한은 개인주의를 바탕으로 하여 개성의 존중, 개인의 자율과 책임, 개인의 능력과 적성을 중시하는 교육목적을 추구한다. 여기서 '개성 있는 자율적 인간의 추구'란, 학생 개인의 개성을 추구하면서 자율적으로 의사결정을 하고 권리와 책임을 균형 있게 의식하는 것을 의미한다. 무엇보다도 남한에서의 교육은 개인의 능력과 적성에 맞는 학습과정을 선택하고 진로를 결정하는 측면을 강조[42]하고 있다. 이에 반해 북한은 집단주의를 기반으로 하여 사회와 국가에 대한 봉사, 당과 혁명에 헌신하는 집단적 공동체 의식을 강조한다. 북한의 학생들은 개인주의와 이기주의를 없애고 '하나는 전체를 위하여, 전체는 하나를 위하여'라는 집단주의 교육목적에 따라 배우고 일하고 생활해야 한다. 결국 이러한 차이는 교육을 국가와 당의 목표달성을 위한 수단으로 보는 북한의 '도구주의 교육관'과, 교육을 개인의 전인적 발전을 조장하는 하나의 삶의 표현방식으로 보는 남한의 '본질주의적 교육관' 사이의 차이에서 기인한다고 볼 수 있다.

남북한의 교육이념은 이질성에도 불구하고 몇 가지 측면에서 동질성을 발견할 수 있다. 이를 살펴보면 다음과 같다. 첫째, 남북한이 공통적으로 지덕체를 골고루 갖춘 전인적 인간형성을 중시하고 있다는 점이다. 남한은 진리탐구의 정신과 과학적 사고력과 같은 지적 능력과 아울러 심리적 정서, 신체의 건전한 발육과 같은 정서·신체적 특성을 중시한다. 이를 위해 교육법에 초등학교 교육목표로서, '과학적인 능력', '음악·미술·문예에 대한 기초적인 이해', '신체의 조화로운 발달' 등을 명시하고 있다. 북한도 역시 '지덕체를 겸비한 공산주의적 새 인간 육성'을 명시하고 있는데, '과학과 기술의 성과에 대한 인식', '자연과 사회에 대한 깊이 있는 지

42) 위의 책, p. 36.

식' 그리고 건전한 체력을 중시하고 있다. 또한 어린이 보육교양법에서는 '예절바른 품성', '풍부한 정서와 예술적인 재능', '다방면적인 지능발전'을 도모한다[43]고 명시하고 있다. 이렇게 볼 때 남북한은 공통적으로 교육을 통해 전인적인 인격의 형성, 즉 지적 능력 개발, 도덕적 품성의 형성, 정서·신체적 자질의 겸비를 균형 있게 추구하고 있음을 알 수 있다.

둘째, 남북한은 공통적으로 기초적인 생활규범과 도덕적인 품성을 학교 교육의 목표로 중시하고 있다. 남한의 교육법을 보면, '자유를 사랑하고 책임을 존중하며', '신의와 협동과 애경의 정신', '근검절약하고 무실역행'을 명시하고 있다. 북한의 공산주의 도덕은 공산주의 사회건설이라는 궁극적인 목표를 도덕교육의 목표로 설정하고 있다. 좀 더 구체적인 도덕규범을 살펴보면, 남한과 공통성을 지닌 보편적인 도덕을 내포하고 있음을 알 수 있다. 보편적인 가치로서 명시되고 있는 도덕규범을 보면, '공동재산을 사랑하며', '어린이들이 예절바른 품성을 가지며 문화위생적으로 생활하는 데 버릇되도록 교양한다'. 또한 '조국과 인민에 대한 사랑', '민족의 훌륭한 전통과 유산을 귀중히 여기며', '학생들이 자기의 책상과 걸상을 아끼고', '나라의 살림살이를 알뜰하게 하도록', 학생들을 가르쳐야 한다는 것이다. 또한 '공산주의 도덕' 교과에서는 어른에 대한 예의, 부모에 대한 공경, 이웃과 친우에 대한 예절을 강조하고 있음을 볼 때 북한에서도 보편적인 도덕규범을 중시하고 있다[44]고 볼 수 있다.

---

43) 위의 책, pp. 36~37. 2012. 3. 21.에 개정된 초·중등교육법에서 초등학교의 목적을 보면, '초등학교는 국민생활에 필요한 기초적인 초등교육을 하는 것을 목적으로 한다'고 규정하고 있다.

44) 최영표·한만길·홍영란, 『통일에 대비한 교육정책연구 (Ⅱ)』(서울 : 한국교육개발원, 1993), p. 37.

셋째, 남북한은 공통적으로 교육목적으로서 전통적인 도덕규범을 강조하고 있다. 남한에서는 예절과 신의, 효도와 공경 등의 덕목을 우리 민족의 전통적인 규범으로서 중시한다. 북한에서도 전통적인 도덕규범에 대하여 우리 민족의 고유한 생활풍습으로서 유지하고 계승해야 하는 덕목[45]이라고 강조한다. 예컨대 전통적 도덕규범으로서는 효도, 예절, 공경, 충성, 신의, 우애 등의 규범이 있다. 또한 언어 예절, 행동 예절, 집단에 대한 예절, 사람들 상호 간 예절을 잘 지킬 것을 강조하고 있다. 이러한 덕목은 교과서 내용으로 반영되고 있는데, 가정에서 예절을 배울 것, 친구 또는 이웃을 존중하는 태도, 어른을 공경하는 태도, 실수했을 때 사과하는 태도, 윗사람과 이웃에 대하여 설 인사 나누기 등의 예를 들어볼 수 있다.

이상에서 살펴본 바와 같이 남북한은 정치이념과 체제의 차이만큼 교육이념과 목표, 내용의 차이도 그대로 나타나고 있다. 그러나 유사점도 어느 정도 나타나고 있다는 점을 간과해서는 안 된다. 통일에 대비하여 남북한 간의 교육목표상의 차이를 분명히 하는 것도 필요하지만, 교육목표의 유사성과 동질성을 발굴하고 이를 계승·발전시키는 노력은 더욱 필요하다고 보여진다.

2. 남북한 교육제도의 이질성과 동질성

가. 학교제도의 측면

남북한의 학교 단계별 교육연한을 보면, 첫째, 남한은 초등 6년, 중등 3

---

45) 한만길, 앞의 책, pp. 37~38.

년, 고등 3년제인 데 비하여, 북한은 초등 5년,[46] 중등 6년, 고등 4년으로 초등교육단계에서 북한이 남한보다 1년이 짧다. 이것이 학교제도상 가장 기본적인 차이라 하겠다.

둘째, 진로분화의 시기를 보면, 남한은 중등 후기(고등학교)에 진로분화가 이루어지는 만기선발 제도인 데 비해, 북한은 중등 후기까지 진로분화가 이루어지지 않고 있으며, 또한 남한과는 달리 중등교육단계에서 실업계통이 없다.

셋째, 남한에서는 특수목적을 위한 학교체계가 중학교 단계에서부터 자유경쟁에 의해 선발이 이루어지며, 시험은 필답고사와 면접, 실기고사가 병행[47]되고 있다. 이에 반해 북한에서는 특수목적을 위한 학교체계가 명확하게 명시되어 있을 뿐만 아니라 조기분화체계[48]를 갖추고 있다.

남북한 교육의 동질적 측면을 보면, 첫째, 남북한은 중등교육단계를 전기 3년, 후기 3년으로 구분하고 있다. 특히 북한은 73년 학제개편으로 전

---

46) 2012년 최고인민회의 제12기 제6차 회의(9·25)에서 '전반적 12년제 의무교육을 실시함'에 대한 '최고인민회의 법령'발표를 통해 의무교육제도와 기간의 연장하였다.
   · 2012년, 9월 25일 개최된 북한 최고인민회의 제12기 제6차 회의-전반적 12년제 의무교육을 실시함에 대한 '최고인민회의 법령', 통일연구원, 주간 통일정세분석(12~40, 조선중앙통신 보도).
   · 혁명발전과 시대의 요구에 맞게 중등일반교육을 결정적으로 개선·강화하고 사회주의 교육제도를 더욱 공고발전시키기 위하여 전반적 12년제 의무교육을 실시함.
   · 전반적 12년제 의무교육은 무료로 실시하며 대상은 5살부터 17살까지의 모든 어린이들과 청소년들이며, 1년제 학교전교육과 5년제 소학교, 3년제 초급중학교, 3년제 고급중학교 교육으로 함.
   · 2013년~2014학년도부터 6년제 중학교를 3년제 초급중학교와 3년제 고급중학교로 갈라 운영하며, 4년제 소학교를 5년제 소학교로 전환하는 사업은 필요한 준비단계를 거쳐 2014~2015학년도부터 시작하여 2~3년 안에 마침.
47) 최영표·한만길·홍영란, 앞의 책, p. 44.
48) 본 책 제5장 3절과 4절을 참고하기 바람.

기와 후기의 구분을 없앴다가, 2012년 최고인민회의 제12기 제6차 회의 (9·25)에서 3년제 초급중학교와 3년제 고급중학교로 분리하였다.

둘째, 교육기회의 평등성 준거에서 볼 때 남한은 모든 학생들에게 취학 기회의 조건을 보장하고 있다는 점에서, 북한은 의무교육연한이 연장되어 있기 때문에 취학기회가 보장되어 있다는 점[49]에서 양 체제의 동질적 측면을 찾아볼 수 있다. 특히 북한은 12년제 무상의무교육을 실현하고 있어서 취학의 기회가 보장되어 있다. 남한은 취학기회를 포착하는 과정에서 개인의 사회경제적 조건이 교육기회의 평등성을 저해하는 요인으로 작용하고 있으며, 북한은 출신성분에 따른 교육기회의 불평등이 야기되는 문제점을 안고 있다.

셋째, 교육체제의 다양성 측면에서 볼 때, 남한은 고등학교 단계에서 분화가 이루어지며 특수목적고, 특성화 고등학교 등이 설치되어 있다는 점에서, 북한은 영재교육기관이 설치되어 있다는 점에서 의의가 있다. 북한은 예능계통의 영재교육기관이 초등학교 단계부터 설치되어 있어서 지나치게 조기에 분리되고 있다는 문제는 있지만 중등학교 단계에서는 영재교육기관인 제1고등중학교와 외국어 학교가 설치되어 있다는 점[50]에서 학교의 다양성은 마련되어 있다고 볼 수 있다.

넷째, 교육체제의 개방성 측면에서 볼 때 남북한은 공히 문제점을 안고 있다. 남한은 학교 단계 간의 수직적 이동에서 학생들은 대학 진학이라는 강력한 지향성을 갖고 있다는 점에서 학교제도의 획일적 운영이라는 문제점을 갖는다. 최근 들어 고등학교 단계에서 직업교육체제를 강화하

---

49) 한만길, 앞의 책, p. 341.
50) 최영표 외, 앞의 책, pp. 58~59.

고 있어서 인문고의 직업반 운영은 이러한 학생이동의 폐쇄성을 완화하려는 시도라고 볼 수 있다. 북한에서는 학교 선택의 재량이 허용되고 있지 않다. 학교 선택은 언제나 학생의 학습능력 뿐만 아니라 출신성분과 조직 활동에 따라 결정되기 때문에 개방되어 있다고 보기 어렵다.[51]

나. 취학 전 교육제도의 측면

취학 전 유치원 교육은 개인의 성장과 발달을 초기부터 조장해 준다는 점에서, 그리고 국가적으로 요구되는 인재를 조기에 발굴하여 양성할 수 있다는 점에서 중요한 교육사업이라 할 수 있다. 최근 들어 남북한은 공통적으로 유치원 교육에 대한 국가의 지원을 확대 강화하는 방향으로 정책을 추진하고 있으며, 기본적으로 이러한 방향을 더욱 가속화시키는 것이 사실이다. 그리고 남북한은 공히 취학 전 1년을 공교육체계에 포함시켜 의무교육기회를 확대시키고 있다는 점이 동질적이라 할 수 있다. 그리고 북한은 이미 취학 전 교육을 확대·발전시켜 왔기 때문에 취원률 면에서는 문제가 크지 않다고 볼 수 있다. 최근 남한에서는 유치원교육에 대한 정부지원이 확대되면서 취원률이 급격하게 상승하고 있다. 북한은 교육여건이 열악하다는 측면에서, 남한은 무상교육기회의 확대로 유치원 시설의 부족이라는 점에서는 극복해야 할 과제를 공통적으로 안고 있다고 볼 수 있다.

그러나 취학 전 교육을 수월성 준거에서 보면, '남한은 전적으로 개인적인 환경과 선택에 의하여 결정되고 있는 반면에, 북한은 국가의 지

---

51) 위의 책, p. 59.

도·지원 아래 추진되고 있다는 점에서 차이[52])가 있다.

둘째, 교육의 자율성 준거로서 교육의 선택가능성, 교육프로그램의 다양성과 같은 요인을 보면, 남한은 어느 정도 자율성이 보장되어 있다고 볼 수 있으나, 북한은 그럴 만한 여지가 제한되어 있다. 북한은 기본적으로 국가가 조직적으로 관리·운영하고 있기 때문에 교육의 자율성은 상당한 정도로 제약을 받고 있다[53])는 것이다. 특히 사회주의 사회에 적합하도록 집단주의적인 방식으로 아동을 훈련한다거나 김일성 우상화에 의하여 정치사상교육을 강조하는 것은 교육을 획일화시키는 결과를 낳고 있다.

셋째, 교육기회의 평등성 준거에서 볼 때, 남한은 교육의 접근기회는 허용되어 있다 하더라도 실제적으로 교육 시설이 충분히 확보되어 있지 않기 때문에 평등성 실현에 제약을 초래하고 있으며, 북한은 최소한의 수용 시설은 확보되어 있다 하더라도 교육여건이 풍부하지 않기 때문에 한계가 있다. 가장 초보적인 단계에서 취원 상황만을 보면 북한이 남한보다 교육기회가 폭넓게 제공되고 있는 것도 사실이다. 그러나 교육의 과정과 결과 면에서 평등 실현에는 문제를 안고 있다는 점이 공통점이다.

다. 의무교육제도의 측면

남북한에서 의무교육은 국민의 기초 교육으로서 모든 아동에게 국가가 교육을 보장해 주어야 한다는 의미를 갖고 있다. 또한 남북한 모두 무상의무교육을 지향하고 있다는 점에서 동질성을 갖고 있다. 이를 위해

---

52) 위의 책, p. 69

53) 위의 책, p. 71.

남한은 헌법 31조 1항에 '모든 국민은 능력에 따라 균등하게 교육을 받을 권리를 가진다.', 2항에는 '모든 국민은 그 보호하는 자녀에게 적어도 초등교육과 법률이 정하는 교육을 받게 할 의무를 진다.'고 명시하고 있다. 그리고 교육기본법 제8조 1항에는 '모든 국민은 6년의 초등교육과 3년의 중등교육을 받을 권리가 있다.'라고 규정하고 있다. 북한도 사회주의 헌법[54]에서는 공민의 교육권과 12년의 의무교육을 규정하고 있다. 그리고 〈사회주의 교육에 관한 테제〉에서는 의무교육제도와 전반적 무료교육제도라는 항목에서 구체적으로 제시하고 있다. 의무교육 실시의 원칙을 보면, 북한 사회주의 교육기본방침과 궤를 같이하는 차원에서 제시하고 있다. 먼저 교육 대상자들을 빠짐없이 공부시키기 위하여 국가가 책임지고 필요한 조건들을 구비하도록 하고 있다. 구체적으로는 교원을 양성하고 물질적 조건을 마련하며, 교과서와 학용품도 마련하도록 하는 것이다. 또한 〈테제〉에서는 학교의무교육을 우선적으로 실시한다는 원칙도 제시하고 있다.

　그러나 남북한 의무교육의 특성을 교육기회의 균등성, 수월성의 준거로 비교해 보면 기본적으로 다른 특성[55]을 보이고 있다. 이를 보면 첫째, 기회균등성의 준거에서 볼 때, 남북한은 모두 이를 기본원칙으로 삼는다고 볼 수 있다. 즉, 모든 아동은 국민 기초교육으로서의 의무교육을 받을 권리를 가진다는 것이다. 그러나 북한은 의무교육 수혜 대상자 모두에게 비슷한 교육조건에서 의무교육을 받을 수 있도록 기회를 제공하고 있는

---

54) 전이린, 『조선민주주의 인민공화국의 전반적 의미교육에 관한 연구』(평양 : 교육도서출판사, 1984), pp. 47~48.

55) 최영표 외, 앞의 책, pp. 87~88.

데 비해서 남한은 최소한의 필수적인 교육조건을 구비해 주지만, 아동의 개인적 특성이나 가정의 경제적 여건에 따라 비교적 다양한 교육이 이루어질 수 있다.

둘째, 수월성의 준거로서 남북한은 크게 다른 특성을 갖고 있다. 북한은 12년제 의무교육을 통하여 기회균등을 철저하게 실천하고 있는 반면에 기본적으로 교육재정의 빈약으로 말미암아 교육여건이 열악할 뿐만 아니라, 이로 인하여 일반학교에서 수월성을 추구하기가 매우 어려운 실정이다. 이에 비해서 남한은 학생 개인의 능력과 여건에 따라서 다양한 교육이 이루어지고 있기 때문에 의무교육에서 수월성이 높은 측면도 동시에 가지고 있다.[56] 즉 교육여건이 비교적 양호한 학교나 개인적 재능이 풍부한 학생을 대상으로 가정의 지원을 통하여 수월성이 추구되고 있다고 볼 수 있다.

라. 고등교육제도의 측면

고등교육 부문에서 남한과 북한은 교육기회의 확대정책을 추구하고 있다는 점에서는 동질성을 갖고 있다. 남한은 1980년 이후 고등교육의 정원확대에 따라 교육기회가 대폭적으로 확대되었으며, 북한도 '온 사회의 인텔리화'라는 구호 아래 고등교육의 확대정책을 추진하였다. 북한의 대학 수 변화경향을 보면 남한과 마찬가지로 1980년대에 확대된 것으로 나타나고 있다.[57] 고등교육기회가 확대되는 과정에서 국민들의 높은 교육욕구가 남한과 북한에서 공통적으로 작용하였다고 볼 수 있다. 특히

---

56) 위의 책, pp. 87~88.
57) 한만길, 앞의 책, p. 344.

남한에서 학부모의 교육열이 대단히 높고 대학 입시경쟁이 치열한 것과 마찬가지로 북한에서도 대학 입시경쟁은 치열[58]하다고 한다.

교육기회의 균등이라는 관점에서 보면, 남한은 학생의 학습능력에 따라 자율적으로 선택할 수 있기 때문에 기회의 개방을 허용하고 있다고 할 수 있는 데 비해, 북한은 학생의 능력뿐만 아니라 출신성분과 조직생활을 고려하여 학생을 선발하기 때문에 기회균등을 제한하는 경향이 있다. 북한에서는 엘리트 양성대학 또는 정규대학일수록 출신성분을 중요하게 고려하기 때문에 교육기회가 개방되어 있다고 말하기는 어렵다. 반면에 남한에서의 고등교육은 수익자 부담을 원칙으로 교육비를 충당하기 때문에 교육기회를 획득하려면 교육비를 부담할 수 있는 경제적 조건이 마련되어야 한다. 이러한 점에서 남한은 경제적 조건이 고등교육의 기회를 획득하는 데 제약을 주고 있다고 할 수 있다. 또한 고등교육의 성격과 기능 면에서 남북한은 엘리트 양성의 측면과 대중교육기관으로서의 측면을 동시에 지니고 있다.[59] 북한의 고등교육기관은 남한에 비해 성격과 기능이 명확하게 구분된다. 김일성종합대학과 같은 엘리트 양성대학은 국가에서 집중적으로 지원을 받아 질적으로 대단히 우수한 교육여건을 확보하고 있다. 또한 북한에서 성인을 대상으로 하는 고등교육기관은 교육기회를 폭넓게 제공할 수 있는 대중적 성격을 띠고 있다.

고등교육기관의 유형에 따라 남북한의 차이를 비교해 보면, 남한은 4~6년제 정규대학이 많다. 이에 반해 북한은 공장대학, 전문학교 같은 성인교육 및 직업훈련교육기관의 성격을 띤 고등교육기관이 많다. 또한 북

---

58) 최영표 외, 앞의 책, p. 100.

59) 위의 책 pp. 100~103.

한의 대학은 계열 또는 학과별로 세분화되어 있기 때문에 규모가 작다. 반면 남한의 대학은 종합대학 형태의 규모가 큰 학교가 많으며, 성인교육 기관은 적은 편이다. 북한의 고등교육은 생산현장과 밀접하게 결합된 형태로 이루어지고 있으며, 성인을 대상으로 하여 직업기술을 훈련하는 데 중점을 두고 있다. 또한 생산현장에 근무하는 근로자들에게 직무와 관련되는 기술교육을 제공하고 있다. 남한과는 달리 정규대학에까지도 군 제대자와 직장 근무자에게 입학 기회를 제공하고 있다.

교육내용에 있어서 남한의 대학은 학문 중심으로서 산업현장과 연계가 미흡하다는 지적을 받고 있다. 그러나 북한의 소수대학은 이론에 치중하는 반면에 대부분의 대학은 산업현장과 밀접하게 연계되고 있다. 특히 성인을 대상으로 하는 고등교육기관은 실제 산업현장에서 필요한 기술을 강조하고 있기 때문에 학문과 실제 기술의 연계가 밀접하게 이루어지고 있다[60]고 볼 수 있다.

고등교육기관의 운영 면에서 보면, 남한은 비교적 자율성이 보장되는 반면에 북한은 국가와 당의 지도를 철저하게 받기 때문에 자율성이 제약되고 있다. 남한도 정부의 지도·감독을 받고 있지만, 대체적으로 대학의 자율성은 보장되어 있다. 그러나 북한의 교원과 학생들은 당의 통제를 조직적으로 받고 있으며, 특히 정치사상적인 면에서 철저하게 지도되고 있기 때문에 기관의 운영에서나 학문탐구에 있어서 자율성은 거의 허용되고 있지 않다.[61]

---

60) 위의 책, pp. 103~104.
61) 위의 책, p. 104.

마. 성인교육제도의 측면

남북한의 성인교육제도를 보면, 남한은 학습자의 요구를 적극적으로 수용하는 형태로 발전하고 있다. 이에 반해 북한은 '온 사회의 인텔리화'라는 국가의 강력한 정책에 따라 발전하는 특징을 보여 주고 있다. 학력 보충을 위한 성인교육은 남북한 모두 가장 중시하는 교육활동이다. 학력이 미달하는 성인들에게 학교 중심의 성인교육기회를 제공해 줌으로써 학력을 보충하고 성인 각자의 직무와 관련되는 새로운 지식과 기술을 습득하도록 함에 있다.

남북한은 방송통신매체가 성인교육의 수단으로 적극 활용되고 있다는 점이다. 북한은 김일성방송대학, TV방송대학을 개설하여 방송매체를 적극적으로 활용[62]하고 있다.

남북한 성인교육제도의 특성을 교육기회의 개방, 교육기회의 평등성, 교육내용의 다양성이라는 세 측면에서 살펴보고자 한다.[63] 첫째, 교육기회의 개방성 측면에서 보면, 북한은 현직근로자에게 교육기회의 혜택을 제공하고 있기 때문에 개방성에 합당하다고 볼 수 있는 데 비해서, 남한은 현재 근로자의 교육기회를 획득할 수 있는 다양한 교육기관을 설치하여 운영하고 있다. 고등교육의 기회를 획득하는 데 있어서 북한은 군복무자, 현직 근로자에게도 일정한 비율을 할당하여 기회를 보장하고 있다.

둘째, 교육기회의 평등성 측면에서 보면, 북한은 국가의 정책적 지원에 따라 교육기회가 확대되고 있는 반면에 남한은 현재 개인의 자유선택과 경쟁에 의하여 점차적으로 확대되는 추세를 보이고 있다.

---

62) 한만길(1997), 앞의 책, pp. 345~346.
63) 위의 책, pp. 346~347.

셋째, 교육내용의 다양성 측면에서 보면, 북한은 국가의 정책목표에 따른 제한된 교육내용만 제공하고 있는 데 비해 남한은 비교적 다양하다. 북한은 국가 정책목표에 합당한 교육내용만 제공하기 때문에 학습자의 다양한 요구에 부응하기 어렵다. 따라서 북한의 성인교육은 내용과 형태면에서 제한적이며, 폐쇄된 형태라 할 수 있다.

제3장

|

북한의 문화와
남북한 문화통합에 관한
연구 경향

북한의 문화에 대한 연구 경향

1. 북한의 문화정책에 대한 논의

북한의 문화정책은 일관되게 사회주의 민족문화건설을 위한 근로자 교양, 그리고 김일성의 유일사상과 김정일 후계체제 확립을 목표로 수립되고 실천되어 왔다. 북한의 문화정책의 목표[64]를 구체적으로 제시해 보면 다음과 같다.

첫째, 소설·시·연극·영화·음악·출판·신문·방송 등 모든 문화사업은 인민을 공산주의적으로 교양하고, 당과 대중을 연결하는 수단이며, 정치·경제·문화건설의 과업에로 근로대중을 조직 동원하는 힘 있는 무기이고, 선전선동자의 기능을 하는 당의 유력한 사상적 무기[65]이다.

둘째, 모든 문화매체는 수령의 영도를 제대로 받아야 하고, 수령의 사상을 구현해야 하며, 당과 혁명과 로동계급과 인민을 위한 수단[66]이다. 이러한 문화정책의 목표를 통해 북한의 문화가 정치적 목적을 달성하기 위한 도구로 사용되고 있다는 점과, 유일사상 아래 주민들을 하나로 결집

---

[64] 북한 문화정책의 핵심은 ① 당성, 계급성, 인민성을 가진 문화창조, ② 민족적 형식에 사회주의적 내용을 담은 문화창조, ③ 민족문화 유산의 비판적 계승을 통한 사회주의적 민족문화 창조, ④ 군중문화예술의 창조로 요약할 수 있다; 임채욱, 『북한 문화의 이해』(인천 : 자료원, 2004), p. 379.

[65] 김일성, 『김일성 저작선집』(6)(평양 : 조선로동당출판사, 1974); 『내외통신 종합판』(서울 : 내외통신, 1986), p. 442.

[66] 사회과학원, 『주체사상에 기초한 문예이론』(평양 : 사회과학출판사, 1975), p. 7.

시키기 위한 수단이 되고 있음을 짐작하게 해 준다.

북한의 문화정책을 구분할 때 대부분의 경우 북한의 역사적 구분에 따라 여러 단계로 나누어 구분하거나 혹은 십 년을 주기로 해서 구분해 왔는데, 과연 북한의 문화정책이 여러 단계로 세밀하게 구분될 정도로 다양한 변화를 보여 왔는가에 대해서는 이견[67]이 존재하고 있다.

대체로 북한의 문화정책 흐름을 볼 때, 해방 이후 1950년대 후반까지는 사회주의 이념을 전파하던 시기로 보고, 1960년대부터 1980년대 중반까지는 마르크스-레닌주의에 기초한 사회주의 이념과 주체사상을 강조하던 시기로 볼 수 있고, 1990년대에는 주체사상만을 강조하는 시기로 구분함이 적절하다고 여겨진다. 따라서 이 절에서는 북한 정권이 문화정책을 통해 사회갈등을 어떻게 해소하고 또 주민결집을 위해 어떤 노력을 기울여 왔는가에 초점을 두고자 한다. 이를 위해 북한 문화의 형성과정을 북한 사회주의체제의 변화·발전단계에 맞춰 문화정책을 세 시기 즉, 사회주의체제 구축기, 사회주의체제 확립기, 김정일체제 수립기의 단계로 구분[68]하고, 각 시기별 문화정책의 형성과정과 특징을 분석해 보고자 한다.

---

67) 이우영, 『남북한 문화정책 비교연구』(서울 : 민족통일연구원), 1994. p. 29.

68) 권영민은 북한의 문화정책을 시기별로 구분하면서 1960년대 초반까지는 사회주의 이념 확립에 목적을 두고 있고, 1960년대 이후 1980년대까지는 주체사상의 확립에 목적을 두었으며, 그리고 1990년대 이후 마르크스-레닌주의가 삭제되고, 주체사상만이 이념적 기조가 되었다고 본다. : 권영민, "북한 문학 50년", 『북한 문화연구』(3집)(서울 : 한국문화정책개발원, 1995).

· 윤덕희는 1945~1950년대 말 : 사회주의 국가건설기, 사회주의 문화 형성기, 1960년대 초~1970년대 말 : 주체사상에 의거한 김일성 유일체제 확립기, 사회주의 문화발전기(주체문화의 도입이 사회주의 문화 발전에 기여), 1980년대 이후 : 사회주의 침체기 또는 김일성 후계체제 수립 및 공고화 시기, 주체문화 정착기로 구분하고 있다. 권영민과 윤덕희의 견해를 수정·보완하여 세 시기로 나누고자 한다. : 윤덕희, "통일문화의 개념정립과 형성방향 연구", 민족통일연구원, 『통일문화연구 상』(서울 : 민족통일연구원, 1994), p. 47.

가. 사회주의체제 구축기(해방 이후~1950년대 후반)

사회주의체제 구축기는 해방 이후 1948년 조선민주주의인민공화국의 공식 출범과 1950년 한국전쟁 그리고 전후 복구의 시기[69]로, 사회주의 원칙에 충실한 혁명적인 사회·문화정책을 추진하였다. 여기서 혁명적이라 함은 자산 소유의 불평등에 기초한 경제적 하부구조를 와해시키고, 봉건성에 바탕을 둔 상부구조로서의 전통적인 사회적 관계를 청산하는 것이었다. 그럼에도 불구하고 주민들은 전통문화에 상당히 집착하는 경향을 보였으며, 북한 정권은 전략적인 측면에서 어느 정도 전통문화에 대한 관용[70]을 보였다.

이 시기 북한의 문화정책은 크게 네 가지 방향으로 추진되었다. 첫째, 문화시설의 확충, 둘째, 각종 문화기관의 정비, 셋째, 전통문화의 보존, 넷째, 문화정책을 추진하기 위한 각종 법령의 정비[71]인데, 이를 차례대로 살펴보자. 첫째, 문화시설 확충을 보면, 1945년 평양 국립중앙력사박물관 개관, 1954년 모란봉극장 완공, 1956년 공업전람관을 개관하였고, 1946년에서 1958년 사이에 도서관은 35개에서 185개로, 영화관은 81개에서 296개로, 대학의 수는 22개로 증가[72]하였다.

---

69) 도흥렬, "남북한 문화체제의 비교", 한국정신문화연구원, 『통일이념 정립을 위한 연구』(서울 : 정신문화연구원, 1985), pp. 143~144.

70) 도흥렬, 위의 논문, p. 144. 북한 정권은 주민들과 마찰을 줄이기 위해 어느 정도 종교적 자유를 보장하였으며, 민족주의 세력, 기독교 세력 등 비공산주의 세력과 연합을 형성함으로써 지지기반을 확대하고 사회주의적 정책을 점진적으로 실시하였다. 그러나 한국전쟁 이후 전후복구사업과 김일성 지도 체제확립을 위해 주민생활에 대한 광범위한 통제를 시도하였으며, 이 시기 종교의 자유는 완전히 소멸되었고, 종교인은 반사회적 인물로 지탄받았다: 윤덕희, 앞의 논문, p. 50.

71) 대륙연구소, 『북한 법령집』(1권)(서울 : 대륙연구소, 1990), pp. 404~405.

72) 사회과학력사연구소, 『조선전사』(21)(평양 : 과학백과사전출판사, 1981), pp. 368~369; 이우영, 『남북한 문화정책 비교연구』(서울 : 민족통일연구원) 1994. 재인용.

둘째, 각종 문화기관의 정비를 살펴보면, 1946년 3월 사회주의 이념의 예술적 실천을 목표로 하여 '북조선 예술 총연맹'을 결성하였고, 산하에 '중앙예술단(1946. 5)'을 조직하여 건국사상 운동에 나서게 된다. 이 조직은 1946년 10월 '북조선 문학예술총동맹'으로 개편되었다. 그리고 1949년 평양미술대학, 1952년 평양음악대학, 1953년 국립극장 부속종합예술학교, 1956년 연극학교, 1959년 평양연극영화대학, 동년에 만수대창작사[73]가 평양에 설립되었다.

셋째, 북한은 전통문화 보존에도 심혈을 기울여 1957을 기준으로 보면, 유적지 260개소, 명승지 12개소, 천연기념물 43개소가 관리되고 있으며, 96개 유적지 및 명승지에 대한 보수공사가 진행되었다.[74]

넷째, 북한은 문화정책추진을 위해 각종 법령을 정비하였다. 이에 관한 북한 헌법 조항을 먼저 살펴보자. 1948년의 북한 헌법 제10조는 '국가는 국내의 경제문화의 부흥과 발전을 지향한다', 제11조는 '공민은 국가의 정치 · 경제 · 사회 · 문화생활의 모든 부문에 동등한 권리를 가진다', 제20조는 '공민은 과학 또는 예술활동의 자유를 가진다. 저작권 및 발명권은 법적으로 보호한다'라고 명시하였다. 그리고 1946년 조선 로동당 창립대회에서 채택된 강령 역시 문화와 관련되는데, 이를 살펴보면 제8조 '전조선인민에게 언론, 출판, 집회, 연설대회, 시위운동, 당 조직, 동맹조직 및 신앙의 자유를 보장할 것'이고, 제10조에는 '조선민족문화예술 및 과학의 정상적 발전을 도모할 것[75]'이라는 내용이 포함되어 있다. 그리고 1946년

---

73) 『조선중앙년감』(평양 : 조선중앙통신사, 1959), p. 337.

74) 위의 책, p. 114; 이우영, 『남북한 문화정책 비교연구』, p. 35.

75) 국토통일원, 『조선로동당대회 자료집 1집』(서울 : 국토통일원, 1988), p. 86.

'보물, 고적명승, 천연기념물 보존령'과 '예술위원회조직에 관한 건', 1947년 '국립극장 설치에 관한 결정서'와 '국립영화촬영소설치에 관한 결정서', 1948년 내각결정 제58호로 '조선물질문화유물조사보존위원회에 관한 결정서'가 의결되었다. 그리고 1950년 '아동예술대에 관한 규정', 1952년 내각결정 168호로 '무대예술인들을 우대함에 관하여'와 '인민배우, 공훈배우 및 공훈예술가 칭호를 제정함에 관하여'를 결정하여 예술가에 대한 우대를 명확히 하였다. 또한 1958년 내각명령 제103호 '도시·농촌을 전반적으로 유선방송화할 데 대하여'와 내각결정 제30호로 '체육 및 스포츠 보급과 체육간부 양성사업을 개선할 데 대하여'가 결정[76]되었다.

다음으로는 1950년대 북한 문화정책의 근본 목표와 이론적 바탕을 살펴보고자 한다. 먼저 문화정책의 근본목표는 주민들에게 사회주의 이념을 내면화시키는 데 있었다고 할 수 있다. 이와 같은 문화정책의 목표가 명확하게 드러난 것은 1947년 6월 14일 김일성은 '민주주의조선임시정부를 세우는 것과 관련하여 모든 정당, 사회단체들은 무엇을 요구할 것인가'라는 연설이었다. 김일성은 이 연설에서 '조선민주주의인민공화국 문화건설의 과업은 인민교육과 문학예술분야에서 일제사상 잔재를 뿌리빼고 민족문화를 빨리 발전시키며 전체인민의 지식수준을 높이며 인민경제와 국가기관에 필요한 능력 있고 민주주의 정신으로 교양받은 민족간부들을 많이 준비하는 데 있다'[77]라고 연설하면서 민주주의 이념을 강조하였다. 또한 김일성은 일부 '문화인들은 아직 민주주의의 진리를 깊이 파악하지 못하고 있습니다'라고 비판하면서 '문화인들이 민주주의의 진

---

76) 대륙연구소, 『북한 법령집』(4권)(서울 : 대륙연구소, 1990), pp. 188~223.
77) 『김일성 저작집』(3)(평양 : 조선로동당 출판사, 1979), p. 313.

리를 체득하고 민주주의 깃발 밑에 굳게 단결하여 더욱 견결히 투쟁하여야 하겠습니다'[78]라고 연설하였다.

북한은 문화정책의 이론적 바탕을 '사회주의 리얼리즘'과 '민족주의'에 두었는데, 특기할 만한 사항은 '군중문화'를 강조하였다는 점이다. 문화정책의 이론적 바탕을 보자. 첫째로 북한에서는 초기 KAPF[79] 계열의 문학을 계승하면서 사회주의적 사실주의의 창작방법을 중요시하였다. 북한의 조선말 대사전에 의하면 '사회주의적 사실주의'는 민족적 형식에 사회주의적 내용을 담는 것을 원칙으로 하는 혁명적 문학예술의 창작방법이라고 표현되어 있다. 이와 같은 사회주의적 사실주의는 예술에 무게를 두기보다 현실과의 밀접한 관련을 통해 사회상을 반영하는 것을 목적으로 한다. 즉 창작의 형식 면에서 사실주의를 기반으로 하고, 내용 면에서 사회주의적 경향성, 즉 당성·계급성·인민성을 중시[80]해야 한다는 것이다.

두 번째는 사회주의와 함께 민족주의도 강조되었다. 북한에서의 민족주의는 전쟁 이전에는 민족문화유산에 대한 관심이 집중되어 유적지를 보수하고 문화재를 관리하는 등 민족문화유산 보존정책이 추진되었다. 그러나 북한에게 한국전쟁은 서구 제국주의와 민족주의의 대결, 외세지

---

78) 김일성, "문화인들은 문화전선의 투사로 되어야 한다"(1946. 5. 24), 『김일성 저작집』(2) (평양 : 조선로동당출판사, 1979), p. 233. 여기서 주의할 점은 북한이 1945년 해방이 되었을 때, 사회 각 부분에 일제의 식민지적 잔재가 남아 있고 봉건적 요소들이 온존해 있었다. 해방 직후 이러한 요소들을 척결하기 위해 '반제반봉건민주주의 혁명'(이종석, 앞의 책. p. 61.)이라 불리는 인민민주주의 혁명을 수행하는데, 이를 '민주개혁'이라 부른다. 또한 북한은 '1945. 8~1950. 6월까지를 새 민주조선 건설시기'(김동규·김형찬, 『북한 교육사 : 조선교육사 영인본』(서울 : 교육과학사, 2000)라 부른다.

79) 조선프롤레타리아예술동맹(KAPF)은 1920년대 공산주의 이론이 도입되면서 박영렬, 안석영, 김기진 등 문학·예술인들이 결성한 좌익 문예단체로, 사회주의적 사실주의에 충실하면서 동시에 강한 민족주의적 성향을 보였다.

80) 통일부 통일교육원, "문학과 예술", 『북한이해 2013』(서울 : 통일교육원, 2013), p. 208~209.

배에 대한 조국해방전쟁이라는 의미를 지녔던 만큼, 한국전쟁 이후 반제·반미 정서가 더욱 고양되었으며, 이는 남한에 대한 극심한 적대감으로 연결되었다. 특히 전후복구사업의 강력한 추진은 이 사회에서 반대적 인사의 존립여지를 완전히 박탈하였으며, 공산 정권의 남한에 대한 적대적 정책은 민족 간의 대결의식과 적대감을 심화시켰다. 그러나 이 기간에 배타적인 민족주의[81]만을 고집한 것은 아니었다. 북한은 외국 문화의 유입에도 노력을 기울였는데, 특히 '조쏘문화협회'를 중심으로 북한 정권 수립에 중요한 역할을 하였던 소련과의 교류를 지속하였고, 1957년에는 모스크바에서 개최된 제6차 세계청년학생축전에 참가[82]하기도 하였다.

세 번째는 북한 문화정책에서 특기할 만한 것은 '군중문화(군중예술론)'의 강조라 할 수 있다. 군중예술론은 창작의 주체가 군중이나 집단임을 강조하여 대중의 참여를 고무하는 이론이다. 김일성은 '공산주의적 문학예술을 건설하는 과정은 문학예술 건설에서 근로자들의 수준을 전문작가 예술인들의 수준으로 끌어올리며 군중 문학예술을 전문 예술의 수준으로 끌어올리는 과정'이라고 하면서, '문예활동에서 전문일꾼 본위로 나가려는 경향을 철저히 경계하여야 하며 창작 사업에서 신비주의를 바수고 문학예술을 군중적으로 널리 발전시켜야 한다'[83]고 역설하였다. 이를 위해 1953년 내각명령 제74호로 농촌 지역에 설치된 '민주선전실', 직장단위에 있는 각종 '문화써클', 그리고 지역단위의 '구락부'가 군중문화의

81) 김일성은 민족문화에 대하여 허무주의 못지않게 복고주의적 태도를 경고하고 있다. 김일성, '민족문화유산을 잘 보전하여야 한다;『김일성 저작집』(5) (평양 : 조선로동당출판사, 1980), p. 283.

82) 이우영, 앞의 책, p. 40.

83) 통일부 통일교육원, 앞의 책, pp. 210~211.

중심으로 기능하였는데, 1958년에는 민주선전실이 8,703개소, 구락부는 472개소에 달했으며, 써클의 수는 8만여 개[84]에 이르고 있다. 군중문화는 일반 주민들이 문화에 참여하게 함으로써 문화가 갖는 정치사회화의 효과를 제고시키는 데 큰 역할을 수행했다고 볼 수 있다.

나. 사회주의체제 확립기(1960년대 초~1970년대 후반)

사회주의체제 확립기는 경제개발 7개년 계획(1961~1967)에 의한 사회주의 경제발전, 그리고 혁명전통과 주체사상에 의거한 유일사상체계 10대 원칙[85]을 중심으로 한 사상강화, 김정일의 후계체제 구축[86]에 역점을 두었다. 이는 이후 문화정책의 일관된 흐름을 유지하는 지렛대 역할을

84) 조선중앙통신사 편, 『조선중앙년감』(평양 : 조선중앙통신사, 1959), p. 224.
85) 유일사상체계의 10대 원칙을 보면,
  ① 위대한 수령 김일성 동지의 혁명사상으로 온 사회를 일색화하기 위하여 몸 바쳐 투쟁하여야 한다.
  ② 위대한 수령 김일성 동지를 충성으로 높이 우러러 모셔야 한다.
  ③ 위대한 수령 김일성 동지의 권위를 절대화하여야 한다.
  ④ 위대한 수령 김일성 동지의 혁명사상을 신념으로 삼고 수령님의 교시를 신조화하여야 한다.
  ⑤ 위대한 수령 김일성 동지의 교시 집행에서 무조건성의 원칙을 철저히 지켜야 한다.
  ⑥ 위대한 수령 김일성 동지를 중심으로 하는 전당의 사상의지적 통일과 혁명적 단결을 강화하여야 한다.
  ⑦ 위대한 수령 김일성 동지를 따라 배워 공산주의적 풍모와 혁명적 사업방법, 인민적 사업작품을 소유하여야 한다.
  ⑧ 위대한 수령 김일성 동지께서 안겨주신 정치적 생명을 귀중히 간직하며 수령님의 크나큰 정치적 신임과 배려에 높은 정치적 자각과 기술로써 충성으로 보답하여야 한다.
  ⑨ 위대한 수령 김일성 동지의 유일적령도 밑에 전당, 전국, 전군이 한결같이 움직이는 강한 조직규율을 세워야 한다.
  ⑩ 위대한 수령 김일성 동지께서 개척하신 혁명위업을 대를 이어 끝까지 계승하며 완성하여 나가야 한다. (조선로동당 중앙위원회, 1974)
86) 김동규, 『북한학 총론』(서울 : 교육과학사, 1999), p. 10.

하였다.

1960년대의 문화정책은 1950년대와 비교해 볼 때 크게 변하지는 않았지만 구체적인 정책의 지향점은 바뀌었다고 볼 수 있다. 그 첫 번째를 보면, 경제적인 면에 있어서 사회주의 자립경제 구축이라는 목표달성을 위해 1956년부터 시작된 '천리마운동'의 결과로서 천리마시대의 영웅들을 부각시키는 문학예술작품의 창작이 독려되었다. 문화정책에서 천리마운동을 강조함에 따라 문화를 통한 주민들의 노력동원을 강조하고, 집단적 사상교양이 더욱 중시[87]되었다.

둘째, 항일혁명문학이 대두되었다는 점이다. 항일혁명문학은 1957년에서 1960년까지 보급된『항일 빨치산 참가자들의 회상기 1~4』에서 시작되었다고 볼 수 있는데,[88] 1967년 12월에 개최된 최고인민회의 제4기 제1차 회의에서 발표된 '공화국정부의 10대 정강'에서 김일성은 '모든 문화창작에서 항일혁명문학을 중심으로 할 것'을 공식 천명[89]하였다. 이에 따라 만들어진 작품이 이른바 5대 혁명가극(피바다, 당의 참된 딸, 꽃 파는 처녀, 밀림아 이야기하라, 금강산의 노래), 5대 혁명연극(성황당, 혈분 만국회, 딸에게서 온 편지, 3인 1당, 경축대회), 그리고『불멸의 역사』시리

---

87) 사회과학력사연구소,『조선전사』(29)(평양 : 과학, 백과사전 출판사, 1981), p. 299; "천리마 시대에 맞는 문학예술을 창조하자"(1960. 11. 27),『김일성저작집』(14)(평양 : 조선로동당 출판사, 1981), p. 144. 김일성은 '우리의 문학과 예술은 응당 천리마의 기세로 내달리고 있는 인민의 위대한 창조적 생활을 힘 있게 형상화하여야 할 것입니다'라고 주장한 이후 천리마운동은 '천리마 작업반 운동'으로 보편화되었고, '사회주의 건설에서의 당의 총로선'으로까지 확립되었다(이우영, 앞의 책, p. 51).

88) 김재용,『북한 문학의 역사적 이해』(서울 : 문학과 지성사, 1994), pp. 144~157.

89) 김일성, "공화국 정부의 10대 정강"(1967. 12. 14), 사회과학력사연구소,『조선전사』(31)(평양 : 과학, 백과사전출판사, 1982) p. 267; 이우영, 앞의 책, p. 51에서 재인용.

즈이다.[90] 북한에서 항일혁명문학의 강조는 유일사상을 문화정책에도 반영한 것으로서, 김일성의 우상화작업을 문화를 통하여 추진하게 되었음을 의미한다고 할 수 있다.

셋째, 1960년대에도 문화시설의 확충과 조직정비는 계속되었다. 1967년 제3기 최고인민회의 1차 회의에서 발족한 내각에서는 교육문화성을 교육부와 문화부로 분리하였고, 1960년에 평양대극장 신설, 1961년에는 조선혁명박물관과 중앙미술박물관의 재개관, 그리고 동년에 건설전람관과 어머니 전람관이 건립되었다. 그리고 1962년부터 혁명전적지가 정비되기 시작하였고, 1963년에는 보천보 박물관, 천리마 관람관, 학생소년 궁전이 평양에 건축되었다. 같은 해 13개 시도에는 군중문화회관이 건설되었으며, 1964년과 1967년에는 각각 평양에 국립교예극장과 보천보전투승리기념탑[91]이 완공되었다.

넷째, 한국전쟁으로 인해 그 기능이 와해된 북조선문학예술총동맹을 대신하여 1961년에 '조선문학예술총동맹'이 창립되어 산하에 작가 동맹, 미술가 동맹, 작곡가 동맹, 연극인 동맹, 영화인 동맹, 무용가 동맹, 사진가 동맹을 망라하게 되었다. 1964년에는 창작지도집단인 '대창작지도그루빠'가 창립되고, 1956년부터는 생산단위에서 예술소조들의 활동이 본격화되었으며, 수령형상문학을 담당하는 '4·15창작단'이 1967년에 출범[92]하였다.

1960년대 문학예술을 통해 달성하고자 하는 했던 또 하나의 목표는 '남

---

90) 통일부 통일교육원, 앞의 책, p. 208.

91) 이우영, 앞의 책, p. 52.

92) 조선로동당출판사, 『김정일 선집』(1)(평양 : 조선로동당출판사, 1992);『조선중앙년감』, pp. 52~53.

조선 혁명'의 정당성을 확보[93]하는 것이었다. 김일성은 '문예작품에서 남반부 인민들의 생활과 투쟁을 적게 취급하고 있다'고 비판하면서 '우리의 문학예술은 북반부에서의 사회주의 건설에 복무해야 할 뿐만 아니라, 남조선 혁명과 조국통일을 위한 전체 조선인민의 투쟁에 복무해야 한다'[94]라고 주장하면서부터이다. 이후 북한에서는 문학예술작품에 한국 사회의 부패상, 미국과 일본의 제국주의적 행태, 특히 주한미군의 병폐를 집중 부각시켜 왔다. 이와 같이 북한의 문예정책은 선전선동에 일차적 목적을 두고 '인민적이고 혁명적인 사회주의 민족문화의 건설'을 목표로, 지도자를 중심으로 한 사회주의 혁명과 건설과업에 기여하는 혁명적 문화예술의 발전을 도모하고 있다.

전술한 바와 같이 북한이 항일혁명문학을 강조함에 따라 문화정책의 이념적 특성도 변하였다고 볼 수 있는데, 특히 1967년부터 전개된 문학계 내에서의 반종파투쟁은 북한 문화의 이념적 지향이 변화하는 결정적 계기였다. 반종파투쟁을 통해 KAPF(조선프롤레타리아예술동맹)계열의 문학예술작품들은 수정주의와 반동주의, 그리고 사대주의로 비판되고 수령의 형상화를 소재로 하는 교조주의적 문예관[95]이 확립된다. 항일혁명문학의 정립과 더불어 군중문화활동[96]의 강조도 문화에 대한 국가의

---

93) 통일부 통일교육원, 앞의 책, p. 209.

94) 김일성, "혁명적 문학예술을 창작할 데 대하여"(1964. 11. 7);『김일성 저작집』(18)(평양 : 조선로동당 출판사, 1982), pp. 436~438.

95) 김재용, 앞의 책, pp. 217~219.

96) 『조선중앙년감』(1963), p. 241. 1961년 6월 당 중앙위 상무위원회가 '새환경에 적응하게 문화 및 대중정치사업에 대한 지도체계를 일부 개편하여 기구정원을 조절할데 대하여'를 결의하고, 1962년 1월에는 내각결정 제6호로 '군중문화사업과 대중정치 사업을 개선 강화할 데 대하여'가 의결되어 군중문화가 본격적으로 추진된다.

통제가 강화되었음을 보여 주는 또 다른 징표이다. 1961년부터 군중예술 전문 예술인들을 공장 기업소에 파견, 야간 예술학교를 운영[97]하기 시작하고, 예술소조의 활동을 더욱 독려하였다. 군중문화의 강조와 예술소조 활동이 강화됨에 따라 지역 및 생산단위에서 문화에 대한 당의 직접적인 통제가 더욱 심화되어 문화예술인들은 '당 정책을 무조건 지지옹호하는 견결한 립장'[98]을 취하게 되고, 미학적인 기준보다는 정치적이고 사상적인 기준에 따라 작품을 평가하게 된다.

1960년대 북한의 문화정책에서 특기할 만한 사실은 김정일이 문화정책에 관여하기 시작하였다는 점이다. 김정일은 대학 졸업 후 당 중앙위원회 조직지도부 지도원과 정무원 제1부수상 김일의 참사실에 잠시 근무한 후 1972년 당선전선동부장이 되기까지 조직지도부 부부장으로 있었던 6개월(1969. 3~1969. 9)을 제외하고는 1966년부터 선전선동부 지도원 (1966. 2), 선전선동부 영화예술과장(1968. 2), 선전선동부 부부장(1969. 9), 선전선동부 문화예술담당 부부장(1970. 10) 등 주로 문화분야에서 근무하였다. 이러한 과정에서 김정일은 김일성이 항일유격대 시절에 창작하였던 작품들을 재창작하는 등 유일사상체계를 문화사업에서 구현[99]하는 데 주력하였다.

1970년대 북한은 1970년 11월 조선노동당 제5차 대회를 소집하였다. 그리고 동시에 당 중앙위원회 사업에 대한 총화를 시작하면서 6개년 경제계획을 수립하였으며, 당 규약의 이념전통을 '김일성 주체사상'으로 규

---

97) 사회과학력사연구소, 『조선전사』(30), p. 241.

98) 『조선중앙년감』(1963), p. 241.

99) 사회과학력사연구소, 『조선전사』(32)(평양 : 과학백과사전출판사, 1982), pp. 271~274.

정하여 1960년대 후반부터 서서히 시작되었던 주체사상의 고취는 확고한 뿌리를 내리게 되며, 유일사상체계가 확고하게 자리 잡았다. 그리고 1972년에는 헌법을 개정하였으며, 1973년 6월 당 중앙위원회 제5기 제7차 전원회의에서 '전체 당원들과 근로자들의 간절한 소망을 담아 김정일을 당 중앙 비서로 추대하고 1974년 2월 당 중앙위 제5기 제8차 전원회의에서 당 중앙위 정치국 위원으로 추대하면서 경애하는 수령 김일성 동지의 유일한 후계자, 주체위업의 위대한 계승자로, 당과 혁명의 영명한 지도자로 높이 추대하였다.'라는 성명[100]을 발표하였다. 그리고 1973년 김일성에 이어 1975년 2월 당 중앙위원회 제5기 제10차 전원회의에서 '3대 혁명소조운동'을 김정일의 이름으로 제기하였다.

1950·1960년대의 문화정책은 '문화의 대중화'라는 명목하에 다양한 문화시설이 설립되었다. 1970년 '당창건 기념관'의 건립, 1948년에 세워졌던 '조선혁명박물관'의 1972년 신축개관, 1974년 '인민문화궁전', '조국해방전쟁 승리기념관', '3대 혁명전시관'이 1975년에는 2·8문화회관'이 건립되었고, 1977년에는 '만수대 예술극장'이, 1978년에는 '국제친선관람관'이, 1979년에는 '삼지연 혁명사적관'이 건립되었다.

둘째, 1971년에는 평양음악대학이 '평양음악무용대학'으로 개편·증원되었으며, 1972년에는 '모란봉예술단'이 '평양예술단'으로 개편되었다. 또한 1972년에는 '김일성 상(償)'이 제정되어 문화 부분에 대한 시상이 이루어졌다. 그리고 민족문화유산에 대한 관심도 지속되는데, 1975년까지 역사유물 3,200여 개소가 정비되고, 유적 11만 9천여 건[101]이 재평가된다.

---

100) 조선로동당출판사, 『김일성 저작집』(제23권)(평양 : 조선로동당출판사, 1983), p. 473.
101) 『조선중앙년감』(평양 : 조선중앙통신사, 1976), p. 361.

조항	내용	비고
제35조	사회주의적 민족문화가 개화 발전한다.	문화
제36조	문화혁명을 수행·모든 근로자를 사회주의 공산주의 건설자로 만든다.	문화
제37조	조선민주주의인민공화국은 사회주의 근로자들을 위하여 복무하는 문화건설·제국주의의 문화적 침투반대·민족문화유산보호	문화
제38조	국가는 새로운 사회주의적 생활양식 확립	문화
제39조	국가는 사회주의교육학의 원리를 구현하여 공산주의적 새 인간으로 키움	교육
제40조	국가는 인민교육사업과 민족간부양성사업 주도	교육
제41조	국가는 10년제 의무교육실시	교육
제42조	국가는 학업전문의 교육체제와 일하면서 공부하는 교육체제 확립	교육
제43조	국가는 어린이를 대상으로 1년간 학교 전 의무교육 실시	교육
제44조	국가는 과학기술 발전 촉진	교육
제45조	국가는 민족적 형식에 사회주의적 내용을 담은 주체적이며 형명적인 문학예술 발전시킴. 작가, 예술인들의 창작활동을 장려하고 근로대중의 문예활동 유도	문화
제46조	국가는 우리말을 제국주의세력으로부터 보호	문화
제47조	국가는 근로자의 체력을 증진하고 국방체력강화	체육
제48조	국가는 전반적 무상치료제 공고화	의료

넷째, 북한은 문화정책추진을 위해 각종 법령을 정비하였는데, 먼저 1972년 개정된 헌법의 문화관련 조항은 제3장 35조에서 48조까지 총 14조로 이루어져 있는데 〈표 1〉과 같다. 개정된 헌법에 의하면 북한 문화의 목표, 이념지향, 국가의 역할이 명확히 규명되어 있다. 즉 북한 문화가 지향하는 것은 사회주의적 민족문화이며, 민족적 형식에 사회주의적 내용을 담은 문학 예술작품을 표준으로 삼고 있고, 이러한 이념을 토대로 '국

---

102) 이우영, 앞의 책, p. 67.

가는 창작활동을 장려하고 일반인의 문예활동을 보장하는 정책을 지향하여야 한다.'[103])고 명확히 제시되었다.

북한의 문화정책의 성격은 이전 시기와 별반 다름이 없지만, 1970년대 문화정책은 몇 가지 점에서 독특성을 보이고 있다. 첫째, 3대 혁명의 한 과정으로 문화정책이 다루어졌다[104])는 점이다. 이후 3대 혁명[105])은 북한체제의 궁극적인 발전목표가 되었다. 김일성은 문화혁명을 '생산문화와 생활문화의 개선운동'으로 표현하였다. 이는 낡은 사회의 문화적 낙후성을 없애고 노동계급의 새 문화를 창조하여 사회의 모든 성원들이 문화적으로 살며 일하게 만드는 것이라 개념을 정의하고 있다. 문화혁명에서 문화논의는 기존의 논의구조와 크게 다르지 않다고 할 수 있다. 그러나 문화혁명을 독자적으로 추구하는 것이 아니라 사상혁명 및 기술혁명과 결합하여 추진한다는 점이 3대 혁명의 특징이다. 이는 문화를 정치(사상혁명) 및 생산(기술혁명)과 연계[106])시킨 것이라 할 수 있다.

---

103) 『북한 최고인민회의 자료집』(3집)(서울 : 국토통일원, 1988), pp. 487~509. 헌법 개정 후 개최된 제5기 최고인민회의 1차 회의에서 행한 김일성의 연설 '우리나라 사회주의제도를 더욱 강화하자'도 문화의 역할이나 문화의 내용을 규정하고 있다. '사회주의 사회에서는 문학예술도 찬란히 개화 발전합니다. 사회주의 제도는 주권과 생산수단뿐 아니라 문학예술도 인민의 것으로 만듦으로써 문학예술 발전의 넓은 길을 열어 놓았으며 문학예술이 근로대중을 위하여 복무하는 참다운 문학예술로 되게 하였습니다.'(1972. 12. 25.)

104) 위의 책, p, 71.

105) 3대 혁명인 사상혁명, 기술혁명, 문화혁명은 1950년대부터 개별적으로 언급되다가, 1964년 김일성의 '사회주의 농촌테제'에서 처음으로 동시에 언급되었다. 1970년 11월 조선로동당 제5차 대회에서 사회주의의 완전한 승리를 위한 기본과업으로 다시 규정되고, 다시 1972년 개정헌법에 명문화되었다. 그리고 1973년 2월 당 중앙위원회 부장 회의에서 김일성의 지시에 의해 조직되었던 3대 혁명소조란, 이른바 사상혁명·기술혁명·문화혁명 등 3대 혁명완수를 위하여 각 공장, 기업소와 협동농장에 파견된 소조를 말한다. 3대 혁명소조는 김정일의 직접적인 지도에 따라 움직이고 있기 때문에 김정일의 친위대·결사대로 불리며, 김정일 후계체제 확립의 핵심적인 역할을 하면서 정치·사회개혁을 감행하고 있다.

106) 이러한 정책방향을 가장 잘 보여 주는 것이 '예술선전대' 활동의 강조이다. 생산현장에서

둘째, 북한의 문예정책이론으로는 주체문예이론, 종자론, 군중예술론 등 크게 세 가지를 들 수 있는데, 이외에도 속도전 이론, 전형화이론, 영생주의론, 통속화 이론 등이 있다. 이 중에서 '주체문예이론'은 김일성의 주체사상에 바탕을 둔 문예이론으로, 사회주의적 사실주의 문예관, 기본이념, 창작방법 등 모든 문학예술의 기본원리를 김일성의 유일사상에서 찾는 이론이다. 유일사상의 핵심은 김일성·김정일의 유일지배체제를 정당화시키는 데 있으므로, 이에 입각한 문화예술의 기본원리와 창작방법은 지도자에 대한 충실성을 바탕으로 한 전형을 창조[107]하는 것이다. 따라서 북한의 모든 작품은 당성·계급성·인민성이라는 세 가지 요건이 충족되어야 한다. 이는 김일성의 혁명사상을 토대로 주체사상의 관철을 위해 투쟁하고, 혁명투쟁의 관점에서 노동계급의 이해관계를 반영하며, 인민대중의 감성에 맞게 혁명사상으로 무장해야 함을 의미한다. 그러나 최근에는 주민의 호응도와 인기를 고려하여 대중성도 가미되고 있다.

문학예술에서 주체를 세운다는 것은 인민의 민족적 정서와 감정, 기호

의 공연을 통하여 근로의욕을 고취하는 것을 목적으로 조직된 예술선전대의 활동이 1970년대 후반부터 활발해진다. 따라서 1960년대까지 북한의 문화가 주로 정치적인 기능을 수행했다고 한다면, 1970년대에는 문화를 노력동원에 활용함으로써 문화의 경제적 기능도 중시되었다고 할 수 있다: 이우영, 앞의 책, 72~73: 김일성, "조선로동당·공화국정부의 대내외정책 몇 가지 문제에 대하여"(1971. 9. 25), 『김일성 저작선집』(6), p. 83. 김일성은 '문화혁명의 중요한 과업은 근로자들의 전반적 기술문화수준을 높이는 것입니다. 우리는 모든 근로자들이 한 가지 이상의 기술을 소유하며 일반지식수준을 한 계단 더 높이도록 하기 위하여 투쟁하고 있습니다'라고 말하고 있다. 이어 김일성은 문화혁명의 근본목표는 전 사회를 인테리화하는 것이고 이를 위해서 교육사업을 발전시키는 것이며, 문화혁명을 성과적으로 수행하기 위하여서는 사회주의적 민족문화 건설노선을 철저히 관철하고 문화건설에서 민족적 특성을 옳게 살리고 노동계급의 이념과 요구를 구현하며 제국주의의 문화적 침투를 막아내고 복고주의적 경향을 극복하여야 한다고 주장하고 있다.

107) 통일부 통일교육원, 앞의 책, pp. 209~210.

에 맞는 작품을 창작하는 것[108]이기 때문에, 주체문예이론에서는 사회주의적 내용 못지않게 예술의 형상성을 민족적인 정서와 감정에 맞추는 민족적인 문학형식을 강조하고 있다. 여기서 '사회주의적 내용'은 낡은 것을 없애고 새것을 창조하는 투쟁, 착취계급과 사회를 반대하는 투쟁, 인민들의 이익을 옹호하며, 모든 사람이 잘살도록 하는 투쟁과 같은 혁명적인 내용[109]을 의미한다. 그리고 '민족적인 형식'은 전통적인 민족문학의 형식이나 전통양식의 현대적 재조명을 뜻하는 것이 아니다. 민족적인 형식은 김일성이 항일유격대 시절에 창작하거나 지도하였던 문학예술형식을 의미한다. 마찬가지로 사회주의적 이념은 보편적인 노동자계급의 이데올로기가 아니라 김일성 유일사상이다. 그러므로 주체문예이론에서는 항일혁명문학의 전형성이 더욱 강조된다.

셋째, 문예정책의 또 다른 핵심인 '종자론'은 주체문예이론에 기초하여 예술창작에 임하도록 요구하는 일종의 실천강령에 해당한다. 북한의 『문학예술사전(1962)』에 의하면, 종자론은 '김일성의 주체적 문예사상을 창작, 실천하는 과정에서 당에 의하여 독창적으로 밝혀진 문예이론의 새로운 개념'이며, '작품의 핵을 이루는 종자는 그 작품의 가치를 규정하는 근본문제로 되며, 창작가는 종자를 똑바로 잡아야 자기의 사상, 미학적 의도를 정확히 전달할 수 있고 작품의 철학성을 보장할 수 있다.'고 규정하고 있다.

여기서 종자란 소재와 주제, 사상을 유기적인 연관 속에서 하나로 통일시키는 작품의 기초이며 핵이고, 종자의 선택에 있어 가장 중요한 것은

---

108) 한중모·정성무, 『주체의 문예리론 연구』(평양 : 사회과학출판사, 1983), p. 1.
109) 위의 책, pp. 69~70.

수령님의 교시와 그 구현인 당 정책의 요구'라고 규정[110]하고 있다. 따라서 종자의 핵심은 사상성 즉 수령의 교시와 당 정책의 요구에 맞는 것으로서, 이에 의거한 북한의 문학예술작품은 지도자의 교시와 당의 정책을 구현하는 수단으로서의 의미를 지니게 된다.

종자론이 주체문예이론과 본질적으로 다른 것은 아니다. 다만, 주체문예이론이 순수문예이론에 가깝다고 한다면, 종자론은 상대적으로 문학예술의 창작과 관련된 구체적인 실천강령에 가깝다고 할 수 있을 것이다. 종자론이 사상적 알맹이를 중시함으로써 작품 창작에서 사상성이 더욱 중요해졌으며, 사상적 알맹이를 당의 정책 곧 김일성 유일사상으로 한정함으로써 사상적 획일화가 더욱 강조되었다고 볼 수 있다. 이와 아울러 종자론은 창작과정과 같은 문화생활의 미시적인 차원에까지 당과 국가가 개입할 수 있는 여지를 제공하였다고 볼 수 있다.

다. 김정일체제 수립기(1980년대 이후~)

1980년 10월 조선로동당 제6차 당 대회를 개최하여 북한 사회가 도달해야 할 목표로 '온 사회의 주체사상화'와 함께 '사회주의 경제건설의 10대 전망목표'가 제시되었다. 이와 더불어 김정일의 후계자로서의 위치를 공식화하였다. 김정일은 이 대회에서 처음 대외적으로 모습을 드러냈으며 당내 3대 권력기구인 당 중앙위원회 정치국 상무위원, 비서국 비서, 군사위원회 위원으로 선임[111]되었다. 김정일은 비공개적인 활동을 했던

---

110) 김정일, "영화예술론", 『주체혁명위업의 완성을 위하여』(2)(평양 : 조선로동당출판사, 1987), p. 114.

111) 이종석, 앞의 책, p. 84.

1970년대와는 달리 1980년대 중반 이후부터는 점차 김일성 대신에 그가 '실무지도'라는 이름 아래 현지지도를 수행하는 횟수가 늘어났다. 1980년대 말에 이르러서 그는 더욱 많은 부분에서 김일성을 대신하게 되었다.

1980년대의 문화정책은 전시기와 마찬가지로 문학예술을 통하여 주체이론을 확산하고, 근로자들을 교양하겠다는 문화정책의 주안점과 군중문화를 확산하겠다는 정책수단 그리고 이를 위해서 문화시설을 확충하겠다는 구체적인 실천방안 등은 1960년대 이래 지속되어 왔다. 이 기간에 새로 설립된 문화시설로는 주말에만 평양을 대상으로 방송하는 '만수대 TV(1983)'와 '평양FM방송(1989)', '왕재산음악단(1983)', '보천보경음악단(1985)'이 만들어졌고, 1984년에는 '윤이상 음악연구소'가 개설되었다. 그동안 반종교적인 입장과는 달리 교회가 잇달아 설립된다. 평양봉수교회(1988), 칠골교회(1989), 1989년에는 '조선 종교인 협의회'와 '조선천주교인협회'가 조직되었고, 1990년경에는 성경이 제작되었다.

1980년대에는 경제적인 어려움 속에서도 당과 지도자를 위해 충성과 헌신을 다하는 '숨은 영웅'을 발굴하여 선전하는 '숨은 영웅 형상문학'이 집중적으로 창작[112]되었다. 항일혁명문학을 대표하는 5대 혁명가극에 이어 1980년대에는 5대 혁명연극이 완성된다. 1978년에 초연된 〈성황당〉의 뒤를 이어 〈혈분만국회(1984)〉, 〈딸에게서 온 편지(1987)〉, 〈3인 일당(1987)〉", 〈경축대회(1988)〉" 등이 공연되었다. 그리고 1972년부터 시작된 연작소설 〈불멸의 력사〉가 계속 출판되어 1988년에는 해방 전 부분이 완성되었고, 해방 후 부분은 지금도 발간 중이다. 또한 김일성의 항일운동을 소재로 한 10부작 영화 〈조선의 별〉이 1987년 완성된다. 소련의 붕

---

112) 통일부 통일교육원, 앞의 책, p. 208.

괴, 동구권의 체제전환 등 사회주의권이 급변하는 1990년대에는 〈사회주의 지키세〉, 〈어머님의 붉은 기와 함께 계시네〉, 〈고난의 행군 정신으로〉 등과 같이 북한 주민들을 사상적으로 결속시키고 사회주의 정당성을 확보하기 위한 작품을 많이 창작하였다.

김정일의 권력승계가 공식화되는 1980년대에 이르면 김정일의 우상화 작업이 본격적으로 추진되면서 총서인『불멸의 향도』등 이른바 지도자 형상화 작품이 나타나게 된다. 통치자에 대한 정당성 고양에 역점을 두는 작품은 경제난 등 총체적인 체제위기에 처하게 되는 1990년대에 들어서면서 증가되어 〈나는 첫 세대다〉, 〈받으시라 인민의 환호성을〉, 〈이날을 기다렸습니다〉 등 김정일의 권력승계를 찬양하는 작품들이 만들어진다. 2000년대에는 '문학예술작품은 마땅히 시대정신에 맞아야 하며 시대의 숨결을 담아야 한다'는 김정일의 지시에 따라 김정일 집권 이후 주창되고 있는 선군정치와 이를 정당화하는 선군 영도업적을 작품에 반영하는 '선군혁명 예술작품'의 창작이 독려되고 있다.

김정일은 1960년대 말부터는 주체사상과 별도로 '혁명적 수령관', '후계자론'을, 그리고 1986년에는 '사회정치적 생명체론'이라는 새로운 논리적 틀을 만들어 냈다. 또한 1980년대 말부터 몰락 사회주의 국가와 북한을 차별화시키기 위해 '민족' 또는 '인간의 자주성'과 '주체사상의 강화'라는 방향을 설정하고, 이를 구체화할 문화정책의 방향을 제시하는 문건을 발간하였다. 즉,『무용예술론』,『미술론』,『음악예술론』,『주체문학론』등인데, 여기서 주목할 것은『주체문학론』이다. 왜냐하면 1990년대 북한 문화정책 전반이 취해야 할 기본적인 방향과 구체적 지침이 제시되어 있고, 다루어지고 있는 내용 또한 전통과 문화유산의 취급문제 등 다양한 영역이 포괄[113]되어 있기 때문이다.

『주체문학론』의 핵심은 자주성이다. 이는 다른 민족의 예속과 지배로부터 벗어나 민속 스스로에 의한 올바른 삶을 살아야 한다는 것, '나라와 운명의 문제를 자기의 신념에 따라 자체의 힘으로 풀어나가는 것'에 의해 실현될 수 있다. '그래야만 사회주의의 완전한 승리와 조국의 자주적 통일을 앞당길 수 있다'는 것이 『주체문학론』에서 자주성에 커다란 의미를 부여하는 근본 이유[114]이다. 결국 『주체문학론』은 1990년대라는 위기상황을 자주성의 실현을 통해 넘고자 했으며, 그 자주성의 실현을 '수령 따라 배우기'에서 찾고 있다. 자주성이라는 계기에 의해 또 하나 강조되고 있는 것이 '조선민족제일주의'[115]이다. 이는 주체사상과 마찬가지로 궁극적으로는 김일성·김정일 지배체제를 정당화하는 논리로 귀결되었다.

'조선민족제일주의'는 북한이 단군왕릉 발굴 등 민족문화유산의 발굴 계승작업에 힘을 쏟는 근거로 작용하고 있다. 김정일 시대에서 민족문화와 유물·유적을 강조한 것은 체제위기를 극복하기 위한 측면도 있지만 그에 못지않게 남한과의 정통성 경쟁이라는 차원에서도 민족문화를 주목하였다고 할 수 있다. 즉 고구려와 고려 그리고 발해유물의 발굴에 집

113) 박상천·김경웅·류보선, 『북한의 문화정책과 남북 문화교류의 방향』(서울 : 한국문화예술진흥원 문화발전연구소, 1993), pp. 48~49.

114) 김정일, 『주체문학론』(평양 : 조선로동당출판사, 1992), p. 15.

115) '조선민족제일주의'는 김정일이 1986년에 처음 제시하고 1989년에 체계화하였다. 민족자주의식의 높은 표현[고영환, 『우리 민족 제일주의론』(평양 : 평양출판사, 1989) p. 15]으로서 조선민족의 위대성에 대한 긍지와 자부심, 조선민족의 위대성을 더욱 빛내어 나가려는 높은 자각과 의지로 발현되는 숭고한 사상감정으로 규정된다. 이와 함께 '위대한 수령을 모시고 위대한 당의 영도를 받으며 위대한 주체사상을 지도사상으로 삼고 가장 우월한 사회주의제도에서 사는 긍지와 자부심'이라고도 한다. 특히 여기서 우리 민족이 제일 민족이라는 긍지 가운데서도 가장 큰 긍지는 '수령, 당, 대중의 일심단결을 확고히 실현한 것'으로 규정된다.

중하면서, 평양인근의 구석기 유물을 대동강문화로 규정하면서 조선민
족의 뿌리를 평양을 중심으로 한 한반도 북부에 놓고 있다는 것이다. 이
에 따르면 대동강문화(선사시대) → 고조선 → 고구려 → 고려 → 조선 →
북한으로 이어지는 역사적 정통성이 확립[116]될 수 있다. 북한의 문화는
항상 정치적 목적과 결부된 전체주의적 집단주의 성격과 문화구조가 당
에 의해 타율적이고 강제적으로 조성되어 획일적·단선적인 측면에서는
주민들의 상호 공통 영역이 존재한다고 할 수 있다.

이처럼 1980년대 중반 이후 동구 사회주의체제의 몰락, 중·소의 개혁
정책 등의 대외적 변화로 인한 북한 사회 내의 갈등상황을 무마하기 위하
여 북한은 문화를 통한 사상적 통제를 더욱 강화하고 있는 실정이다. 그
리고 이러한 사상적 통제의 지휘를 김정일에게 맡김으로써 주민들로 하
여금 김정일 후계체제를 자연스럽게 받아들이도록 유도하였다고 볼 수
있다.

2. 남북한 문화의 이질성과 동질성에 관한 논의

가. 남북한 문화의 이질성

남북한 문화의 이질성은 지난 60여 년이 넘는 기간 동안에 서로 상응할
수 없는 체제의 상이성에서 비롯된 문화적 차이, 그리고 근대화로 인한
문화변동 방향의 차이, 남북분단 이후 전통문화에 부여하는 가치의 차이,
분단으로 인한 문화적 왜곡현상의 결과[117]라 할 수 있다. 특히 해방 이후

---

116) 배성인(2002), 앞의 논문, p. 212.
117) 윤덕희, 앞의 책, pp. 59~70.

남북한이 추구했던 이념 즉 자본주의와 자유민주주의, 사회주의와 인민민주주의가 서로 대립하면서 경쟁을 해 왔던 것은 문화구조의 이질화를 심화시킨 주원인이라 볼 수 있는데, 이를 살펴보면 다음과 같다.

첫째, 체제의 상이성에서 비롯된 이질화를 들 수 있다. 즉, 남한의 문화는 개인의 자율성과 창의성을 중시하는 데 반해 북한은 집단주의를 중시한다. 또한 남한 문화는 다양성과 개방성을 추구하는데 반해 북한은 획일성과 폐쇄성을 들 수 있다. 남한은 해방 이후 이질적 문화와의 접촉을 통해 문화변용에 따른 급속한 변화를 경험하였지만, 북한은 사회주의체제임에도 불구하고 왕조사회의 잔재가 많이 남아 있다. 따라서 남한은 이질문화에 대한 포용력과 적응력이 큼에 반해 북한의 폐쇄적인 사회체계는 외래문화에 대한 면역력을 결여하고 있다는 점에서 통일 이후 남북한 문화통합의 관점에서 보면 커다란 문제점으로 작용할 수 있다. 또한 남한에서는 문화가 독자적인 영향력을 행사할 수 있어서 국가정책에 대한 통제역량을 과시할 수 있지만, 북한에서는 문화가 국가권력에 종속[118]되어 있다. 이러한 체제의 상이성에서 비롯된 문화의 이질화는 결국 남북한의 가치지향에도 영향을 미쳤다고 보여지는데, 북한의 가치지향은 김일성·김정일·김정은의 3부자에 대한 무조건적 충성으로 특징지어진다. 따라서 북한 주민의 인성은 타율적·수동적·폐쇄적인 인성성향[119]을 보이고 있다.

둘째, 근대화로 인한 문화변동을 들 수 있다. 남한과 북한은 자본주의와 사회주의를 토대로 근대화를 추진해 왔고, 근대화 전략도 서로 달라서

118) 위의 책, pp. 59~62.
119) 서재진·김태일, 『북한 주민의 인성연구』(서울 : 민족통일연구원, 1992), pp. 22~24.

문화적 성격도 다를 수밖에 없었다. 남한은 1960년대 이래 본격화된 산업화의 결과로 전통적 가치체계에서 벗어나 서구의 근대화 과정에서 보여지는 문화변동의 일반적 경향을 보여 주고 있다. 즉, 사회의 다원화, 개인의 자율성 증진, 합리성의 증대, 전통적 도덕성의 붕괴, 실용주의와 개인주의 확산 등이다. 이에 반해 북한은 공산주의적 동원체제에 의해 근대화가 추진됨으로써, 산업화에 따른 일반적 경향에서 크게 벗어나 폐쇄적이고 집단주의적 사회가 유지[120]되었으며, 주체사상에 기초한 획일적 문화가 유지되고 있다.

셋째, 전통문화 측면에서의 이질화이다. 해방과 분단을 거치면서 남북한 양쪽 모두 전통문화가 많이 파괴되었다. 남한에서는 산업화와 서구문화의 무분별한 수용이 초래한 상업주의적 대중문화의 폐해로 인하여 전통문화가 급속히 해체됨으로써 생활문화나 의식구조에 많은 변화가 초래되었으며, 북한에서는 사회주의문화가 도입됨으로써 전통문화가 정치적·계획적으로 파괴되었다. [121]

넷째, 분단으로 인한 문화적 왜곡현상을 들 수 있다. 남북한은 공히 분단의 논리가 존재하며, 분단문화의 핵심은 민족 간 대결의식과 적대감으로 표출되는 냉전문화가 출현하였다. 남한에서는 동족상잔의 원인 제공자들에 대한 적개심과 혐오증이, 북한에서는 제국주의에 대한 적개심과 혐오증이 대단히 극렬하다. 특히 북한 정권은 상징조작을 통해 주민들의 적개심을 극대화시켰으며 이를 정권 유지 및 체제 유지의 수단으로 활용하고 있다. 이러한 냉전문화는 남북한 공히 권위주의적 체제와 문화를

---

120) 위의 책, p. 63.
121) 위의 책, p. 64~65.

유지·확산시켰고, 군사문화가 확산되었으며, 다원주의가 약화되는 결과를 초래하였으며, 결과적으로 남북한 모두 민족주의의 왜곡화 현상[122]을 초래하였다. 본질적인 성격의 민족주의는 민족구성원 사이의 통합과 전통에 바탕을 둔 발전의 모색과 민족성원 간의 대등성에 중점을 둔다. 그러나 분단된 남북의 양 체제는 대립적인 이념을 정당화하기 위해서 서로 민족주의를 이용하고 있다. 민족국가를 이룩해야 할 당면과제로서의 민족주의는 뒷전으로 밀려나고 정권의 정당성을 논리화시켜 주는 이념적 도구로 활용되고 있다.

나. 남북한 문화의 동질성

남북한 간 문화적 동질성을 먼저 '민족의식'이라는 개념을 통해서 살펴보자. '민족의식'이란, 동일한 조상에서 유래된 혈연집단이 동일한 문화유산을 가졌으며, 동일한 삶의 터전을 갖고 동일한 운명공동체를 이루고 있다는 의식[123]을 말한다. 민족의식을 이렇게 정의할 때 남과 북은 혈연의식과 전통문화 유산을 공유하였다고 볼 수 있다. 그러나 삶의 터전과 현실적 운명공동체를 이루지 못하고 있는 것은 이질적 측면이라 할 수 있다. 우리 민족이 남북으로 분단되어 각기 다른 운명공동체를 형성하고 상호 질투와 반목으로 경쟁을 일삼는 것은 우리 민족에게 아무런 이익이 되지 못한다. 더욱이 무서우리만치 냉혹한 국제경쟁 상황 속에서 단합하여 하나의 운명공동체를 형성하는 것이 우리에게 유리하다는 것을 인식하여야 한다.

---

122) 위의 책, pp. 67~69.
123) 구영록·임용순 공편, 『한국의 통일정책』(서울 : 나남출판사, 1995), p. 139.

'민족의식'은 '신민의식', '국민의식'보다 상위의 개념이다. 우리 민족은 신라가 3국을 통일한 이래 천여 년을 단일국가의 국민으로 살아왔다. 당시 우리는 민족의 개념이나 국민의 개념보다 신민(臣民)[124]의 개념을 가졌다. 신민이란, 왕의 신하라는 개념으로 예컨대 외국군의 침략을 당할 때 백성이 나라를 지키는 것은 왕을 위한 것이지 자기를 위한 것이 아니었다. 북한은 신민의식이 강하다면 남한은 '국민의식'이 더 강하다고 볼 수 있다. '국민의식'이란, 한 나라의 국민이 하나의 운명공동체를 이루고 있다는 의식을 말한다. 국민의식에는 신민의식과 달리 내가 만든 나라를 내가 지킨다는 주의의식이 있는 것이다. 외부로부터의 침략에 대하여 국민의식은 내 생명과 재산을 지킨다는 것이니, 이것은 신민의식과 근본적으로 다른 것이다. 남북의 대치상황에서 우리는 남한과 북한이라는 각기 다른 국민의식을 갖고 있다.

각기 다른 국민의식의 통합을 위해서는 상위 차원인 '민족의식'을 가져야 한다. 민족의식은 이미 말한 바와 같이 단군의 후손으로 같은 피를 나눈 사람이라는 의식과 공동의 문화유산을 가졌다는 의식을 말한다. 민족의식은 구체적으로 남북한의 국민과 해외 5백만 교포를 포함한다. 그리고 민족의식에는 이들이 어디에 거주하건 모두 잘살도록 도와주고 이끌어주어야 한다는 공동번영의 개념이 포함되어야 한다.

둘째, 우리의 뿌리 문화인 '민속(民俗)'[125]을 보면, 여러 영역에서 지역

---

124) 서재진 · 김태일, 앞의 책, pp. 20~21. 서재진과 김태일은 신민을 기초로 형성된 사회를 신민사회라 칭하고, 신민사회의 예로서 고대 노예제사회, 중세의 봉건제 사회, 구소련, 구동구권, 북한 등 국가사회주의 사회를 들고, 이러한 사회에서는 공통적으로 절대군주가 지배하며 개인은 절대군주 앞의 신하 또는 신민에 불과하다고 본다.

125) 구영록 · 임용순, 앞의 책, p. 142.

적인 편차가 있는 것도 있다. 예를 들면, 세시풍속에서 5월 단오를 중요시하는 북쪽 지방과 추석을 중요시하는 남쪽 지방이 있었으나, 이것이 민족의 의식을 달리할 만큼 상이한 것은 아니었다. 또한 무속에서 한강 이남의 단골무당이 한강 이북의 강신무당에 비하여 큰 차이가 있으나 이것역시 언어의 방언과 같은 것으로 우리의 뿌리 문화가 이질적인 것이라고 말할 수는 없다. 이러한 뿌리 문화, 즉 전통문화의 편차가 많이 보이는 것이 의식주를 포함한 물질문화다. 이것은 말할 것도 없이 지형과 기후조건에 적응하기 위한 변형들이라 볼 수 있다.

우리의 전통사회는 과거 벼농사를 기반으로 하는 농경문화를 발전시켜 왔다. 강원도나 함경북도 같은 산간지대에서 밭농사나 화전농을 하면서도 벼농사를 기본적 농업이라 하여 중시하였다. 함경북도에서 만주로 이주한 사람도 그곳에서 벼농사를 지으면서 한국인의 정체성을 유지하여 온 것이다. 따라서 우리의 세시풍속은 벼농사의 주기와 일치하며, 이것은 지방에 따른 강조점만 다를 뿐 기본적 골격은 전국이 통일되어 있었다고 볼 수 있다.

셋째, 규범문화적 측면[126]에서 볼 때, 우리나라는 중국으로부터 대승불교를 받아들여 조형예술을 발전시켜 왔다. 그리고 유교를 받아들여 엘리트문화 즉, 양반문화를 형성하였으며, 주자가례를 기반으로 규범문화를 발전시켜 온 것이다. 한편, 우리의 가례는 오히려 집집마다 다른 것을 발전시켰기 때문에 '가가례'라 불렀다. 우리는 과거 유교가 강조하던 삼강오륜을 지켜왔으며, 부모에 대한 효도, 임금에 대한 충성, 사회에서의 신의, 친구간의 의리, 여자의 절개 등을 으뜸가는 윤리와 가치관으로 여겨

126) 위의 책, pp. 142~143.

왔고, 가족을 존중하는 규범 등을 규범문화로 발전시켜 왔다.

그리고 남북한에서 전통적 규범이 완전히 파괴된 것은 아니며, 전통문화의 뿌리는 잔존하고 있다. 남한에서는 1970~1980년대 정부가 추진해온 민족문화정책이 많은 문제점에도 불구하고 전통문화의 맥을 유지시키는데 일정한 역할[127]을 담당하고 있다. 이와 병행해서 1970년대 이래 민간 부분에서 민족문화를 되살리려는 문화운동을 다양하게 전개함으로써 전통예술, 전래생활 풍습 등 전통문화에 대한 사회적 관심을 불러일으켰다. 북한에서도 정권에 의한 전통문화의 정치적 이용이 주민들 사이에 뿌리 깊은 전통적 가치체계를 유지·부활시키고 있다. 북한은 사회주의 경제발전과 주체사상의 확립을 추진하는 과정에서 문화의 사회주의화를 지향하면서도 이를 현실화하는 데서 야기되는 어려움을 극복하기 위하여 전통문화를 수용 또는 복구하는 정책을 동시에 실시하였다. 특히 1980년대 중반 이후 추석이나 단오, 설날 같은 전통명절 및 전래 생활풍습을 부활시켰으며, 단군릉 발굴 등을 통해 민족문화 유산 계승의 중요성을 강조하고 있다. 특히 일상생활에서도 가부장적 권위주의, 남녀 간의 불평등, 혈연주의, 상속제의 부활 등과 같은 전통문화 요소가 다시 강조되는 경향[128]을 보이고 있다.

우리의 유구한 역사에 비해 남북으로 분단된 것은 1세기도 되지 않는다. 이러한 분단의 시간이 전통문화를 바꾸기에는 너무나 짧았다는 것이다. 한편 분단 이후 남과 북이 경험한 변화과정이 남북 공히 상층에서 시

---

127) 정갑영, "우리나라 문화정책의 이념에 관한 연구", 문화발전연구소, 『연구논문』(1집)(서울 : 문화발전연구소, 1993), pp. 77~78.

128) 이온죽, 『북한 사회의 체제와 생활』(서울 : 법문사, 1993), pp. 170~202.

작하여 민중으로 하강하였기 때문에 우리 전통문화의 뿌리까지 변질시키지는 못했다는 것이다. 다시 말하자면, 외부로부터의 변혁이 우리 문화의 표층에만 영향을 주었지 깊숙한 내부까지는 침투하지 못한 것이다. 이러한 관점에서 말한다면 전통문화에서 보다 멀어진 것이 남한이라 할 수 있다. 따라서 남북한 문화통합이라는 측면에서 볼 때 우리는 남과 북이 유지하고 발전시킨 현실의 문화가 전통문화를 어떻게 계승하였고 발전시켜 왔느냐 하는 데 기준을 두어야 한다.

넷째, 1990년대 들어 통일에 대한 논의가 활발해지면서 남북한 모두 민족주의를 이념적 근거로 사용하는 경향을 보이고 있다. 북한은 1993년 4월에 발표한 '조국통일을 위한 전민족대단결 10대강령'을 통해 민족주의적 공세를 강화했으며, 남한에서는 1993년 2월 25일 김영삼 대통령의 취임사에서 '어느 동맹국도 민족보다 더 나을 수 없습니다'라는 말로 '민족우선주의'를 내세움으로써 통일과정에서 남북한 간의 이념적 공통분모가 재확인되었다.

다섯째, 문화변동 측면에서 보면, 최근에 북한 주민들 사이에 물질과 문화에 대한 개인적인 욕구가 상승되고, 나아가 개인주의적 성향이 증대되고 있으며, 자기중심적이고 폐쇄적인 사고의 틀에서 실용주의적이고 비교의식을 지닌 가치관으로 점차 전환되고 있는 조짐이 엿보인다는 점이다. 이는 북한의 문화도 결국은 현대사회의 보편적인 문화변동을 겪을 수밖에 없음을 의미한다. 따라서 근대화 전략과 과정의 상이성으로 인한 사회변동 및 문화구조의 차이점에도 불구하고 남북한 모두 산업화에 의한 문화변화의 정향을 나타내고 있다.

3. 북한 문화에 대한 기타의 연구

지금까지 북한 문화를 연구해 왔던 정향을 살펴보면 첫째, 문화 혹은 문화체계를 다룬다거나 제목으로 문화를 포함하고 있으면서도 문화를 독립적으로 분석하지 않고 있다는 점이다. 이러한 관점의 특징은 문화체계를 사회체계에 종속된 하위체계에 포함시키거나 혹은 사회와 문화를 구별하지 않고 있는 점이 특징이다. 비록 문화가 사회체계의 한 부분이라고 할 수 있지만, 개념 정의에 따라서는 문화와 사회를 혼용할 수 있다고 하더라도 이와 같은 분석 태도는 문화가 갖는 고유한 기능이나 역할을 분석하기 어렵게 할 수 있다.

둘째, 기존의 북한연구에서 보편적으로 찾아볼 수 있는 현상은 이념적 편향성이 드러나는 경우가 적지 않다는 점이다. 이 경우 북한은 공산주의 국가이며 전체주의 사회이기 때문에 북한 문화는 획일적이라는 설명만이 가능해진다. 이것은 일종의 논리적 동어반복이라 할 수 있는데 이러한 연구 방식에 따른다면 굳이 북한 문화를 독립적으로 분석할 필요가 없다고 주장할 가능성이 있다.

셋째, 남북한 사회가 나름대로의 변화를 겪었음에도 불구하고 문화에 대한 설명은 지극히 정태적인 수준에 머무르고 있다는 점이다. 따라서 문화가 본질적으로 갖는 역동성에 대한 설명이 부족하며, 동시에 사회체제와 문화체계와의 연관관계를 설명하는 데 한계를 노정할 수밖에 없다.

그러나 1990년대 초부터 정태적인 수준에 머무르던 북한 문화에 대한 연구에 서서히 변화가 나타나기 시작하였다. 첫 번째 변화는, 서재진·김태일의『북한 주민의 인성연구』이다. 이 연구는 북한 주민의 인성연구를 통해 북한 사회의 이질성을 심층 분석하고 북한 사회의 변화를 전망해 보았다는 점에서 의의가 있다. 왜냐하면 이전의 북한연구자들은 사회구조적 측면에만 주된 관심을 보여 왔기 때문에 사회구조 속에서 개인들이 어떠한 경험을 하게 되고 그 경험이 어떻게 인성을 형성하며 그러한 인성이 사회변화에 어떠한 역할을 하는지에 대한 체계적 연구[129]가 불가능하였기 때문에 북한 주민의 인성에 관한 체계적 분석을 통해 이러한 한계를 극복하려 했다는 점이다. 그리고 연역적 방법으로 도출된 인성 유형을 북한 소설 및 귀순자들의 증언을 통해 북한의 현실과 일치하는가를 검증했다는 점이다. 이러한 접근법은 한민족이 통일을 실현한다고 할 때 정치경제적 구조의 통일만으로는 사회적 통합까지 보장할 수는 없다. 그러나 하나의 사회문화적 공동체가 정치경제적 통일을 뒷받침한다고 볼 때, 북한 주민의 인성에 대한 이해는 통일정책의 차원에서 매우 중요한 연구과제이다. 그리고 어떤 요인에 의해 어떤 유형의 인성이 형성되었는지를 분석하는 것은 한민족공동체통일방안의 구현 차원에서 매우 중요한 정책적 과제를 제시해 주리라 본다.

두 번째 변화는, 1990년대 중반부터는 민족통일연구원을 중심으로 통일문화 개념 정립에 주력하고 있다는 점이다. 통일문화에 관한 논의는 1985년 남북한 간 고향방문단과 예술단의 교환을 계기로 남북관계 개선의 실마리를 민족화합의 차원에서 문화예술을 비롯한 비정치적 분야에 초점을 맞추어 보자는 의도에서 적극적인 관심사로 부각된 것이 그 시발

---

129) 서재진 · 김태일, 앞의 책, p. 1. 이후 유사한 연구 방식으로는 이온죽, 『북한 사회의 체제와 생활』(서울 : 법문사, 1993); 민족통일연구원, 『통일과 북한 사회연구(상 · 하)』(서울 : 민족통일연구원, 1995) 등이 있다.

점이라 할 수 있다.[130] 통일문화란, '통일을 지향하고 민족공동체를 열망하는 가치체계와 행동양식을 포괄적으로 수용하는 문화'라 정의할 수 있다. 이런 점에서 남북한 문화의 이질성을 해소하고 동질성을 확인하는 과정과 함께 남북한 문화의 도덕성과 보편적 가치에 근거한 민족문화를 계승하는 것과 아울러 새롭게 창조하는 작업[131]이기도 하다. 따라서 통일문화는 통일지향적 가치정향으로서 국민생활의 모든 분야에 두루 통용되는 가치관으로 자리 잡아가고 있다.

세 번째 변화는, 2000년대에 접어들면서 한민족공동체 통일방안의 실현방안으로 민족문화와 문화통합과의 상관관계에 초점을 맞추어 연구가 이루어지고 있다는 점이다. 특히 김대중 정부의 '햇볕정책'으로 통칭되는 남북화해와 협력의 정책 속에서 가장 기지개를 크게 편 부분은 경제 분야라 할 수 있다. 그런가 하면 지난 남북정상회담 이후의 각종 남북 문화교류와 이산가족 상봉사에 얽힌 북한 주민들의 생활상은 또 다른 측면에서

---

130) 1985년 이후 통일문화에 대한 논의는 학계, 문화계 내에서 간헐적으로 있어왔지만 이에 관한 체계적 연구나 지식이 축적되어 있는 것은 아니다. 가장 큰 이유는 '통일문화'의 개념에 대한 혼란에서 찾을 수 있을 것이다. '문화'라는 개념 자체도 추상적이고 다의성을 내포하고 있어서, 문화에 대한 인식조차 부족한 상태에서 '통일문화'라는 용어에 대한 명확한 개념을 제시하는 것이 쉽지는 않을 것이다. 따라서 통일문화에 관한 논의에서 개념 자체에 대해서는 이미 합의가 이루어져 있는 것으로 암묵적으로 전제하고 이를 논하는 경우가 많았고 구체적으로 논할 경우에도 입장에 따라 다양한 개념을 편의적으로 사용하고 있는 것 또한 사실이다. 통일문화에 대한 연구들을 살펴보면, 조민, "통일문화와 민족공동체", 민족통일연구원, 『통일연구논총』 제2권 2호(서울 : 민족통일연구원, 1993); 윤덕희, "통일문화의 개념정립과 형성방향연구", 민족통일연구원, 「통일문화연구 상」(서울 : 민족통일연구원, 1994); 김학성, "통일문화연구의 방향", 『통일문화연구 상』(서울 : 민족통일연구원, 1994); 김영준, "통일문화 창조과정에서 제기되는 문제점과 타개방안", 『통일문화연구 하』(서울 : 민족통일연구원, 1994); 이서행, "남북한 통일문화 형성의 방향", 민족통일연구원, 『통일연구논총』 제9권 2호(서울 : 민족통일연구원, 2000) 등의 참조.

131) 조민, "통일문화와 민족공동체", 민족통일연구원, 『통일연구논총』 제2권 2호(서울 : 민족통일연구원, 1993), p. 236.

우리의 관심사안이다. 이처럼 현재의 남북관계는 각 부분, 분야별로 확대되고 있고, 그 관심 영역을 넓혀 나가고 있는 중이다.

흔히 21세기를 문화의 시대라 하며, 가장 중심이 되는 화두로 문화정체성이 거론된다. 이는 문화가 어느 한 시기에 단번에 형성되는 것이 아니라 오랜 역사와 전통을 바탕으로 한 고유하고도 창조적인 산물이기 때문이며, 그만큼 문화산업이 가지는 부가가치가 크기 때문일 것이다. 그러나 민족문화란 변함없이 지속되는 고정적인 것이 아니고 항상 생성·발전하고 있는 것이기 때문에 현재의 이 시점에서도 보존과 보급 그리고 외래문화의 수용에 대해서 많은 논의가 필요하다. 그러나 우리는 현재에도 5천 년 역사를 공유했다는 '이미지'로 60여 년의 분단 역사를 지우려 한다. 지나친 감정과 낭만적인 접근은 오히려 남북을 이해하는 데 저해된다. 그보다 필요한 것은 그 60여년의 역사에 대한 보다 철저한 분석이 필요하다. 특히 장기간의 분단으로 인해 이질화된 남북한에게는 통일 이후 민족동질성을 확보하는데 있어서 가장 중요한 요소가 민족문화이기 때문에 이에 대해 더욱 이성적이고 분석적으로 연구하여 통일 이후 후유증을 최소화하기 위해 사회문화적 동질성을 확보하고 이질성을 포용하여 진정한 민족 간의 화합, 사람들의 통합이 이루어지는 방향으로 연구가 진행되어야 할 것이다.

제2절
남북한 문화통합과 통합모형의 개발

1. 문화와 문화통합

가. 문화와 문화구조

(1) 문화의 개념

문화에 대한 정의만큼 각양각색의 다양한 대답을 얻을 수 있는 개념은 찾아보기 힘들 것이다. 문화이론가 윌리엄스(Raymond Williams)는 문화를 '가장 난해한 단어 중 하나'라고 규정지었다. 이는 무엇보다 문화라는 개념 자체가 다양하고 복잡하기 때문일 것이다. 그러기에 학자들조차도 문화에 대한 정확한 정의를 내리는 데에는 의견의 일치를 보지 못하고 있는 실정이다. 문화란 때때로 문학 및 예술 분야를 지칭하기도 하였으며, 때로는 '지성', '지식', '개화된 것', '발전된 것'을 의미하기도 하였고, 특정한 인간집단 또는 한 지역이나 나라에서 특징적으로 나타나는 생활양식을 총괄해서 지칭하는 말로 사용되기도 하였다. 특히 생활양식으로서 문화란, '한 인간집단의 공유된 생활양식'이라는 의미를 나타낸다. 이는 사람들의 행동이 자기가 소속되어 있는 사회의 문화를 그대로 반영[132]하고 있음을 보여 주는 개념이라고 할 수 있겠다.

이처럼 문화는 복합성과 추상성이 상당히 높은 개념으로, 관념론적 입장과 총체론적 입장으로 구분하여 정의할 수 있다. 먼저, 총체론적 입장

---

132) 한상복·이문웅·김광억,『문화인류학』(서울 : 서울대학교 출판문화원, 2011), p. 74.

은 '행위의 유형 즉 한 인간집단의 생활양식의 총체'를 문화로 간주하여 '행위를 위한 모델'이라고 할 수 있는 가치관·철학·세계관뿐만 아니라 이러한 모델에 의거하여 구체적으로 나타난 행동자체를 모두 포함한 총체"를 문화로 간주한다. 인류학의 아버지라 불리는 타일러(Edward B. Tyler)는 저서 『원시문화』에서 '문화 또는 문명이란 사회성원으로서의 인간이 습득한 지식·믿음·예술·도덕·법·관습 등 사회구성원으로서 인간이 획득한 능력과 습관들을 포함하는 복합적 총체(compex whole)'[133]라 정의하였다. 이는 문화에 대한 가장 오래된 그리고 가장 포괄적인 것으로 인용되고 있는 하나의 고전적 정의에 속한다.

타일러의 견해를 계승하여 발전시킨 학자로는 화이트(Leslie A. White)를 들 수 있다. 화이트는 '인간은 상징(symboling)을 사용할 수 있는 유일한 동물'임에 착안하여 이것을 문화의 기초로 이해하였다. 화이트는 인간 고유의 상징행위에 기초한 사물과 사건들을 상징물(symbolate)이라 부르고, 이것이 곧 문화를 구성한다는 것이다. 즉, 상징행위에 의거한 사물과 사건들을 신체 외적인 맥락 즉, 인간 유기체와의 관련에서 보기보다는 다른 상징물들과의 관련에서 고려했을 때 그것을 문화[134]라고 부른다.

다음으로 관념론적 입장은 한 사회구성원들의 행동 전체가 아니라 이를 가능하게 만드는 원리나 원칙, 모델을 떼어내 문화라고 부른다. 즉 문화는 '실제 행위에서는 드러나지 않는 인간의 보편적 심층구조' 또는 '인간의 행위로부터 추상된 논리적 구조물로서 연구자의 마음속에서만 존

---

133) E. Tyler, 『Primitive Culture』(Gloucester, MA : Smith, 1924); 김학성, "통일 문화연구의 방향-독일 사례를 중심으로", 『통일문화연구 上』(서울 : 민족통일연구원, 1994), pp. 172~173.

134) 한상복 외, 앞의 책, p. 77.

재하는 것', 또한 문화는 '사람의 행위나 구체적인 사물 그 자체가 아니라 사람들의 마음속에 있는 모델이요, 그 구체적인 현상으로부터 추출된 하나의 추상에 불과하다'는 입장이다.

굿이프너(Ward H. Goodenough)는 한 사회 성원들의 생활양식이 기초하고 있는 관념체계 또는 개념체계를 문화로 간주한다. 다시 말하면, 구체적으로 관찰된 행동 그 자체(patterns of behavior)가 아니라, 그런 행위를 위한 또는 그런 행위를 규제하는 규칙의 체계(patterns for behavior)가 곧 문화이므로, 사람들은 이 규칙에 따라서 행동하게 된다[135]는 것이다. 관념론적 입장에서의 문화는 도구, 행동, 제도 등을 포함하지 않고 단지 우리가 관찰할 수 있는 바의 그런 행동으로 이르게 하는 기준, 표준 또는 규칙 즉 관념체계 및 개념체계를 문화라 부른다. 따라서 관념론적 입장은 문화현상의 근원 및 기원에 관심을 두고 그것을 가능케 하는 원리를 밝히는 데 효과적인 반면, 총체론적 입장은 사회·문화현상의 분석 및 문화과정에 존재하는 제 요소들의 상호작용을 밝히는 데 효과적[136]이라 할 수 있다.

(2) 문화의 구조

문화를 구조적 양식에 따라 분류하면, 이념문화, 행동문화, 용구문화[137]로 나누어진다. 이념문화는 가치지향적 문화 또는 이데올로기를 의미하며, 행동문화는 사람들의 규범이나 관습을 의미한다. 그리고 용구문화는

---

135) 위의 책, p. 78.

136) 위의 책, p. 89.

137) 국토통일원, 『남북한 비교총서』(서울 : 국토통일원, 1988), pp. 12~13.

생활용품과 시설 등 생활수단을 말한다. 그런데 논리적인 기준에서 보면 이들 간에는 서열이 있다. 이념문화가 최상위에, 용구적 문화가 최하위에 위치한다. 그러나 이들 문화는 서로 독자적인 자율성을 가지고 상호 간에 규제하기도 하고, 현실적 역학관계 속에서 여러 가지 변형을 나타내기도 한다.

또한 사회학자들은 문화를 물질적 문화와 비물질적 문화[138]로 구분한다. 먼저, 비물질적 문화는 상징적 문화, 규범적 문화, 평가적 문화로 나누어지는데, '상징적 문화'는 주로 언어관행을 중심으로 하는 갖가지 기호나 상징의 총체를 의미한다. 상징적 문화가 있음으로써 사람들은 서로 의사소통을 할 수 있고, 또 현실세계에 대한 지식과 믿음을 개발시킬 수 있다. 이런 지식과 믿음이 체계화된 것이 종교요, 철학이며, 정치적 이념과 과학적인 이론들이다. 그뿐만 아니라 우리의 정서적 표현 즉, 문학·음악·미술 등도 이 상징에 크게 의존한다.

상징적 문화와 규범적 문화를 연결시켜 주는 것으로 '평가적 문화'를 들 수 있다. 평가적 문화는 좋고 나쁜 것, 아름답고 추한 것, 영예롭고 불명예스러운 것 등의 표준이 되고 사회의 목표와 이상, 도덕과 윤리를 제공하는 가치관과 사회구성원들이 공유하는 깊은 정감의 기초를 제공해 주는 것이다.

'규범적 문화'는 사람들이 상호작용에서 서로 기대하는 제도적 규범을 제공한다. 어떤 행동이나 언사가 옳고 그른지를 말해 주는 것으로 사회질서의 문제와 직결되는 부분이기에 사회학자들의 관심이 집중되는 부분이기도 한다.

---

138) 김경동, 『현대의 사회학-사회학적 관심』(서울 : 박영사, 1995), p. 146.

둘째, 상징문화를 바탕으로 하여 사람들이 만들어 내고 사용하는 물질적인 것들 즉, 의복·농기구·기계·가구·운송기관·과학적 기재·무기·장식품 등은 물질적 문화라 할 수 있다. 그리고 덧붙여 이런 것들을 만드는 기술도 포함된다.

김경동은 문화의 기능 즉 문화가 우리들의 삶을 어떻게 좌우해 주는가를 중심으로 문화의 내용을 생각하기 위하여 사람이 세계를 향해 지향(orientation)하는 모습에 초점을 맞추어 '경험적 인지의(empirical-cognitive) 문화', '심미적 표출과 감상의(aesthetic-appreciative) 문화', 그리고 '평가적 규범의(evaluative-normative) 문화'의 세 범주로 나누었다. 그리고 이런 분류법을 조합해 보면, 〈표 2〉에서와 같이 문화의 세 차원들은 눈에 보이지 않는 관념적·상징적인 모습과 눈이 뜨이는 외현적인 모습[139]으로 존재하고 있다.

〈표 2〉 문화의 내용과 모습

	상징적인 모습	↔	외현적인 모습
인지적 경험의 문화	마술, 신앙, 철학		과학, 기술, 물질문화
심미적 표출과 감상의 문화	예술적 지향		예술적 형식
평가적 규범의 문화	도덕 가치		윤리 행위유형

※ 출처 : 김경동, 『현대의 사회학 : 사회학적 관심』 p. 147.

먼저 경험적 인지의 문화란, 현실 또는 실재에 대한 사회적 규정을 뜻한다. 현실이 무엇인가는 영원불멸로 확정된 문화에 의하여 규정받는다

---

139) J.V. Baldridge, Sociology(M. Y., : Wiley, 1975), p. 81; 김경동, 위의 책, pp. 146~147에서 재인용.

는 점에 주의할 필요가 있다. 문화마다 무엇이 사실이며 진리인가를 말해 주는 진술들을 널리 받아들이고 있으며, 또 어떤 믿음들은 여러 문화들이 공유[140]하기도 한다.

인지적 문화는 과학이 발달하지 못한 사회에서는 인생과 자연을 인식하는 일을 주로 미신·마술·신비술·손금 읽기·점성학·종교 및 철학 등에 의존하였다. 그러나 과학이 발달하게 되면서 부터는 우리들의 경험적 인식을 위한 관찰과 분석의 방법이 좀 더 체계화되고 객관화되어 자연과 사회의 질서를 과학적으로 이해하는데 도움을 주고 있다. 그럼으로써 인지적 경험의 문화는 비경험적인 현실은 물론 경험할 수 있는 세계에서도 물리적 현상과 사회현상을 다 포함하는 대상을 보는 '눈'을 제공해 준다.

둘째, 심미적 표출과 감상의 문화는 좀 더 심미적이고 정감적인 것들에 대한 것인데, 예를 들어 '아름답다'는 것이 무엇인가를 우리에게 보여 주고, 그 느낌을 어떻게 표현할지를 알려 주는 기능을 수행한다. 좀 더 구체적으로는 아름답다는 것을 표현하는 표출적 활동에는 음악·미술·무용·조각·시·소설·연극 등이 포함된다. 이것 역시 그 표현의 수단인 말과 기타 연장·재료 등에서 문화적 차이가 있을 수 있고, 그 표현의 형식과 내용도 다르다.

마지막으로, 평가적 규범의 문화는 무엇이 좋고 나쁜가, 바람직스러운가에 따라서 어떤 것이 옳고 그른가, 해야만 하고 해서는 안 되는가(ought-to, ought-not-to)의 표준을 설정해 주는 기능을 수행한다. 사회학적 관심은 이 규범문화에로 관심이 쏠리는데, 그 이유는 이 규범적 문화가 사람들의 사회적 행동을 좌우하고, 사회조직의 지침을 제공하는 구실

---

140) 위의 책, p. 147.

을 하기 때문이다.

인간이 더불어 살아가자면, 서로가 지켜야 할 규칙이 있어야 한다. 그렇지 않으면 질서가 혼란해져서 아마도 사회생활은 더 지속될 수 없을 것이다. 그래서 사회조직 안에서 살아온 인간은 바람직스러운 것이 무엇인지를 평가하고(가치관), 그에 입각하여 주어진 상황에서 옳고 그른 것의 행위규칙을 만들고 그것을 체계화한다. 이런 행위규칙을 통틀어 사회규범(social norms)이라 부른다.

그리고 린튼(Ralph Linton)은 문화의 구조를 '물질적인 것-산업의 생산물', '동적인 것-외면적 행동', '심리적인 것-사회의 구성원들에 의해 공유되는 지식, 태도, 가치체계'의 세 부분으로 분류하는데, 물질적인 것과 동적인 것은 문화의 외면적 측면에, 심리적인 것을 문화의 내면적 측면이라 부른다. 또한 린튼은 문화를 보편문화, 특수문화, 선택문화[141]로 분류하는데, 신분이 고정된 전통사회에는 보편문화와 특수문화가, 현대사회에서는 선택문화가 차지하는 비중이 크다고 볼 수 있다.

나. 문화통합

(1) 통일과 통합

통일이란 unification 또는 reunification이란 단어가 시사하는 바와 같이 기본적으로 영토통합을 의미하며, 그런 의미에서 정치적 또는 제도적 통합과 밀접히 관련된다고 볼 수 있다. 이에 반해 통합은 integration이란

---

141) Ralph Linton, The Study of Man(N. Y. : Appleton Century Co., 1936), pp. 397~400. 보편문화란, 누구나 다 공유하고 있는 문화이고, 특수문화는 특정의 사람이나 집단에서 발견되는 것으로, 성별, 연령별, 계층별, 직업별, 집단별로 다르다. 선택문화는 사람들이 대체로 자유롭게 선택하도록 허용되는 문화이다.

단어가 시사하듯이 두 개 이상의 체제가 잘 기능하는 하나의 체제를 이룩하는 것을 말한다.[142)

역사적으로 통합은 크게 '폭력'이나 '강제력'에 의한 경우와 통합단위간의 '합의'에 의해 이루어지는 경우로 나눌 수 있다. 정치체제의 통합은 그 빈도 면에서 볼 때 무력에 의해 이루어지는 경우가 많았으나, 통합 구성원의 합의와 사회·문화적 유대가 없는 통합은 소련의 해체나 유고연방의 경우와 같이 장기간 지속되지 못한다는 선례[143)를 남겼다. 반면 구성원의 '합의'와 관련하여 통합을 정의하는 학자들은 통합 개념 자체를 '가치와 체계에 대한 구성원들의 합의'라는 관점에서 바라본다.

통합이론의 주된 관심은 나뉘어 있거나 흩어져 있는 인간집단이 하나의 공동체를 만들어 가는 '과정'과 공동체가 형성된 이후 그것의 유지방법에 있다.[144) 통합의 '과정'은 통합의 전제조건의 규명과 실제 통합이 이루어지는 과정에서의 통합에 도움을 주는 행위와 저해하는 행위의 구별에 주안점을 두며, 통합의 상태와 유지발전에 관심을 두는 통합(조건으로서의 통합)연구에서는 통합된 정치 공동체의 생리와 본질적 요소를 규명하여 보강·발전시키는 방안에 중점을 둔다. 대개 통합은 구성원간의 문화적 유대·동질성·가치관 공유 등의 전제가 실현되는 상태로 정의된다. 이런 측면에서 제이콥(Jacob)이 정의한 통합의 개념은 문화통합에 중요한 시사점을 제시해 준다고 볼 수 있다. 제이콥(Jacob)은 '공동체적 관계가 형성된 상태'로서 '구성원들이 일체감과 자기의식에 의하여 결속된 상

142) 오기성, 앞의 책, pp. 73~74.
143) 홍관희, "남북한 문화적 동질화를 위한 인적 교류 확대 방안", 민족통일연구원, 『통일과 북한 사회문화 (상)』(서울 : 민족통일연구원, 1995), pp. 298~299.
144) 조정원, 『남북한 통합론』(서울 : 희성, 1989), pp. 21~22.

태'[145]를 통합이라 본다. 따라서 통합이론에 있어서 구성원간의 문화적 동질성은 통일 달성을 위한 우회적 방법이자 통합 그 자체로서 중요시된다.

(2) 동질화, 문화통합

남북한의 문화통합은 양극화된 문화적 이질성을 동질화하는데 기여하는 방향으로 추진되어야 한다. 그러기 위해서는 남북한 간에 서로 이해를 증진시키고 통합기반을 마련해야 할 뿐만 아니라 동일한 역사의 공유 그리고 동일언어의 사용에 바탕을 둔 민족동질성 확보와 문화적 변용을 통한 동질화를 추구해야 한다.

여기서 문화적 변용을 통한 동질화라는 개념은 동질성 회복과는 다른 개념이라는 것을 먼저 인식해야 한다. 동질성 회복은 특정 시점을 기준으로 하는 개념으로서, 해방 당시를 기준으로 할 때, 남북한이 같은 모습으로 돌아간다는 의미가 강하다. 이에 반해 동질화는 해방 이후 이질화되어 온 지금까지의 모습이 앞으로는 더 달라지지 않고 같아져 간다는 뜻이 된다. 따라서 문화의 동질성 회복 대신에 문화적 통합(cultural integration)[146]이라는 용어가 적합하다.

문화통합이란, 다양한 하위문화들을 인정하고 그것을 수용하면서 전체로서 하나의 문화체계를 이루고 있는 상태[147]를 말한다. 이를 위하여

---

145) P. E. Jacob & H. Teune, "The Integrative Process : Guidelines for Analysis of the Bases of Political Community" in P. E. Jacob and J. V. Toscano, The Integration of Political Communities, Philadelphia : J. B. Lippincott Company, 1964. p. 4.

146) 임채욱, "남북한 문화통합을 위한 문화교류방안", 『민족공동체형성을 위한 남북 간 문화교류』(남북 문화교류협회 '96통일문제세미나, 1996. 11. 6), p. 7.

147) 김광억, "문화소통과 문화통합-통일에 대한 인류학적 접근", 『21세기 민족통일, 어떻게 접근할 것인가?』(서울대학교 사회과학대학 제2회 학술대회, 1999), pp. 5~6.

우리에게 필요한 것은 문화의 다양성을 이해하고, 수용의 능력을 배양하는 것이다. 따라서 남북한이 이루고자 하는 것은 '동화'가 아니라 '공존적인 통합'이다. 이를 위해서는 문화적 상대주의가 전제되어야 한다. 다시 말하면, 남북한이 문화통합을 논의하거나 민족문화의 동질성을 논의하기 위해서는 우선적으로 남한의 '한국 문화'와 북한의 '조선 문화'가 남북으로 분단되어 공존[148]하고 있다는 사실을 인정해야 한다는 의미이다.

남북한이 이질화를 극복하고 통합의 기틀을 마련하기 위해서는 먼저, 생활문화의 교류협력에 초점을 맞추어야 할 것이다. 왜냐하면, 용구문화적 측면에서 보면 한복, 김치, 온돌 등 생활과 관련된 관습 등이 아직 남북한 간에 공통요인이 존재하고 있기 때문이다. 다음으로는 행동문화 즉 규범적 문화의 측면에서 보면, 남북한 간에 공통부분이 더욱 뚜렷이 나타난다. 즉, 전원적 정서감각과 공동체적 유대의식, 가족에서의 전통적 인간관계, 상부상조의 관습, 서열주의 등 한국의 전통적 특징은 남북한 간에 분명히 존재하고 있기 때문이다.

또한 문화와 사상 면에서 이질감을 극복하고 통합해 내야 한다. 이를 위해 다양한 차원에서 지적 교류와 문화적 교류를 확대하여 이질적인 문화와 사상, 철학에 대한 논의의 장을 넓혀야 할 것이다. 또한 우리 문화의 강점을 살리는 사상과 철학을 제시하는 것[149]도 매우 중요하다. 왜냐하면 문화통합의 목표는 민족 동질성의 확보와 문화의 이질성 포용을 통한 한민족의 새로운 문화창출에 있기 때문이다.

---

148) 윤경태, "민족문화공동체의 형성과 민족통일", 『통일문화연구』(상)(서울 : 민족통일연구원, 1994), p. 151.

149) 배성인, 앞의 논문(2002), p. 221.

(3) 문화통합을 위한 남북한 문화교류협력의 활성화

문화교류협력은 남북한 간 감정화합의 과정일 뿐만 아니라 남북이질화 해소에 기여하고 남북한 문화통합의 기초를 형성할 수 있다는 점에서 매우 중요하다. 따라서 상대방의 문화정서를 고려한 교류부터 시행할 필요가 있다. 즉 최소한의 공통기반을 가진 전통예술 위주의 문화교류를 꾸준히 진작시키는 것이 필요하다는 의미이다. 남북교류는 보편적 관행과 원칙[150] 위에서 진행되어야 한다.

이를 위해 첫째, 일관성 있는 정책과 원칙이 필요하다. 문화 분야 교류협력은 비정치적 분야이므로 정경분리 원칙을 철저히 고수하여 교류를 활성화시켜야 한다.

둘째, 현실에 맞는 법과 제도의 정비가 필요하다. 미래에 교류협력이 활성화되면 수시방북과 대규모의 인적 교류가 이루어질 상황에 적합해야 한다. 또한 북한 주민 접촉의 경우, 사전승인제에서 신고제로 변화되어야 한다.

셋째, 남북한 간 사회문화교류협력은 일회성이 아니라 정례화·구조화되어야 한다. 그러기 위해서는 정부와 민간이 긴밀한 협력관계를 구축하여 교류협력의 효율성을 증대시켜야 한다. 이를 위해서는 민간의 의견을 수렴하고 반영할 수 있는 제도적 장치를 마련하고 확대해 나가야 한다.

넷째, 남북한 주민들이 서로를 이해하고 신뢰를 확보하기 위해서는 쌍방향 교류가 필수적이다. 만약 북한 주민들의 상호방문 및 순차적 교류협력이 어렵다면 북한이 원하는 어느 곳에서라도 만남은 계속되어야 한다. 남한의 지자체와 북한의 지역사회가 자매결연을 체결하여 상호 만남

---

150) 위의 논문, pp. 222~223.

을 지속하는 것도 하나의 방법이 될 수 있다.

다섯째, 민간 부분의 자율성과 정부의 재정적 지원이 결합될 수 있는 방안을 모색해야 한다.

여섯째, 효율적인 교류협력을 위해서 남북경협의 확대와 연계하는 방안도 강구해 보아야 한다. 이는 지속성을 확보하는 차원에서도 새로운 모색이 있어야 할 것이다.

일곱째, 문화교류협력과 연계하여 청소년 교류 등 지속적인 교류프로그램이 개발되어야 하며, 더 나아가 북한 산림복구, 북한 의료계와의 교류협력, 종교계 · 여성단체와의 교류 등 향후 확대 가능성이 큰 분야에서 지속적인 개발이 필요하다.

마지막으로, 교류와 통일 분위기 조성을 위해서는 통일지향적 국민공감대 형성이 반드시 필요하다. 이를 위해서는 학교뿐만 아니라 사회단체 등에서의 평화통일교육이 확산되고 강화되어야 한다.

2. 문화통합을 위한 방법

가. 문화통합을 위한 분석의 틀

남북한 문화통합과정을 설명하는 분석의 틀에는 두 가지가 있을 수 있다. 하나는 상대방의 문화에 대한 일방의 흡수를 전제로 할 것인가, 아니면 공존과 교류를 통한 점진적 문화통합을 전제로 할 것인가의 문제이다. 전자는 지배모델이고 후자는 상호의존모델이다. 지배모델은 서로 다른 두 개의 문화 가운데서 강자의 문화가 약자의 문화를 지배하고 그 위에 군림하는 방식을 말하고, 상호의존모델이란 두 개의 서로 다른 문화의 상호 관련성과 영향관계에 기초한 통합을 말한다. 이 모델은 통합되는 두 가지의 문화가 서로 비슷하다는 전제[151]에서 출발한다.

위의 이 두 모델은 남북한 문화통합모델을 구상하는 단계에서 중요한 고려대상이 된다. 왜냐하면 남북한이 어떠한 방식으로 통일정책을 전개하는가에 따라서 문화통합은 영향을 받을 수밖에 없기 때문이다. 만약 남북한이 통일과정에 남북연합과 같은 과도적 단계를 설정하면 동조에 의한 통합보다 규범화에 의한 통합을 촉진하는 효과를 지닐 것이다.[152] 이는 상호의존모델의 적합성이 증진될 것이다. 그러나 그 반대의 경우는 규범화보다 동조[153]에 의한 통합이 진행될 것이다. 이러한 경우는 지배모델이 더 적합하다.

남북한 사이의 문화통합은 현실 여건상 단계적 접근이 모색될 수밖에 없다. 제1단계는 교류모색단계, 제2단계는 제한적 교류의 단계, 제3단계는 본격적인 교류활성화 단계, 마지막 제4단계는 본격적인 문화통합의 단계[154]를 제시하고 있다. 이러한 단계 구분은 동조보다는 규범화를 통한 통합을 촉진하려는 상호의존모델을 기본전제로 한다. 본 논문에서는 단

---

151) 강정구, "남북한 사회문화공동체 형성방안", 『민족동질화 촉진의 모색』(서울 : 통일원, 1993), p. 147.

152) 차재호, "남북한 문화통합의 심리학적 고찰" 『북한 문화연구』(제1집),(서울 : 한국문화예술진흥원 문화발전연구소, 1993), p. 95.

153) 규범화(normalization)란, 갈등상황에서 갈등의 두 당사자들이 각기 타협점을 모색해서 합의점에 도달함으로써 갈등을 극복하는 것이다. 이런 방식은 두 당사자의 위상이 대등할 때 흔히 채택된다. 그러나 두 당사자의 위상이 비슷하지 못할 때에는 규범화보다는 동조(conformity)현상이 나타나기 쉽다. 동조란, 소수파(약자)가 다수파의 의견이나 주장을 수용함으로써 갈등을 해소하는 방식이다. 즉 소수파가 다수파에 복종하는 것이다. 동독과 서독의 통일 이후 문화통합과정은 동독 문화의 서독 문화에로의 동조였음을 알 수 있다.

154) 김경웅, "북한의 문화", 김경웅 외, 『신북한개론』(서울 : 을유문화사, 1999), pp. 216~217.

계적 접근단계를 교류모색단계, 교류활성화단계, 문화통합의 단계로 나누고자 한다.

나. 문화통합을 위한 접근단계

(1) 교류모색단계

이 단계에서는 남북한 쌍방 간 공동관심사를 확인하고 교류범위를 모색하는 시기이다. 그리고 남북한이 공히 문화교류의 내용 선정기준과 원칙을 설정하는 것이 중요하다. 특히 남북 문화교류프로그램을 선정할 때는 동질적 요소는 확대·발전시키고, 이질적인 요소는 원인 진단과 함께 극복·지향해 나가려는 노력이 뒤따라야 한다. 그런데 문화교류프로그램을 선정함에 있어서 몇 가지 의견들이 제시되었는데, 이를 정리해 보면 다음과 같다.[155]

첫째, 대응논리이다. 대응논리라 함은 북한 측이 보내는 문화교류의 내용물이나 프로그램에 대응할 수 있는 내용을 북측에 보내야 한다는 논리이다. 이 논리에 따르면 북측에서 대형 무대 공연물을 우리 측에 보내겠다고 제의를 해 왔을 경우, 우리도 그에 상응하는 대형 공연물을 보내야 한다는 논리이다. 이러한 대응논리는 어차피 경쟁을 할 수밖에 없는 상태에서 우리 측의 문화교류 내용물이 북측에 비하여 상대적으로 빈약할 경우 경쟁에서 패했다는 인식을 하게 하는 등 얼마간의 문제점이 없는 것은 아니다.

그러나 북측과의 문화교류에서 대응논리에 따라 문화교류를 진행할

---

155) 박상천, "남북한 교류의 문제점과 문화교류의 방향", 『문화정책논총』(8)(서울 : 한국문화정책개발원, 1996), pp. 193~197.

경우, 교류의 주도권을 북측이 가지게 될 가능성이 많다. 왜냐하면 우리 측은 항상 북측의 교류프로그램이 결정되고 난 후 그에 상응하는 프로그램을 결정하거나 북측이 보내온 프로그램을 보고 난 후, 다음 교류 시 그에 상응하는 프로그램을 결정해야 하므로, 우리는 소극적이거나 수동적 태도를 보일 수밖에 없다.

그리고 대응논리는 또 다른 문제점을 야기할 수 있다. 북측의 프로그램에 대응할 만한 마땅한 프로그램이 없을 경우이다. 예를 들어 북측에서 세계 무대에서도 각광을 받고 있는 교예(서커스) 프로그램을 보내올 경우, 이에 대응하는 프로그램을 만들어야 한다. 이럴 경우 필연적으로 프로그램의 질적 저하를 가져오게 될 뿐만 아니라, 이에 필요한 인력, 재정, 시간상의 문제로 인하여 바람직한 문화교류가 될 수 없다. 다시 말하면 북측에서 교예단을 보내겠다고 했을 때 우리도 여기에 대응하여 교예단을 보낼 수 없는 일이다.

둘째, 충격논리이다. 충격논리란, 남북한은 서로 체제가 다르기 때문에 서로 다른 체제를 부각시키는 프로그램을 보냄으로써 북한 측에 충격을 주어야 한다는 논리이다. 예를 들면, 성문제에 대하여 개방적인 영화나 유행적이고 대중적인 문화, 그리고 우리 측의 경제성장과 풍요로움을 보여 줄 수 있는 프로그램이 될 것이다. 이러한 프로그램을 통해 우리 측의 자유분방함과 경제적인 우위성을 보여 줌으로써 북한의 주민들에게 충격을 주도록 하자는 논리이다.

충격논리는 나름대로 의의를 가지고 있는 것도 사실이다. 지금까지 폐쇄적인 사회에서 살아온, 그리고 북한 당국의 선전에 따라 '지상낙원'에 살고 있다고 생각하는 북한 주민들에게 지금까지 보지 못했던 세계를 접하게 해 줌으로써 충격을 주고 내부적으로 자신들을 되돌아보는 계기를 마련하여 줄 수 있는 가능성이 있기 때문이다.

그러나 충격논리에 의한 문화교류는 긍정적 측면보다는 부정적 측면이 더 클 것으로 보여지는데, 그 이유는 먼저, 우리 측이 내세우는 교류 프로그램을 북한 측이 받아들이지 않거나 아니면 이러한 프로그램을 구실로 하여 대화나 교류를 중단시킬 가능성이 크다. 그리고 서로 다른 체제가 부각됨으로서 동질감보다는 거부감을 느끼게 될 가능성이 많고, 또한 체제 경쟁으로 갈 위험이 높다는 점이다. 또 하나는 성문제 등에 개방적인 영화 등의 작품을 보내게 될 경우, 오랜 기간 동안 폐쇄적인 사회에서 살아온 북한 주민들에게 도덕적인 비난을 받을 가능성이 크다는 점이다. 마지막으로, 우리의 대중문화의 경우 우리 사회에서조차도 대중문화의 서구화와 도덕적 타락이 심각한 문제점으로 지적되고 있는 까닭에 이역시 북한 측의 주민에 대한 선전선동의 빌미를 마련해 주게 될 가능성이 높다. 그동안 북한 당국이 선전하여 왔던 것처럼 남한 사회는 '미제국주의에 문화적으로 종속되어 있다'거나 '자본주의의 퇴폐적인 문화가 범람하고 있다'는 논리를 증명해 주는 결과를 초래할 수도 있다.

셋째, 차별화논리이다. 차별화논리는 충격논리보다는 태도 면에서 좀더 완화된 논리이며 점진적인 방법을 선택하는 논리이다. 즉, 충격논리와 같이 북한을 충격적으로 자극하지는 않되, 남한 사회와 북한 사회가다른 점을 분명히 부각시켜야 한다는 논리이다. 현재와 같이 폐쇄적인북한 사회의 주민들에게 어떠한 방법으로든 남한 사회의 실상을 알림으로써 그 목적을 달성할 수 있도록 해야 한다는 논리이다. 이러한 차별화논리는 현재와 같은 남북한의 상황에서 볼 때 이상적인 방법이긴 하지만 그러한 문화교류를 실현하는 일은 현실적으로는 어렵다는 비판을 받을 수도 있다.

이상에서 살펴본 바와 같이 세 논리가 가지고 있는 장점을 최대한 살리고 그 단점을 보완하여 프로그램을 선정하여야 한다. 이런 점에서 동서독의 교류 경험은 우리에게 많은 시사점을 주고 있다.

동서독은 1961년 베를린 장벽이 설치되는 등 냉전의 연장선상에서 사회문화교류를 일시 제한하거나 차단한 때가 있었다. 그렇지만 서독정부의 꾸준하고 주도면밀한 양면 교류정책 즉, 비정부 및 정부 차원의 교류 협력을 실천함으로써 수동적인 입장을 취한 동독 정권을 개방의 장으로 이끌었다. 이 같은 유도과정에서 강조된 사실은 독일 문화에 대한 자긍심을 공감대로 삼아 정치적 논쟁은 줄이면서도 민족문화의 유산이 변조되는 길목을 차단할 수 있었다.[156]

양독 간 사회문화교류는 문화예술인의 교환방문과 공연이 주종을 이루면서 학술·체육교류, 청소년 교류로 점차 확대됐다. 1982년 청소년 교류협정을 체결한 이후에는 수학여행의 형식을 빌려 양측 청소년이 서로 상대 지역을 오갔다.[157] 이는 동서독 청소년들이 민족공동체의식을 다시금 확인하고 마음의 소통을 이룰 수 있는 소중한 기회가 되었다. 1986년 5월 양 독 사이에 체결된 문화협정은 정부·민간 부문을 가리지 않고 사회문화교류를 획기적으로 증대시켰다. 이로써 사회·문화공동체 형성을 내다볼 수 있게 되었고, 민족이질화라는 우려를 씻어냄으로써 내면적 통합을 기하는 계기를 마련하였다.

---

156) 김경웅, 앞의 책, p. 210.
157) 위의 책, p. 210.

남북한 간 문화교류의 새로운 이정표를 세우기 위해서는 같은 분단 경험을 가진 국가의 문화통합과정에 대한 연구가 선행되어야 한다. 이를 위해 동서독의 문화교류협력과정에서의 특징을 요약해 보자.[158] 첫째, 정부 당국 간에 문화협정이 체결되기 이전이라도 민간 부문의 사회문화교류·협력은 적극 추진되었다는 점이다. 이런 점에서 민간주도의 교류·협력은 촉진제로 작용할 수 있다.

둘째, 상대측이 체제의 약점으로 여기거나 명분에 손상을 입을 것으로 우려하는 민감한 분야는 뒤로 미루고, 쌍방이 공감하는 분야 즉 음악·미술·전통문학·어학, 그리고 상대측이 호응해서 당장 이득을 보는 분야에 우선권을 부여하여 사회문화교류의 지속성을 유지시켰다는 점이다.

셋째, 서독 정부는 공개적인 제안이나 교류 원칙을 발표하는 경우 선전효과보다는 장기계획 차원에서 개인·단체·정부의 모든 가용 채널을 소리 없이, 그러나 끈질기게 가동하는 '전방위 교류' 전략을 채택하였다.

이에 반해 우리는 남북한 문예교류가 체제경쟁이나 정치적 상황에 종속되어 왔다는 점이다. 1990년대 초, 남북한 문예교류의 침체는 김일성의 돌연한 사망(1994. 7. 8)과 무관하지 않다.[159] 즉, 1993년 3월 북한의 NPT 탈퇴선언 이후 남북한 관계는 급속도로 냉각되었으며, 남한의 김영삼 대통령은 북한의 핵문제가 진전되지 않는 한 남북한 관계의 실질적인 진전은 어려울 것임을 거듭 언급한 바 있다. 둘째, 남북한 간의 문화교류가 기본적으로 남북한 간의 체제 유지와 긴장완화의 수단으로 제기되어

---

158) 위의 책, pp. 211~213.
159) 이현경·최대석, "남북한 문화예술정책 및 교류현황분석", 『통일연구』(상)(서울 : 민족통일연구원, 1994), p. 518.

왔다는 것이다. 1985년 이산가족 고향방문과 함께 이루어진 예술단 교환의 성사는 광주민주화운동 등을 이유로 5공화국 정부의 정통성을 계속 부정해 오던 북한 당국이 5공화국 정부가 지속적인 안정을 이루자, 5공화국을 공식적인 남북한 대화의 상대로 인정하고 예술단의 교환을 통해 남북한 간의 긴장완화를 시도한 것으로 분석할 수 있다. 당시 상황으로 볼 때, 남한 정부의 입장에서도 북한과의 대화재개는 체제 유지와 정통성 확보에 크게 도움이 되었다 하겠다. 물론, 1990년대 초반 남북한 문화교류가 비교적 활성화되었던 것은 그 무렵의 국제정치적 상황과 밀접한 관련이 있다 하겠다. 즉, 1989년 독일통일, 1990년 소련연방의 해체 등 사회주의권의 몰락으로 체제존립의 위기에 몰린 북한이 서울 올림픽, 북방외교 등으로 긴장과 갈등상태를 지속하여 오던 당시 남북한 관계를 문화교류 등을 통해 개선을 시도하였으며, 아울러 북한은 이러한 남북한 긴장완화 국면을 이용해 체제 내부의 결속에 더욱 힘을 쏟을 수 있었다.[160]

셋째, 대부분의 남북한 문화교류가 장기적 안목을 결여한 채, 일단 접촉하고 보자는 이른바 '한건주의'식으로 진행되었다는 점이다. 특히 제3국에서 이루어진 민간주도의 남북한 문예교류의 대부분이 교류협력을 위한 성실한 프로그램이나 정책적 뒷받침이 부족하여 어렵게 성사된 교류가 행사를 위한 행사에 그치는 경우가 많았다는 것이다.[161] 더욱이 주최 단체들 간에 공명심, 경쟁의식 등까지 작용하여 이러한 경향은 더욱 심화되었다.

---

160) 위의 논문, pp. 519~520.
161) 이상일, "민족문화예술의 근원과 원형에서의 접근", 『북한 문화연구』(Ⅰ)(서울 : 한국문화예술진흥원 문화발전연구소, 1993), p. 194.

넷째, 데이터 뱅크식의 종합적이면서 체계적인 사회문화교류프로그램을 주도면밀하게 추진하여 정책의 일관성을 유지하면서도 내실 있는 결과를 유도했다는 점이다.

다섯째, 장기적인 안목에서 청소년 교류에 역점을 두었다. 청소년 시절에 접촉했던 장본인들이 성인으로서 각계 요소요소에 진출, 교류·협력을 주도한 것은 민족공동체 의식과 문화적 공감대를 지속적으로 형성, 발전시키는 데 도움을 주었다.

여섯째, 사회·문화 분야의 교류·협력을 위한 전문가들을 꾸준히 지원하고 양성하여 통일과정과 통일 후의 과도기에 나타난 '의외성' 있는 문제에도 효율적으로 대처할 수 있었다. 이들은 정부 기관 내의 전문가 그룹과 대학·연구소의 전문가 그룹, 각 정당 및 재단(아데나워 재단, 한스자이델 재단, 훔볼트 재단)에 속한 전문가 그룹들로서 저변이 다양하고 폭넓은 것이 특징이다.

(2) 본격적인 교류활성화 단계

이 단계의 초기에는 비정치적·비이념적인 체육이나 과학기술, 생활문화 분야를 중심으로, 또한 민간 부문의 아래로부터 교류가 생성되기보다는 당국 간 합의·승인으로 성사되는 경우가 주류를 이룬다. 그러나 서서히 교류가 증대되면서 남북기본합의서[162] 이행 등 제도적 차원의 교류

---

162) 현재 남북한 관계를 규정하는 기본 틀은 남북고위급 회담에서 짜여졌다. 이 회담은 쌍방 총리를 수석대표로 하여, 1990년 9월 서울에서 처음 열린 이래 모두 여덟 차례에 걸쳐 진행되었다. 네 차례의 우여곡절 끝에 남북이 합의에 이르게 된 것은 제5차 서울회담(1991. 2)에서였다. 이 회담에서 '남북 사이의 화해와 불가침 및 교류·협력에 관한 합의서(남북기본합의서)'를 채택하였다. 그리고 이 합의서는 제6차 평양회담(1992. 2)을 통해 발효되었다. 이 남북기본합의서 '제3장 교류·협력'이 사회문화분야와 관련된다. 남북은 이 부문

가 추진되고, 이산가족, 언론·출판 등 서로 교류를 꺼리는 분야까지 교류·협력이 가능하게 된다. 이 단계에서는 '위·아래 동시접근'이 자연스럽게 이루어질 수 있다.

예를 들어 서울과 평양에서의 남북한 이산가족 고향 방문과 예술단 교환사례(1985년 9월 21일~22일)는 사회문화 분야에서 이루어진 '위로부터의 접근'이었다. 사회문화 분야에서 또 하나의 교류사례로 꼽을 수 있는 것이 분야별 남북 주민들의 접촉현황과 그 결과이다. 이는 각 분야에 걸쳐 민간 차원에서 교류를 발기하여 이루어진 사례이므로 '아래로부터의 접근'이라고 할 수 있다.

위에서 언급한 남북한 이산가족 고향방문과 예술단 교환사례와는 달리, 1989년 6월 12일 제정·시행한 '남북교류협력에 관한 지침'은 '아래로부터의 접근'이라고 하겠다. 이 지침은 그 후 1990년 8월 6일 '남북교류협력에 관한 법률' 등 13개 법령으로 제도화됨에 따라 민간발의 → 정부승인 → 민간추진[163]이라는 교류방식이 자리를 잡게 되었다.

남북교류협력지침이 시행된 이래 문화 분야에서 교류협력시도는 비교적 활발했지만, 남북 간 왕래에 의한 직접 교류사례는 흔치 않았다. 이산가족교류의 경우, 1985년 상호교환방문에 따른 직접왕래 이외에는 제3국에서 성사된 것이 대부분이다. 6년여 동안 이룬 총괄적인 내역은 〈표 3〉과 같다.

을 구체적으로 이행해 나가기 위한 협의 기구로서 교류·협력분과위원회를 구성하여 14차례에 걸친 회의와 접촉을 가졌다. 그러다가 제8차 남북고위급회담(1992. 9, 평양)에서 남북기본합의서의 제3장 교류·협력의 이행과 준수를 위한 부속합의서(남북교류·협력부속합의서)를 채택·발효시켰다: 김경웅, 앞의 책, p. 188; 통일부 통일교육원, 『2012 통일문제이해』(서울 : 통일부 통일교육원, 2012), pp. 205~207.

163) 김경웅, 위의 책, p. 206.

〈표 3〉 사회분야 남북한 주민접촉현황 (숫자는 건수이고, 괄호 안은 인원수)

구분	이산가족	교육학술	문화예술	종교	체육	언론출판	관광	합계
승인	7,426 (7,954)	415 (2,795)	248 (1,231)	263 (1,356)	166 (830)	208 (555)	151 (469)	8,877 (15,160)
성사	1,546 (1,814)	133 (1,700)	76 (660)	103 (799)	44 (489)	50 (141)	43 (127)	1,995 (5,730)

※ 출처 : 〈남북교류협력동향〉 제95호(1989년 6월~1999년 5월 말 누적합계)

한편 김영삼 정부는 광복 50주년을 앞둔 1995년 5월 16일 사회·문화 분야에 대한 교류의 허용기준을 선정·발표했다. 이에 의하면 대북 접촉이나 교류의 허용기준은 순수성과 대표성이 보장되고, 법질서를 존중하며 남북한 관계를 개선하는 데 기여한다는 네 가지로 정리했다. 이는 사회·문화 분야에 대한 정부의 원칙적 입장표명으로서, 일종의 정책지침적 성격을 띤 것이라 볼 수 있다.

교류활성화 단계에서는 다양한 분야에서 교류·협력이 이루어지겠지만, 남북이 공히 공감할 수 있는 분야부터 진행하는 것이 효과적일 것이다. 예를 들어 스포츠 분야에서는 남북 축구경기의 정례화가 가장 빠른 길이라고 본다. 예컨대, 평양의 5·1경기장과 남한의 월드컵 축구장 활용을 위해서도 '경평축구'의 부활, 남북축구 경기의 정례화가 필요하다. 축구는 1966년과 2002년에 북과 남이 월드컵에서 똑같이 이탈리아를 꺾는 이변을 연출했다는 것은 남북 간의 민족동질성 확보에 긍정적으로 기여하게 될 것이다.

또한 청소년층의 만남을 위한 문화공간을 확대해 통일한국의 미래문화를 함께 만들어갈 발판을 마련해 주어야 한다. 반면 분단 이후의 적대적 이데올로기가 뿌리 깊게 남아 있는 장년 이상의 세대에게는 분단 이전의 전통문화를 통해 동질성을 느낄 수 있는 자리를 준비해야 할 것이다. 여성 간 교류는 사회와 가족 내의 문화와 생활문화 즉 의식주, 자녀교육 등 여성의 사회 · 가족에서의 역할과 지위 등을 이해하는 데 큰 도움이 될 것이다.[164] 그 외에도 생활언어와 역사, 자연과학, 첨단공학 등의 인적 · 연구업적 교류는 민족역량을 높이는 데 기여할 것이다.

(3) 본격적인 문화통합의 단계

이 단계는 통일국가의 사회문화적 공동체를 형성하는 본격적인 문화통합 단계이다. 남북한 간의 통합문제는 물론 사회문화적이고 심리적인 융화만으로 해소되는 것이 아니다. 보다 실질적으로 경제적 여건과 제도적 조건 등 실생활에 밀접한 욕구도 함께 충족되어야 공동체 의식은 확보될 수 있다고 본다. 특히 심리적인 측면에서 사회문화적 통합은 여타의 제도적인 통합에 비해서 장기간에 걸친 노력과 인내를 필요로 한다. 때문에 사회문화적 통합이 완결될 때까지는 통일과정은 지속되는 것으로 보는 견해[165]가 타당하다.

문화통합의 단계에서는 재사회화 정책, 민주시민교육, 문화교류의 확대를 통한 통일문화운동 지원 등의 정책이 추진될 것으로 보여진다.

다. 재사회화 정책

먼저, 재사회화정책의 측면에서 보면, 1990년대 들어 북한이탈주민[166]

---

164) 배성인(2002), 앞의 논문, p, 224.

165) 강광식 외, 『통일 후유증 극복방안연구』(서울 : 한국정신문화연구원, 1994), p. 413.

166) 1997년 1월 13일에 제정된(일부개정 2010. 3. 26, 2013. 3. 23) 「북한이탈주민의 보호 및 정착지원에 관한 법률」이 제정되면서 '북한이탈주민'이라는 용어를 사용하게 되었다. 이

의 규모가 급증하고 있는데, 이는 통일 후 전개될 남북한 주민 간 사회·문화적 통합에 중요한 시사점을 제공해 줄 수 있다. 특히 북한이탈주민들은 경쟁적이고 개인주의적인 자본주의 사회로서의 남한과 국가가 모든 것을 알아서 해 주는 북한의 문화적 특성을 비교하여 인식하고 있다. 현실적으로 북한이탈주민들이 남한에 적응할 수밖에 없지만, 때로는 그들의 문화적 감정이 혼재되어 많은 어려움을 겪고 있는 것도 사실이다. 그들이 남한 사회에 잘 적응하지 못하는 원인을 분석[167]하고 적응할 수 있는 교육프로그램을 찾는 것은 통일시대를 대비함과 아울러 이후 전개될 남북한 주민의 문화적 통합에 중요한 과제가 될 것이다.

이들의 사회 적응을 위한 지원은 통일을 대비하는 가장 기초적인 작업이라고 할 수 있다. 북한이탈주민의 남한 사회 적응사례는 북한 주민들을 우리 사회의 일원으로 포용하는 데 시금석이 될 것이다. 또한 이들은

법 제2조를 보면, '북한이탈주민'이란 '군사분계선 이북 지역(이하 '북한'이라 한다)에 주소, 직계가족, 배우자, 직장을 두고 있는 사람으로서 북한을 벗어난 후 외국국적을 취득하지 아니한 자를 의미한다.'고 규정하고 있다. 따라서 북한이탈주민은 제2조에 해당하는 모든 북한 주민을 의미하고 있지만, 적용범위에 대해서는 동법 제3조를 보면, '이 법은 대한민국의 보호를 받으려는 의사를 표시한 북한 주민에 대해서 적용한다.'고 명기함으로써 행정적 의미에서는 이들 중 남한에 입국하여 정부에 의해 보호대상자로 지정된 자를 의미한다.

· 북한이탈주민의 국내입국현황을 보면, 1990년대 초반에는 10명 내외로 소수였으나, 이후 꾸준히 증가하기 시작했다. 그러다가 2006년에는 2,018명이 입국해 증가세가 계속되었으며, 2009년에 3,000명 정도의 인원이 입국을 했다. 2010년도에는 다소 감소했지만 여전히 입국규모는 2,000명을 훨씬 상회하고 있으며, 2011년 10월 입국자 기준으로 총 22,679명이 입국해 있다. 이러한 추세는 지속되는 경제적 어려움, 외부 세계와의 접촉의 증대, 김정은 후계체제의 공식화와 북한 권력체계의 변화에 따른 사회혼란 등의 문제로 인해 당분간 지속될 것으로 예상된다(통일부 자료마당, 북한이탈주민정책).

167) 부적응 원인분석에 대한 자세한 내용은 민성길 외, 『탈북자와 통일준비』(서울 : 연세대학교 출판부, 2002), p. 58; 선한승, 『북한이탈주민의 취업실태와 정책과제연구』(서울 : 한국노동연구원, 2005), p. 26; 이금순 외, 『북한이탈주민 적응실태연구』(서울 : 통일연구원, 2003), p. 12를 참조할 것.

남북한 주민이 하나의 공동체로서 서로를 이해하고 문화적으로 화합하는 데 있어서 시범적인 대상이 될 것이다. 재사회화 정책은 문화 영역, 학교 교육 영역, 사회교육 영역, 정치교육 영역에 의해 추진될 수 있으리라 본다.[168]

첫째, 문화 영역에서는 기존의 남북 문화를 인정하는 전제에서 출발하여 문화 전반에 걸친 시정 프로그램을 수립·실행하여야 한다. 남북한이 각기 이념적인 이유로 왜곡시킨 문화예술과 전통문화를 개선하여 남북한 주민들 간의 심리적 격차를 해소하고 공동체 의식을 증대시켜야 한다. 이를 위해 남북한 문화예술인, 종교인에 대한 지원 및 재교육대책을 마련해야 한다.

둘째, 통일 이후 재사회화에 있어서 교육은 핵심적인 역할을 수행할 수 있다. 왜냐하면, 교육을 통해 분단체제에 익숙해 있는 남북한 양측 주민들에게 통일한국의 이념과 가치를 확산시켜 공동체 의식을 함양할 수 있기 때문이다. 우선 학교 교육은 역사, 문화, 언어, 종교, 경제행위, 사회규범, 생활습관의 차이 등 문화적 갈등을 해소시키는 데 역점을 두어야 한다. 특히 경제와 관련지어 자본주의의 원리와 시장경제생활에 필요한 지식과 태도를 형성하도록 해야 할 것이다. 시장경제체제하에서는 사적인 자유와 이윤추구의 자유가 허용되고 있다는 점, 자유경쟁의 허용과 규칙의 준수, 생산과 소비, 화폐와 상품의 가치를 정확히 이해시킬 필요가 있다. 또한 개인의 경제생활 측면에서 건전한 소비생활과 저축, 그리고 미래 생활에 대한 계획이 필요할 것이다. 또한 개인의 능력과 노력에 따라 차등적인 보상이 제공되며, 그로 인하여 빈부의 차이도 발생한다는 사실

---

168) 윤덕희, 앞의 논문, pp. 98~101.

을 인식하도록 해야 한다.[169]

셋째, 통일 이후 재사회화를 위한 사회교육의 비중이 커질 것이다. 사회교육의 대상은 일반 주민들이다. 교육내용은 교양 및 여가교육, 직업교육, 문화 교육, 시민교육 등으로 다양화되어야 한다. 특히 북한 지역에서의 정치·사상교육 위주의 사회교육은 지양하되, 교육내용을 다양화하여 일반 주민의 교육기회를 대폭 확충시켜야 할 것이다. 사회교육을 위한 프로그램은 남북한이 공히 민간이 주도하도록 함으로써 자생적 사회교육이 균형 있게 발전되도록 해야 할 것이다. 여기서 직업교육프로그램이 특히 중요하다. 현재 북한이탈주민들의 경우 직업에 대한 책무성, 일에 대한 근면성은 우수한 것으로 파악되고 있다. 또한 현재 북한의 높은 교육 수준으로 볼 때 기초적인 직업능력은 습득하고 있는 것으로 짐작할 수 있다. 따라서 앞으로는 전문화된 산업인력을 양성하고 재교육해야 할 것이다. 이를 위해 첨단 과학기술 및 컴퓨터 교육을 포함한 다양한 직업기술과 인력개발을 위한 사회교육 시설을 설치·운영해야 할 것이다.

넷째, 남북한 주민들의 재사회화를 위한 정치교육 역시 중요하다. 정치교육은 남한의 정치제도나 이념을 일방적으로 홍보·교육하는 차원이 아니라 남북한 모두가 추구해야 할 보편적인 민주주의 문화를 확산시키는 것을 내용으로 해야 한다. 그래야 민주주의의 기본원리를 이해하고 민주적인 생활방식을 습득할 수 있다. 또한 개방적인 사회, 다양한 가치와 행동이 허용되고 있는 민주사회에서 자신의 판단과 의지에 따라서 결정하고 행동할 수 있는 의사결정능력이 필요하다.

재사회화를 위한 정치교육의 주체는 국가기관과 자율적인 민간기관

---

169) 한만길(1997), 앞의 책, pp. 388~389.

모두가 될 수 있다. 정부는 산하에 「정부교육센터」를 설치하여 전체적인 재사회화 계획을 세우고 이를 추진하기 위한 전문가를 양성하고 지원하여야 한다. 그러나 재사회화를 추진하는 실질적인 주체는 정당, 사회단체 등 다양한 이해집단과 학술연구기관, 중립적인 교육기관 등 자율적인 민간단체들이나 대중매체를 활용하는 것이 바람직하다. 이들 단체들이 자체 프로그램을 마련하여 정부로부터 지원받아 각종 간행물, 학술회의, 연수주선을 통해 학생, 교사, 기업인, 노조간부, 정당간부, 언론인, 법조인 등을 상대로 정치교육을 실시하는 것이다. 또한 남북한 간 언론의 상호개방 상황을 활용하여 방송 등 대중매체를 통해 정치교육을 실시하는 것도 효과적일 것이다.

라. 민주시민교육

통일대비 민주시민교육은 민주주의에 대한 이해를 바탕으로 하여 민주시민으로서의 자질을 갖추도록 하는 데 목적이 있다.[170] 이를 위해 민주주의의 기본원리를 이해하고 민주적인 생활방식을 습득하도록 하는 데 중점을 두어야 할 것이다. 또한 개방적인 사회, 다양한 가치와 행동이 허용되고 있는 민주사회에서 자신의 판단과 의지에 따라서 의사결정을 하고 행동할 수 있는 의사결정능력이 필요하다. 더불어 일상생활 속에서 민주적인 법질서와 규범에 대한 지식을 습득하고 그것을 습관화할 수 있는 태도가 필요하다.

민주시민교육의 내용은 첫째, 남북분단의 역사적 상황, 원인들을 포함해야 한다. 이는 분단에 따른 부작용을 규명하는 작업이기도 하며, 통일

---

170) 위의 책, p. 388.

의 당위성을 교육함에 있다. 둘째, 남북한의 동질성을 회복하는 방향에서 객관적인 입장에서 북한의 정치, 경제, 사회, 문화 등의 각 분야를 소개하고 북한에 대한 이해를 증진시켜야 한다. 셋째, 남북한 정부의 통일정책 내용을 구체적으로 소개하고 비교·검토함으로써 국민들의 동의를 얻어내야 할 것이다. 마지막으로, 통일한국의 미래상을 구체적으로 소개하고 이의 달성을 위한 준비과정을 설명하는 것[171] 또한 중요하다.

민주시민교육은 기존의 공교육기관, 사회교육기관, 대중매체 등 다양한 수단을 활용할 수 있을 것이다. 또한 독일의 「정치교육연방본부」와 같은 통일대비 교육을 총괄할 수 있는 기구의 설립이 필요하다. 이 기구는 다양한 정당과 사회단체의 참여를 보장하고 통일대비 교육을 포함한 전반적인 민주시민교육의 내용, 각 교육기관의 유기적 연결, 교육 담당자의 양성 및 연수 등의 일을 담당하는 것이 필요하다. 이러한 교육은 정치권력과 독립되어 이루어져야 한다. 또한 교육 대상별로 교육내용과 방법이 차별화되어야 한다. 교육대상의 지적능력, 세대별 특성, 사회경제적 여건[172] 등을 고려하여야 하며, 국민들이 자발적으로 참여할 수 있는 분위기를 조성하여야 한다.

마. 문화교류 및 협력 확대

문화 중심적 통일 논의를 위해서는 남북한 간 문화교류 및 협력을 추진하는 것이다.[173] 남북한 문화교류의 목적은 교류를 통해 상호인식과 생활

---

171) 윤덕희, 앞의 논문, pp. 95~96.
172) 위의 논문, p. 96.
173) 김학성, 앞의 논문, p. 270.

의 이질화 폭을 좁힘과 동시에 공동활동과 협력을 통해 상호의존도와 문화접변을 촉진시키는 것이다. 이러한 목적달성을 위해 먼저 북한 지역에 문화시설을 확충하고 주민들로 하여금 사회문화 교육과 문화를 향유할 수 기회를 확대해야 할 것이다.

문화교류 및 협력의 구체적 방안을 보면, 첫째, 남북한이 공유해 왔던 전통 민족문화를 기반으로 하여 남북한 간 인식의 이질화 폭을 줄여 나가고, 동시에 상대방 문화와의 활발한 접촉을 장려해야 한다. 또한 기존의 남북한 문화단체나 사회단체들을 존속시키면서 남과 북에서 문화활동을 하도록 장려·지원하고 기존에 창작된 문예작품이나 출판물을 남북한 주민들이 자유롭게 감상할 수 있도록 지원하는 것[174]이 필요하다. 또한 통일 직후에는 비록 이념과 체제는 통합이 되었다 할지라도 남북한 주민들 사이에 이념적 갈등이 존재할 수 있다. 이를 극복하기 위해서는 비이념적 분야에서 공동사업 및 협력을 추진하고 기존의 남북한 민간단체 간의 교류를 증진하여 상호의존성[175]을 높여 나가는 것이 바람직하다고 하겠다.

둘째, 남북한 주민들의 가치지향 및 생활양식의 변화를 추구하기 위해 남북한 주민이 공통의 가치체계 및 생활태도를 갖도록 하는 것이 중요하다. 이를 위해 남북한 주민들의 문화구조의 시정을 통해 남북한 주민들이 각 체제의 장단점에 대한 인식을 갖도록 함으로써 공통의 가치를 지향하도록 해야 한다. 더 나아가 남북 민간단체 간의 협력체제를 구축하고 나아가 통합을 추진함으로써 북한 사회문화구조의 변화를 촉진해야 한다. 즉, 남북 간 계층적인 통로를 열어 협력확대 및 통합을 추진해야 한다

---

174) 윤덕희, 앞의 논문, pp. 101~102.

175) 위의 논문, p. 102.

는 의미이다. 예컨대 청년단체, 학생단체, 노동조합, 농민단체 등과 같은 민간 사회단체들이 광범위한 협력사업과 결연사업[176] 등을 전개할 수 있을 것이다.

셋째, 완전한 민족공동체 형성에 대비하기 위해서는 남북한 문화통합을 완비하여야 한다. 이를 위해서 남북한 주권을 초월한 사회문화적 공동기구를 설립·운영하여야 한다. 예컨대 「남북체육인연합회」와 「남북올림픽위원회」 등 체육단체, 「남북교원단체총연합회」, 「남북여성단체총연합회」 그 외 각종 학술단체, 학교, 연구기관, 예술단체, 종교단체 등이 될 것이다. 그리고 북한 지역의 사회문화시설을 확충하고 문화향유의 기회 제공을 위해 지원하며, 사회문화와 관련된 재교육 및 시정프로그램을 마련하여 재사회화를 실시[177]함으로써 의식의 동질화를 추구해야 한다.

3. 문화통합을 위한 과정모델

가. 기능주의와 신기능주의

남한과 북한의 통일방안은 각자의 대북, 대남 전략에서 비롯된 정치적 의도를 담고 있기 때문에 양자의 통일방안이 합치되기란 거의 불가능했다.[178] 왜냐하면 북한은 연방주의를, 남한은 기능주의를 채택하여, 북한은 정치적 분야에서의 일괄적 타결이 선행되면 다른 모든 분야의 문제는 자동적으로 해결되는 연방주의적 논리를 전개하고 있는 데 반해, 남한은

---

176) 위의 논문, pp. 102~103.

177) 위의 논문, p. 103.

178) 박종철 외, 『민족공동체 통일방안의 새로운 접근과 추진방안 : 3대공동체 통일구상 중심』 (서울 : 통일연구원, 2010), p. 38.

비정치적 분야에서의 교류와 신뢰구축의 확산이 정치적 분야의 통합으로 이어지는 기능주의적 통일과정[179]을 상정하고 있기 때문이다.

기능주의는 정치적 통합이 어려운 경우 경제, 사회·문화, 기술 등 협력이 쉬운 분야부터 협력을 가속화, 제도화하여 단위들 간의 화해와 협력을 도모하는 이론이다. 기능주의의 창안자인 미트라니(D. Mitrany)는 독일의 재부상을 막기 위해서는 독일과의 기능적 협력이 중요한 방안이라 생각하였고, 주권국가 중심의 정치적 협력보다 기능적 협력이 국가 간화해와 평화를 유지하는 데 더 유력한 방안이라고 생각하였다. 미트라니의 기능주의는 사회가 복잡해짐에 따라 정부 차원의 협력을 넘어서는 사회적 차원의 상호협력과 상호의존이 더욱 심화된다고 보았고, 이 과정에서 영토국가의 권위가 약화되며, 국가 간 협력을 통제하는 새로운 기술적 권위체 혹은 초국가적 제도가 출현할 수 있다고 보았다. 실제로 유럽은 1950년 프랑스의 장 모네와 슈망외상을 중심으로 석탄철강공동체를 설립하여 독일을 공동체에 편입시켜 독일의 재부상을 막고 협력을 제도화하는 방안을 실현하였다. 당시의 주요 전략물자이자 경제자원인 석탄과 철강을 지역공동체에 의해 관리하는 방안은 독일과의 정치적 협력을 강화[180]하는 중요한 기능적 수단으로 자리 잡게 되었다.

이후 소위 신기능주의는 1950년대 이후의 유럽통합을 더욱 가속화하는 이론적 기반으로 자리 잡게 되는데, 특히 하스를 위시한 제 이론가들은 기능적 협력이 사회, 경제, 문화적 영역에 머무는 것이 아니라 정치적

---

179) 임혁백, "남북한 통일정책의 비교분석", 이용필 외, 『남북한기능통합론』(서울 : 신유, 1990), p. 45.

180) 위의 책, p. 39.

차원으로까지 확산될 수 있음을 주장하였다. 신기능주의는 미트라니의 기능주의에서 더 나아가 각 협력 영역 간의 확산이 이루어져 더욱 복잡한 협력체가 출현할 수 있다고 보았고, 하위정치의 영역인 사회, 문화, 경제적 협력의 상위 영역인 정치, 군사, 안보분야로까지 확산될 수 있다고 보았다. 이 과정에서 통합의 차원이 심화되고 결국 국가의 권위를 능가할 수 있는 초국가적 협력제도가 출현할 수 있다고 본 것이다. 실제로 유럽 석탄철강공동체 이외에 유럽원자력기구와 유럽경제공동체가 1950년대 말에 출현하여 향후 유럽공동체의 출현에 중요한 추동력[181]으로 기능하였다.

기능주의는 국제정치이론의 자유주의와 결합하면서 경제적 상호의존이 정치적 통합으로 진행된다는 이론적 전제를 강화하였다. 시장을 통한 두 개의 혹은 그 이상의 정치집단 간의 교류는 점차 사회적, 정치적 통합을 강조하고, 이는 두 공동체의 궁극적 통합으로 나아갈 수 있다는 것이다. 이것이 소위 '시장평화이론'이다. 정치적으로 갈등과 대립관계에 있는 정치집단이라 할지라도 경제적 상호교류를 통해 비교우위를 얻을 수 있고 이러한 공동의 이익이 기능적 차원에서의 협력을 추동하고, 결국에는 협력이 어려운 평화의 영역으로 확산될 수 있다는 것이다.

정치적 갈등에도 불구하고 기능적 협력을 강화할 수 있고, 더 나아가 정치적 협력으로 확산될 수 있다는 기능주의의 이론적 전제는 한반도의 통일방안에 시사하는 점이 많은 것도 사실이다. 민족공동체 통일방안은 1단계에서 남북 간의 화해협력 상황을 상정하고 있는데, 이는 정치적 협력으로 볼 수도 있지만, 보다 손쉬운 하위정치 영역에서의 사회·문화적,

181) 위의 책, pp. 39~40.

경제적 협력으로 볼 수 있다. 남한과 북한이 원조, 무역, 사회·문화교류, 시민사회 교류 등을 통해 협력을 시작하고, 이러한 협력이 하위정치의 다른 영역과 촘촘히 연결된다면, 이후 정치, 군사, 안보적 협력으로 확산될 수 있다는 희망을 가지게 한 것이다. 민족공동체 통일방안이 상정한 화해협력의 필요성은 1980년대 말부터 현재에 이르기까지 한국 정부에게 있어서 대북전략의 중요한 부문으로 강조되어 온 것이 사실이다. 특히 김대중 정부와 노무현 정부는 소위 햇볕정책을 통해 북한과의 무역을 증대하고, 대북원조를 늘리는 한편, 정부 차원과 비정부 차원의 사회·문화교류를 가속화하고, 시민사회단체들의 대북방문 및 협력을 지원하였다. 그 결과 남북 간의 화해 협력[182]의 기초가 어느 정도 다져진 것도 사실이라 하겠다.

북한도 한국과의 경제, 사회, 문화협력을 일정 부분까지 허용하는 모습을 보여 준 것도 사실이다. 특히 2000년 6·15정상회담 이후 노무현 정부 말기까지 북한은 한국과의 경제, 사회·문화관계를 강화하여 북한의 경제발전을 도모하는 한편, 한국과의 문화적 교류를 활성화하였다. 그러나 이러한 교류협력이 북한의 정치적 입지 및 체제의 성격에 영향을 미치는 것을 극도로 경계하는 모습을 보여 주고 있다. 화해협력이 대북 관여의 구조적 결과로 이어지는 것을 방지하고자 한 것이다. 소위 방충망식 개방이라는 북한의 정책이 이러한 확산 방지 노력을 대변하는 개념이라고 할 수 있다.

북한은 정경분리라는 근본원칙을 기반으로 하여 경제적 교류협력을 통해 북한의 경제력을 강화하지만, 정치적·안보적 위상을 공고히 하기

---

182) 위의 책, pp. 40~41.

위해 다양한 수단을 독자적으로 개발했고, 그 과정에서 북핵 문제가 대두된다. 북한은 탈냉전기에 불리하게 발전하는 국제정치적 한반도의 상황에 대처하고자 선군정치를 중요한 전략으로 내세웠으며, 핵 프로그램을 개발함으로써 북한의 정치적 생존[183]을 지키고자 하였다.

북한의 이러한 태도가 보여 주는 시사점은 유럽과 마찬가지로 기능적 협력이 적대적인 남북관계에서 정치적·군사안보적 협력으로 자동적으로 확산될 수 없다는 점이다. 물론 기능적 협력이 향후 협력을 강화하는 중요한 기반으로 작용하는 것도 사실이지만, 유럽의 각 정부들이 주장하는 것처럼 정치 영역에서 독자적인 별도의 노력을 기울이지 않고 통일방안을 계획한다는 것은 한계를 지닌다는 점을 보여 준다.

나. 문화변동모델

(1) 문화인류학적 신진화론

문화인류학적 신진화론의 대표자 중 한 사람인 R. H. Lauer는 저서에서 이 이론을 소개하고 있다.[184] 먼저, Leslie White는 인간의 행동을 문화에 의하여 이해하여야 한다고 전제하고 문화란, 상징적이고 계속적이며, 누적적이고 전진하는 것이라 규정한다. 다시 말하면, 문화란 자아생성적인 현상으로 모든 개인의 존재를 포용하며 따라서 모든 인간의 행동을 설명하고자 한다. White에 의하면 어떤 발명이나 혁신, 어떤 변동도 문화의 발전이 새로운 요소를 허용할 만한 단계에 도달하기 전에는 일어날 수 없

---

183) 위의 책, p. 43.
184) R. H. Lauer, 『Perspectives on Social Change』(Boston : Allyn and Bacon, 1973), pp. 195~199.

다. 그뿐만 아니라 문화의 발전이 일정한 지점에 도달하면 사람들의 욕망과는 관계없이 새로운 요소가 발생할 것으로 기대해야 한다. 이 가설을 입증하기 위하여 그는 역사상 발명이 거의 동시에 일어났다는 것을 지적한다. 따라서 인간은 생물학적인 구성이나 지능에 있어서 기본적으로 동질적인 수준에 머물러 있었지만 문화는 지속적인 성장을 이룩하였다. 그리고 이와 같은 성장은 문화의 본성 자체로 파악해야지 특정 인간의 활동에 의하여 이해해서는 안 된다. 문화의 진화는 보편적·초월적인 그리고 독자적인 과정으로 인간을 포괄하고 인간의 의지와는 관계없이 그를 미래로 이끌어 간다. 이런 의미에서 White의 이론을 '문화결정론(cultural determination)'이라 한다.

Julian Steward는 '다선형진화(multilinear evolution)'의 개념을 제시한다. 이 관점에 따르면, 진화에는 여러 문화에 공통적인 규칙성이 있지만, 그 규칙성이 모든 인간사회에 적용되어야 할 이유는 없다. 마치 가지를 치는 나무와 같은 모습으로 문화는 진화한다. 그 까닭은 문화변동이 환경에 대한 적응의 결과이기 때문이며, 문화마다 공통의 규칙성이 보이는 것은 비슷한 환경에 대한 비슷한 적응과정이 일어나기 때문이다. 이에 기초한 방법론을 Steward는 '문화생태학(cultural ecology)'이라 부르고, 이 문화생태학의 주된 과제를 세 가지로 제시한다. 첫째는 기술과 환경과의 상호관계를 분석하는 일이고, 둘째는 특정한 기술을 이용하여 특정 지역의 개발을 시도하는 행동유형을 밝히고, 셋째는 이와 같은 행동유형이 문화의 다른 측면에 어떤 영향을 미치는지를 연구하는 것이다. Steward는 진화의 규칙성과 문화적 다양성을 동시에 포용하는 이론과 방법론을 제시하려고 했다.

학자들의 진화론에 대한 관심의 증대에도 불구하고 현재의 문화변동론에서는 문화전파론과 문화접변론이 더 중요시되고 있다.

(2) 문화전파와 문화접변

'전파(diffusion)'란 문화의 요소나 특성들이 다른 문화로 번져나가는 것을 말한다. 문화전파이론은 진화론에 대치되어 생겨난 이론으로, 문화변동이 문화의 내적 요인보다는 외적 영향 특히 문화적 항목이나 유형의 전달에 의해서 이루어진다는 것을 강조하려는 시도라 하겠다. 전파의 효과는 받아들이는 쪽의 문화에 변화를 일으킨다는 점[185]을 강조한다.

문화인류학에서 전파론이 주로 원시사회에 대한 전파의 영향에 관심을 두는 데 비해 Everett M. Rogers는 현대에 와서 특히 근대화를 겪고 있는 사회에서 새로운 발명이나 기술혁신, 심지어는 가족계획 등을 전파하고, 농촌에 새로운 농업기술이나 품종 같은 것을 전파하는 과정과 작용하는 여러 가지 요인들을 연구하고 있다. 특히 Rogers의 공헌은 규범·혁신의 특성·혁신하는 사람들, 그리고 그와 같은 혁신을 도입했을 때 그것을 채택하는 사람들의 특질·여론형성 지도자의 구실·변동을 소개해 주는 대행자들의 구실 등에 따라 전파의 여부와 성공정도를 측정하려고 했다[186]는 점이다.

그런데 '문화접변(또는 문화이식, 문화이입, acculturation)'의 개념은 전파보다 포괄적이고 그 문화변동에의 영향력이 크다는 데 특징이 있다. 문화접변은 직접적인 접촉을 통하여 한 문화가 다른 문화에 영향을 미치

---

185) Ibid,, pp. 199~202.

186) Ibid., p. 202.

든가, 서로 영향을 끼쳐 그중 하나 또는 모두에서 변화가 일어나는 과정이다. 그러므로 문화접변에는 어느 정도의 문화적 동질화 또는 수렴의 결과[187]가 뒤따른다.

이때 접촉이라면 여러 가지 모습을 띠는데, Moore[188]는 접촉의 주요 모형들을 그 영향력의 폭과 깊이의 순서로 열거한다. ① 제국주의·식민화와 간접통치 포함, ② 기타 정복·전쟁·군사적 점령, ③ 선교사의 전교(이는 종교적 제국주의라 할 수 있음), ④ 대규모 인구이동, ⑤ 개인이나 가족단위의 이주, ⑥ 경제적인 교역, ⑦ 관광, ⑧ 노동자의 운송(특히 노예·계약노동자·죄수노동자 등의 강제출국), ⑨ 지식의 전파, ⑩ 외교·간접적 접촉·공식적 커뮤니케이션(특히 대중통신)이다.

(3) 기술적 상호작용론

기술적 상호작용론(technological interactionalism)은 사회구조와 기술체계는 상호 영향을 미친다고 본다. 이 이론을 체계화 한 학자가 오그번(Ogburn)인데, 그의 변동론을 '문화지체론(theory of cultural lag)'이라 한다. 문화지체론에 의하면 일정한 문화변동은 물질문화(즉, 테크놀로지)에 대한 '적응(adaptation)'이라 본다. 기술과 사회구조는 '문화'의 부분들인데, 이들 부분들이 서로 적응에 차질이 있을 수 있다. 다시 말해서 문화의 한 부분(특히 물질문화)에서 변화가 일어나는데 다른 부분(정신문화 혹은 가치문화)에서 이에 빨리 적응하지 못할 때 문화지체현상이 일어난

---

187) Ibid, p. 203.

188) Moore, W. E, Social Change, 2nd ed, Englewood Cliffs, N. J. : Prentice-Hall, 1974. p. 90.

다[189])는 것이다.

오그번(Ogburn)은 자신의 이론을 예시하기 위하여 몇 가지 예를 들고 있다. 가령 자동차와 도로와의 관계에서, 자동차의 주행속도가 늘어나는 데 따라서 도로의 조건이 개선되었느냐 하면 반드시 그렇지 않았고, 그 때문에 교통사고가 늘어났다는 예를 든다. 또는 가족생산과 여성의 역할을 보면, 종래 집에서 여성이 맡아 하던 일을 공장기업으로 이전되었음에도 불구하고 여성의 사회적 역할에는 아무런 변화가 없었다. 결과적으로 여성들은 자기들이 하던 일이 무의미하고 자신들의 지위가 떨어졌다고 느끼게 되었다는 것이다. 또 하나의 예를 더 들면, 공업기술과 근로자의 보상 문제에서도 문화적 지체현상은 볼 수 있다. 공장이나 기타 산업체에서 복잡해진 기계 때문에 산업재해가 계속 늘어났지만, 이들의 산재를 보상하기 위한 산재보험제도가 확립되는 데에는 많은 지연이 있었다.[190]

그런데 이와 같은 문화지체론에서 우리는 문화변동의 성격을 기술과 관련시켜 생각해 볼 때, 문화의 각 부분에서 일어나는 변화가 서로 영향을 미친다는 사실뿐 아니라, 문화는 그 자체에 내재적으로 변동의 씨앗을 안고 있다는 점과 또 사회마다 기술변혁에 다르게 적용할 수 있다는 점을 시사해 준다.

다. 흡수통합모델

함병춘은 남북한 문화구조의 형성과 발전과정에 집중하면서 흡수통합모델을 제시하였다. 그는 남북한 단일문화권은 어떤 의미에서는 남한의

---

189) 김경동, 앞의 책, p. 478.
190) 위의 책, pp. 478~479.

현존적 문화를 북한에로 외연화시키는 과정이지, 이것이 남한과 북한의 현존문화의 공약수적 통합성을 뜻하는 것은 아니라고 본다.[191]

그는 이질성이 지배하는 남북한의 문화구조는 발전적인 측면에서 볼 때 8·15 이후에 나타난 현상이며, 8·15 이전까지의 남북한 문화구조는 동일 권역에 속했으며, 이러한 현상은 역사적 성격과 함께 발전된 것이었다는 입장이다. 이러한 전통적이고도 동질적인 문화구조는 획일적으로 개념화 하기는 어렵지만, 최소한 다섯 가지 측면에서 동질성을 찾아볼 수 있다는 것이다. 첫째는, 강력한 지역적 집단의식이 배타적인 성향으로 발전하여 일종의 지역성을 보여 주고 있다. 둘째, 전통적인 재래종교와 불교는 유교 와 결부됨으로써 권위주의적 가부장 제도를 조성시켰다. 셋째, 대외관계 에서의 국력정비의 곤란성에서 오는 전통적인 사대교린정책에 의하여 자 율성의 발휘 가능성이 미약했다. 넷째, 위계질서의 확립은 군·사·부의 관계에서 특징 지어 주는 체계적 신분관계가 사회생활의 기준이 되었다. 다섯째, 합리적이고 조화적인 인간관계의 형성이 이룩되지 못하였고, 결 과적으로는 감정적이고 대결적인 인간관계가 형성되었다.[192]

그는 이질적 남북 문화구조는 서로가 다른 이질적인 정치체계와 가치 관념의 심화결과이고 이러한 현상은 체제 내적인 여건으로 더 한층 심화 되고 있다고 보고, 의도적 작위가 현실의 정당한 평가분석의 선행 없는 것일 때는 한낱 비현실적인 것이 되고 만다. 이러한 사실을 고려하여 문 화구조·통합이론을 정형화 할 수 있다고 보았다.

---

191) 함병춘, "남북한 단일문화권 형성발전에 관한 연구-남북한 가치구조의 통합을 위한 서 설", 『국토통일』(서울 : 국토통일원, 1972. 5), p. 61.

192) 위의 논문, p. 60.

〈표 4〉는 남북한 문화구조의 발전과 미래에 대한 통합의 논리를 보여 주는데, I.P(Intergrative Period)는 남북한 문화의 통합이 유지되어 온 8·15 이전 시기를 뜻한다. 이러한 기간에서 남북한의 이질적인 문화구조를 보여 준 기간 즉, 분열점이 바로 D.P(Divergent Period)이다. 이 기간 이후 북한의 문화는 이전의 전통적인 제 요소에서 완전히 탈피하여 소위 유물론적 사회주의 문화구조를 수용·확립하였다. 반면에 남한의 경우는 북한의 의도적이고 강압적인 새로운 문화의 수용방식과는 달리 비교적 자연적인 발전과정에서의 변질을 가져왔다. 이러한 남북 간의 문화적 이질성은 어느 경우에서든 전통적 문화구조나 가치체계와는 다른 것이다. 〈표 4〉에서와 같이 정치적 통합이 이루어진다 할지라도 이것이 곧 문화적 통합이 될 수 없다.[193)

〈표 4〉 흡수통합모델

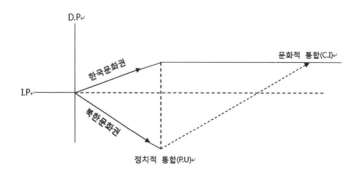

※ 출처 : 함병춘, "남북한 단일문화권 형성발전에 관한 연구-남북한 가치구조의 통합을 위한 서설", 『국토통일』(서울 : 국토통일원, 1972. 5), p. 61.

193) 위의 논문, pp. 60~61.

정치적 통합을 의미하는 P.U(Political Unification)가 어떠한 방법에 의하여서든 북한의 현 정치권력구조를 파괴하고 이들의 정치지도계층의 영향력을 배제하고 궁극적으로는 한국의 헌법적 지배를 북한에로 실질화하는 것을 뜻한다. 이러한 정치적 통합은 구조적인 측면에서 볼 때 소위 '외표적 행위에의 귀일성'에 불과하다. 실제적으로 완전한 남북한의 통합은 문화적인 동일체적 의식을 공유할 때만 가능하다. 즉 문화적 통합인 C.I(Cultural Identification)는 정치적 통합과 동시에 이룩된다든가 또는 그 이전에 이룩되기에는 남북한의 현실적 여건에서 고려할 때 불가능한 일이다. 최소한 정치적 통합 직후에 문화적 통합이 뒤따르든가 아니면 어느 정도의 시일이 경과한 후 문화적 통합[194]이 가능하다고 생각할 수 있다고 보는 것이다.

함병춘은 문화적 통합에는 첫째, 한국의 절대적이고 유일합법적인 헌법구조에 기반을 둔 북한의 통합과 한국 문화구조에의 통합이어야 하며, 둘째, 한국 전통적 문화가치의 체계를 근간으로 하는 문화구조의 확립이어야 하며, 셋째, 세계적 가치관념과의 일치성을 고려한 평화적인 것이어야 하며, 발전지향적 문화성을 함유하여야 한다고 주장하여 문화흡수통합을 주장하였다.

이처럼 흡수통합모델은 정치적 통합이 이루어진 다음 문화적 통합이 수행되어야 함을 제시하며, 종국적으로 남북한의 문화통합은 북한 문화가 한국 문화로 흡수통합되는 방향으로 이루어져야 한다는 논리를 전개하고 있다. 이 모델은 냉전기인 1970년대 초반에 주류를 이루었기 때문에 당시의 정치적 상황에서는 타당성이 있다고 볼 수 있지만, 50년이 지

194) 위의 논문, p. 61.

난 지금의 시점에서 이 이론을 적용하기에는 문제가 있다.

라. 수렴 통합적 모델

냉전기 통합모델인 함병춘의 흡수통합모델과는 달리 장경모 교수는 탈냉전시대에 부응하여 남북한 문화의 통합 특히 가치관의 통합을 위한 방향을 모색하기 위해서 남북한의 분단현실과 분단 이후의 변화를 고려하여 수렴 통합적 모델을 제시[195]하였다. 장경모 교수는 남북한의 통합을 위해서는 사회문화적 통합이 먼저 이루어져야 하며, 이를 위해 남북한의 주요 가치를 일치시키고, 동질성을 회복하는 일이 선행되어야 한다고 본다. 그리고 분단현실에서 문헌 등을 통한 남북한의 비교를 통해 일치 내지는 유사성을 도출해 내는 작업을 통해 이루어질 수밖에 없다고 본다. 이 모델은 통합의 상대방을 대등한 위치에 놓고 민족의 동질성 회복을 통한 통합의 방향을 모색해 간다는 점이 특징이다.

이 모형에서 (가) 부분은 분단 이전의 상태로서 남북한이 같은 문화 속에서 함께 생활한 시기이며, (나) 부분은 분단 이후 시기로서 냉전체제의 구축과 함께 남북한 간에 단절과 대립이 심화되어 간 시기에 속한다. 이 시기에는 국제질서가 냉전체제하에 놓여 있음으로 인하여 남북한의 이중구조적 성격에서 이념적 요인이 강하게 표출되어 민족적 요인은 내재되거나 이념적 형상으로 변모되어 민족적 이질화 현상이 노정되기 시작하였다. 즉 AB라는 하나의 문화가 A와 B로 달라져 갔으나 A에는 B라

---

195) 장경모, "탈냉전시대에 부응하는 남북한 통일방향 모색(2)", 『공안연구』(22) (경찰대, 공안문제연구소, 1992), p. 119. 수렴론적 시각에서 통합모델을 제시한 이는 우성대, "수렴론적 시각에서 본 남북한 통합모델에 관한 연구", 『목포대학교논문집』(92. 12) pp. 97~112를 참조할 것.

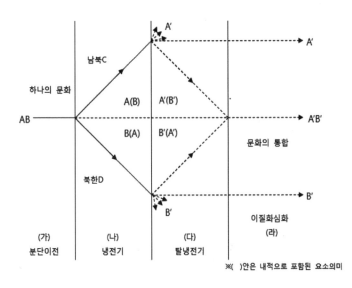

※ 출처 : 장경모, "탈냉전시대에 부응하는 남북한 통일방향 모색 (2)",
『공안연구 22』(경찰대, 공안문제연구소, 1992), p. 119.

는 요소가 내재되어 있고, B에는 A라는 요소가 내재되어 있는 상태라고 할 수 있다. (다) 부분은 탈냉전 시기의 도래와 함께 남북한이 이념적 차원의 강조에 의한 이분법적인 대결구도에서 벗어나 이념적 차원과 민족적 차원을 동시에 고려하면서 대화와 교류를 지향하고, 민족동질성 회복을 통한 민족공동체의식 함양에로의 노력을 추구하며, 통일에의 여건이 조성되어 가는 시기에 속한다. 이 시기는 남북한이 대립되어 있던 문화에서 탈피하면서 서로의 유사성을 찾아내어 함께 공유할 수 있으며, 발전지향적인 새로운 통일문화를 창조해 나가는 단계이다. 또한 남북한 간에 내재되어 있는 부분을 도출하여 A'B'라는 방향으로 나아가게 되는 단계로, 7·4공동성명이 이루어졌던 시기에 해당되며, 남북관계의 전환점으로도 간주[196]할 수 있다.

(라) 부분은 통일 이후의 단계로 민족이 공통된 문화와 가치관에 의해서 생활해 나가는 시기이다. 그러나 (다) 부분에서 A'와 B'로 A'B'라는 같은 방향으로 수렴해 가는 노력의 결실을 획득하지 못하고, 그나마 남북한 간에 동질적인 요소로 내재되어 있는 부분이 소멸되어 A"나 B"라고 하는 상이한 길로 나아갈 때는 이질화현상이 더욱 심화되어 분단의 고착화와 함께 민족의 이민족화가 초래되는 시기[197]이기도 하다.

마. 계기적 통합모델

정치학의 통합이론 중에서 남북한 문화통합에 적용할 수 있는 모델은 에치오니의 계기적 선택모델(a sequential-option model)[198]이다. 에치오니의 모델은 변화의 연구에 대한 기능적 및 구조적 분석과 연결된다. 이 모델에 의하면 초기의 거시적 선택들은 그 후의 선택들에 제약을 가하게 되며, 다음 단계에 대한 맥락이 설정되는 상대적으로 중요한 전환점들이 존재한다고 가정되고 있다. 그래서 역사는 단편적 선택들의 끊임없는 계기는 아니다.

에치오니의 3단계 계기적 선택모델[199]은 사회의 재통합(the reintegration of society)에 적용되고 있다. 첫 번째 단계는 융합된 사회(a fused society)로서, 이 단계에서는 다양한 사회적 욕구들이 활동·권력 및 규범

196) 위의 논문, p. 120.
197) 위의 논문, p. 120.
198) Amitai Etzioni, The Active Society(New York : The Free Press, 1968), p. 572.
199) Ibid., 572~573.

적 원리들의 최소한의 분화가 성취된 하나의 사회적 단위에 의해서 충족 되지만 어떠한 통제적 힘도 가해지지 않고 있다. 융합된 사회는 발전하 지만, 그 변화는 거의 유도되지 않는다. 규모가 작고 문자해득률이 낮은 원시적 사회가 이 모델에 가장 비슷한 것이라고 하겠다.

두 번째 단계는 분화된 사회(a differintiated society)인데, 이 단계는 각 중요한 기능과 하위기능에는 하위체계, 그 자체의 구조, 권력 중심과 조 직 그리고 권력을 정당화시키는 전문화된 규범적 원리들이 있다. 이 단 계에는 다양하게 분화된 단위들의 제한된 표출과 약한 초단위적 규제능 력만이 있다. 상대적인 자유방임주의 시기에서의 산업사회들이 이러한 모델과 가깝다.

세 번째 단계는 이전에 분화된 사회가 재통합되는 경우라고 하겠다. 분 화된 구조를 거부하지 않으면서 다수의 다양한 단위내부 메커니즘 및 초 단위 메커니즘이 표현적이거나 정치적으로 발전된다. 이 메커니즘은 분 화된 단위들을 복합적이면서도 통합적 전체로 연계시킨다. 재통합된 사 회는 융합된 사회와는 그것이 분화되었다는 사실뿐만 아니라 더 조직적 이면서 덜 집합적이며 더 정치적이면서도 덜 사회적이라는 데서 다르다.

세 번째 단계의 통합은 첫 번째 단계의 통합보다 더 인위적이다. 왜냐 하면 세 번째 통합이 첫 번째 통합보다 통제뿐만 아니라 합의형성의 측면 에서 부분적으로 계획되고 있기 때문이다. 그러나 세 번째 단계는 훨씬 더 풍요한, 다루기 쉬운, 동원할 수 있는 그리고 전환적인 사회이다. 첫 번째 단계는 사회적 가치의 우위성에 의해서 특징적으로 부각된다. 이 단계는 두 번째 단계에로의 과도단계로서 수단의 자유화와 도구성의 강 조에 의해서 특징적으로 나타난다. 세 번째 단계는 사회적 목표들의 우위성에 의해서 구체적인 사회적 임무를 수행하게 된다.

이용필 교수는 남과 북으로 분단된 민족공동체에 있어서 이질화를 방지하고 나아가서 동질성을 점차적으로 회복하기 위해서는 민족공동체의 구조적 및 기능적 하위단위들의 계기적 통합과정을 진전시켜야 한다고 보았다. 왜냐하면, 오랜 기간에 걸쳐서 이질화된 남북한의 두 사회가 일시에 그리고 전면적으로 통합하기란 물리적으로나 의식적으로 불가능하기 때문이다. 그러므로 남북 간의 통일은 복합적 과정이라 말할 수 있다는 것이다. 즉 민족공동체는 구조적 및 기능적 하위단위들로 구성된 복합체이므로, 이러한 복합체를 회복시킨다는 것은 계기적 과정을 통해서 점진적으로만 가능하다고 본다. 현재까지 문화적, 사회적, 경제적 및 정치적 이질화의 누적은 어떤 구조적 및 기능적 하위단위들 간의 통합에 의해서 점진적으로, 단계적으로 해소될 수 있다고 본다.[200]

에치오니도 지적한 바와 같이 '모든 배경적 특징들이 통합에 대해서 동일한 적실성이 있는 것은 아니다. 어떤 것은 큰 영향을 미칠 수 있는가 하면, 다른 것은 거의 영향을 미치지 못하거나 전혀 미치지 못할 수도 있다. 그래서 어떤 이질성이 있다고 해서 그것이 통합을 저해한다고 보기보다는 오히려 통합을 강화시킬 수도 있다는 것이다.'[201] 문화적 동질성이 연합체가 형성되는 문제에 영향을 미칠 수는 있다 하더라도 그것이 통일에 있어서 필수적인 선행조건도 아니며 충분조건도 아니다.[202] 통일에 선행

200) 이용필, "기능통합의 이론적 기초 : 접근법과 적실성", 이용필 외, 『남북한 기능통합론』(서울 : 신유, 1995), p. 35.

201) A. Etzoni, "A Poradigm for the Study of Political Unification", World Politics, vol. XV, no. 1,(1962), p. 19.

202) Ibid., p. 23.

〈표 6〉 기능통합의 순차적 단계

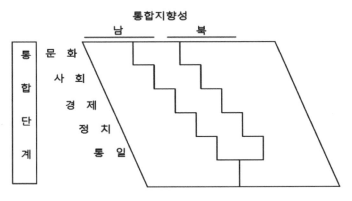

통합지향성

※ 출처 : 이용필, "기능통합의 이론적 기초 : 접근법과 적실성", 이용필 외,
『남북한 기능통합론』(서울 : 신유, 1990), p. 37.

된 모든 조건 중에서 정치적 정향과 구조의 동질성의 영향이 있다고 말할 수는 없다. 문화적, 사회적, 경제적 및 정치적 이질화를 점차적으로 해소시키면서 통합을 지향하려면 무엇보다도 남북 간의 소통과 접촉이 요구된다. 그래서 도이치가 지적한 바와 같이 '어떤 단위의 의사소통능력이 통일과정의 하나의 요소'라고 하겠다.

남북한이 통일에 이르는 과정에서 가장 쉽게 수용할 수 있는 호혜적인 부문은 문화적 및 경제적 교류에서 찾을 수 있다. 특히 '경제적 통일이 가장 큰 파급적 가치를 발휘할 수 있으며 그것이 최상의 도약기초가 될 것이다.'[203] 문화적 부분과 경제적 부문이 최적의 도약기초를 제공하도록 남과 북이 다 같이 노력한다면 통일과정은 비교적 용이하게 촉진될 수 있다. 최적의 도약기초를 제공해 줄 수 있는 기능적 하위단위들의 상호 관련성이 높으면 높을수록 그 파급효과는 더 증가된다. 남북 간의 기능적

203) Ibid., p. 55.

하위들 간에 최적의 도약기초가 마련된다면 〈표 6〉에서 보는 바와 같이 기능통합은 순차적 단계에 진입하게 된다.

에치오니의 주장에 의하면, '높은 수준의 통합은 중간 수준의 통합과 낮은 수준 또는 중간 수준의 범위의 연합체들에서 찾을 수 있다'[204]는 것이다. 이렇게 볼 때 남과 북은 단시일 내에 전면적으로 통합을 서두르기보다는 호혜적 원칙에 입각해서 민족공동체의 회복을 위해서 남북연합을 형성하고 또한 그것을 통해서 하위단위들 간의 기능적 통합의 최적의 도약기초를 마련하게 될 것이다. 〈표 7〉에서 보는 바와 같이 남과 북은 통일을 지향하면서 민족공동체를 회복하기 위해서 중간 수준의 통합과 낮은 수준 또는 중간 수준의 범위의 연합체, 즉 남북연합을 형성하는 것이며, 이러한 계기적 과정을 통해서 종국적으로는 통일국가를 실현할 수 있을 것이다.

〈표 7〉 남북의 계기적 통합과정

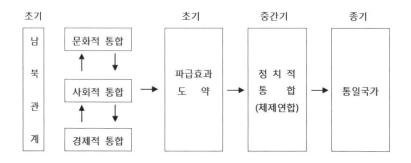

※ 출처 : 이용필, "기능통합의 이론적 기초 : 접근법과 적실성", 이용필 외,
『남북한 기능통합론』(서울 : 신유, 1990), p. 37.

---

204) Ibid., p. 56.

통합모형의 연구 경향에 대한 평가

문화통합을 위한 과정모델로 기능주의와 신기능주의, 문화변동모델, 흡수통합모델, 수렴통합적 모델, 계기적 통합모델을 살펴보았다. 이들 모형을 남북한 문화통합에 적용했을 때 나타날 수 있는 효과들을 살펴보면 첫째, 기능주의 이론은 통합이 용이한 경제·과학 등의 비정치적 영역의 교류협력을 통해 통합이 성취되면 그 통합의 성과가 정치적 영역으로까지 확산되고, 확산효과를 통해 국가통합도 가능해진다고 본다. 그러나 과거 남북한 간 교류협력의 확산효과는 미미했다. 이것은 한 부문의 협력이 다른 부문의 협력으로 자동적으로 확산될 것이라는 기능주의 통합론의 문제점을 간과하고 낙관적인 결과만을 기대했기 때문이다. 신기능주의 통합론자들이 지적했듯이 '확산(spill-over)'이란 한 부분의 기능적 협력 경험이 다른 영역으로 자동적으로 진행되는 것이 아니라는 점이다. 확산은 각 행위자가 그들의 이익에 보탬이 된다는 인식하에 한 부문에서 이뤄진 협력과 통합의 경험을 새로운 상황에 적용시키려 할 때 비로소 일어나는 것[205]이다. 만약 정치적 타결이 이뤄지지 않은 이상 통합의 확산효과는 기대할 수 없고 오히려 지체나 '역류(spill-back)' 등의 상황에 봉착할 수도 있을 것이다.

둘째, 문화변동모델에서 검토해 봐야 할 핵심개념이 문화접변이다. 문화접변이 문화통합에 기여하기 위해서는 먼저 남북한 간에 활발한 접촉

---

205) 박종철 외, 앞의 책, p. 16.

이 이루어져야 한다. 남북한이 통일 이전인 현재의 상황에서는 제한된 차원 즉 인적 교류 차원과 물적 교류 차원에서만 접촉이 가능하다. 양 차원에서의 교류는 문화의 교류라는 효과보다는 북한의 정치체제를 불안정하게 하는, 다시 말해서 문화통합에 기여하기보다는 통일의 촉진에 기여[206]하게 될 것이다. 앞서 말했듯이 문화통합이라는 것은 통일이라는 구조가 만들어 내는 문제이기 때문에 북한이 공식적으로 대규모적으로 인적 접촉(방문)이나 교역을 거부하는 일차적 이유는 정권의 불안정성을 막는 데 있다고 볼 수 있고, 이차적으로는 문화통합에서의 일방적 동화를 막는 데 있다고 볼 수 있다. 이렇게 본다면 문화접변은 북한 정권에게는 무척 위협적인 현상이 되는 것이다. 따라서 현 상황에서 남한이 인적 교류와 물적 교류를 과도하게 요구할 경우, 통합의 확산효과는 기대할 수 없고 오히려 지체나 역류(spill-back) 등의 상황에 봉착할 수도 있을 것이다.

셋째, 흡수통합모델이다. 함병춘은 이 모델에서 정치적 통합이 이루어진 다음 문화적 통합이 수행되어져야 함을 제시하면서 종국적으로 남북한 문화의 통합은 북한 문화의 우리 문화에로의 의도적 흡수 통합되는 방향으로 이루어져야 한다는 논리를 전개하고 있다. 그러나 이 모형이 냉전기인 1970년대 초반에 이루어진 것이기 때문에 당시의 상황하에서는 타당성이 있었다고 볼 수는 있겠지만, 이후 50여 년이 지난 현시점에 있어서는 적용하기 어려운 점이 있다. 남북한이 분단 이후 대립과 단절이라는 현상으로 인해 상이한 문화를 형성하고 구축하였으며, 이러한 사회적 환경에 의해서 교육을 받고 성장한 세대가 남북한 사회를 이끌어 가고 있을

---

206) 차재호, "남북한 문화통합의 심리학적 고찰", 한국학술진흥원, 『북한 문화연구』(제1집)(서울 : 문화발전연구소, 1993), p. 87.

뿐만 아니라 가치관의 이질화가 심화되고 있다는 현실 그리고 남북한 문화의 공감대를 유지할 수 있는 원천이 되는 전통문화가 남북한 공히 변화되었다는 사실에서 남북한이 공감할 수 있는 문화·가치 등의 기준이 설정되어 있지 않음을 고려해 볼 때, 이 모델은 통합의 확산효과는 기대할 수 없고 오히려 지체나 역류(spill-back) 등의 상황에 봉착할 것이다.

넷째, 수렴적 통합모델은 문화통합에 초점을 두고 흡수통합모델이 지니는 단점을 극복하고 있음에도 불구하고, 어떤 면에서 이러한 통합방향에 대한 당위론적 명제만이 중시됨으로써 구체적으로 통합을 위한 전략 또는 절차가 어떻게 설정되는지에 관한 설명이 결여되어 있다는 비판을 받는다. 즉 이론이나 전제의 측면은 있으나 실천적인 측면이 부족하고, 아울러 모델 자체가 시간적으로 과거와 현재에만 지나치게 치중하고 있다는 비판을 받는다. 하지만 수렴통합적 모델은 흡수통합을 전제로 하고 있지 않다는 점과 남북한 문화의 동질성과 이질성에 대해서 균형적 시각을 갖고 있다는 점 그리고 정치적 통합보다 사회문화적 통합이 우선되어야 한다는 점에서 많은 시사점을 제공해 준다.

마지막으로, 계기적 통합모델은 남과 북으로 분단된 민족공동체가 이질화를 방지하고 나아가서 동질성을 점차적으로 회복하기 위해서는 민족공동체의 구조적 및 기능적 하위단위들의 계기적 통합과정을 진전시켜야 한다고 본다. 그리고 기존의 남북한 통합이론이 초점을 두어 온 정치적 영역보다는 남북한 상호호혜성이 높은 문화, 경제, 사회 등 비정치 영역의 복합적인 계기적 통합[207]에 중점을 둔다. 그리고 이를 통해 상호 간의 의존성과 침투성을 바탕으로 하는 파급효과를 가정하고 있다. 이

---

207) 오기성, 앞의 책, p. 82.

책에서 주로 다루고자 하는 분야가 문화통합이다. 따라서 남북한 문화통합모델에 있어서 매우 유용하다 하겠다.

이 책에서는 남북한 문화의 접촉과 적응과정에서 발생하는 문제를 미리 경험하고 제도적 통합 이후에 나타날 수 있는 문화적 갈등문제에 대해서 고찰함으로써 제도적 통합이후 본격적으로 문화통합 시작단계에 들어서면, 각각의 사회에 익숙한 주민들은 새로운 환경에 적응하는 과정 속에서 사회문화적 갈등을 경험할 수밖에 없다. 이는 단지 북한 주민들에게만 해당되는 문제는 아니다. 유일사상으로 철저하게 무장하여 다른 사회의 문화를 이해하지 못하는 북한 주민과 접촉하는 남한 주민들에게는 정서적 불안과 개인적 기대의 상실감을 가져올 수 있다. 이러한 점에서 남한 주민들은 북한 사회의 가치나 기준을 이해하고 또 그 과정에서 발생하는 갈등을 긍정적으로 해결하려고 하는 사고의 틀을 갖도록 노력해야 한다. 이러한 측면을 고려하면서 제4장, 제5장, 제6장에서 북한의 주체사상, 교육제도, 그리고 학교현장을 학교, 가정, 사회환경과 연결시켜 살펴보면서 이의 문화적 특성의 고찰을 통해 남북한 문화통합의 가능성을 검토할 것이다.

제4장

북한 교육의
이론적 배경으로서
주체사상과 문화

제1절
주체사상의 형성과 진전

1. 주체사상의 형성

가. 1955년 주체확립의 문제제기

김일성은 1955년 12월 28일 당 선전선동원 대회에서 '사상 사업에서 교조주의와 형식주의를 퇴치하고 주체를 확립할 데 대하여'라는 연설에서 사상 사업에서 주체의 확립[208]을 제기했다. 사상에서의 주체는 새로운 철학이 아니었기 때문에 주체사상의 철학과 실행계획, 구체적 목표 등은 마르크스-레닌주의를 수용했다. 1955년 주체사상의 기능은 김일성의 권력집중과 강화를 위해 소련[209]과 중국의 영향력에서 벗어나기 위해 마르크

---

208) 윤종혁 · 이찬희 · 조정아 공저, 『남북한 교육 체제 변화와 통합 전망』(서울 : 한국교육개발원, 2008), p. 99. 김일성은 마르크스-레닌주의의 원칙을 고수하면서 조선의 구체적 조건과 민족적 특성에 맞게 창조적으로 적용해야 한다고 밝혔다. 김일성은 연설을 통해 박창옥 · 박일우 · 허가이 · 김재욱 등 소련파 · 연안파 출신 간부들을 비판하였다. 김일성이 1955년 제시한 주체사상의 핵심가치는 마르크스-레닌주의를 북한현실에 맞게 창조적으로 적용하는 것을 의미한다. 또한 1969년에 사범대학용으로 출판된『교육학(사범대학용)』에서는 '교육사업이 혁명사업으로 되기 위해서는 교육에서 주체를 철저히 세워야 한다'고 주장하면서 1960년대 초반의 교육학 이론서에서는 나타나지 않았던 '주체'라는 용어를 사용하고 있다. 또한 '교육에서 주체를 세우며 교육사업을 혁명사업의 한 고리로 되게 할 데 대한 김일성 동지의 사상은 김일성 동지의 교육사상의 출발점이며 기초로 된다.'고 주장하고 있다.

209) 김일성은 1953년 스탈린 사후 사회주의권에서 일어난 정치적 변화를 이용했다. 소련 공산당 지도부는 스탈린 사후 베리아 숙청, 말렌코프의 실각, 몰로토프의 자기비판 등 내부적으로 권력투쟁을 벌이고 있었다. 소련은 다른 공산주의 국가들에 영향력을 행사할 여력이 없었다. 소련의 대북한 통제체계도 약화되었다.

스-레닌주의에 대한 해석권 독점을 바탕으로 정치적 반대파의 숙청을 정당화했으며, 주체적 발전전략을 실행하면서 탈소련 정책을 강화했다.

후르시죠프는 1956년 2월 소련 공산당 제20차 대회에서 행한 비밀연설에서 스탈린의 좌파를 나열하면서 개인숭배와 대외정책의 실정을 비난했다. 그는 1956년 4월 코민포름을 해체함으로써 각국의 사회주의로의 다양한 길을 인정할 것이라고 밝혔고, 10월 유고 방문에서 유고의 독자적인 노선을 용인했다. 1956년 12월 이탈리아 공산당은 '사회주의로 가는 이탈리아 방법'을 새로운 당 강령으로 채택했다.[210] 후르시죠프의 스탈린 비판은 동유럽의 변화를 요구하는 목소리를 커지게 만들었고 헝가리, 폴란드 등 동유럽의 자유화운동을 촉발시켰다. 1950년대 중반 국제공산주의 운동에서 소련의 지도적 위상이 흔들리고 있을 때 사회주의 국가의 지도자들은 자기 나라 실정에 맞는 마르크스-레닌주의를 시도했다.[211]

반면에, 김일성은 국내 정치적으로 반대파들의 정치적 도전을 받고 있었다. 북한은 1953년 이전에 김일성파·국내파·연안파·소련파 등 4개 파벌이 권력을 분점하고 있는 연합 정권이었다. 소련파·연안파는 1956년 소련 공산당 제20차 대회에서 후르시죠프의 스탈린 개인숭배 비판을 계기로, 마르크스-레닌주의의 원칙을 내세우면서 김일성 개인숭배를 비판[212]함으로써 자신들의 세력 확장을 도모했다. 그러나 김일성은 1956년 제3차 당 대회에서 개인숭배 비판을 회피했고, 오히려 박헌영·허가이·박일우 등 다른 파벌의 대표 인물들을 종파주의자로 몰아 그들의 개

---

210) "전후 후기 새 창사의 문턱 20년 국제권력의 변천 : 공산운동의 분화", '경향신문' 1965년 8월 23일 자.(검색일 2013. 3. 1)
211) 김갑철·고성준, 『주체사상과 북한 사회주의』(서울 : 문우사, 1998), pp. 61~65.
212) 백학순, 『북한 권력의 역사 : 사상·정체성·구조』(서울 : 한울아카데미, 2010), p. 188.

인숙배를 비판했다.

소련파·연안파는 전후 복구발전 노선을 비판하면서 김일성을 공격하기 시작했다. 김일성은 중공업 우선 발전과 경공업·농업 동시발전전략과 함께 급속한 사회주의적 개조를 위한 농업협동화 추진을 주장했고, 소련파·연안파는 경공업 우선발전과 급속한 농업협동화 반대를 주장했다.[213] 김일성은 1954년부터 1956년 사이에 빠른 속도로 농업협동화를 실현했고, 1956년 4월 제3차 당 대회에서 중공업 우선발전과 경공업·농업 동시발전을 경제정책노선으로 결정함으로써 정책 대결에서 승리했다. 이 기세를 몰아 김일성은 '사상에서의 주체' 확립을 주장하면서 정치적 반대파의 정책을 교조주의와 사대주의로 낙인찍어서 비판했다.

김일성은 제3차 당 대회를 기점으로 자파를 중심으로 권력구조를 개편함으로써 단일적 지도체제를 확립했다. 북한 지도부에서는 소련파가 붕괴되었고, 연안파의 영향력도 축소되었다. 권력 핵심에서 배제된 소련파·연안파는 반김일성 연합을 형성해서 김일성에 대한 공격을 시작했다.[214] 소련파·연안파[215]는 1956년 8월 30일 전원회의에서 김일성을 공격했으나 오히려 김일성의 역공을 받게 되었다. 김일성은 8월 전원회의에서 최창익, 윤공흠, 서휘, 리필규, 박창옥 등 동무들의 종파적 음모에 대하여'라는 결정을 채택했다. 결국 윤공흠, 서휘, 리필규는 출당되었고,

---

213) 위의 책, pp. 241~258.

214) 서동만, 『북한 사회주의체제 성립사 : 1945~1961』(서울 : 선인, 2005), pp 552~553; 백학순, 위의 책, p. 210, pp, 218~229.

215) 이종석, 앞의 책, pp, 421~422. 소련파·연안파는 1956년 7월 소련의 지원을 받아 반김일성 연합을 구축했고, 김일성을 합법적 방법으로 당 위원장에서 해임시키려는 계획을 수립했다.

최창익·박창옥은 당직을 박탈당했다. 김일성은 소련파·연안파를 사대주의·교조주의라고 비난했고, 종파분자로 몰아서 숙청했다.

'사상에서의 주체'는 김일성이 마르크스-레닌주의에 대한 해석권을 독점한다는 선언이었다. 이후 김일성은 마르크스-레닌주의에 대한 자유로운 논쟁과 이론 활동을 통제함으로써 당과 국가의 지도사상을 자신의 통제범위에 두었다. 이때부터 북한은 마르크스-레닌주의에 대한 자유로운 토론마저 불가능한 사회로 변화하기 시작했다. 김일성은 마르크스-레닌주의의 해석권을 독점한 후 반대파들에게 교조주의와 사대주의라는 낙인을 찍어 숙청했다.

'사상에서의 주체'는 정치·경제·국방 등 국가정책에 적용되었다. 정치적 이데올로기가 공공정책을 위한 처방을 포함하고 있는 관념들이고 정책입안의 핵심이라는 것을 감안하면 자연스러운 일이라 할 수 있다. 또한 '사상에서의 주체'는 소련의 내정간섭에서 벗어나기 위해 제시한 탈소련·탈중국 발전전략이었다. 당시 소련의 내정간섭은 김일성의 권력집중에 심각한 도전요인이었다. 왜냐하면 소련은 소련군 철수 후 북한 정권의 주요 부문에 소련 고문들을 배치해서 정책 작성에서부터 집행까지 지도하는 고문정치를 실시[216]하고 있었을 뿐만 아니라 소련의 이바노프 북한 주재대사가 최창익에게 김일성을 합법적으로 당 위원장에서 끌어내리고 당을 장악할 것을 제의하기도 했다. 소련은 1956년 8월 전원회의에서 벌어진 권력투쟁에 깊숙하게 개입한 것이다. 1956년 8월 종파사건이 발생한 후 소련과 중국은 대표단을 파견해서 숙청된 연안파·소련

---

216) 김국후, 『평양의 소련군정』(서울 : 한울아카데미, 2008), pp. 310~316; 황장엽, 『개인의 생명보다 귀중한 민족의 생명』(서울 : 시대정신, 1999), pp. 128~129.

파 인사들을 복권시키도록 김일성에게 압력을 가했다. 김일성은 소·중 대표들 앞에서 8월 전원회의의 결정이 성급했음을 시인했고, 9월 전원회의를 열어 최창익·박창옥의 중앙위원직을 회복시키고 출당자들을 복당시켰다. 이러한 일련의 사건들은 북한이 소련과 중국의 내정간섭을 받고 있었다는 사실을 보여 준다. 김일성은 소련과 중국의 내정간섭에서 벗어나기 위해 사상에서의 주체를 제기했다[217]고 볼 수 있다.

나. 1965년의 주체사상

주체사상이라는 용어는 1962년 12월 19일 「로동신문」 기사에서 공식적으로 사용되었다.[218] 그러나 주체사상은 1965년 4월 인도네시아 방문 중 알리 아르함 사회과학원에서 김일성이 한 연설을 통해 체계적으로 제시되었다. 김일성은 '주체를 세운다는 것은 혁명과 건설의 모든 문제를 독자적으로, 자기 나라의 실정에 맞게 그리고 주로 자체의 힘으로 풀어나가는 원칙을 견지한다는 것을 의미'하고, '교조주의를 반대하고 마르크스-레닌주의의 일반적 진리와 국제혁명운동의 경험을 자기나라의 력사적 조건과 민족적 특성에 맞게 적용하여 나가는 현실적이고 창조적인 립장'이며, '이것은 남(외세)에 대한 의존심을 버리고 자력갱생의 정신을 발양하며, 자기의 문제는 어디까지나 자신이 책임지고 풀어 나아가는 자주적

---

217) 이종석, 앞의 책, p. 423.

218) "1952년 당 중앙위원회 제5차 전원회의의 력사적 의의", '로동신문' 1962년 12월 19일 자. 로동신문은 '조선 혁명 수행에서 주체를 확립한다는 것은 조선 혁명의 주인은 조선로동당과 조선 인민이라는 주견을 가지는 것이며, 마르크스-레닌주의의 일반적 원칙을 우리나라의 구체적 현실에 창조적으로 적용하며, 모든 것을 조선 혁명의 성과적 수행에 복무케 한다는 것을 의미한다.'고 기술했다. 이종석은 북한문헌에서 주체사상이라는 용어가 처음으로 사용된 문헌을 제시했다(이종석, 위의 책, p. 159).

인 립장'이며, '사상에서의 주체, 정치에서의 자주, 경제에서의 자립, 국방에서의 자위'를 견지하려는 입장[219]이라고 밝혔다.

김일성이 주체사상을 공식적으로 제안할 수 있었던 것은 1960년대 들어 중소분쟁으로 인해 국제정치적 공간이 마련되었기 때문이다. 소련과 중국은 1959년부터 공산주의 이념의 원칙적인 문제를 둘러싸고 본격적인 이데올로기 논쟁을 전개했고, 1962년 양국의 대립이 격화되었다. 소련은 중국과 인도사이에 국경분쟁(1959~1962년) 기간에 중립적 입장을 취했을 뿐만 아니라 후루시죠프의 인도 방문과정에서 무기와 자원을 지원했다. 이러한 소련의 태도에 중국은 배신감을 느끼게 되고 중소분쟁은 더욱 심화되었다. 중소분쟁이 심화되면서 후르시죠프는 북한에 대한 군사·경제원조를 중단하였다. 1958년 루마니아의 탈소련화 정책과 대외독자 외교노선의 전개 등은 공산권 내부의 다원화를 심화시켰으며, 1962년 10월 쿠바 미사일 위기[220]는 소련의 무능을 드러냈다.

북한은 중·소분쟁과 쿠바 미사일 위기를 지켜보면서 소련과 중국에 국가안보와 경제를 의존할 수 없다는 사실을 확인했다. 김일성은 소련 등 공산국가의 경제원조가 줄어들자 1956년 '경제에서의 자립'을 주장했고, 군사경제원조가 중단되자 1962년 '국방에서의 자위'를 표방했다. 김일성은 공산권 내부의 다원화와 중소분쟁을 활용했다. 소련의 수정주의

219) 김일성, "조선 민주주의 인민공화국에서의 사회주의 건설과 남조선 혁명에 대하여", 『김일성 저작집 19』(평양 : 조선로동당출판사, 1982), pp. 304~306.

220) 김웅진, 『냉전의 역사, 1945~1991』(서울 : 비봉출판사, 1999), p. 127. 소련은 위기상황에 대한 오판으로 인해 쿠바 미사일의 파괴뿐 아니라 카스트로 정권의 몰락을 초래할 수 있는 위기에 부딪쳤고, 미국의 힘에 밀려 미사일 철거에 동의함으로써 사회주의 국가들에게 실망감을 안겨줬다. 사회주의 국가들이 더 이상 소련에 국가안보를 의존할 수 없다는 사실이 명확해졌다.

와 중국의 교조주의를 비판하면서 점차 소련과 중국의 간섭에서 벗어났고 독자적 생존을 모색하기 위해 주체적 발전전략을 추진했다.[221] 김일성은 반대파 숙청을 통해 권력집중을 강화했다. 김일성은 1961년 제4차 당대회에서 반당 종파분자들과의 투쟁, 반수정주의·교조주의와의 사상투쟁을 통해 당내에서 당적 사상체계가 수립되었다고 평가[222]했다. 당내에서는 김일성의 권력에 도전할 수 있는 세력이 존재하지 않았다. 이러한 당내 분위기와 김일성 권위의 절대화는 주체사상의 공식적 제기와 맥을 같이한다고 볼 수 있다.

1965년 주체사상은 1955년의 주체사상의 구조와 기능을 대부분 유지했을 뿐만 아니라, 1965년 주체사상의 핵심가치와 철학은 1955년 주체사상과 동일했다. 하지만 1955년의 주체사상과 다른 점은 1965년 주체사상은 실행계획을 체계적으로 제시했다는 점이다. 다시 말하면, 김일성은 1955년 주체의 확립을 정책에 응용했다는 의미이다. 1955년 사상의 주체를 시작으로 경제에서의 자립(1956년 12월), 정치에서의 자주(1957년 12월), 국방에서의 자위(1962년 12월)를 제시했다. '주체적 발전전략[223]'은 1965년 주체사상의 실행계획이 되었다. 주체적 발전전략은 기본정책과 기본노선으로 구성되었다. 기본정책은 소련이나 중국의 수정주의와 교

---

221) 이종석, 앞의 책, p. 425 ; 백학순, 앞의 책, p. 568.

222) 김일성, '당 중앙위원회 사업총화 보고', 『북한 조선로동당대회 주요문헌집』(서울 : 돌베게, 1988), pp. 233~234.

223) 주체적 발전전략에 기초한 1965년 주체사상은 김일성의 권력집중과 강화를 위한 동원체제를 구축하기 위한 기능을 유지했다. 김일성은 마르크스-레닌주의 해석권의 독점을 주체사상이라는 새로운 이데올로기로 포장했다. 김일성의 권력집중이 심화될수록 주체사상의 위상도 격상되었다. 지배엘리트들은 더 이상 주체사상을 비판할 수 없었다. 왜냐하면 주체사상에 대한 비판은 김일성에 대한 도전을 의미했기 때문이다.

조주의를 반대하고 혁명의 주체인 자기 인민들의 요구와 이익을 옹호한다는 자주적 입장 그리고 자기 나라의 구체적 현실에 맞게 창조적으로 해나가는 창조적 입장이었다. 기본노선은 사상에서의 주체, 정치에서의 자주, 경제에서의 자립, 국방에서의 자위 등 주체적 발전전략[224]이었다.

〈표 8〉 주체사상체계의 형성과정

내용	제기 시기	배경
사상에서의 주체	당선전선동원 대회 (1955. 12. 28)	· 스탈린의 사망 · 당내 남로당파 숙청
경제에서의 자립	당 중앙위원회 전원회의 (1956. 12. 11)	· 대외 원조감소(5개년 경제계획 수립 차질) · 당내 반김일성 움직임 고조
정치(내정)에서의 자주	당 중앙위원회 확대 전원회의(1957. 12. 5)	· 공산권 내 개인숭배 반대운동 · 당내 연안파, 소련파 타도
국방에서의 자위	당 중앙위원회 제4기 제5차 전원회의(1962. 12. 10)	· 중· 소분쟁 심화 · 미·소 공존모색 · 한국의 5·16군사 쿠데타
정치(외교)에서의 자주	제2차 당대표자회의 (1966. 10. 5)	· 중· 소분쟁 확대 · 비동맹 운동의 발전
유일사상체계 확립	당 중앙위원회 제4기 제15차 전원회의(1967. 5. 28), 당 중 앙위원회 제5기 제8차 전원 회의(1974. 2. 12)	· 김일성 1인지배체제 확립 · 김일성 개인숭배운동 전개
온 사회주체 사상화 강화	제6차 당 대회(1980. 10. 10)	· 부자 세습체제 공고화
주체사상, 선군사상의 유일지배이념화	제3차 당대표자회 (2010. 9. 28)	· 3대 세습체제 공식화
김일성-김정일주의의 유일지도사상화	제4차 당대표회 (2012. 4. 11)	· 김정은 체제 출범

· 통일교육원, 『2013 북한이해』(서울 : 통일부 통일교육원, 2013), p. 29.

---

224) 황장엽(1999), 앞의 책, pp. 132~133.

1965년 주체사상은 김일성의 주체적 발전전략을 정당화하는 기능을 수행했다. '주체적 발전전략'은 주체사상과 동일하게 간주되었다. 왜냐하면 '주체적 발전전략'은 주체의 확립을 정책에 응용한 결과로 도출된 것이었고, 주체사상의 핵심 내용을 구성하고 있기 때문이다.[225] 또한 주체사상은 대내외 정책을 수립하고 혁명과 건설을 영도하는 데서 시종일관 견지하고 있는 입장을 총괄적으로 표시하고 있는 사상으로 규정되었기 때문에 북한은 주체사상의 허용 범위 내에서 정책을 입안하고 실행했다. 이는 곧 주체사상이 성역이 되면서 '주체적 발전전략'도 성역화되었다는 의미가 된다. 그럼으로써 북한은 정책실행의 결과가 주체사상의 변화에 영향을 미치지 못하는 구조가 고착되었다. 사회주의 국가들은 정책논쟁과 의제설정, 의사결정과 정책성과, 정책 피드백 등 정책 사이클(policy cycle)의 단계를 거치면서 이데올로기의 역할이 달라진다. 다시 말하면, 정책실행의 결과가 이데올로기의 발전에 주요한 영향을 미친다는 것이다. 즉, 사회주의 국가들이 개혁 개방으로 이행할 수 있었던 것은 정책실행 결과가 이데올로기의 변화에 영향을 미쳤기 때문이다. 그러나 북한은 마르크스-레닌주의의 해석권을 김일성이 독점하면서 마르크스-레닌주의에 대한 자유로운 연구와 토론을 허용하지 않았고, 주체적 발전전략에 대한 비판도 금지되었다. 이데올로기와 정책실행 사이의 피드백이 봉쇄된 것이다. 정책실행의 결과는 주체사상의 변화에 아무런 영향을 미치지 못했던 것이다. 주체사상은 유일사상으로 변화하기 시작했고, 1967년 수령 유일체제를 구축할 수 있는 정치적 기반으로 작용했다.

---

225) 최성욱, 『우리 당의 주체사상과 사회주의적 애국주의』(평양 :조선로동당 출판사, 1966), pp. 2~3.

2. 김일성 노선의 주체사상

1965년의 주체사상은 철학적 체계를 갖추지 못했다. 주체사상의 철학
은 김일성이 해석권을 독점한 마르크스-레닌주의였다. 김일성의 권위가
절대화되고 주체사상의 권위가 격상되면서 김일성이 제안한 주체사상의
독자적인 철학체계를 개발해야 할 필요성이 대두되었다. 황장엽[226]은 김
일성의 승인을 받아 1958년부터 1973년까지 주체사상의 철학체계를 개
발하는 일에 착수했다. 그는 '철학적 원리, 인간중심의 사회역사관, 인간
관, 생명관' 등으로 구성된 인간중심철학을 개발했다.

황장엽은 1968년 '인간중심 사회역사관'을 체계화했다. 인간중심 사회
역사관은 역사의 주체는 계급이 아닌 인민대중이고 역사를 추동하는 힘
도 인민대중에게 있다는 이론이다. 그는 역사의 주체를 노동계급으로 보
고 역사의 발전과정을 계급투쟁의 역사로 보는 마르크스의 역사적 유물
론은 오류라는 결론[227]을 내림으로써 마르스크의 계급투쟁과 프롤레타
리아독재론과 결별했고, 인류역사를 계급투쟁의 역사로 봐야 한다는 마

---

226) 황장엽은 1958년 1월 3일부터 중앙당 서기실 이론서기로 일을 시작했고, 1955년 김일성
이 제기한 주체사상을 보완하는 일에 매달렸다. 주체철학 연구의 출발은 '주체는 조선혁
명'이라는 김일성의 견해를 '주체는 군중'이라는 관점으로 수정하는 일이었다. 황장엽은
김일성이 제시한 주체의 확립과 청산리 방법과 대안의 사업체계 등 군중노선을 결합시켜
서 주체는 사물이 될 수 없고 사람이 되어야 한다는 관점을 제시했다. 주체는 인간이라는
관점이 제시되었다. (황장엽, 앞의 책, p. 113.)

227) 황장엽은 스탈린의 개인숭배나 중국의 문화대혁명은 인간을 귀중히 여기지 않고 계급의
이익을 절대화한 마르크스주의의 반인도주의적인 계급지상주의 사상의 표현인 계급투쟁
과 프롤레타리아독재론이 빚어낸 산물이라고 평가했다. 계급주의는 사회공동의 이익이
나 인류 공동의 이익보다 계급적 이익을 추구하기 때문에 계급이기주의로 전락할 수밖에
없고, 계급이기주의는 지도자의 이기주의로 변질되며, 궁극적으로 지도자에 대한 개인숭
배와 개인독재에 이용된다고 보았다. (황장엽, 앞의 책, p. 156)

르크스주의의 입장에서 벗어나 인간의 발전역사로 봐야 한다는 인간중심 사회역사관을 제시했다. 그러나 김일성은 자신의 권력을 유지하는 이데올로기적 기반인 계급투쟁과 프롤레타리아독재를 지지했다.[228] 인간중심 사회역사관은 계급투쟁과 프롤레타리아독재론을 부정했기 때문에 북한체제의 기존질서와 김일성의 권력기반이 흔들릴 수 있는 파급력을 가지고 있었다. 황장엽의 인간중심역사관은 김일성이 해석권을 독점한 마르크스-레닌주의와 대립하는 이데올로기였기 때문에 북한체제에서 수용될 수 없었다. 1966년 과도기와 프롤레타리아독재 문제를 다룬 '사회발전의 동력'이라는 황장엽의 논문이 계급투쟁과 프롤레타리아독재를 약화시키는 반당적 수정주의라는 비판을 받게 되었다. 황장엽은 3년 동안 수정주의자로 몰려 비판을 받았고, 5·25교시 총화가 마무리되던 시기인 1968년에 복권되었다.

황장엽은 1969년부터 1970년 10월 사이에 인간중심 사회역사관을 기초로 마르크스-레닌주의의 변증법적 유물론을 전면적으로 개작하고 인간중심의 철학적 원리를 개발하는 작업을 진행했다. 황장엽은 인간의 운명 개척의 길을 밝혀 주는 것이 철학의 사명이라는 판단 아래 인간과 동물의 본질적 차이, 인간의 고유한 속성, 개인의 생명과 사회적 집단의 생명과 상호관계에 관한 견해를 정립했고, 마르크스의 유물론과 변증법을 인간의 자주적 지위와 창조적 역할을 기초로 전면적으로 개작[229]했다. 황장엽은 1971년부터 1973년까지 김일성의 승인 아래 주체사상을 이론화

---

228) 리승록·김정남, 『계급투쟁과 프롤레타리아독재』(평양 : 조선로동당출판사, 1962), pp. 34~42.
229) 황장엽, 앞의 책, pp. 156~157.

하는 일을 진행했다. 그러나 황장엽의 연구는 계급투쟁과 프롤레타리아 독재를 훼손하지 않는 범위에서만 허용되었다.

황장엽은 인간중심의 철학적 원리에 기초하여 세계관과 사회역사관, 인생관 문제를 이론화했다. 북한체제에서 마르크스-레닌주의를 대체할 새로운 철학이 등장한 것이다. 철학적 원리는 인간중심철학의 핵심가치였다. 철학의 근본문제는 마르크스주의를 출발점으로 삼았다. 황장엽은 마르스크주의[230]에서 철학의 근본문제였던 물질과 의식의 선차성 문제에 대해 물질이 의식을 규정한다는 것을 밝혔다고 보고, 사람과 세계의 관계 즉, 세계에서 사람이 차지하는 지위와 역할문제를 철학의 근본문제로 새롭게 제시했다. 사람과 세계의 관계문제에 대해 대답으로 내놓은 것이 '사람이 모든 것의 주인이고 모든 것을 결정한다'는 철학적 원리였다. 그는 인간이 세계에서 주인의 지위와 역할을 차지하는 이유는 자주성·창조성·의식성을 본질적 속성으로 하는 사회적 존재이기 때문이라는 견해를 제시했다.

인간중심철학은 1972년 9월 17일 「마이니치 신문」 기자들의 질문에 대한 답변인 '우리 당의 주체사상과 공화국 정부의 대내외정책의 몇 가지 문제에 대하여'에서 처음으로 등장했다. 주체사상은 '혁명과 건설의 주인은 인민대중이며 혁명과 건설을 추동하는 힘도 인민대중에게 있다'는 사상으로 개념화되었다. 주체를 세운다는 것은 혁명과 건설에 대하여 주인

---

230) 마르스크-레닌주의에서 제시한 철학적 근본원리는 존재와 사유, 물질과 의식의 관계문제, 즉 존재·물질이 1차적이냐 사유·의식이 1차적이냐의 문제와 의식·사유가 존재를 인식할 수 있는가 없는가의 문제였다고 분석한다. 이 문제는 부르주아 계급을 타도해야 한다는 인식론적·사회계급적 근원에 기인한 것이라고 주장한다. 물질과 존재의 일차성을 유물론적 원리로 해명함으로써 철학의 근본문제를 해결한 것은 마르크스-레닌주의였다(『주체사상의 철학적 원리』 앞의 책, pp. 78~87).

다운 태도를 갖는 것인데, 주인다운 태도는 자주적 입장과 창조적 입장을 갖는 것으로 규정되었다. 이 문건에서는 '사람이 모든 것의 주인이고 모든 것을 결정한다'는 철학적 원리가 제시되었고 사회적 존재인 인간의 본성이 자주성이라는 인간관과 함께 육체적 생명보다 사회정치적 생명이 더 귀중하자는 생명관도 제시되었다.[231] 황장엽이 1968년부터 1973년 사이에 주체사상의 철학적 원리와 사회역사적 원리를 개발했고 주체적 발전전략은 지도적 원칙으로 정립되었다. 이로써 주체사상의 이론화 작업이 일단락되었다.

3. 김정일 노선의 주체사상

가. 1974년의 주체사상

김정일은 1973년 당 선전선동담당비서로 선출되면서 주체사상의 해석권을 갖게 되었다. 김정일은 1974년 2월 19일 '온 사회를 김일성주의화하기 위한 당 사상사업의 당면한 몇 가지 과업에 대하여'[232]에서 주체사상

---

231) 김일성, "우리당의 주체사상과 공화국 정부의 대내외정책의 몇 가지 문제에 대하여" 『김일성 저작집 27』(평양 : 조선로동당출판사, 1984), pp. 390~396. 황장엽은 이 문건에서 1982년 주체사상의 구조를 처음으로 제시했다. (황장엽, 앞의 책, p. 167.) 김일성은 마르크스의 유물론과 변증법을 근본적으로 개작해야 한다는 황장엽의 의견에 대해 부정적이었다. 그러나 김정일은 인간중심의 철학원리에 기초하여 주체사상을 이론적으로 체계화해야 한다는 황장엽의 보고에 흥미를 가지고 있었다. 김정일은 김일성이 주체철학 발표를 미루고 있으니 대학으로 돌아가고 그동안 연구한 모든 자료를 보내 달라고 요구했다. 1974년 황장엽은 3년 반 동안 연구한 주체사상 관련 글을 김정일에게 보내 주고 김일성종합대학으로 복귀했다. 김정일은 인간중심철학을 기초로 1982년 주체사상을 발표했다(위의 책, p. 176).

232) 김정일, "온 사회를 김일성주의화하기 위한 당 사상사업의 당면한 몇 가지 사업에 대하여", 『주체혁명위업의 완성을 위하여』(평양 : 조선로동당출판사, 1987), p. 9.

을 핵심으로 하는 사상·이론·방법의 전일적 체계인 김일성주의를 제시했다. 1974년 주체사상은 김일성주의를 핵심요소로 하여 혁명과 건설에서 자주적 입장과 창조적 입장을 견지한다는 근본입장과 태도, 그것을 사상·정치·경제·군사 등 모든 분야에 구현해서 도출한 사상에서의 주체, 정치에서의 자주, 경제에서의 자립, 국방에서의 자위라는 노선과 지침으로 구성되었다.

1960·1970년대의 국제정세[233]와는 달리 북·중관계와 중·소관계는 악화되기 시작했다. 북·중관계는 1966년 말부터 악화되기 시작했다. 중국의 문화대혁명 기간에 홍위병들이 김일성을 공개적으로 비판함으로써 양국 간 외교관계가 1969년 10월까지 단절되었다. 북한은 주중대사를 추방하고 친소노선으로 기울어졌다. 중·소관계는 최악의 무력충돌 상황이 발생했다. 1969년 3월과 8월 우수리강 중류의 전바오섬과 신장웨이우얼 자치구에서 양국 사이에 무력충돌이 발생했고 전쟁 위기가 조성된 것이다. 데탕트의 도래와 중·소분쟁은 북한의 독자행보를 확대할 수 있는 환경을 조성했다.

이 시기 북한의 국내 정치적 상황을 보면, 1967년 제4기 제15차 전원회의를 기점으로 김일성의 권위를 절대화하였고 유일사상체계를 확립하기 시작했다. 북한 정권은 김일성의 수령유일체제를 구축하기 위해 1966

---

233) 1960·1970년대의 국제정세와 국내정세는 김일성과 김정일이 주체사상을 마르크스-레닌주의와 함께 지도사상으로 규정하는 데 영향을 미쳤다. 당시 국제정세는 데탕트가 도래했다. 1962년 10월 말 쿠바 미사일 위기가 해결되면서 미·소관계가 꾸준히 개선되었고, 1969년 미·중관계가 개선되었다. 1972년 초반 닉슨이 중국과 소련을 방문하면서 관계개선을 약속했고 소련과 중국의 관리들이 워싱턴을 방문해서 데탕트를 주장했다(김웅진, 앞의 책, p. 128).

년 10월 당 중앙위원회 제4기 전원회의에서 정치제도 개편[234]을 단행했다. 김일성은 제4기 제15차 전원회의에서 갑산파 출신들이 당 정책교양과 혁명전통교양을 방해했으며 당 안에 부르주아사상, 수정주의사상, 봉건유교사상, 교조주의, 사대주의, 종파주의, 지방주의, 가족주의 등 반혁명적 사상을 퍼트려 당과 인민을 무장 해제시키려 책동했다고 비판했다. 김일성은 전원회의에서 유일사상체계의 걸림돌이었던 갑산파를 숙청했다. 전원회의 이후 5·25교시가 나왔는데, 이 교시는 계급주의적 독재의 강화는 물론 김일성의 개인숭배를 심화시켰다. 즉 북한 전역에서 수령우상화, 항일무장투쟁의 절대화, 반수정주의·반부르주아 등 계급혁명이 진행된 것이다.

김정일은 1974년 4월 14일 '전당과 온 사회에 유일사상체계를 더욱 튼튼히 세우자'라는 연설에서 김일성의 신격화 수준을 높이는 방향에서 김영주의 '당의 유일사상체계 수립과 관련한 몇 가지 원칙'을 수정·보완해서 '당의 유일사상체계 확립의 10대 원칙'[235]을 발표했다. 이 10대 원칙은 조선로동당규약이나 사회주의헌법보다 상위에서 작동하는 강력한 규범이었다. 김정일이 김일성주의를 발표한 의도는 김일성의 권위를 높이고 주체사상의 기치를 높이 들고 나가겠다는 의지를 보여 주려는 것이었다.

---

234) 김일성은 1966년 10월 당 중앙위원회 제4기 제14차 전원회의에서 당 중앙위원회 위원장 체제를 총비서 체제로 개편하면서 부위원장체제를 폐지하고 비서국을 신설해서 담당비서제를 시행했다. 이 회의에서 김영주가 조직비서 겸 조직지도부장에 선출되면서 차세대로 급부상했다. 갑산파는 김영주를 견제하고 박금철을 김일성의 차세대로 옹립하려는 의도를 행동으로 옮겼다. 선전담당비서인 김도만은 항일투쟁당시 갑산공작위원회의 업적을 선전하면서 박금철부부의 역할을 과대포장하기 위해 '일편단심'이라는 영화를 제작했다. 갑산파의 움직임은 김일성의 유일사상체계에 대한 중대한 도전으로 간주되었다(손광주, 『김정일리포트』(서울 : 바다출판사, 2003), pp. 60~61).

235) 황장엽, 위의 책, p. 173.

김일성주의는 주체사상을 포괄하는 이데올로기로 선전되었다. 김일성주의는 1965년 주체사상, 마르크스-레닌주의에 기초한 혁명이론, 수령중심의 영도원리와 군중노선 등 사상·이론·방법으로 구성된 전일적 체계로 규정[236]됨으로써 1985년 김일성주의의 원형이 제시되었다.

북한에서 주체사상은 마르크스-레닌주의와 함께 지도사상으로 격상되었다. 김일성은 1967년 12월 16일 최고인민회의 제4기 1차 회의에서 행한 연설에서 주체사상을 당의 지도사상으로 공식화했다. 주체사상은 우리의 혁명과 건설을 성과적으로 수행하기 위한 가장 정확한 마르크스-레닌주의적 지도사상이며, 공화국 정부의 모든 정책과 활동의 확고부동한 지침으로 규정되었다. 김일성은 1970년 11월 제5차 당 대회에서 우리 당은 마르크스-레닌주의 사상, 주체사상에 기초하여 통일 단결되어 있다고 지적하면서 당의 유일사상은 마르크스-레닌주의적 주체사상이라고 밝혔다.[237] 북한 정권은 1972년 사회주의헌법 개정을 통해 주체사상을 지도사상으로 명시했다.

1974년 주체사상의 기능은 1967년을 기점으로 수령유일체제를 정당화하기 위한 이데올로기로 변화하기 시작했다. 주체사상과 유일사상체계

---

236) 위의 책, p. 179. 김일성주의는 주체사상을 핵심으로 하는 마르크스-레닌주의적 사상이론 체계이고, 반제 반봉건민주주의혁명이론, 사회주의 혁명이론, 세계혁명이론 등 혁명투쟁에 관한 이론과 전략전술이며, 사회주의·공산주의 건설에 관한 과학적 학설이며, 혁명과 건설에 대한 영도원리와 혁명적 군중노선에 관한 창조적 이론으로 규정되었다. 김일성의 혁명사상 중 수령중심의 영도원리는 1982년 주체사상에 포함된 수령론의 원형이었다. 수령중심의 영도원리는 수령·당·계급·대중의 상호관계 문제를 제시하면서 수령의 위상과 역할이 당과 노동계급과 인민대중의 조직적 의사의 유일한 체현자이며 통일단결의 중심이고 심장이며 혁명과 건설을 위한 투쟁에서의 최고뇌수라고 규정했다.

237) 김일성, "당 중앙위원회 사업총화 보고", 『북한 조선로동당대회 주요 문헌집』(서울 : 돌베개, 1988), pp. 331~333.

확립 사이에 피드백이 이루어지면서 주체사상은 수령유일체제를 정당화하는 이데올로기로 활용되었다. 유일사상체계라는 용어는 1967년 3월 '당 사업을 개선하며 당 대표자회 결정을 관철할 데 대하여'라는 김일성의 연설에서 처음으로 사용되었다.[238] 유일사상체계의 확립은 김일성의 주체사상과 혁명이론, 주체적 발전전략만 허용한다는 의미였다.

나. 1982년의 주체사상

북한은 1980년대 들어 주체사상을 이론화했고, 주체사상으로 마르크스-레닌주의를 대체한 후 국가의 지도사상으로 규정했다. 김정일은 인간중심철학을 바탕으로 1982년 주체사상의 이론적 체계화를 완성했다. 그럼으로써 주체사상의 해석권을 김정일이 독점하게 되었다. 김정일은 수령유일체제를 강화하는 방향에서 인간중심철학을 선별적으로 수용[239]했다. 김정일은 1982년 주체사상의 이론적 체계화 과정을 주도했다. 1982년 주체사상은 1982년 3월 31일 김일성 70회 생일을 앞두고 발표한 '주체사상에 대하여'[240]라는 논문을 통해 공개되었다.

1982년 주체사상의 철학적 원리와 인간의 본질적 속성에 관한 문제는

---

238) 김일성, "당 사업을 개선하며 당대표자회 결정을 관철할 데 대하여", 『김일성 저작집 21』, 평양 : 조선로동당출판사, 1983, p. 136. 백학순은 북한 문헌에서 유일사상체계란 용어가 처음으로 사용된 문헌을 제시했다(백학순, 앞의 책, p. 597).

239) 왜냐하면 인간중심철학은 계급투쟁과 프롤레타리아독재, 수령유일체제 등 기존의 정치체계와 질서를 뒤흔들 수 있는 위험요소를 가진 이데올로기였기 때문이다. 북한 정권은 주체사상을 새로운 시대의 혁명요구를 반영한 독창적인 사상이론이라고 밝혔다.

240) '주체사상에 대하여'는 주체사상의 철학적 체계인 철학적 원리, 사회역사적 원리, 지도적 원칙의 핵심적 내용을 제시했다. 원래 주체사상의 핵심적 가치는 철학적 원리였다. 그러나 김정일이 수령론을 제시하면서 주체사상의 논리구조는 수령론을 중심으로 재구조화되었고 핵심가치는 수령론으로 대체되었다. 즉 사람은 수령의 영도를 받아야 세계의 주인이 될 수 있다는 논리를 설파했다.

1974년 4월 발표된 '주체철학의 리해에서 제기되는 몇 가지 문제에 대하여'라는 김정일의 담화에서 처음으로 제시되었다.[241] 그러나 1982년 이전까지 이에 관한 내용이 발견되지 않은 것을 볼 때, 1980년대 초반에 발표한 글을 1974년 4월로 날짜만 앞당겨서 발표했을 가능성이 높다.[242] 북한은 1975년 조선로동당 창건 30돌 기념으로『주체사상에 기초한 사회혁명이론』등 총 10권을 발행했다.[243]

김정일은 1985년 총 10권으로 구성된『위대한 주체사상 총서』를 통해 김일성주의를 이론적으로 체계화했다. 김일성주의는 주체사상을 핵심으로 구성된 사상·이론·방법의 전일적 체계로 규정되었다.[244] 김일성주의에서 사상은 철학적 원리, 사회역사적 원리, 지도적 원칙 등 주체사상이고, 이론은 반제·반봉건민주주의 혁명과 사회주의 혁명이론, 사회주의·공산주의 건설이론, 인간개조론, 사회주의 경제건설론, 사회주의 문화건설론으로 구성되며, 방법은 영도체계와 영도예술로 구성된다. 김일성주의는 주체사상을 핵심으로 마르크스-레닌주의 혁명이론과 정치·경제·문화분야의 정책노선을 종합해서 체계적으로 정리한 것이었다.

북한 정권은 1980년 당 규약에서 주체사상이 조선로동당의 지도사상이라고 명시했으며, 1992년 사회주의헌법은 '조선민주주의 인민공화국은 사람중심의 세계관이며 인민대중의 자주성을 실현하기 위한 혁명사

---

241) 김정일, "주체철학의 리해에서 제기되는 몇 가지 문제에 대하여",『주체혁명위업의 완성을 위하여』(평양 : 조선로동당출판사, 1987), pp. 75~81.

242) 황장엽, 앞의 책, p. 128.

243) 사회과학출판사,『주체사상에 기초한 사회혁명이론』(평양 : 사회과학출판사, 1975). 황장엽은 이 책들에서도 주체사상은 1974년 주체사상의 구조를 유지하고 있을 뿐이고 철학체계를 갖추고 있지 못하다고 비판했다.

244) 김일성주의는 넓은 의미의 주체사상으로 규정된다(이종석, 앞의 책, p. 128).

상인 주체사상을 자기활동의 지도적 지침으로 삼는다'고 명시했다.[245] 주체사상이 공식적으로 마르크스-레닌주의를 대체했으나, 계급투쟁과 프롤레타리아독재론 등 수령유일체제의 기반이 되는 핵심 이론들은 그대로 유지되었다.

제2절
주체사상의 구조 및 원리

1. 주체사상의 이원적 구조

주체사상은 '혁명과 건설의 주인은 인민대중이며 혁명과 건설을 추동하는 힘도 인민대중에게 있다는 사상'이며, '자기 운명의 주인은 자기 자신이고 자기 운명을 개척하는 힘도 자기 자신에게 있다'[246]는 사상으로 개념화되었다. 하지만 이러한 개념화의 구체적 논리를 보면 주체사상은 '이론'과 '역사'라는 이원적 구조로 이루어져 있다는 것을 알 수 있다.

'이론적 측면'에서 주체사상은 좁은 의미로서의 주체사상과 김일성주의를 일컫는 넓은 의미의 주체사상으로 나눌 수 있다. 좁은 의미의 주체사상이란, 철학적 원리, 사회역사 원리, 지도적 원칙으로 구성된 본래 의

---

245) 장명봉 편, 『최신 북한법령집』(서울 : 연이프린택, 2006), p. 45.
246) 김일성, "우리 당의 주체사상과 공화국정부의 대내외 정책의 몇 가지 문제에 대하여"(1972. 9. 17), 『북한연구자료집』 제8집(서울 : 고려대 출판부, 1983), p. 511.

미의 주체사상을 의미한다. 오늘날 일반적으로 지칭하는 주체사상은 흔히 '김일성 동지의 혁명사상'으로 일컬어지는 김일성주의이다.[247]

주체사상의 '역사적 형성과정'을 보면, 1967년을 기점으로 하여 2단계로 나누어진다. 즉 '역사로서의 주체사상'은 하나가 아니라 둘이라는 의미이다. 1967년 이전의 주체사상은 '북한 사회주의 발전전략'적 차원에서 제시된 것으로 공동체 전체의 생존을 위한 담론적 성격을 지녔다. 이는 흔히 '사상에서의 주체', '정치에서의 자주', '경제에서의 자립', '국방에서의 자위'라는 4대 원칙으로서의 주체사상이 여기에 해당하며, 아직까지는 마르크스-레닌주의의 하위사상으로 위치해 있었다. 그러나 1967년 이후 주체사상은 김일성의 유일체제 구축을 위한 지배권력의 통치담론적 성격을 담게 되면서 변질되었다. 따라서 기존의 4대 원칙은 철학적 원리와 사회역사 원리 뒤에야 도출되는 지도적 원칙의 하위원칙[248]으로 위치하게 되었다.

2. 좁은 의미의 주체사상

가. 주체사상의 철학적 원리

주체사상의 철학적 원리는 두 개의 명제를 중심으로 이루어져 있다. 첫 번째 명제는 '사람이 모든 것의 주인이며 모든 것을 결정한다'는 것으

---

247) 이종석, 앞의 책, p. 128. 덧붙이자면, 좁은 의미의 주체사상은 1982년 김정일이 발표한 『주체사상에 대하여』에서 체계화되었다. 김일성주의는 원래 좁은 의미의 '주체사상을 정수로 하여' 이론, 방법을 포괄한 김일성의 사상을 가리키는 의미였으나, 오늘날의 주체사상으로 불리고 있다. 김정일은 "김일성 동지의 사상, 리론, 방법을 주체사상이라 말한다"고 규정함으로써 북한에서 김일성주의는 곧 주체사상인 것이다.

248) 위의 책, pp. 128~129.

로, 이는 세계에서 사람이 차지하는 지위와 역할에 관한 것이다. 여기서 사람이 모든 것의 주인이라 함은 '사람이 세계와 자기 운명의 주인이라는 것'이며 사람이 모든 것을 결정한다 함은 '사람이 세계를 개조하고 자기 운명을 개척하는 데서 결정적 역할을 한다는 것'으로 해석된다. 이러한 철학적 원리로부터 주체사상은 사람을 위주로 하여 철학의 근본문제를 제기한 사람중심의 철학이다.[249]

두 번째 명제는 '사람은 자주성과 창조성, 의식성을 가진 사회적 존재'라는 것인데, 이는 사람의 본질적 특성과 관련된 것이다. 자주성은 '세계와 자기 운명의 주인으로서 자주적으로 살며 발전하려는 사회적 인간의 속성'으로, 사회적 존재인 사람의 '육체적 생명'과 구별되는 '사회정치적 생명'으로 규정된다. 그리고 창조성은 '목적의식적으로 세계를 개조하고 자기 운명을 개척해 나가는 사회적 인간의 속성'을 의미하며, 의식성은 '세계와 자기 자신을 파악하고 개발하기 위한 모든 활동을 규제하는 사회적 인간의 속성'으로 규정된다.[250]

철학적 원리의 두 테제(명제)는 뒤따르는 '사회역사원리'와 '지도적 원칙'의 토대로서 작용하게 된다. 다시 말하면 철학적 원리라는 추상개념이 구체적 구상으로 나아가는 과정이다. 김재현은 이를 두고 철학적 원리의 이론근거인 주체사상의 인간론은 '주체사상체계 내에서 마치 기하학의 제1공리와도 같은 것'[251]이라고 지적한 바 있다.

---

249) 위의 책, p. 130.
250) 위의 책, p. 130.
251) 김재현, "마르크스·레닌주의와 주체사상", 『북한의 정치이념 주체사상』(서울 : 경남대 극동문제연구소, 1990), p. 53.

나. 주체사상의 사회역사원리

사회역사원리는 사회역사의 운동법칙을 밝힌 것으로, '세계의 한 부분인 사회가 역사적으로 어떤 원인에 의하여 변화 발전하는가, 역사를 전진시키고 사회를 발전시키자면 어떻게 해야 하는가'의 문제를 규명하는 것이다. 사회역사원리는 운동의 주체·본질·성격·추동력 등 네 가지 부문에서 원리를 밝히고 있다. 먼저, 사회역사운동의 주체인 '인민대중은 사회역사의 주체이고 사회발전의 원동력이다'라는 명제로 나타난다. 이는 철학적 원리의 첫 번째 명제인 '세계에서 사람이 차지하는 지위와 역할'로부터 연역된 이 명제는 철학적 원리에서 세계의 주인인 사람이 사회역사원리에 와서 사회역사적 집단인 인민대중이라는 보다 구체화되어 나타나게 된다. 여기서 인민대중은 혁명과 건설의 주인이며 자연을 개조하고 사회를 발전[252]시키는 결정적 요인이 된다.

한편 사회역사원리는 철학적 원리의 두 번째 명제인 인간의 본질적 특성인 자주성, 창조성, 의식성에 기초해서 사회역사적 운동의 본질적 성격 그리고 추동력을 밝히고 있다. 사회역사원리에서 '인류역사는 인민대중의 자주성을 위한 투쟁의 역사'라는 본질을, '사회역사적 운동은 인민대중의 창조적 운동'이라고 성격을 밝히고 있다. 또한 '혁명투쟁에서 결정적 역할을 하는 것은 인민대중의 자주적인 사상의식'이라고 혁명의 추동력을 밝혔다. 이렇듯 사회역사운동의 주체[253]·본질·성격·추동력을 규정

---

252) 이종석, 앞의 책, p. 131.

253) 사회역사원리에서의 '역사의 주체'와 관련해서 미리 알아야 할 점은 '인민대중이 역사의 주체로서의 지위를 차지하고 역할을 다하자면 지도와 대중이 결합되어야 한다'는 점이다. 김정일은 '인민대중은 력사의 창조자이지만 옳은 지도에 의하여서만 사회력사발전에서 주체로서의 지위를 차지하고 역할을 다할 수 있다'고 밝히고 있다. 즉, 인민대중은 사회역사의 주체이지만 저절로 주체로서의 지위를 고수하고 역할을 다하는 것이 아니라 반

한 사회역사원리를 주체사관이라 부른다. 그러나 김정일은 계급투쟁과 프롤레타리아독재론에 대한 황장엽의 비판을 수용하지 않았다. 사회역사적 원리는 계급투쟁과 프롤레타리아독재론을 훼손하지 않은 범위에서 인간중심의 사회역사관을 혼합한 것이었다. 김정일이 계급투쟁과 프롤레타리아독재를 고수한 것은 이 이론들이 수령유일체제를 떠받치는 이데올로기였기 때문이다.

사회역사적 원리는 '수령론'으로 발전했다. 주체사상과 수령유일체제 사이에는 피드백이 이루어졌다. '수령유일체제'라는 정치적 환경이 주체사상에 영향을 미쳤고, 그 결과 수령론이 제시되었다. '수령론'은 철학적 원리를 밀어내고 주체사상의 핵심가치가 되었다. 주체사상은 수령론을 중심으로 재구조화되었다. '수령론'의 논리적 출발점은 지도와 대중의 결합문제이다. 인민대중이 역사의 주체가 되려면 지도와 대중이 결합되어야 하고 지도는 당과 수령의 영도문제라는 것이다. 수령은 인민대중의 최고뇌수이며 통일단결의 중심이기 때문에 사회역사적 운동에서 절대적 지위를 차지하고 결정적 역할을 수행하며 프롤레타리아독재체계를 영도한다. 따라서 지도의 문제는 곧 대중에 대한 수령의 영도문제[254]라는 논리를 전개한다.

김정일은 주체사상의 '수령론'을 논리적으로 보완하기 위해 '사회정치적 생명체론'을 제시한다. '사회정치적 생명체론'에서 인간은 육체적 생명과 사회정치적 생명을 갖는다고 본다. 부모에게 받은 육체적 생명은 유

드시 옳은 지도와 결합되어야 한다는 것이다. 여기서 지도의 주체는 수령이다.: 박승덕, 『주체사상의 심화발전』(평양 : 사회과학출판사, 1984), p. 151.

254) 『주체사상의 철학적원리』 pp. 170~195; 김정일, 『주체사상에 대하여』 pp. 23~45.

한하지만, '수령-당-대중'의 통일체인 사회정치적 생명체의 중심인 수령에게 부여받는 사회정치적 생명은 무한하다[255]고 주장한다. 주체사상은 '수령론'과 '사회정치적 생명체론'을 통해 당과 대중은 수령의 영도를 받을 때 사회정치적 생명을 가진 존재가 될 수 있고, 세계와 자기 운명의 주인이 될 수 있다는 논리를 전개한다. 김정일은 김일성과 함께 자신의 권위를 절대화하기 위해 '수령론'에서 파생된 '후계자론'을 제시한다. '후계자론'은 수령의 사상과 혁명위업은 수령의 후계자에 의해 고수되고 계승되기 때문에 수령의 대를 잇는 후계자도 인민대중의 뇌수, 통일단결의 중심으로써 수령과 마찬가지로 절대적 지위와 결정적 역할을 수행한다[256]는 논리다. 주체사상의 핵심가치가 수령론으로 대체되면서 주체사상의 기능은 수령유일체제를 정당화하는 역할을 수행한다.

김정일은 수령론과 사회정치적 생명체론을 통해 인민대중이 수령과 후계자의 지도를 받아야 세계의 주인으로써 지위와 역할을 차지할 수 있다고 주장함으로써 주체사상을 수령의 절대적 권위를 정당화하는 이데올로기로 변화[257]시켰다. 김정일이 주체사상을 이론화한 의도는 수령유일체제를 정당화하는 것이었지 인간중심의 철학을 정립하려는 것이 아니었다.

다. 주체사상의 지도적 원칙

지도적 원칙은 '당 및 국가활동, 혁명과 건설의 모든 분야에서 주체를 세

---

255) 김정일, "주체사상 교양에서 제기되는 몇 가지 문제에 대하여", 편집부 엮음, 『주체사상 연구』(서울, 태백, 1989), pp. 264~265.

256) 사회과학출판사 편, 『주체사상의 사회역사적 원리』, pp. 196~198; 이교덕, 『북한의 후계자론』(서울 : 통일연구원, 2003), pp. 35~45.

257) 황장엽, 앞의 책, p. 192.

우기 위한 지침'으로, 사회역사적 운동의 주체·본질·성격·추동력을 실천하기 위한 구체적 계획이다. 지도적 원칙은 '자주적 입장의 견지', '창조적 방법의 구현', '사상을 기본으로 틀어쥐는 방법'의 3개 명제로 구성된다.

첫 번째 명제인 '자주적 입장의 견지'는 당과 국가활동에서 자주성을 견지하고 이를 구현해 나가야 하는데, 이를 위해 사상에서 주체, 정치에서 자주, 경제에서 자립, 국방에서의 자위원칙을 구현해야 한다. 두 번째 명제인 '창조적 방법의 구현'은 '인민대중에 의한 방법'과 '실정에 맞게 하는 방법'이 있다. '인민대중에 의한 방법'은 인민대중의 요구와 지향에 맞게, 인민대중의 창조력에 의거하여 모든 것을 풀어가는 것이고, '실정에 맞게 하는 방법'이란 혁명과 건설에 나서는 모든 이론, 실천적 문제들을 변화 발전하는 현실에 맞게 풀어나가며 모든 문제를 나라의 구체적 실정에 맞게 하는 방법을 의미한다.[258]

세 번째 명제인 '사상을 기본으로 틀어쥐는 방법'은 인민대중의 자각성과 적극성을 높이기 위해 '사상개조 선행'과 '정치사업 선행'을 의미한다. '사상개조 선행'이란, 사람들을 참다운 공산주의적 인간으로 개조하는 것을 말하며 그 기본은 당과 수령에 대한 충실성을 핵으로 하는 주체의 혁명관을 확립하는 것이고, '정치사업 선행'은 사람들을 교양하고 발동하기 위한 사업을 행정실무사업, 기술경제사업에 앞세워 나감으로써 대중 자신이 높은 자각성과 적극성을 가지고 혁명투쟁과 건설사업을 성과적으로 수행[259]해 나가도록 하는 것이다. 주체사상의 지도적 원칙은 1965년

---

258) 사회과학출판사 편, 『주체사상의 지도적 원칙』(서울 : 백산서당, 1989년 재발간); 김정일, 『주체사상에 대하여』, pp. 45~81.

259) 『주체사상의 지도적 원칙』, 249.

주체사상에서 제시된 발전전략을 국가운영에 적용한 경험을 체계적으로
정리한 것이었다.

3. 넓은 의미의 주체사상 = 김일성주의

넓은 의미의 주체사상은 '김일성 동지의 혁명사상'으로 불리는 김일성
주의를 지칭한다. 이는 좁은 의미의 주체사상의 원리 즉 철학적 원리, 사
회역사원리, 지도적 원칙을 정수로 삼아 사상, 이론, 방법들이 더해진 것
으로, 주체사상, 혁명이론, 영도방법으로 구성된 전일적 체계[260]로 설명
되어진다.

김일성주의에서 말하는 이론이나 방법은 북한 사회주의 건설과정에서
김일성이 내놓았다는 각종 혁명이론이나 영도방법을 가리킨다. 혁명이론
에는 반제 반봉건민주주의 혁명이론, 사회주의 혁명이론, 사회주의·공
산주의 건설이론, 인간개조이론, 사회주의 경제건설이론, 사회주의문화
건설이론이 속하며, 영도방법으로는 영도체계와 영도예술이 속한다.

혁명이론에 속하는 '반제 반봉건민주주의 혁명'은 식민지 혹은 반식민
지 나라 인민들이 제국주의 침략세력과 봉건세력을 반대하고 민족적 독
립과 나라의 민주주의적 발전을 실현하기 위하여 벌이는 혁명이고, '사회
주의 혁명이론'이란, 사람에 의한 사람의 착취를 완전히 없애고 근로인민
대중의 사회·정치적 자주성을 실현함으로써 그들을 국가와 사회의 참다

---

260) 위의 책, p. 41. 넓은 의미의 주체사상은 김일성의 혁명사상이 더 이상 마르크스·레닌주
　　의의 하위개념이 아니라 그를 대체한 독창적인 것임을 내세우기 위해서 사용된 개념이
　　다. 주체사상 이론서들은 김일성주의의 3대 구성이 마르크스주의의 3대 구성인 철학, 정
　　치경제학, 과학적 사회주의에 대한 대안으로 나왔음을 주장하고 있다.

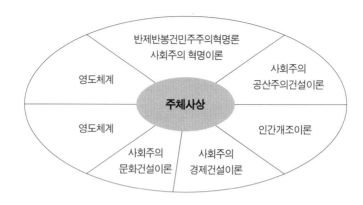

※ 출처 : 이종석, 『새로쓴 현대북한의 이해』(서울 : 역사비평사, 2002), p. 138.

운 주인으로 만드는 혁명이다. '사회주의 · 공산주의 건설이론'이란, 사람
들이 온갖 구속과 예속에서 벗어나 자연과 사회의 주인으로서 완전히 자
주적이며 창조적인 생활을 누릴 수 있는 사회의 건설로 규정되며, '인간
개조이론'은 인민대중이 자주적인 생활을 누릴 수 있는 사상 · 문화적 조
건을 마련하기 위하여 사람들을 발전되고 힘 있는 존재로 만드는 사업을
의미한다. '사회주의 경제건설이론'은 사회주의적 생산관계를 공고히 발
전시키며, 사회주의의 물질 · 기술적 토대를 튼튼히 축성하는 사회주의
건설의 기본 내용의 하나로서 사회주의, 공산주의적 물질적 요새를 튼튼
히 점령하는 사업의 전체를 포괄하는 것으로 규정된다. '사회주의문화건
설이론'은 착취사회에서 물려받은 온갖 낡은 문화를 혁명적으로 없애고
근로인민대중의 자주적인 지향과 요구에 맞는 새로운 문화를 창조하고

발전시키는 사업[261]으로 규정된다.

영도방법에 속하는 '영도체계'는 로동계급의 당과 수령의 령도를 실현하기 위한 조직과 기구들의 총체로 규정되며, 북한에서의 영도체계는 '수령의 유일한 영도체계'를 가리킨다. 한편 '영도예술'은 로동계급의 당이 대중을 혁명과 건설에 조직동원하는 방법, 묘술의 총체, 즉 인민대중을 움직이는 방법[262]을 가리키는 개념이다. 하지만 북한은 김일성의 영도예술을 '주체의 영도예술'로 규정하고, 근로인민대중을 혁명과 건설에 있어서 주인의 지위에 내세우고 그들로 하여금 주인으로서의 입장을 지키고 주인으로서의 역할을 다하도록 하는 영도예술의 의미로 불린다.

제3절
주체사상의 이론적 한계와 선군사상의 제기

1. 주체사상의 이론적 한계

북한은 1990년대 국가의 총체적 위기상황에 직면했다. 북한체제는 1989년 하반기 동유럽 사회주의 국가들을 시작으로 1991년 소련 공산당의 해체에 이르는 사회주의체제의 붕괴로 인해 정치적·경제적 위기에 직면했다. 이 시기에 김정일을 비롯한 권력 엘리트들의 위기의식과 동요

---

261) 이종석 앞의 책, pp. 137~138.
262) 위의 책, pp. 138~139.

는 심각했고, 더구나 한소 수교와 한중수교로 인해 외교적 고립이 심화되었다. 북한은 1986년에서 1990년 사이에 이미 무역적자 누적 규모가 54.8억 달러에 달했고, 1991년 북한의 대소·대중 교역량은 41.7억 달러에서 25.9억 달러로 크게 감소되었다. 그 여파로 인해 1990년부터 1998년 사이에 연속적으로 경제가 마이너스 성장을 지속했다.[263]

북한은 연속적인 위기에 처하게 되었다. 1차 북핵 위기가 발생함으로써 외교적 고립과 군사적 위기가 심화되었다. 1994년 7월에는 김일성이 갑작스럽게 사망하게 되었고, 1995년부터 1998년 사이에 식량난으로 인해 대량 아사 사태가 발생했다. 대기근은 경제 전반으로 파급되어 국가경제가 붕괴 직전의 상황에 이르게 되었다. 이 시기 공장 가동률은 1997년 27%, 1998년 상반기에 20% 정도[264]로 추정되었다. 사실상 경제가 멈춰선 것이다.

주체사상은 수령유일체제를 정당화하는 이데올로기였기 때문에 경제위기를 극복할 수 있는 이데올로기로서의 기능을 수행할 수 없었다. 경제위기를 극복하기 위해서는 주체사상에 대한 재해석과 이데올로기적 쇄신이 단행되어야 했다. 김정일은 이데올로기적 쇄신 대신 주체사상의 수령유일체제 정당화 기능을 보완[265]하는 길을 선택했다. 왜냐하면 주체사

---

263) 오경섭, 『북한의 위기관리동학에 관한 연구』(고려대학교 박사학위논문, 2008), pp. 44~71.

264) 통일부, 『주간북한동향』, 제273호, 409호.

265) 김정일은 주체사상의 수령유일체제 정당화 기능을 보완하기 위해 임기응변식으로 우리식 사회주의, 조선민족제일주의, 붉은기사상, 고난의 행군 사상, 선군사상 등 새로운 이데올로기를 제시했다. 새로운 이데올로기의 기능은 주체사상의 수령유일체제 정당화 기능을 보완하고 수령유일체제를 방어하는 것이었다. 김정일의 의도는 새로운 이데올로기를 통해 인민들의 사상을 장악·통제함으로써 엘리트들과 인민들의 동요를 막아 정권의 안전을 보장하려는 것이었다. 북한 정권은 새로운 이데올로기를 통해 수령을 중심으로 일

상의 재해석[266]은 수령유일체제의 약화를 의미하는 것이었기 때문이다.

김정일은 1990년 우리식 사회주의와 조선민족제일주의를 제시했다. 우리식 사회주의와 조선민족제일주의는 북한식 사회주의체제의 정당성을 강조함으로써 수령유일체제를 안정화시키려는 의도에서 제시되었다. 우리식 사회주의와 조선민족제일주의는 논리적으로 상호보완적인 이데올로기였다. 우리식 사회주의의 논리구조는 간단하다. 북한은 사회주의를 건설하는 과정에서 잘못한 것이 없고 개편할 것도 없고, 주체사상에 기초하고 있기 때문에 동구 사회주의 제도보다 북한의 사회주의가 우월하며, 수령·당·대중이 일심단결된 사회주의이기 때문에 붕괴하지 않는다[267]는 것이다. 조선민족제일주의는 수령과 당이 제일이고 당의 지도사상과 사회주의 제도가 제일이기 때문에 조선민족이 사상과 전통, 역사에서 제일이라는 논리를 전개[268]한다. 따라서 북한의 사회주의는 붕괴하지

심단결해서 고난과 역경을 참고 견디고 위기를 극복함으로써 사회주의체제를 고수해야 한다고 선전했다.

266) 사회주의 국가는 위기에 직면하면 새로운 이데올로기를 요구하게 된다. 왜냐하면 이데올로기 쇄신 없이는 위기를 극복하는 것이 불가능하기 때문이다. 사회주의 국가의 정치지도자는 교조적 틀이 정치행동을 과도하게 제약하거나 기존의 정치행동을 정당화할 논리적 빈곤에 처하게 될 때 이데올로기적 쇄신을 단행한다. 물론 최고지도자가 이데올로기를 재해석하기 위해서는 안정적 정치권력기반을 가져야 하고 정치적 필요성도 높아야 한다. 최고지도자는 정치적 위기가 심화될 때 자신에게 집중된 권력을 이용해서 이데올로기를 재해석한다. 이데올로기적 변화는 고르바초프의 페레스트로이카 같은 개혁의 중요한 특징이었다. 등소평의 개혁개방은 마오주의의 재해석을 기반으로 한다(안병영, 『현대공산주의 연구』(서울 : 한길사, 1983).

267) 김정일, "인민대중 중심의 우리식 사회주의는 필승불패이다", 『김정일선집』(11)(평양 : 조선로동당출판사, 1997), p. 70; "당 사업을 강화하여 우리식 사회주의를 더욱 빛내이자", 『김정일선집』(11), p 246; 김정일 "당 사상교양사업에서 나서는 몇 가지 과업에 대하여", 『김정일선집』(10)(평양 : 조선로동당출판사, 1997), pp. 30~32.

268) 김정일, "당사상교양사업에서 나서는 몇 가지 과업에 대하여", pp. 85~86; 김정일, "일심단결을 더욱 강화하며 조선민족제일주의 정신을 높이 발양시키자", 『김정일선집』(13)(평양 :

않는다는 논리였다.

2. 선군사상의 제기

김정일은 붉은기사상과 고난의 행군정신을 제시하면서 엘리트들과 인민들이 국가의 총체적 위기로 인해 조성된 고난과 역경에 굴하지 않고 수령중심의 사회주의체제를 고수하기 위해 불굴의 혁명정신을 가져야 한다는 점을 강조했다. 붉은기사상은 김정일이 '나의 사상은 붉다'고 밝히면서 식량난과 경제난으로 인한 고난과 역경에 굴하지 말고 수령중심의 우리식 사회주의체제를 고수하려는 불굴의 혁명정신을 가져야 한다는 주장을 담은 이데올로기였다.[269] 김정일은 붉은기사상을 내세우면서 대기근과 경제난으로 인한 국가의 총체적 위기 상황에서 자력갱생과 간고분투의 혁명정신으로 동요하지 말고 난관을 헤쳐 나가는 낙관주의 정신과 불굴의 혁명정신을 가져야 한다고 요구하기 위해 엘리트들과 인민들이 고난의 행군정신을 가져야 한다고 주장[270]했다. 그러나 인민들의 희생과 헌신만을 강요하는 이데올로기만으로는 정권의 안전을 보장하기 어

조선로동당출판사, 1997, pp. 13~16.

269) "붉은기는 조선혁명의 백전백승의 기치이다", 로동신문, 1995년 1월 9일 자; "붉은기를 높이들자", 로동신문, 1995년 8월 25일 자; "우리의 붉은기는 애국의 기치이다", 로동신문, 1995년 8월 28일 자; "붉은기를 높이 들고 새해의 진군을 힘차게 다그쳐 나가자", 1996년 당보·군보·청년보 신년공동사설; 로동신문, 1996년 1월 1일 자; 『선군태양 김정일장군』 (평양 : 평양출판사, 2006), pp. 77~84.

270) "붉은기를 높이 들고 새해의 진군을 다그쳐 나가자", "모두 다 혁명적 군인정신으로 살며 투쟁하자", 로동신문, 1996년 10월 10일 자; "위대한 당의 령도 따라 내 나라 내 조국을 더욱 부강하게 건설해가자", 1997년 당보·군보·청년보 신년공동사설; 로동신문, 1997년 1월 1일 자.

려운 상황이었다.

이렇게 해서 등장한 것이 선군정치와 선군사상이었다. 김정일은 1995년부터 정권의 안전을 보장하기 위해 군대를 활용한 새로운 통치방식인 선군정치를 실행했다. 선군정치는 군사선행의 원칙을 가지고 국가를 통치하며, 모든 문제를 군대의 중심적 역할을 통해 해결한다는 정치를 의미한다. 즉 국가정책의 일차적 목표를 군사력 강화로 설정하고, 군대를 주력군으로 하여 통치를 실행한다는 것이었다. 이것은 국가의 총체적 위기 상황에서 군대를 활용해서 정권의 안전을 보장한다는 새로운 통치방식이었다. 김정일은 국가의 총체적 위기 상황에서 수령유일체제를 안정화하기 위해 선군정치를 실행했다. 김정일은 2002년 말 선군사상을 제기했다. 선군사상은 선군정치를 정당화하기 위해 고안된 이데올로기였고, 철학적 체계를 갖추지 못했다. 선군사상의 핵심가치는 선군정치를 통한 수령결사옹위였다. 선군사상은 군사를 앞세우고 군대에 의거해서 통치를 실행한다는 총대중시·군사중시사상을 핵심 사상으로 규정했고, 수령결사옹위정신, 결사관철의 정신, 영웅적 희생정신을 기본으로 한 혁명적 군인정신과 백두산 총대정신[271]을 핵심정신으로 제시했다.

북한은 2009년 헌법 개정을 통해 주체사상과 선군사상을 지도적 지침으로 삼는다고 규정했다. 선군사상이 국가의 지도사상으로 격상된 것이다. 북한 정권은 선군사상이 주체사상을 계승한다고 주장한다. 그러나 선군사상의 구조를 보면 논리적으로 주체사상과 전혀 다른 이데올로기

---

271) "민족적 자존심은 위리의 생명이다", 로동신문, 2002년 12월 9일 자. 이에 관해서는 이기동, "통치 이데올로기의 지속성과 변화", 『김정일 시대 북한의 정치체제 : 통치 이데올로기, 권력 엘리트, 권력구조의 지속성과 변화』(서울 : 통일연구원, 2004), p. 36.

임을 확인할 수 있다. 선군사상의 기능은 주체사상의 수령유일체제 정당화 기능을 보완하고, 수령유일체제를 보호하며, 인민들의 사상을 장악하고 통제하는 것이다. 김정일은 국가의 총체적 위기 상황에서 수령유일체제를 정당화하는 이데올로기인 주체사상을 고수했다. 김정일은 주체사상의 재해석과 이데올로기적 쇄신 대신 주체사상의 수령유일체제 정당화 기능을 보완하기 위해 선군사상을 제기했다. 주체사상과 선군사상의 고수는 경제위기를 심화시켰다.

제4절
주체사상의 문화적 성격

1. 문화적 특성

가. 주체의 문예관

주체의 문예관은 주체사상에 기초하는 문예관으로, 북한에서 '유일하게 정당한 창작방법[272]'이다. 김정일은 『주체문학론』에서 우리 시대가 요구하는 문예관은 주체의 문예관이다. 주체의 문예관은 "한마디로 사람을

---

272) 리수립, "수령형상문학을 끊임없는 개화발전에로 이끄는 불멸의 사상리론", 『조선문학』(1993. 7), p. 5. 북한 사회에서 모든 예술은 동일한 목적을 가지고 있는바, 그것은 바로 주체형 인간, 즉 혁명적 공산주의자를 형상화한다는 것이다. 따라서 예술의 장르별 특성에 대한 언급에 앞서서 모든 예술활동과 모든 작가 예술인을 구속하는 하나의 기본적인 관점과 입장이 강조되는데, 이것이 바로 주체의 문예관이다.

중심에 놓고 문학예술을 대하는 관점과 립장이다. 주체의 문예관은 주체사상을 기초로 하고 있다……주체의 문예관은 사람을 가장 진실하게 그리며 인민대중을 세계와 자기 운명의 주인으로 내세우고 인민대중을 위하여 복무하는 진실로 사실주의적인 문학예술을 창조하기 위한 우리 시대의 가장 올바른 문예관"[273]이라고 주장하고 있다.

주체의 문예관은 작가, 예술인을 창작의 주인으로 볼 뿐만 아니라, 창작의 성과를 결정하는 근본요인도 그들의 사상의식에서 찾고 있다. 다른 모든 사업에서와 마찬가지로 문학예술창작에서도 사상이 모든 것을 결정한다. 주체의 문예관은 창작을 단순한 직업으로서가 아니라 혁명사업으로 보며, 당과 수령에게 끝없이 충실한 참다운 혁명가, 조국과 인민에게 끝없이 열렬한 애국자만이 진실로 혁명적이고 인민적인 우수한 문학예술작품을 창작할 수 있다고 본다.

김정일의『주체문학론』에 제시된 주체의 문예관의 특징을 보면 첫째, 주체의 문예관은 자주시대 인민대중의 지향과 요구, 노동계급적 요구를 체현하고 있다. 인민대중의 지향과 요구를 체현하기 위해 민족해방, 계급해방, 인간해방을 이룩하고 세계적 범위에서 인민대중의 자주성을 실현하여야 하며, 노동계급적 성격의 체현을 위해서는 혁명적 문예관이 필요하다. 왜냐하면, 부르주아 문예관은 착취계급의 이해관계를 반영하여 문학예술의 본성을 왜곡하고 문학예술을 부르주아계급의 향락과 이윤추구의 수단으로 보기 때문이다. 이에 대항하여 노동계급의 문예관은 근로

---

273) 김정일,『주체문학론』(평양 : 조선노동당출판사, 1992), p. 5. 김정일에 의해 주체의 문예관이 등장하기 이전 북한은 사회주의적 사실주의 문예관에 기초한 문예활동이 전개되었다. 그러나 1972년 이후 북한의 문학관계논문은 물론이고 백과사전에 이르기까지 김정일이 언급한 훈고학적 해석을 벗어나지 못하고 있다.

인민대중의 자주성을 위한 투쟁을 통해 문학예술의 참다운 본성과 가치를 회복해야 한다는 것이다.

둘째, 주체의 문예관은 문학예술에서 민족적 특성을 구현할 것을 요구한다. 각 민족은 역사적으로 이루어진 민족성과 그에 따르는 고유한 미감과 정서, 즉 생활양식과 언어, 관습, 세태풍속 등이 있다. 문학예술작품의 가치는 그 나라 인민의 민족성에 따른 고유한 미감과 정서가 반영되어야 한다. 그렇지 않으면 아무리 종자가 좋고 사회적 문제성이 있는 작품이라 하더라도 우리 인민의 구미에 맞게 형상화되지 못한 작품은 쓸모가 없다는 것이다.

셋째, 주체의 문예관에서는 참다운 문학을 주체의 인간학으로 본다. 주체의 인간학은 자주성에 대한 문제, 자주적인 인간에 대한 문제를 내세우고 주체형의 인간전형을 창조하여 인민대중의 자주위업 수행에 이바지하는 새로운 유형의 문학이다. 주체형의 인간전형은 바로 자주적인 인간, 주체형의 공산주의적 인간이다. 주체의 인간학에서 자주성은 삶의 목적, 보람있는 삶, 거기에 이르는 길 등 모든 인간문제에 예술적 해답을 준다고 본다.

넷째, 주체의 문예관에서는 문학의 본성에 대한 견해와 관점뿐만 아니라 아름다운 것에 대한 주체적인 견해와 관점 역시 중요하게 다룬다. 여기서 아름다운 것이란, 자주적 인간의 생활과 투쟁이다. 사회적 존재인 인간에게 자주성이 생명인 만큼 그것을 위하여 살고 투쟁하는 자주적인 인간의 생활보다 더 아름다운 것은 없다. 따라서 문학예술은 인민대중의 자주성을 실현하기 위한 투쟁에서 희생된 사람들을 시대의 영웅으로 내세우고, 곡절 많은 그들의 생활노정을 혁명적 낭만에 넘친 보람찬 인생행로로 향하게 하여 밝고 값 높게 형상화하여야 한다.

다섯째, 주체의 문예관을 바로 세우기 위해서는 작가, 예술인들이 주체적 문예사상과 주체적 문예이론으로 튼튼히 무장하여야 하며, 주체적 문예활동방법에 따라 창작에서 주체를 세워야 인간학적 본성을 옳게 구현해 나갈 수 있으며, 당성, 노동계급성, 인민성의 원칙을 준수하여 사상성과 예술성을 조화롭게 결합시켜 나갈 수 있다. 주체적 문예이론으로 철저히 무장한 작가, 예술인들만이 창작의 원칙적인 문제뿐만 아니라 종자와 주제, 인물의 성격창조와 생활묘사 등의 구체적인 형상요소와 창작방법에 이르기까지 모든 문제를 해결할 수 있다. 북한에서 문화예술창작은 당사상사업의 한 부분일 뿐만 아니라 사람의 사상을 다루어 그들의 일상생활과 정치사상에 지대한 영향을 주는 중요한 사업인 만큼 오직 당의 유일적 영도 밑에서 진행되어야 한다.

나. 주체의 문예이론

주체의 문예관에 근거한 주체적 문예이론은 자주시대 문학예술창조와 건설에서 제기되는 원칙적인 문제뿐 아니라 작품의 핵이 되는 종자와 주제, 인물의 성격창조와 생활묘사를 비롯한 구체적인 형상요소와 창작방법에 이르기까지 모든 문제의 원칙이 담겨 있다. 따라서 작가와 예술인들은 주체적 문예이론으로 무장하여야만 창작에서 낡은 틀과 기성관념에서 벗어나 자주시대 문학예술 창조와 건설에서 제기되는 모든 실천적 문제를 우리식으로 풀어나갈 수 있다고 본다.

(1) 창작방법론으로서 '주체사실주의'

북한은 주체사실주의가 '항일혁명투쟁' 시기에 발생되어 형성되었다고 주장한다. 이러한 주장의 이면에는 이 시기가 주체적 문학예술이 창작되던 시기였다는 것이다. 주체적 문학예술은 주체사상의 원리가 문학예술에 구현된 것이고, 주체사상은 일찍이 1930년대에 그 맹아가 보였다는 주장을 받아들인다면 틀린 말은 아닐 것이다. 그러나 북한이 1990년대 초 주체사실주의라는 단어를 사용하기 이전까지 왜 '사회주의적 사실주의라 했는가'의 문제에 직면하게 된다. 주체사실주의는 주체사상과 사회적 사실주의의 결합이기 때문이다. 김정일은 이 주체사실주의가 선행하는 사회적 사실주의와 구별되는 새로운 창작방법이라고 주장한다. 그렇다면 사회적 사실주의와 주체사실주의는 질적으로 구별되는 창작방법인가? 아니면 단순히 구별만 된다는 것인가?

김정일은 주체사실주의는 종래의 사회주의 사실주의를 계승한 것인데, 단순한 계승이 아니라 시대의 요구에 맞게 더욱 발전시켰기 때문에 근본적으로 다른 성격과 체모를 갖춘 새로운 사실주의[274]라고만 말하고 있다. 김정일의 주장대로 근본적으로 다른 성격과 체모라고 한다면 당연히 별개의 사실주의가 된다.

사실주의는 비판적 사실주의, 사회주의적 사실주의로 구별되는데, 이 사회주의적 사실주의가 북한에서 주장하는 우리식 사회주의적 사실주의, 주체적 사실주의로 변형된 것이라 볼 수 있다. 근대사회의 산물로 나온 비판적 사실주의는 현실의 모순과 부패상을 폭로·비판하는 데는 이바지했으나 낡은 착취사회 제도를 없애고 계급적 해방을 실현하는 문제가 중요하게 된 시점에서는 제한성을 가질 수밖에 없다. 그래서 이 시대

---

274) 김정일, 『주체문학론』, p. 96.

적 요구에 맞는 창작방법으로서 사회주의적 사실주의가 출현[275]하였다는 것이다. 사회주의적 사실주의는 유물변증법적 견지에서 현실을 분석·평가하고 사회악의 근원이 착취사회제도 자체에 있다는 것을 과학적으로 밝히고 대중이 계급적 해방투쟁을 하도록 하는 데 이바지하는 문학예술을 창작하는 방법은 과학적이고 정당한 창작방법[276]이라는 것이다.

그러나 인민대중이 역사의 주인으로 등장한 새 시대는 인민대중의 자주적이며 창조적인 생활과 투쟁을 인간의 자주적 본성에 맞게 형상화할 수 있는 창작방법을 요구하게 되는데, 이것이 선행하는 사회주의적 사실주의 창작방법과 질적으로 구별되는 새로운 창작방법이 주체사실주의 창작방법이라는 것이다. 김일성의 혁명적 문학예술의 혁명전통을 통해 그 기초가 닦인 우리식 사회주의적 사실주의 창작방법은 근로인민대중의 생활과 투쟁을 진실하게 형상화하여 그들을 혁명과 건설에로 힘 있게 추동한다는 점에서는 선행한 사회주의적 사실주의 창작방법과 같은 계열에 속하지만, 시대적 요구와 세계관적 기초에서는 근본적으로 다르다는 것이다.

사회주의적 사실주의가 유물변증법적 세계관에 기초를 두고 있다면, 주체사실주의는 사람중심의 세계관, 주체의 세계관에 기초하고 있다. 주체의 세계관은 세계에서 사람이 차지하는 지위와 역할문제를 철학의 근본문제로 새롭게 제기하고 사람이 모든 것의 주인이며, 모든 것을 결정한다는 철학적 원리를 밝힘으로써 사람 중심의 철학적 세계관을 확립하였

---

275) 은종섭, "주체사실주의의 발생과 특징", 「김일성종합대학 학보」(212호, 1993. 2), p. 2
276) 위의 논문, p. 2.

다.[277] 사람을 중심으로 하여 세계를 대하는 관점과 입장을 새롭게 밝힌 주체의 세계관은 발전의 가장 높은 단계를 이룬다. 주체사실주의가 세계관 발전의 가장 높은 단계를 이룬 사람 중심의 철학적 세계관에 기초하고 있다는 점에서 선행한 사회주의적 사실주의와 질적으로 구별되는 근본 특징이 있다는 것이다.

주체사실주의의 특징을 보면 첫째, 사람을 중심으로 하여 현실을 보고 그리는 창작방법이다. 사람을 중심으로 하여 현실을 보고 그린다는 것은, 현실을 사람의 이익을 기준으로 하여 보고 그린다는 것이며, 현실의 변화발전을 사람의 활동을 기본으로 하여 보고 그린다는 것을 말한다. 둘째, 주체사실주의는 인민대중을 중심으로 하여 사회와 역사를 보고 그리는 창작방법이다. 인민대중을 중심에 놓고 사회역사발전을 그린다는 것은 인민대중을 사회역사발전의 주체로 본다는 의미일 뿐 아니라, 사회역사적 운동을 인민대중의 자주적이고 창조적이며 의식적인 운동으로 보고 그린다는 것을 말한다. 셋째, 주체사실주의는 사람중심의 세계관에 기초하여 생활을 전형화하여 진실하게 그리는 창작방법이다. 주체사실주의는 사실주의 문학이 전통적으로 고수하고 발전시켜 온 전형화와 진실성의 원칙을 가장 높은 수준에서 견지하고 있다.

이렇게 사람, 인민대중을 중심으로 하여 세계와 현실, 사회와 역사를 보고 자주성을 기본척도로 하여 전형화와 진실성의 원칙을 고수하는 데에 주체사실주의의 본질적 특징이 있다. 아울러 주체사실주의는 사회주의적 내용을 민족적 형식에 담을 것을 요구한다. 문학예술작품에서 담아야 할 사회주의적 내용에서 가장 중요한 것은 자주성으로서, 자주성의 문제

---

277) 위의 논문, p. 3.

는 자주적인 인간, 자주성을 지향하는 인간의 전형이다. 즉, 주체형 공산주의자의 전형을 통하여 실현된다. 문학예술은 본래 민족적인 것인 만큼 그 나라의 고유한 민족언어와 예술언어를 표현수단으로 삼아 민족적 형식을 구현하여야 한다. 그러나 민족적 형식 가운데 낡고 진부한 것은 버리고 진보적이며 인민적인 것을 현대적 미감에 맞게 끊임없이 발전시키면서 새 시대 새 생활이 요구하는 새로운 형식을 창조하여 나가야 한다.

예컨대, 가극분야에서는 '피바다'식 가극형식, 연극에서는 '성황당'식 연극형식, 음악에서는 민족적 선율을 바탕으로 한 작곡법과 우리식 창법, 민족악기의 고유한 특성을 살린 연주법 등이 자주성의 전형적인 예이다. 그리고 미술에서는 조선화를 바탕으로 하는 새로운 사실주의적 화법, 무용분야에서는 전통적인 조선식 춤가락과 율동을 현대 미감에 맞게 발전시킨 우리식 무용형식, 문학에서는 외래어와 한자말을 없애고 고유한 조선말을 기본으로 하여 인민이 이해하기 쉽고 늘 쓰는 생활언어를 더욱 아름답게 쓰는 것 등이 새 시대에 맞춰 새롭게 창조된 형식이다.

북한은 특히 민족적 형식의 중요성을 강조한다. 그 이유는 혁명과 건설은 아직 민족국가 단위로 진행되고 있으며, 지금 세계에는 국경이 있고 민족이 그대로 남아 있으며 각 나라, 각 민족은 지리적 조건과 역사발전의 특수성, 고유한 세태풍속과 문화전통을 가지고 있기 때문에 필요하다는 논리를 내세운다. 그러나 북한은 단일민족인데 왜 민족적 형식이 필요할까에 대한 의문을 품을 수 있지만, 북한에서는 민족적인 것을 역사적으로 형성된 것, 즉 현재가 아니라 전통적인 것을 강조하는 의미로 사용하고 있다는 점이다. 이 결과로 사회주의적 애국주의를 내용에서 강조하는 것보다 민족적인 것을 형식에서 강조하는 것이므로 더 국수주의적으로 나타날 수도 있다.

(2) 종자론

종자론은 김정일이 1973년 4월 『영화예술론』[278]에서 처음 언급하였다. 종자론은 종자와 주제, 소재, 사상을 통일시키는 것으로, 이 세 가지가 유기적으로 조화되어야 작품이 잘 될 수 있다는 이론제시였다. 그렇다면 세 가지의 관계를 보면, 먼저 '주제'는 작가가 작품에서 말하려는 기본적인 사회적 문제라고 한다면, '사상'은 작가의 사상 미학적 주장에 해당한다. 이에 비해 '종자'는 생활현상에 체현되어 있는 사상적 의미의 '기본 핵'을 의미한다. 그 기본 핵 즉 종자를 '생활의 사상적 알맹이'라고 한다. 종자와 주제(테마)의 관계는 문예작품을 하나의 건물로 볼 때, 종자는 건물의 기초이고 주제는 건물의 기둥에 비길 수 있다. 따라서 주제는 종자에 의하여 규정되고 제약된다[279]고 한다. 따라서 작품의 구상단계에서는 주제를 이렇게 저렇게 생각할 수 있지만 창작단계에서는 종자에 기초하여 주제를 세우는 것이 원칙이므로 이를 지켜야 한다.

종자를 '생활의 사상적 알맹이'라 규정하기 때문에, 종자론의 핵심은 사상성의 문제라 할 수 있다. 여기서 사상성이란 당의 정책을 정확히 반영하고 당의 노선과 정책에 철저하게 의거하여 시대가 제기하는 사회정치적인 과제에 올바른 사상적 해답을 제기할 수 있는 것을 의미한다. 종자에 관한 인식은 주제, 소재, 사상 등과 같은 문제와 직결되며, 작품의 구성이나 형상화의 방법도 이로부터 기초가 서게 된다고 본다. 그러나 무

---

278) 김정일, 『영화예술론』(평양 : 조선로동당출판사, 1973).
279) 위의 책, p. 18.

엇보다도 근로대중은 공산주의 혁명 정신으로 교양시킬 수 있는 사상성을 갖지 않으면 안 된다. 그러므로 사상성이야말로 예술작품의 가치를 규정하는 유일하고도 정당한 기준이 된다. 따라서 종자를 바로 잡는 것이야말로 예술의 형상적 창조 과정에서 사상성과 예술성을 올바르게 결합하는 일이며, 문학예술을 참다운 공산주의 인간학으로 만들 수 있다[280]는 것이다.

종자론의 내용과 직결되는 창작 원칙으로서 '속도전'의 개념을 주목할 필요가 있다. '속도전'이란 종자를 바로 잡고 작품에 대한 파악이 생긴 뒤에 높은 창작 속도를 보장해야만 작품의 질도 높아진다는 특이한 창작방법이다. '속도전'은 발전하는 혁명투쟁의 현실에 맞게 작가·예술가들이 답보와 침체를 모르고 언제나 긴장된 상태에서 기동적으로 창작에 임하여 우수한 작품을 더 많이 더 빨리 창작하는 것이다. 속도전은 창작의 속도를 높여 창작 기간을 줄이면서도 작품의 사상예술적 질은 높아지게 한다는 데 그 요체가 있다. 이 같은 원칙을 효과적으로 수행하기 위해 북한의 문학 예술가들은 '집체창작'이라는 일종의 공동창작을 많이 하게 되고, 속도전을 벌이는 과정 자체를 긴장된 창작전투의 과정으로 생각하면서 창작에 임하고 있는 것이다.

'불의 발견이 인류의 진보와 사회의 발전에 결정적 전환을 가져온 것처럼 종자리론(理論)의 창시는 문학예술의 창조와 발전에서 새로운 전환을 마련한 혁명적 계기가 되었다.'[281] '일찍이 세계 사회계는 종자론을 창시

---

280) 권영민, "북한 문학 50년-회고와 전망", 『북한 문화연구』(3집) (서울 : 한국문화정책개발원, 1995), pp. 16~17.
281) 김정웅, 『종자와 그 형상』(평양 : 문예출판사, 1988), p. 7.

하신 김정일 동지의 업적을 두고 인간에게 불을 가져다주었다는 신화적인 프로메테우스와도 대비할 수 없으리만큼 불멸할 공헌이라고 높이 칭송'[282]한 바 있다.

종자론은 처음 문예작품에서 당성(주제), 혁명성(소재), 주체성(사상)을 종자로 해야 한다는 것으로 출발했으나 이제는 '종자를 발견하고 창조하며 잘 가꾸게 함으로써 모든 분야에서 근본적인 변혁을 일으키는 종자혁명사상'으로 발전해 가고 있다. 「로동신문」은 '지난 시기 일부 사람들 속에서는 마치도 종자론이 문학예술 부문이나 출판보도 부문에만 해당되는 것처럼 여기는 견해'들이 있었으나 '종자론이야말로 혁신적인 안목으로 새로운 착상을 하며, 낡은 것을 짓부시고 새로운 것을 창조하게 하는 것'[283]이라면서 종자론에 입각하여 21세기에 상응한 실력을 갖추도록 노력할 것을 촉구한 것이 그 구체적 증거이다.

(3) 수령형상론

수령형상론은 1970년대 주체의 문예이론에 기초한 문학 예술내용의 핵심은 '김일성의 항일무장투쟁의 혁명적 위업을 찬양하는 것'이다.[284] 즉 김일성의 혁명투쟁을 찬양하는 작업으로서, 김일성 일가의 모든 행적이 문학적 형상화의 대상이 되고 있는 것이다.

김일성의 혁명투쟁과 그 과업의 위대성을 찬양하기 위해 기획된『불멸의 역사』총서는 1970년대 중반부터 1980년대에 이르기까지 오랜 시간에

---

282) 로동신문, 2001. 3. 6.
283) 로동신문, 2001. 3. 6.
284) 권영민, 앞의 논문, pp. 17~21.

걸쳐 창작·간행되고 있다. 이 총서에는 김일성의 혁명투쟁을 시기별로 소설화한 장편들이 15편이나 포함되어 있다. 이를 살펴보면, 〈닻은 올랐다〉(김정, 1982), 〈은하수〉(천세봉, 1982), 〈근거지의 봄〉(리종렬, 1981), 〈고난의 행군〉(석윤기, 1976), 〈백두산 기슭〉(현승걸·최학수, 1978) 등이 이어지고 있다. 이 작품들은 김일성에 대한 절대적인 숭배와 예찬, 그리고 그의 모든 행적을 신성한 것으로 그려놓고 있다. 김일성의 부모를 소설의 주인공으로 내세워 김일성 일가의 혁명적인 사상을 강조하고 있는 작품은 〈역사의 새벽길〉(이기영, 1971), 〈조선의 어머니〉(남효재, 1970)가 있으며, 김일성의 처 김정숙의 일생을 소설화한 것은 『충성의 한 길에서』라는 총서로 꾸며져, 〈유격구의 기수〉(천세봉, 1975), 〈사령부로 가는 길〉(천세봉, 1979), 〈광복의 해발〉(박유학, 1982), 〈그리운 조국산천〉(박유학, 1985), 〈진달래〉(리종렬, 1985) 등 5편의 장편소설이 이어져 있다. 1980년대 이후에는 김정일을 찬양하는 작품도 눈에 띄게 늘어나고 있음을 보게 된다.

시의 경우에도 김일성 일가를 찬양하는 작품이 압도적인 위치를 점하고 있다. 1960년대의 작품으로는 김일성의 혁명투쟁과 그 정신적 기반 위에서 당의 역사가 이루어지고 있음을 노래한 이용악의 〈우리 당의 행군로〉(1961), 김일성의 혁명투쟁 전적지를 참배하고 그 과정을 노래한 박세영의 〈밀림의 역사〉(1962), 그리고 집체작으로 나온 〈인민은 노래한다〉(1962) 등을 들 수 있다.

1970년대 후반에 발표된 박태원의 〈갑오농민전쟁〉(1977~1980)과 홍석중의 〈높새바람〉(1983)은 각각 전봉준을 중심으로 하는 동학혁명의 과정과 조선시대 삼포왜란을 소재로 하여 왜적과 대항했던 역사의 현장을 그려내고 있는 역사소설로서 주목되었던 작품들이다. 이 시기에 항일혁명문학 예술작품을 대작의 형식으로 재창작하는 작업도 집체적인 방법에 의해 널리 행해져서 〈꽃 파는 처녀〉, 〈피바다〉, 〈한 자위단의 운명〉 등이 혁명가극, 혁명소설, 혁명영화 등의 이름으로 널리 선전되고 있으며, 북한의 문학예술에서 항일혁명문학의 전통이 가장 중요한 이념적 요건으로 자리 잡게 되었음을 확인할 수 있다.

1980년대 이후 북한 문학에서 주목할 점은, 사회주의 문학의 혁명성을 민족문화의 정통성으로 내세우면서 이를 주체사상에 입각하여 더욱 공고히 하고자 한다는 점이다. 특히 주체사상의 계승을 위해 김정일의 영웅적 형상화 과정이 눈에 띄게 나타나고 있다. 북한 문학의 이 같은 현상은 김정일 후계체제 구축과 연관되는 것이며, 남한의 사회적 분열과 계층적 갈등을 조장하는 측면과도 관련된다고 볼 수 있다. 새로운 지도자로서 김정일의 형상을 그려내고 있는 작품의 일부를 보면, 박현의 〈아끼시는 마음〉(조선문학, 1984. 1), 리대상의 〈다시 쓴 논문〉(조선문학, 1984. 3), 현승철의 〈대지〉(조선문학, 1985. 2), 김영근의 〈영생〉(조선문학, 1985. 2), 김성관의 〈안녕〉(조선문학, 1987. 2), 백은팔의 〈사랑의 샘〉(조선문학, 1988. 2), 최학수의 〈눈부시다〉(조선문학, 1988. 10) 등을 들 수 있다. 이들 작품에서 그려지고 있는 김정일은 혁명적 투사라기보다는 온후한 인격자로 형상화되고 있으며, 북한 사회 내부에서 벌어지는 갖가지 문제들에 대한 김정일의 세심한 배려와 지도활동이다. 그렇기 때문에 소설 속의 김정일은 주인공이 아니라 주인공의 바로 곁에서 사태를 수습하는 갈등의 해결사로, 또는 인간 사랑의 화신으로 내세워지고 있다는 점이다.

이처럼 노동계급의 수령을 형상화하는 것과 함께 수령의 후계자 또한 잘 형상화하여야 한다. 수령의 후계자를 형상화하는 데서 중요한 것은 수령에 대한 절대적인 충실성을 깊이 있게 그리는 것이다. 수령에 대한 충실성은 수령의 위업을 계승한 후계자의 기본 품성이다. 이와 함께 혁명과 건설의 탁월한 지도자로서의 풍모와 업적을 전면적으로 깊이 있게 형상화하여야 한다. 후계자는 수령의 위대한 풍모와 자질을 그대로 이어받은 뛰어난 사상가, 정치가, 전략가로서, 김일성과의 관계에서 보면 후계자이지만, 인민과의 관계에서는 수령의 지위와 역할을 그대로 이어받은 지도자이다. 그러므로 문학에서 후계자의 형상을 창조할 때에는 수령 형상창조의 기본원칙을 그대로 구현하여야 한다.

다. 3대 혁명론에 기초한 북한의 '문화혁명관'

3대 혁명론은 주체사상에 기초한 북한의 독자적인 혁명이론이다.[285] 북한 사회과학원 철학연구소에서 집필한 '철학사전'(1985)에 따르면, '사상·기술·문화 분야에서 낡은 사회의 유물을 청산하고 새로운 공산주의적 사상과 기술, 문화를 창조하기 위한 투쟁이며 본질에 있어서 근로인민대중의 자주성을 실현하기 위한 투쟁'이라 정의하고 있다. 따라서 3대 혁명은 사상, 기술, 문화 분야에서 낡은 사회의 유물을 청산하고 새것을 창조함으로써 근로인민대중을 자연과 사회 그리고 낡은 사상의 구속에서 벗어나게 해야 한다고 주장한다.

3대 혁명의 수행과 관련하여 김일성은 '지난날 제국주의의 식민지 또는

---

285) 이춘길, "북한 문화정책의 이념과 전개에 관한 연구; 3대 혁명의 하나로서의 '문화혁명' 정책을 중심으로", 『북한 문화연구』(제1집)(서울 : 한국문화예술진흥원 문화발전연구소, 2003). p. 25.

반식민지로 있다가 독립을 쟁취하고 새 사회를 건설하는 나라들은 사상, 기술, 문화적으로 매우 뒤떨어져 있으므로 3대 혁명을 수행하는 것이 특별히 중요한 문제로 나섭니다.[286]라고 연설하였다. 이에 반해 제국주의자들은 식민지 나라 인민들을 무조건 복종시키고 무제한 착취하기 위해 무지와 몽매에 물어넣는다. 사람들이 무지하고 몽매할수록 더 잘 순종하기 때문에 제국주의자들은 식민지에서 민족우매화정책과 민족문화 말살정책을 실시하여 주민의 절대다수를 문맹자로 만들었으며 또한 민족간부도 매우 부족하게 되었다는 것이다. 이상과 같은 이유로 사상, 기술, 문화적 낙후성을 없애는 것은 제국주의의 식민지 예속에서 해방된 나라들에서 더욱 절박한 문제로 제기된다는 것이다.

3대 혁명은 주권을 잡은 노동계급의 당이 새 사회 건설의 길에 들어선 첫 시기부터 시작된다. 첫 시기인 민주주의 혁명시기와 사회주의 혁명시기에는 사회제도를 개조하는 것이 기본혁명과업으로 제기되고 3대 혁명은 주로 식민지적 및 봉건적 착취관계의 청산과 낡은 생산관계의 사회주의적 개조를 성과적으로 보장하는 방향에서 진행된다. 그러나 3대 혁명이 기본혁명과업으로 전면에 제기되는 것은 사회주의제도가 수립된 다음부터이다. 사회주의제도에서는 근로인민대중이 국가주권과 생산수단의 주인으로 등장하지만 사상, 기술, 문화 분야에서는 여전히 낡은 사회의 유물들이 남아 있게 된다. 따라서 사회주의제도가 선 다음 낡은 사회의 유물을 없애기 위한, 즉 자주성을 완전히 실현하기 위한 3대 혁명이 기본혁명과업으로 전면에 나서게 된다고 주장하고 있다.[287]

286) 조선로동당출판사, 『김일성 저작선집』(8)(평양 : 조선로동당출판사, 1978), p. 318.
287) 이춘길, 앞의 논문, pp. 26~27.

다음으로, 3대 혁명의 원칙과 내용을 살펴보기로 하자. 먼저, 3대 혁명 수행에서 견지해야 할 원칙은 먼저, 사상혁명을 기술혁명과 문화혁명에 확고히 앞세우는 것이며 더불어 사상혁명을 앞세우면서 기술혁명과 문화혁명을 다 같이 밀고 나가는 것이다. 인간개조에서 기본은 사람의 사상을 개조하는 것이다. 사상혁명을 확고히 앞세워야 인민대중의 혁명적 열의와 창조적 적극성을 높이 불러일으켜 기술혁명과 문화혁명에 나서는 모든 문제를 성과적으로 해결해 나갈 수 있다.

3대 혁명의 구체적인 내용을 보면 먼저, 사상혁명이란 모든 사회성원들의 혁명화, 노동계급화를 힘 있게 추진시킴으로써 그들을 낡은 사상의 구속에서 해방하고 노동계급의 혁명사상, 공산주의 사상으로 튼튼히 무장시키며 공산주의적 인간이 지녀야 할 사상과 정신적 풍모를 훌륭히 갖추게 하는 것이다.

둘째, 기술혁명은 사람들로 하여금 현대적 기술에 기초한 생산실천에 참가함으로써 새로운 기술을 체득하게 하며 이론적 지식과 실천을 결합시켜 지식을 공고히 하고 실천능력을 키우게 하는 것이다. 또한 근로자들의 노동생활조건을 근본적으로 개선함으로써 육체노동과 정신노동의 능력을 겸비한 다방면적으로 발전된 힘 있는 존재로 키워낸다.

셋째, 문화혁명은 근로자들의 일반지식수준과 기술수준을 높여 그들을 능력 있는 사회적 존재로 키우고 온 사회의 인테리화[288]를 힘 있게 다

---

288) 2010. 4. 9일 개정된 북한헌법 제3장(문화)을 보면, 북한의 문화정책의 이념과 방향을 명확히 알 수 있다.
　　· 제39조: 조선민주주의인민공화국에서 개화발전하고 있는 사회주의적 문화는 근로자들의 창조적 능력을 높이며 건전한 문화정서적 수요를 충족시키는 데 이바지한다.
　　· 제40조: 조선민주주의인민공화국은 문화혁명을 철저히 수행하여 모든 사람들을 자연과 사회에 대한 깊은 지식과 높은 문화기술 수준을 가진 사회주의 건설자로 만들며 온 사회

그치는 것이다. 문화혁명에 의하여 사람들은 자연과 사회를 개조하는 데 필요한 풍부한 지식과 높은 문화적 소양을 가진 문명한 인간으로, 전면적으로 발전한 공산주의적 인간으로 자라나게 되며 또한 문화혁명에 의해 인민적이고 혁명적인 문화가 건설되어 근로자들의 문화적 수요가 원만하게 충족되게 된다.

문화혁명 수행에서 제기되는 중요한 과업은 또한 과학기술과 문학예술 등 사회주의 문화의 모든 부분을 빨리 발전시키는 것이다. 또한 체육사업과 보건사업을 발전시키며 민족어를 고수하고 발전시키는 것도 사회주의 문화건설에서 제기되는 중요한 과업으로 규정된다. 끝으로 생산문화와 생활문화, 사회주의적 생활양식을 철저히 세우는 것도 사회주의 문화건설의 주요 과업으로 간주하게 된다.

2. 남북한 문화통합과의 관계

남북한 문화통합에 있어서 주체사상은 긍정적 측면보다는 부정적 측면이 더 많을 것이다. 그렇다 하더라도 인간중심의 문화통합이라는 궁극적 목적을 달성하기 위해서는 무언가 공통분모를 발견해 그 부분을 지속적으로 연구하고 발전시켜야 할 것이다. 이러한 차원에서 여기서는 주체

를 인테리화한다.
· 제41조: 조선민주주의인민공화국은 사회주의 근로자들을 위하여 복무하는 참다운 인민적이며 혁명적인 문화를 건설한다. 국가는 사회주의적 민족문화건설에서 제국주의의 문화적 침투와 복고주의적 경향을 반대하며 민족문화유산을 보호하고 사회주의현실에 맞게 계승발전시킨다.
· 제42조: 국가는 모든 분야에서 낡은 사회의 생활양식을 없애고 새로운 사회주의적 생활양식을 전면적으로 확립한다.

사상과 문화통합과의 관계를 긍정적 측면과 부정적 측면으로 나누어 살펴보고자 한다. 긍정적 측면에서는 주체사상이 민족주의적 내면화와 관련된다고 보고, 먼저 민족의 개념을 살펴보자. '민족이란 핏줄과 언어, 영토와 문화의 공통성에 기초하여 역사적으로 형성된 사회생활단위이며 사람들의 공고한 집단이다.'[289] 핏줄과 언어, 영토와 문화의 공통성은 사회생활의 필수적이고 기초적인 요소들이다. 또한 민족의 혈연적 공통성은 언어와 풍습, 심리적 특질 등 민족문화의 특성을 보존하고 계승·발전시키는 바탕이 되며, 뿌리 깊은 민족의식을 자각하게 하는 전제조건이다. 또한 민족적 영토는 민족을 이루는 사람들의 생존과 발전을 조건 짓는 터전이며 민족의 언어적 공통성과 문화적 공통성이 이루어지는 기초이다. 그리고 언어의 공통성은 민족을 특징짓는 중요한 징표로서 특히 민족의 자주의식과 창조적 능력을 키워 주는 기본수단이다.[290] 이러한 공통분모를 가진 민족은 자기의 고유한 언어와 함께 문화를 역사적으로 창조하고 옹호하며 계승·발전시켜 왔기 때문에 다른 민족에게 동화되지 않고 자주성을 지켜나갈 수 있는 것이다.

또한 북한은 1980년대 중반 이후 민족적 동기를 전면에 부각시켜 왔다. 이 시기에 김일성과 김정일의 발언 속에는 사회주의의 시련을 민족주의의 강조로 보완하려는 노력이 나타났고, 심지어 계급을 민족의 하위개념으로 인식하여 민족의 이익을 계급의 이해에 선행시키는 경우가 등장하기도 하였다. 더 나아가 '우리식 사회주의'나 '조선민족제일주의', '민족대단결'과 '민족문화의 계승·발전' 등도 사회주의와 민족주의간의 이

---

289) 박승덕, 앞의 책, p. 41.
290) 이춘길, 앞의 논문, p. 18.

넘적 결속을 지향하는 것에서 찾을 수 있을 것이다.

그리고 북한은 2002년 10월 북핵 문제 대두 이후 대남 민족공조 주장을 전개하고 있다. '오늘 북과 남은 다 같이 미국으로부터 엄중한 침해와 위협을 받고 있다. 남이 불편할 때 동족인 북이 편안할 수 없고 북이 불편할 때 동족인 남이 편안할 수 없다.'[291] '핏줄도 하나, 언어도 하나, 문화도 하나, 역사도 하나인 우리 민족에게 있어서 민족공조는 당연한 이치이며 생존방식이다.'[292] 북의 이러한 외침은 분명 남북은 진정 하나이고, 북한은 남한 국민을 같은 민족으로 보고 대남 공조를 외치는 것이라고 보지 않는다.

다음으로는 주체사상의 비효율성을 언급하고자 한다. 특정 시대에 지배적인 사상이론이 한 사회를 이끌어가면서 체제발전에 효율적인 이데올로기로 작용하려면 적어도 그 사상이 사회구성원들의 삶에 긍정적인 영향을 미쳐야 할 것이라 생각된다. 다시 말하면, 이 지배적 사상이 자기 사회의 활력과 창의성을 증대시키고 개별구성원들의 민주적인 삶을 촉진시키는 역할을 해야 하는 것이다. 만약 지배적 사상이 반대로 그 사회의 활력과 창의성을 후퇴시키고 사회구성원들을 피동적 개체로 만드는 데 일조한다면 그것을 비효율적 사상으로 규정하는 것이 마땅할 것이다. 이러한 기준에서 볼 때 주체사상은 남북한에서 사회발전에 긍정적이라기보다는 부정적으로 작용할 것이다.

따라서 현재 시점에서 내릴 수 있는 결론은 주체사상으로는 남북한 문화통합을 통한 통일국가의 궁극적 생존과 장기적 발전을 보장할 수 없다는 것이다. 따라서 주체사상은 변화하지 않으면 안 될 것이다. 물론 변화

---

291) 2002. 20. 28. 조국평화통일위원회 대변인 성명; 임채욱, 앞의 책, p. 385.
292) 2003. 1. 1. 신년공동사설; 위의 책, p. 385.

의 바람직한 모습은 주체사상을 굴절시키며 북한 주민을 포박해온 유일 체제의 해체 그리고 주체사상의 재체계화가 될 것이다. 만약 주체사상이 진정으로 인간중심철학으로 재탄생할 수만 있다면 사회발전 이데올로기로서 다시 활력을 찾을 수 있을 것으로 본다.

제5장

—

북한의
교육제도변천과 문화

북한의 교육이념과 목표

1. 북한 교육의 배경

가. 북한 교육의 사상적 배경

북한 교육의 사상적 배경을 이념적, 정치적, 경제적, 사회·문화적, 교육적 측면에서 살펴보기로 한다. 먼저 이념적 배경을 보면, 북한은 1980년대 이후부터는 주체사상만이 그들 교육에 있어서 공식 이데올로기임을 주장하고 있다. 주체사상은 북한 교육에 있어서 '사회주의 교육학'이라는 명목으로 일반화되었다. 이를 바탕으로 '하나는 전체를 위하여, 전체는 하나를 위하여'라는 공산주의 원칙을 실현하기 위한 이념을 강조하고 있는데, 이것이 주체사상교육의 근간을 이룬다. 북한에서의 학교 교육은 노동당의 통제하에 이루어진다. 따라서 당의 이념이 곧 정치이념이 되며, 그것은 다시 교육이념으로 정착되고 있다.

경제적 배경을 보면, 북한은 주체사상의 경제건설원리에 의해 자립경제노선을 근간으로 한다. 이런 노선 아래 북한은 중공업 우선정책과 경공업·농업의 병진정책을 위한 교육을 강조하고 있다. 북한의 경제상황이 교육에 미치는 가장 큰 영향은 학생들에게 노동을 중시하는 것이라고 볼 수 있다. 북한은 원래 사회주의 이념에 입각하여 노동을 신성시하고 있으며, 노동교육이라는 명목 아래 고등 중학생부터 대학생에 이르기까지 각종 노력동원에 학생들을 참여[293]시킨다.

사회·문화적 배경을 보면, 북한은 사회계층을 출신성분과 당성에 따라 핵심계층, 동요계층, 적대계층으로 구분하여 사회적 지위나 대우에 차등을 두고 있다. 핵심계층의 자녀들은 학교에서도 특혜를 누리며 대학입학에서도 유리한 입장에 서게 된다. 사회·문화적 배경 역시 정치사상교육의 연장선상에서 이루어지고 있다[294]고 볼 수 있다.

마지막으로 교육적 배경을 보면, 북한의 교육관은 공산주의적 새 인간의 양성에 있다. 이는 공산주의 이념을 잘 실천할 수 있는 인간인데, 북한의 입장에서 보면, 공산주의 즉 김일성의 주체사상을 가장 잘 실천할 수 있는 인간육성과 혁명성·계급성이 투철한 인간[295]을 길러내는 것이다. '사회주의 교육에 관한 테제'를 보면 교육은 사상·문화교양의 무기로, 교원은 후대들의 혁명의 계승자와 공산주의자로 키우는 직업적 혁명가로, 학교는 사상혁명을 수행하는 기본수단 또는 주요한 무기로 간주하고 있어서 학교 교육은 그들의 정치체제 유지를 위한 일차적인 도구라고 볼 수 있다.

나. 북한의 교육법

(1) 교육법 제정배경

교육은 사회체제를 유지하고 재생산하는 사회적 기능을 담당하고 있는 주요 수단 중 하나이다. 북한은 이에 주목하여 해방 이후 사회주의체제를

---

293) 최영표·한만길·김홍주, 『북한과 중국의 교육제도 비교연구』(서울 : 한국교육개발원, 1988), p. 44.

294) 위의 책, pp. 44~46.

295) 최영표 외, 위의 책, pp. 48~49.

건설하는 과정에서부터 교육의 중요성을 강조하면서 교육제도 수립을 추진해 왔다.[296] 지금까지 북한에서는 '사회주의 교육에 관한 테제'에서 볼 수 있듯이 '김일성 교시' 등을 통하여 교육에 관한 법령을 제정 공포하여 시행하여 왔지만, 김정일 시대에 접어들면서 1999년 8월 11일 '조선민주주의인민공화국 교육법'(이하 교육법)을 채택하였다고 조선중앙통신을 통하여 보도하였다. 이는 기존의 '사회주의 교육에 관한 테제', '어린이보육교양법' 등 교육 관련 규정들을 체계화하여 단일 법제화한 것이라 볼 수 있다. 교육테제는 사회주의 교육학의 기본원리, 교육방법 및 교육기관에 대한 당적지도강화[297] 등 북한 교육 부문의 지침역할을 해 왔다.

교육법을 제정한 배경도 북한의 변화에 대한 교육 부문의 대응책을 마련하는 차원[298]에서 이루어진 것이라 볼 수 있다. 북한에서 법제정비는 곧 북한 사회의 변화를 반영하는 것임에 비추어 보면, 교육법의 새로운 정비는 교육 부문에서의 변화를 시도하거나 이미 변화된 교육환경의 발전방향을 법제도를 통하여 제시하는 것이라 볼 수 있다. 이러한 관점에서 볼 때, 북한에서 교육법을 제정한 것은 교육을 통한 국가 체제의 수호라는 명분과 실제를 추구함과 동시에 김정일체제하에서 교육제도 및 내용의 정비를 통하여 체제를 강화하려는 시도로 볼 수 있다.

특히 북한이 교육법을 새로 채택한 것은 향후 체제의 근간이 될 청소년에 대한 교육을 보다 체계화·조직화하겠다는 의도에서 나온 것으로 보이며, 나아가 교육사업에서의 성과를 법적으로 고착시키고 사회주의 교육

---

296) 『북한이해 2013』, p. 185.

297) 명순구, "북한의 법학교육과 법률가 양성", 『북한법 연구』(제3호)(서울 : 북한법연구회, 2000. 3), p. 186.

298) 박정원, 『북한의 교육법제에 관한 연구』(서울 : 한국법제연구원, 2003), p. 41.

을 더욱 발전시켜 나갈 수 있게 하는 획기적인 조치로 파악할 수 있다.[299]

(2) 교육법의 구성

북한 교육법은 총 6장 52조로 구성[300]되어 있다. 이를 장별로 보면, 제1장(1조~11조)은 '교육법의 기본'에 관한 것으로, 교육의 사명, 사회주의교육학의 기본원리, 교육의 기본형태 등을 규정하고 있으며, '건전한 사상의식과 깊은 과학기술지식, 튼튼한 체력을 가진 믿음직한 인재를 키우는 것은 사회주의 교육학의 기본원리(제3조)'라 규정하고 있다.

제2장(12조~18조)은 '전반적 무상의무교육제도'에 관한 것인데, '공민은 로동할 나이가 되기까지의 기간에 중등일반의무교육을 받으며, 중등일반의무교육학제는 11년[301]이라 규정하고 있다(제13조)'. 또한 '학업에서 특별히 우수한 학생에게는 특별장학금을, 군관복무 또는 그와 류사한 경력을 가진 학생, 박사원생에게는 우대장학금을, 일하면서 배우는 학생에게는 현직생활비를 준다(17조)'고 규정하고 있다.

제3장(19조~27조)은 '교육기관과 교육일꾼'에 대한 사항으로, 북한의 교육기관과 배치 및 운영원칙, 그리고 교육자의 역할 등에 대해 규정하고 있는데, 특히 '교육일꾼은 고상한 도덕품성과 높은 과학기술적, 교육실무적 자질을 갖추고 교수교양사업을 책임적으로 하여야 한다. 국가는 교육일꾼을 사회적으로 우대하고 존경하도록 한다(제27조).'고 규정하고 있다.

---

299) 『주간 통일정세』, 1999. 8. 7~8. 13(통일부 북한연구센터, 국제관계연구센터, 1999).

300) 『조선민주주의인민공화국 교육법』(1991. 8. 11 채택, 2000. 4월 최고인민회의 제10기 3차 회의 승인).

301) 서론에서도 언급했듯이, 북한은 2012년 9월에 11년 의무교육제를 12년 의무교육제로 변경하는 법률을 발표하였다. 좀 더 자세한 내용은 이 장 마지막 부분에서 보충하기로 한다.

제4장(28조~36조)은 '교육내용과 방법'에 관한 사항인데, 교육의 성격과 질을 확보하기 위한 차원에서의 내용을 담고 있다. '교육기관은 학생에게 건전한 사상과 도덕, 깊은 지식을 주고 그들이 튼튼한 체력과 풍만한 정서를 지닐 수 있게 정치사상교육을 앞세우면서 과학기술교육을 깊이 있게 하고 체육, 예능교육을 결합시켜야 한다(제29조)'고 규정하고 있다.

제5장(37조~44조)은 '교육조건보장'에 관한 규정으로, 구체적으로는 교육의 주체, 교육의 기능을 통하여 교육의 장을 전개해 나아가는 내용을 담고 있다. '교육조건을 원만히 보장하는 것은 사회주의 국가의 중요임무이다. 기관, 기업소, 단체는 교육사업에 필요한 조건을 인민경제계획에 정확히 맞물려 보장하여야 하며(제37조)', '교육기자재를 생산 공급하는 기관, 기업소, 단체는 교육사업에 필요한 기자재와 실험설비, 교구비품 같은 것을 계획적으로 생산 공급하여야 한다(제40조)'. 또한 '지방 정권과 해당 기관은 교육기관에 필요한 기숙사, 식당, 진료소 같은 봉사시설을 꾸려 주어야 한다(제43조)'고 규정하고 있다.

제6장(45조~52조)은 '교육사업에 대한 지도 통제'를 강화 할 데 대한 사항 등을 규정하고 있다. 교육에 대한 책임지도 및 통제에 대하여, '교육사업에 대한 지도는 내각의 통일적인 지도 밑에 중앙교육지도기관과 해당 중앙기관이 하며, 중앙지도기관과 해당 중앙기관은 교육내용과 방법을 개선하기 위한 사업, 교육일군양성, 교육사업에 필요한 물질기술적수단의 보장 같은 사업을 장악지도하여야 한다(제46조)', '이 법을 어겨 교육사업에서 엄중한 결과를 일으킨 기관, 기업소, 단체의 책임 있는 일군과 개별적 공민에게는 정상에 따라 행정적 또는 형사적 책임을 지운다(제52조)'고 규정하고 있다.

2. 북한 교육의 이념과 목표

가. 북한의 교육이념

북한은 2010. 4월 9일 개정된 헌법 서문 제43조에 '국가는 사회주의 교육학의 원리를 구현하여 후대들을 사회와 인민을 위하여 투쟁하는 견결한 혁명가로, 지덕체를 갖춘 주체형의 새 인간으로 키운다'로 명시하여, 교육이념이 공산주의적 새 인간[302]으로의 육성임을 밝히고 있다.

북한의 교육이념 변천과정을 살펴보면, 정권수립 이후 마르크스-레닌주의에 기초를 두다가 1970년대 김일성의 주체사상이 당의 지도이념으로 정착되면서 주체사상에 기초하게 되었다. 또한 '사회주의 교육에 관한 테제'에서 공산주의의 사상적 요새를 점령하기 위한 교육사업의 목표를 '우리나라 사회주의 교육의 지도사상은 공산주의, 주체사상이다. 사회주의 교육은 공산주의, 주체사상을 확고한 지도적 지침으로 삼아야 하며 교육사업의 모든 분야에서 그것을 철저히 구현하여야 한다'로 제시함으로써 교육의 목적이 바로 주체사상의 교육이념을 실현해야 함을 명확히 하였다.

1980년대 북한의 교육은 '주체교육'으로 총집결된다. 대학 교육과정에서도 주체사상교육이념에 따른 내용이 위주가 되어 일반기초과목으로서 김일성 노작, 김일성 혁명역사, 주체철학, 주체의 정치경제학, 사회주의

---

302) 김일성, 『사회주의 교육학에 대하여』(평양 : 조선로동당출판사, 1975), p. 21. 공산주의적 새 인간의 형성은 '헌법', '어린이 보육교양법', '테제' 그리고 김일성 '로작 해설강좌' 등의 모든 문헌에서 공통적으로 명기되어 있다. 김일성은 공산주의적 새 인간의 의미를 ① 공산주의는 놀고먹는 사회가 아니므로 로동을 사랑하며 즐기며 이에 자각적으로 참여하는 사람, ② 개인주의, 낡은 사상, 자본주의 사상은 철저히 뿌리 뽑고 김일성유일사상으로 무장된 사람, ③ 자기 개인의 리익을 돌보지 않고 오직 사회 전체를 위해서만 일하는 사람, ④ 공산주의의 승리를 확신하고 어떤 역경 속에서도 혁명적 낙관주의를 갖는 사람으로 규정하고 있다.

헌법 등을 전 학년 교과과정에 필수과목으로 배정하여 주체사상교육이념이 교육의 궁극적 목표가 되었다.

1990년대에는 북한이 처한 상황에 대처하기 위하여 체제수호라는 당면 목표를 달성해야 했기 때문에 주체사상에 따른 교육이념이 더욱 심화되었다. 또한 소련과 동구 사회주의 국가들의 붕괴, 김일성 주석의 사망에 따른 체제수호의 일환으로 '사상대국건설'을 강조하면서 김정일에로의 권력승계 정당성을 강화하는데 주력하였다. 특히 김정일이 집권하기 시작하면서 '김정일의 효자동이 · 충성동이'를 양성하고, '수령결사옹위정신'으로 무장한 주체형 인간양성을 강조하고 있다. 이는 '교육이념이 공산주의 건설자'라는 보편적 의미보다는 '김정일체제의 수호자'라는 체제유지적 측면이 더 강화되고 있음을 알 수 있다.

나. 북한의 교육목표

보육원 및 유치원의 교육목적, 내용, 교육방법은 '어린이 보육교양법'에 언급되어 있다. 보육교양법 제1조를 보면, '조선민주주의인민공화국에서 어린이들은 조국의 미래이며, 공산주의건설의 후배이며 대를 이어 혁명할 우리 혁명위업의 계승자들이다.' 제6조에는 '모든 어린이들을 주체형의 혁명적 새 인간으로 키우며 녀성들을 어린이를 키우는 무거운 부담에서 해방하는 신성한 사업을 실현하며 나라의 사회주의건설을 힘 있게 다그치며 온 사회를 혁명화, 로동계급화하는 력사적 위업수행에 이바지한다.' 제53조를 보면, '국가는 어린이들을 혁명적으로 교양하고 문화적으로, 과학적으로 키우기 위한 과학연구사업을 발전시키며 과학연구기관들을 튼튼히 꾸리고 그에 대한 지도를 강화한다. 국가는 문예기관들에서 어린이교육교양을 위한 영화, 노래, 춤, 동시, 동화 등 혁명적인 문예작품을 많이 만들도록 지도한다.'라고 규정되어 있다.

다음으로 소학교 교육목표를 보면 첫째, 사상교육에 기본을 두는 덕을 위한 교육과 둘째로, 혁명과 건설에 쓸모 있는 산지식을 위한 지의 교육, 셋째로 튼튼한 체력을 키우는 체의 교육을 중심으로 한다.

1984년 출간된 리영복의 『조선민주주의인민공화국에서의 교육』을 보면, 중학교는 '초등교육과 중등교육에서 학생들에게 사물현상의 일반적 개념과 본질 그 변화발전의 법칙에 대한 기초적인 지식을 가르치며 특히 수학, 물리, 화학, 생물학과 같은 기초과학분야의 일반지식을 가르치는 데 기본을 두고 있다.'고 설명하고 있어 자연과학 영역의 기초학문교육을 강조하고 있음을 알 수 있다. 그리고 이 단계에서 제공되는 '기초기술교육은 생산과 기술의 기초원리와 전기기계에 대한 지식을 비롯한 기초기술지식을 주며 우리나라 인민경제의 현대적 생산과 결부된 한 가지 이상의 기술을 소유화시키는 것을 과업으로 하고 있다.'고 설명함으로써 이론과 실천의 결합원리와 함께 1인 1기 교육을 교육의 당면과제로 설명하고 있다고 볼 수 있다.

3. 남북한 교육이념과 교육목표의 비교

먼저 남한의 교육이념과 목적을 살펴보고, 남북한 교육이념을 비교해 보고자 한다. 교육기본법 제2조에 규정된 남한의 교육이념을 보면, '교육은 홍익인간(弘益人間)의 이념 아래 모든 국민으로 하여금 인격을 도야(陶冶)하고 자주적 생활능력과 민주시민으로서 필요한 자질을 갖추게 함으로써 인간다운 삶을 영위하게 하고 민주국가의 발전과 인류공영(人類共榮)의 이상을 실현하는 데에 이바지하게 함을 목적으로 한다.'고 규정되어 있다. 여기서 말하는 홍익인간은 개인적 수준의 인간(인격인), 사회적 수준의 인간(공민), 세계적 수준의 인간(세계인)을 의미한다. 따라서 '홍익인간'을 법적으로 성문화하고 교육방향[303]을 분명히 하였다.

초등학교는 '국민생활에 필요한 기초적인 초등교육을 하는 것을 목적'으로 하며, 중학교는 '초등학교에서 받은 교육의 기초 위에 중등교육을 하는 것을 목적'으로 하며, '고등학교는 중학교에서 받은 교육의 기초 위에 중등교육 및 기초적인 전문교육을 하는 것을 목적'으로 한다.

이를 기초로 하여 남북한 교육이념의 공통점과 차이점[304]을 밝혀 보자. 먼저 공통점을 보면, 첫째, 남북한은 공통적으로 지덕체를 고루 갖춘 전인적 인간형성을 중시하고 있다는 점이다. 남한은 진리탐구의 정신과 과학적 사고력과 같은 지적인 능력과 아울러 심리적 정서, 신체의 건전한 발육과 같은 정서·신체적 특성을 중시한다면, 북한은 '지덕체를 겸비한 공산주의적 새 인간 육성'을 중시한다.

둘째, 남북한은 공통적으로 기초적인 생활규범, 도덕적 품성을 학교 교육의 목표로서 중시하고 있다는 점이다. 남한의 교육법에서는 '자유를 사랑하고 책임을 존중하며', '신의의 협동과 애경의 정신', '근검절약하고 무실역행' 등을 명시하고 있다. 북한에서는 이러한 도덕적 규범을 '공산주의 도덕'으로 포괄하여 설명하는데, 공산주의 도덕은 공산주의 사회건설이라는 궁극적인 목표를 도덕교육의 목표로 설정하고 있지만, 구체적 도

303) 교육부, 『교육 50년사』(교육부, 1998), p. 48.
304) 한만길(1997), 앞의 책, pp. 36~38.

덕규범을 보면, '어린이들이 예절바른 품성을 가지며 문화위생적으로 생활하는 데 버릇되도록 교양한다'. 또한 '조국과 인민에 대한 사랑', '민족의 훌륭한 전통과 재산을 귀중히 여기며' 등의 내용을 볼 때 북한에서도 보편적인 도덕규범을 중시하고 있음을 알 수 있다.

셋째, 남북한은 공통적으로 전통적인 도덕규범을 강조하고 있다. 남한에서는 예절과 신의, 효도와 공경 등의 덕목을 전통적인 규범으로서 중시하고 있다. 북한에서도 전통적인 도덕규범으로 효도, 예절, 공경, 충성, 신의, 우애 등의 규범과 언어 예절, 행동예절, 집단에 대한 예절, 사람들 상호 간 예절을 잘 지킬 것을 권고하고 있다.

넷째, 남북한은 교육에서 민족주의 이념을 강조하고 있다. 남한에서는 한민족의 전통을 교육에서 강조하고 있으며, 북한에서도 주체성과 전통 교육을 강조하고 있다.

다음으로 차이점을 살펴보면, 첫째, 남한은 자유민주주의 교육이념을 지향하고 있다면, 북한은 공산주의 교육이념을 지향하고 있다. 남한은 교육법에서 홍익인간의 이념 아래 인격완성, 공민으로서의 자질, 민주국가의 발전과 인류공영에 기여할 것을 교육목적으로 명시하고 있으며, 민주주의 교육은 개인의 자율성과 개성의 존중이라는 개인적인 덕목으로부터 출발하여 사회와 국가발전에 대한 기여를 강조한다. 이에 반해 북한은 '공산주의적 인간양성'을 목적으로 한다. 이는 주체사상이 국가의 지도이념으로 명문화되면서 '주체형의 공산주의혁명가 양성'이라는 구체적 목적으로 표현되었다. 여기서 '주체형의 인간'이란, '수령에 대한 충실성'을 제일의 덕목으로 삼아 혁명적 의리와 동지애로 무장하여 수령과 집단을 위해 자신의 목숨을 던질 수 있는 인간을 의미한다. 즉 남한의 교육은 개인에서 출발하여 사회·국가발전에의 기여를 강조한다면, 북한의 교육은 공산주의 사회건설에의 헌신이라는 집단적 측면과 대비된다는 것이다.

둘째, 남한은 교육의 본질적 가치를 중시한다면, 북한은 교육의 실용적 가치를 중시하고 있다는 점이다. 남한에서는 '진리탐구의 정신과 과학적 사고력, 창조적 활동과 합리적 활동', 그리고 교과활동에서 '지적인 탐구심', '창의적 사고능력 함양'에 중점을 두고 있다. 반면 북한은 교과활동 혹은 과외활동 모두 교육과 노동의 결합, 학습활동과 실생활의 연관성을 강조하고 있다.

셋째, 남한은 개인주의에 바탕을 두고 개인의 능력과 적성을 중시하는 교육이념이라면, 북한은 집단주의를 기반으로 하여 사회와 국가에 대한 봉사, 당과 혁명에 헌신하는 집단적 공동체 의식을 강조한다. 남한에서 교육은 개인의 전인적 발전을 추구하도록 하는 본질주의적 교육관에 근거한다면, 북한은 교육을 국가와 당의 목표달성을 위한 수단으로 보는 도구주의적 교육관에 근거한 차이라 할 수 있다.

제2절
북한의 교육행정체계

1. 권위주의적 교육행정조직

북한은 형식상으로는 국가의 권력이 입법, 행정, 사법으로 분리되어 있다. 그러나 실제로는 김일성, 김정일, 김정은[305]을 중심으로 노동당의 중앙집권적인 권력체제가 확고할 뿐만 아니라 모든 국가권력과 정책결정은 노동당으로부터 나온다.

〈표 10〉을 보면, 북한의 교육행정체계는 당, 내각 그리고 학교 등으로 구성되는 3원 구조에 기초하고 있다. 여기서 당은 지시와 감독을 하고, 내각은 당에서 내려온 지침에 따라 구체적인 교육정책을 관장하며, 학교는 교육을 실시한다.

〈표 10〉 북한의 교육행정체계

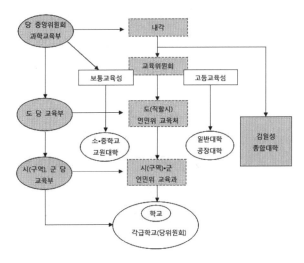

※ 출처 : 『북한이해 2013』(서울 : 통일교육원, 2013), p. 188.

---

305) 2012. 4. 12. 개정된 노동당 규약서문을 보면, '조선로동당은 위대한 김일성-김정일주의를 유일한 지도사상으로 하는 김일성-김정일주의당, 주체형의 혁명적 당이다. 조선로동당은 위대한 김일성 동지와 김정일동지를 영원히 높이 모시고 경애하는 김정은 동지를 중심으로 하여 조직사상적으로 공고하게 결합된 로동계급과 근로인민대중의 핵심부대, 전위부대이다. 경애하는 김정은 동지는 위대한 김일성 동지와 김정일동지의 혁명위업을 승리에로 이끄시는 조선로동당과 조선인민의 위대한 령도자이시다.'

가. 노동당

북한의 교육행정은 노동당의 지도에 의해 수립되고 집행된다. 북한은 당·국가의 사회주의체제로서 최고의 권한을 지닌 당이 일체의 국가기구와 사회조직을 통제하고 이들 기구들은 당의 노선과 정책을 집행하는 도구가 되고 있다. 이에 따라 교육정책의 수립과 총괄적 지도는 노동당 중앙위원회 산하의 '과학교육부'가 담당한다.

교육과 관련된 당 중앙위원회의 결정은 하급 당 위원회와 내각에 지시·전달된다. 북한체제의 특성상 당은 내각이나 일선 학교에 대해 우선적인 권한을 갖고 인사나 교육문제를 다룬다. 이에 따라 모든 학교는 형식상 교장이 책임을 지고 행정과 재정을 총괄하지만, 실권은 학교에 파견된 당 위원회 위원장인 부교장이 장악하고 교원들의 조직생활을 관리하며 교수교양사업과 사상교양사업을 담당[306]하고 있다.

나. 내각

교육정책의 집행 및 교육과 관련된 행정의 총괄은 내각의 교육위원회에서 이루어진다. 교육위원회 산하에는 유치원, 소학교와 중학교, 교원대학을 관장하는 '보통교육성'과 일반대학과 사범대학을 관장하는 '고등교육성'이 있다. 교육성은 교육지침을 각도에 위치한 인민위원회 교육처로 하달하고, 인민위원회 교육처는 이를 다시 해당 시·군·구역에 위치한 인민교육과로 송부한다. 교육지침이 최종적으로 각급학교에 하달되면, 그 지침에 의해 교육이 실시된다.

---

306) 『북한이해 2013』, p. 188.

다. 학교

학교는 당과 내각의 지도 및 통제 아래 교육을 실시한다. 학교의 행정 조직은 학교장과 학교 단위 초급당위원회 위원장인 부교장, 그리고 각 분과와 경리주임 등으로 이루어져 있다. 중학교에서는 교과별 분과가 조직되어 있고, 소학교에서는 학년별로 분과가 조직되어 있다. 또한 학교 당위원회가 있고 이 당 위원회 산하에 교원사회단체, 학생사회단체 등의 사회정치활동조직이 있다.

당 우위의 통치체제에서 당의 통제력은 실제 학교운영 전반에 걸쳐 행사되고 있다. 이에 따라 학교 당 위원회 위원장의 권한은 학교 관리·운영의 책임자인 교장의 권한을 능가하기도 한다. 이런 점에서 북한의 교육행정체계는 교육 부분에 당의 개입이 제도화된 교육의 당적 통제체제라는 특성을 지니고 있다.

2. 교육행정조직의 특성

북한의 교육행정제도의 특징을 보면 첫째, 노동당과 행정부의 관계에서 노동당이 우위에 있으며, 노동당이 주요 정책을 직접 결정하고 정부의 교육위원회는 정책을 집행하고 관리하는 기능을 수행한다. 이러한 제도는 노동당이 북한 주민들의 이익을 대변하고 있다고 보는 북한 정치의 특징이기도 하다. 북한 교육행정체제의 구조상의 특징을 살펴보면, 정책의 수립기구와 집행기구로 구분[307]되어 있다. 그러나 실제로는 조선로동당이 주요 교육정책을 결정하고 집행한다.

---

307) 한만길(1997), 앞의 책, pp. 94~95.

북한 교육정책의 핵심사항은 노동당 중앙위원회 산하 전문부서인 과학교육부에서 입안하여 비서국에서 통합·조정하고 이를 정치국의 상무위원회에 상정하여 심의 결정한다. 이렇게 결정된 교육정책은 형식상으로는 노동당 중앙위원회의 의결을 거쳐 당면 과업으로 확정·공포하게 된다. 이렇게 확정 공포된 교육정책은 정무원 내의 교육위원회에서 구체적으로 집행한다.

둘째, 남한의 행정부에 해당하는 정무원의 교육위원회에서 교육행정의 주요 기능을 담당하고 있다. 교육위원회는 교육행정의 중앙기관으로, 과학교육부에서 수립하고 당 중앙위원회에서 확정·공포한 교육정책을 집행하는 기능을 담당한다. 교육위원회는 각 도(직할시) 인민위원회 교육처와 시(구역)·군 인민위원회 교육과를 지도하며, 출판·도서·교육을 관리하고 교육에 관한 예산편성과 구체적 시책을 수립, 집행하는 기능을 갖고 있다.

교육위원회의 조직을 보면, 직속조직으로는 사무처, 계획처를 비롯한 8개 처가 있으며, 김일성종합대학은 내각에서 직접 관할하는 종합대학이다. 그리고 보통교육성과 고등교육성이 있다. 사회교육기관인 공장대학, 농장대학, 어장대학, 단과대학 등은 도(직할시) 인민위원회 교육처 소관이다. 그리고 유치원, 인민학교, 고등중학교, 고등전문학교 등 유아 초중등교육기관들은 시(구역)·군 인민위원회 교육과 소관으로 되어 있다.

셋째, 교육행정체계는 철저하게 중앙집권적 구조를 가지고 있으며, 사회주의 계획체제에 기초하여 국가권력이 모든 정책을 직접 결정하고 집행한다. 이는 교육정책의 수립 및 결정, 집행과정을 보면 명확해진다. 노동당 중앙위원회 정치국에서 교육정책의 방향을 결정하면 교육과학부에서 지도·감독하며, 이러한 정책기본방침에 의해 행정부인 정무원의 교육위원회에서 구체화하여 집행하게 된다. 직접적인 집행은 도(직할시)인민위원회 교육처와 시(구역)·군 인민위원회 교육과에서 이루어진다.

이러한 교육행정 집행과정은 당 조직의 교육과학부와 도(직할시), 시(직할)·군 단위 도당에서 지도·감독하며, 공안과 치안을 담당하는 검찰과 사회안전부에서도 관여함으로써 이중 삼중의 감시와 감독을 하는 교육행정 통제구조가 형성되어 있다. 교육에 관한 당의 지도와 통제는 학교 당위원회 조직을 통해서도 이루어지며, 학교장은 당뿐만 아니라, 해당 인민위원회 교육과에 대해서도 학교 관리에 대한 행정적 책임을 지고 있다.

넷째, 지방의 교육행정조직은 일반행정기관의 한 부서로 설치되어 있어서 남한과 같이 교육행정기관이 별도로 독립되어 있지 않다. 지방교육 행정조직은 도와 직할시 단위의 교육처에서는 고등전문학교, 교원대학을 직접 관장하고, 군단위의 교육과에서는 도교육국의 지시를 받아 고등중학교, 인민학교, 유치원을 관장한다.

제3절
북한의 교육과정과 교육방법

1. 북한의 교육과정

'사회주의 교육에 관한 테제'에 의하면, 학교 교육에서 중요하게 다루어지는 내용은 정치사상교육, 과학기술교육, 체육교육으로 구분된다. 정치사상교육은 김일성·김정일의 혁명역사와 혁명활동을 가르치고, 과학기술교육은 일반과학과 전문기술을 가르치며, 체육교육은 노동과 국방에 필요한 체력 향상을 목적으로 한다.

북한은 교육사업에서 당의 유일사상체계를 확립한다는 명분아래 김일성과 김정일의 우상화 교육이 교육과정상에 확고하게 정착되었다는 점이다. 김일성 우상화 과목은 1968년 정식과목으로 설치할 것을 결정하였고, 1969년 9월 1일부터 새로운 교과서를 개발하여 인민학교와 중학교에서 사용하도록 하였다.[308] 1983년 교육과정에는 김일성 우상화 과목과 공산주의 도덕과목이 인민학교와 고등중학교에 중요교과로 등장하였다. 이어서 1986년에는 교육과정 개정을 통하여 김정일 우상화 과목을 정규과목으로 신설하였다. 1986년 이후 북한의 교육과정은 김일성, 김정일의 우상화를 위한 교육과정이라 할 수 있다. 이어 1996년도 교육과정은 김정일 우상화 교육에 중점을 두고 개편되었다.

2012년 김정은 정권 출범 이후 발표한 첫 공식 법령이 '12년제 의무교육 추진법령'이었다는 점이 갖는 의미는 크다. 이것은 북한이 교육개혁을 통해 북한 사회가 봉착한 각종 문제를 해결하겠다는 결의를 표방한 것이라 할 수 있다. 김정은 정권의 의무교육제도 개편의 핵심을 최고인민회의(2012.

---

308) 강근조,『조선교육사』(4) (평양 : 사회과학출판사, 1991), p. 231. 이 당시의 김일성 우상화 과목을 보면,『위대한 수령 김일성 동지 혁명력사』,『위대한 수령 김일성원수님 혁명활동』,『위대한수령 김일성 동지 노작』이 정식 교과목으로 채택되었으며,『공산주의 도덕』 교과서가 완성되어 학교에서 사용되었다. 1986년도 교육과정에서는『친애하는 김정일 동지 어린 시절』과목이 신설되었다. 이 시기 교육과정에서 김정일에 대한 우상화 사업이 본격적으로 진행되고 있다는 점이다. 김일성·김정일 우상화 과목은 〈표 11〉과 〈표 12〉를 참조할 것.

5) 결정을 중심으로 재구성해 보면, 소학교의 재학 연한을 4년에서 5년으로 1년 연장하고, 6년제 중학교를 3년제 초급중학교와 3년제 고급중학교로 분리하여 운영하는 것이다. 그리고 일부 지역의 경우 중학교 건물 조건이 미흡하거나 학생 규모가 적을 경우에는 '초급중학반', '고급중학반'으로 병설하여 운영할 수 있게 하였으며, 소학교의 연한 확대는 2014~2015학년도부터 시작하여 2~3년 이내에 전국적으로 완료하도록 하고 있다. 중학교의 분리·운영은 2013~2014학년도부터 시행하는 것으로 규정되어 있다.

가. 소학교 교육과정

소학교의 경우, 〈표 11〉에서 보듯이 재학 기간 동안 국어 등 총 13개 과목을 교육하도록 편성되어 있다. 여기서 주목할 만한 점은 2008년 9월부터 소학교 3학년 이상의 학생들에게 영어 및 컴퓨터 교육을 실시하고 있다는 점이다. 소학교 교육과정에서의 교육내용은 크게 정치사상교육·과학기술교육·체육교육·예능교육·국방교육·외국어교육 등 여섯 가지의 교육으로 구성되어 있다.

2012년 학제 개편에 따라 2014년부터 적용되고 있는 북한이 소학교 새 교육과정에는 유치원 과정과 함께 교과의 통합과 탐구활동이 강조되고 있다. 음악이 음악무용으로 변경되고 새로 도입된 소학교 1학년 교과서에는 그림 이야기 형식을 활용하여 탐구학습을 강조하고 있다.

주당 수업시간을 보면, 국어·수학·자연·체육·음악·도화공작의 순으로, 국어가 전체 수업시간의 $\frac{1}{3}$을, 수학이 $\frac{1}{4}$ 정도의 비중을 차지하여 두 과목의 시간 배당이 전체의 57%를 차지하고 있다.

〈표 11〉 2012 개정된 소학교 교육과정

번호	교과명	학년별 주당 수업시수				
		1학년	2학년	3학년	4학년	5학년
1	경애하는 수령 김일성 대원수님 어린 시절	1	1	1	1	1
2	위대한 령도자 김정일 원수님 어린 시절	1	1	1	1	1
3	항일의 녀성영웅 김정숙 어머님 어린 시절	1	·	·	·	·
4	경애하는 김정은 원수님 어린 시절	1	1	1	1	1
5	사회주의 도덕	1	1	1	1	1
6	국어	7	7	7	7	7
7	영어	·	·	·	2	2
8	수학	4	5	5	5	5
9	자연	1	1	2	2	2
10	정보기술	·	·	·	1	1
11	체육	2(1주)	2(1주)	2(1주)	2(1주)	2(1주)
12	음악무용	2	2	2	2	2
13	도화공작	2	2	2	2	2

※ 출처 : 북한정보포털(북한 교육성 1996년 교육과정을 기초로 이후 변화내용 반영)
※ 전반적 12년제 의무교육강령(소학교)(교육위원회 2013)
※ 체육의 경우에는 매 학년 주 2시간 수업과 함께 매 학년 1주간 집중 체육활동 포함

나. 중학교 교육과정

중등교육의 경우 기본 6년제로 진행되다가 2012년 학제 개편에 따라 낮은 단계와 높은 단계로 구분하여 초급중학교 3년과 고급중학교 3년으로 분리되어 운영되고 있다. 이에 따른 중등학교의 교육과정은 '지식경제강국'을 이끌 과학기술인재 양성을 위한 '기초과학, 컴퓨터 기술, 외국어교육'과 자립적인 학습능력과 창조적 능력의 배양, 실험실습 교육을 강조하는 방향으로 개편되었다.[309] '지식경제강국'은 김정은 정권의 국가적 슬로건인 사회주의 문명국건설의 핵심과제 가운데 하나로서 이의 실현

---

309) 『교육신문』, 2014. 5. 8.

을 위해 12년제 의무교육기간 연장과 과학기술을 강조[310]하고 있다.

(1) 초급중학교

2013년 개정된 초급중학교의 경우 주당 수업시간이 32시간이며 교육과정은 정규 수업시간 이외 과외학습, 소년단생활, 과외체육 등으로 편성되어 있다. 개정 이전에는 중학교 재학 6년 동안 23개 과목을 교육하였으나, 개정된 이후 초급중학교와 고급중학교의 교과목이 16개와 22개[311]로 분리되고 증대되었다.

초급중학교의 교과목의 경우, 고급중학교에 비해 통합형의 교육과정으로서 '김정은 혁명활동' 관련 교과목과 함께 '자연과학', '음악무용' 등의 통합교과목이 도입되었다. 이외 개정 이전의 제도, 실습 등의 과목이 '기초기술' 과목으로, 컴퓨터 과목이 컴퓨터의 기본지식, 통계, 그림파일의 기초 및 응용에 관한 부분을 포함하여 정보기술 과목[312]으로 새롭게 편성되고 도입되었다.

초급중학교의 경우, 〈표 12〉에 제시되어 있듯이, 교과목과 시수의 편성은 과학기술과 외국어 교육을 강조하는 교육과정 개정방향에 따라 수학에 이어 자연과학과 외국어 교과의 시수가 가장 많이 편성되어 있다. 외국어 교과의 경우 영어 교과의 수업시간 수 비중이 확대되었다. 특히 2000년대에 들어와 영어와 중국어가 그동안 제1 외국어였던 러시아어를 누르고 가장 인기 있는 외국어로 자리 잡았다. 특히 영어의 비중이 높아

---

310) 통일연구원, 『2016 북한이해』(서울 : 통일교육원 교육개발과, 2015), p. 237.
311) 위의 책, p. 238.
312) 위의 책, p. 239.

대부분 중학교에서 영어를 외국어 과목으로 지정하도록 하는 한편, 평양 외국어대학 영어과 정원을 대폭 늘리고 다른 어학 전공자들도 영어를 필수과목으로 수강하도록 하고 있다.[313]

〈표 12〉 초급중학교 개정 교육과정

번호	교과명	학년별 주당 수업시수		
		1학년	2학년	3학년
1	위대한 수령 김일성 대원수님 혁명활동	2	2	·
2	위대한 령도자 김정일 대원수님 혁명활동	·	2	2
3	항일의 녀성영웅 김정숙 어머님 혁명활동	1	·	·
4	경애하는 김정은 원수님 혁명활동	1	1	1
5	사회주의 도덕	1	1	1
6	국어	5	5	5
7	영어	4	4	4
8	조선력사	1	1	2
9	조선지리	1	1	1
10	수학	6	5	6
11	자연과학	5	5	5
12	정보기술	2주	2주	2주
13	기초기술	1	1	1
14	체육	2(1주)	2(1주)	2(1주)
15	음악무용	1	1	1
16	미술	1	1	1

※ 출처 : 『2016 북한이해』, p. 239.
※ 북한 정보포털(북한 교육성 1996 교육과정을 기초로 이후 변화내용 반영)
※ 북한의 교육과정은 주당 교수시간과 집중교수(주 단위로 표시)시간을 명시하고 있어 위의 체육시간의 주당 수업시간은 2시간이며 괄호 1주는 집중교수시간을 의미함

컴퓨터교육은 1990년대 말부터 정규교과로 편성되어 강화되기 시작하

---

313) 『북한이해 2013』, pp. 196~197. 영어교육강화에 이어 최근 외국어교육을 문법에서 회화 위주로 전환시켜 외국어 실기능력과 일상적인 외국어회화 수준을 높이려고 노력하고 있다.

였다. 2001년에는 만경대학생소년궁전과 평양학생궁전, 그리고 금성 제1중학교와 제2중학교에 컴퓨터반을 개설하여 전국의 소학교 졸업자 중에서 선발된 소수의 영재들이 컴퓨터기술[314]을 배우게 되었다.

〈표 13〉 고급중학교 개정 교육과정

번호	교과명	학년별 주당 수업시수		
		1학년	2학년	3학년
1	위대한 수령 김일성 대원수님 혁명력사	3	2	·
2	위대한 령도자 김정일 대원수님 혁명력사	·	2	4
3	항일의 녀성영웅 김정숙 어머님 혁명력사	·	½	·
4	경애하는 김정은 원수님 혁명력사	1	1	1
5	당 정책	1주	1주	1주
6	사회주의 도덕과 법	1	1	1
7	심리와 론리	·	·	1주
8	국어문학	3	2	3
9	한문	1	1	1
10	영어	3	3	3
11	력사	1	1	2
12	지리	1	1	2
13	수학	5	5/4	4
14	물리	5	4	3
15	화학	3	4	2
16	생물	3	3	2
17	정보기술	2	1	1
18	기초기술	2주	3주	3주
19	공업(농업)기초	·	·	4
20	군사활동초보	·	1주	1주
21	체육	1	1	1
22	예술	1	1	1

---

314) 위의 책, p. 199.

(2) 고급중학교

고급중학교의 경우 주당 수업시간이 34시간으로, 정규 수업시간 외의 과외학습과 청년동맹 생활과 과외체육 등으로 편성되었다. 개정 이전에 비해 '김정은 혁명력사' 과목이 신설됐고, 세분화된 분과형의 교과목이 편성되어 초급중학교의 '자연과학'이 물리, 화학, 생물로 세분화되었다. 또한 초급중학교에서는 없던 '현행 당 정책', '심리와 론리', '한문', '공업(농업)의 기초', '군사활동 초보' 등의 교과목이 추가되었다.[315] 교과 영역 중 가장 비중이 큰 것은 초급중학교와 같이 수학과 물리, 화학 등 자연과학 교과이며, 영어교과의 비중도 높다.

다. 대학교 교육과정

대학의 교육과정은 학교와 전공별로 다르지만 대체적으로 정치사상 교과, 일반교과, 일반기초, 전공기초, 전공 등 다섯 가지 영역으로 구분되어 있다. 정치사상 교과와 외국어, 체육 등의 일반교과는 전공과 무관하게 모두 이수해야 한다. 일반기초과정은 전공학과의 특성에 맞게 지정한 과목과 전체 대학에 규정된 공통과목으로 구성되며, 전공기초는 전공에 필요한 준비과목으로 강좌별로 결정되고 전공은 지정과목과 선택과목이 있다. 최근에는 김일성종합대학에 법률대학을 설치하는 등 법에 대한 연구 및 교육을 강화하고 있다. 이 법률대학에는 법학과, 국제법학과, 정치학과 등 3개의 학과[316]가 있다.

정치사상교육의 목표는 김일성과 김정일에 대한 충실성 교양이다. 이

---

315) 『2016 북한 이해』, pp. 239~240.
316) 위의 책, pp. 199~200.

에 따라 소학교와 중학교에서는 김일성 가계의 우상화, 즉 '백두산 3대장 군(김일성, 김정일, 김정숙)'의 위대성 교양을 기본으로 한 『어린 시절』이나 『혁명활동』 등의 교과목을 배우며, 대학의 경우도 전공과 관계없이 『주체철학』, 『혁명력사』 그리고 『주체정치경제학』 등을 이수해야 한다. 북한의 정치사상교육은 지도자에 대한 충성심 고양이 핵심 내용이지만, 경제난 이후 자본주의 요소유입에 대한 경계와 핵과 미사일 등의 문제를 둘러싼 미·북갈등이 고조되면서 반미대결과 투쟁의식의 고취 등과 같은 계급교양도 주요내용을 이루고 있다. 북한의 대미 적대 및 투쟁의식은 청소년에 대한 반미교육과 제국주의사상 그리고 문화침투를 배격하는 교육의 강화와 함께 청소년·학생의 군 입대 장려교육[317]에도 활용되고 있다.

2. 북한의 교육방법(교수-학습론)

북한의 교육방법은 '사회주의 교육에 관한 테제'에서 규정된 다섯 가지의 사회주의 교육방법,[318] 즉 '깨우쳐 주는 교수 교양', '이론교육과 실천교육, 교육과 생산노동의 결합', '조직생활과 사회교육의 결합, 학교 전교육, 학교 교육, 성인교육의 병진'에 기초하고 있다. 이들 중 가장 중시하는 방법은 '깨우쳐 주는 교수 교양'인데, 이 방법은 '학생들 자신이 능동적인 사고활동을 통해 교수내용을 깨닫도록 하여 그들의 창발성을 조장·발전시키며, 학생들의 사유활동을 추동하여 그들로 하여금 사물현상의 본질을 스스로 쉽게 파악하고 체득하게 하는 교육방법'이다.

---

317) 위의 책, p. 200.
318) 김일성, "사회주의교육에 관한 테제", 『김일성저작집』(32), pp. 389~398.

깨우쳐주는 교수방법은 '언어적 수단에 의한 방법', '직관수단에 의한 방법', 그리고 '실제활동을 수단으로 한 방법'의 세 가지로 나누어지는데, '언어적 수단에 의한 방법'은 설명, 토론, 논쟁, 문답식 방법, 교과서 이용을 포함하고 있으며, '직관수단에 의한 방법'은 직관물 보이기, 동작이나 실험보이기, 환등기, 투영기 등 시청각 기자재를 통한 보이기, 그리고 칠판글과 도해 등을 포함한다. 그리고 '실제활동을 수단으로 하는 교수방법'은 관찰, 조작 및 도형활동과 실기훈련 등을 포괄[319]하고 있다. 이들 중 가장 중시되는 설명, 토론과 논쟁, 문답식 방법, 직관과 실물교육방법, 관찰을 살펴보고자 한다.

먼저, 설명을 통한 교육은 '이야기'와 '담화'를 이용하는 형식으로 진행되는데, '이야기'를 통한 교육은 선생님이 수업내용을 이야기 형식으로 풀어나가는 것이다. 실제로 북한에서 가장 많이 이루어지는 수업방식으로, 사실적 자료의 정확한 전달과 사물현상에 대한 구체적인 묘사, 또는 사물 현상들 사이의 관련을 밝히거나 개념, 법칙, 원리 등 추상화된 지식을 분석적으로 설명할 때 사용된다. '담화'는 교원이 문제를 제기하고 학생들과 이야기를 주고받는 식으로 그들을 깨우쳐 주는 설명의 한 형식이다. 담화를 통한 교육은 학생들의 주의를 교재의 중심문제 해결에 집중시키고 그들로 하여금 지식과 경험을 서로 나누게 함으로써 보다 짧은 시간 안에 많은 것을 배우게 하는 방법이다. 특히 '담화'가 소기의 성과를 거두기 위해서는 교원이 문제제기를 옳게 하여야 하며, 물음에 대한 해명을

---

319) 남진우·리명복·리병모·리성석·김강호 외, 『사회주의 교육학-사범대학용』(평양 : 교육도서출판사, 1991), pp. 158~194; 최영표·박찬석, 『북한의 교육학체계 연구』(서울 : 집문당, 2010), pp. 161~167.

잘하여야 한다.

둘째, 토론과 논쟁은 학생들의 창조적 사고를 적극 계발시켜, 그들을 깨우쳐 주는 교수방법으로, 교원은 토론의 문제점을 옳게 설정하고 그것을 학생들에게 똑똑히 파악시켜야 한다. 교원은 토론과 논쟁에 모든 학생들이 다 적극적으로 참가할 수 있게 이끌어주며 그들 스스로 문제의 본질을 파악하도록[320] 해야 효과를 거둘 수 있다.

셋째, 문답식 방법은 북한의 김일성이 조직 영도하였다는 항일혁명투쟁시기에 동료들과 학습하기 위하여 창조해 내는 학습방법인데, 이를 북한 현실에 맞게 발전시킨 교수방법이다. 이 방법은 고학년일수록 많이 사용하는 것으로 알려지고 있다. 특히 김일성의 저작이나 소설과 같은 문학작품을 탐독한 후에 학생들이 그에 관하여 소감을 발표하고 토론하는 방법이다. 학생들은 문답식 방법을 통하여 학습에서 교조주의, 형식주의의 낡은 틀을 버리게 되며, 동시에 학습내용을 현실감 있게 배우게 된다.

넷째, 직관교육과 실물교육의 방법은 전시물이나 표본을 의미하는 직관물을 이용한 교육방법으로, 일종의 시청각 교육이라 할 수 있다. 직관과 실물교육은 추상적인 언어적 설명이 아니라 생동한 실물이나 그를 묘사한 여러 가지 직관수단으로 본질을 파악시키는 방법이다. 이 교수방법은 학생들의 사고를 적극 계발시켜 주기 때문에 깨우쳐 주는 교수에서 중요한 의의를 가진다.

다섯째, 관찰은 학생들로 하여금 일정한 대상을 목적의식적이고 체계적으로 주의 깊게 자각하여 교재내용을 인식시키는 교수방법으로, 사물현상을 자연적인 실제 속에서 생동감 있게 습득하게 할 뿐만 아니라 과학

---

320) 최영표·박찬석, 위의 책, pp. 162~163.

적인 탐구심을 길러줄 수 있다는 의의를 지니고 있다.

제4절
북한의 교육과정 변천

해방 이후 북한의 교육과정은 교육의 내·외적 요인에 의해 여러 차례에 걸쳐 개정되어 왔다. 북한 교육과정의 변천에 관한 시기 구분은 '기술의무교육'을 중심으로 하는 시기 구분과 '사회주의 제도 및 정치사상교육'을 중심으로 하는 두 가지 기준으로 대별된다. 전자의 대표적 연구로는 북한연구소의 '북한총람(1983)' 교육편과 이를 새롭게 적용한 김동규(1990)와 한만길(1997)[321] 등의 시기 구분을 들 수 있고, 후자의 대표적 연구로는 김영식, 박용헌, 김형찬[322] 등의 시기 구분을 들 수 있다. 전자의 구분 방식은 교육현상과 변화를 지나치게 단순화하고, 교육의 정치경

---

321) 한만길(『통일시대 북한 교육론』, pp. 43~50)은 의무교육과 더불어 교육의 일반적 특성을 고려하여 사회주의 교육 도입시기 → 전후 복구시기 → 기술교육강조시기 → 유일사상 확립시기 → 전반적 11년제 의무교육시기 → 고등교육 대중화 시기로 구분하고 있다, 김동규(『북한의 교육학』, 1990)는 해방 후 교육정책 정립기 → 조국해방전쟁기 → 전후 재건기 → 7년제 의무교육시기 → 9년제 의무교육시기 → 11년제 의무교육시기로 구분하고 있다.

322) 김영식(『북한 교육론』, 북한연구소, 1997, pp. 133~139)은 공산주의 도입기(1945~1950) → 전후 복구 및 건설기(1950~1959) → 생산기술교육 및 혁명전통 교양 확립기(1960~1967), 유일사상 확립기(1967~현재)로 나누고 있다. 박용헌(『북한의 정치교화교육』, 북한연구소, 1977, pp. 297~298)은 공산주의 도입기 → 공산주의 모방기 → 혁명전통 교양 확립기, → 유일사상 체제 확립기로 구분하고 있다. 김형찬(1990, 북한의 주체교육사상)에서 주체사상의 형성과정에 초점을 맞추어 마르크스주의 도입기(1945~1955), 주체사상 창시기(1955~1960), 주체사상 확립기(1960~1970), 주체사상 이론 정립기(1972~현재)로 구분하고 있다.

제적 배경에 대한 요인을 과소평가할 우려가 있다. 반면에 후자의 구분 방식은 북한의 교육 발전 과정에서 정치사상의 변화가 분명히 중요한 비중을 차지하고 있는 것은 사실이지만 그것이 북한 교육의 전체라고 말할 수는 없다는 점이다.[323]

따라서 본 연구는 북한의 학제 분석이라는 특성을 고려하여 교육의 정치사상적 배경과 의무교육 변천에 따른 시기 구분을 고려하되, 교육에 대한 사회적 요구와 교육의 변화, 중요한 교육방침의 제시와 교육제도의 변화 그리고 시기별 교육 발전 추세를 고려하여 다음과 같이 시기 구분을 하고 학교 교육의 내용과 교육의 사회통합적 기능을 살펴[324]보고자 한다.

제1기 : 사회주의적 학제개혁 및 초등의무교육 준비(해방~1953)
제2기 : 전후 인민경제의 복구와 초등의무교육 실시(1953~1959)
제3기 : 산업화와 기술의무교육 도입(1959~1967)
제4기 : 산업화 진전과 9년제 기술의무교육실시(1967~1972)
제5기 : 유일사상확립과 11년제 의무교육제도 도입(1972~1987)
제6기 : 김정일의 교육정책과 학교 교육제도(1987~2012)
제7기 : 김정은 정권의 12년제 의무교육제도 도입(2012~현재)

---

1. 사회주의적 학제개혁 및 초등의무교육 준비(해방~1953)

가. 1·2차 학제 개편의 배경 : 일본잔재의 청산과 소비에트 교육의 도입

남북한은 해방과 동시에 미·소 강대국의 한반도 분할점령과 통치라는

---

323) 한만길(1997), 앞의 책, p. 41.
324) 신효숙, "북한의 교육제도와 정책 : 학교 교육제도 변천을 중심으로", 『북한체제의 이해 : 제도와 정책의 지속과 변화』(서울 : 명인문화사, 2009), pp. 319~337.

역사적 경험을 거치면서 서로 다른 방향으로 교육을 발전시켰다. 북한 지역에서는 소련군이 진주한 상황 속에서 항일무장투쟁을 지도했던 공산주의 세력을 중심으로 정권이 구성되었다. 북한 정권은 '인민민주주의 혁명'을 목표로 사회주의로 이행하기 위한 중앙집권적 통치체제의 기초를 확립하는 한편,[325] 일본 제국주의 교육제도를 탈피하고, 소련식 교육제도를 도입하여 사회주의 교육제도를 확립하는 것을 주요과제[326]로 설정하였다.

해방 이후 북한은 일본 식민주의 정책으로 인하여 매우 낙후된 상태였다.[327] 이북 지역에는 1천 개의 국민학교, 50개의 중학교, 3개의 상업학교가 고작이었다. 초급대학이나 정규대학은 물론이고 65%의 학령 아동들이 학교 교육을 받을 수 있는 기회를 박탈당했다. 극소수의 토착민에게만 교육받을 기회가 제공되었으며, 한국인 교사 수도 거의 무시할 정도였다. 이에 북한 정권은 사회주의 건설을 위해 1945년 말 5도 행정국이 설치되자 '북조선 학교 교육 임시 조치 요강'을 발표하여 과거의 국민학교를 '인

---

325) 위의 책, p. 319.

326) 한만길(1997), 앞의 책, p. 43.

327) 이러한 현상은 일제의 교육정책과 밀접히 관련되어 있다. 일제는 일제통치기간 한국인의 고등교육을 제한하였고, 일본인과 구별하여 한국인의 교육기회를 제한하는 민족차별적인 교육을 실시하였다. 예를 들어 일제하 한국의 유일한 대학이었던 경성제국대학의 교직원 분포를 보면, 1943년에 총 교직원 283명 중 조선인은 23명으로 전 교직원의 8. 13%를 차지하였다(오천석, 『한국신교육사』, 서울 : 현대교육총서 출판사, 1964. pp. 367~9.). 또한 일제 식민지시기에 공업, 농업, 의학, 교육분야 등 중등전문가를 양성하는 전문학교가 설치되었는데, 중등학교 입학생 구성을 보면 한국학교이지만 일본인 학생이 훨씬 많았음을 알 수 있다. 공과계열의 경성공업전문학교는 한국학생과 일반학생의 비율이 1:7, 광산전문학교는 1:4, 부산수산학교는 1:6이었다(이만규, 『조선교육사』 상권, 서울 : 을유문화사, 1947. pp. 367~9.). 일본은 한국인 학생들의 고등 기술교육의 기회를 가능한 한 제한하였으며, 이러한 현상은 전문학교에서 고등교육으로 갈수록 심화되었는데, 이는 해방 후 북한의 국가건설에 심각한 장애가 되었다.

민학교'로 명칭을 바꾸었다. 또한 '북조선 교육이념'이라는 성명서에는 북한 주민들에게 문화발전을 도모하는 교육을 하여야 한다는 점을 강조하고 조선어와 역사과목을 강조[328]하면서 학교 교육을 개편하기 시작했다.

북한의 이러한 탈일본식 사고방식의 교육을 좀 더 구체적으로 제시하고 있는 것이 1946년 2월 8일에 발족한 북조선 임시 인민위원회가 동년 3월 28일에 발표한 소위 '20개 정강' 중 제10항[329]에서 북한 교육제도의 기본원칙을 천명하였다. 동 조항에서 '인민교육의 개혁을 실시하며 각종 학교 내에서의 교육과 교양사업에서 일본 교육제도의 잔재를 숙청하며 재산형편과 신앙 및 성별을 불문하고 전 조선인민에게 공부할 권리를 보장하고 동시에 조선민족문화, 예술 및 과학의 정상적 발전을 도모할 것'이라고 함으로써 일본교육의 잔재를 청산할 것과 교육의 기회균등, 민족문화의 발전 등을 주요 교육정책으로 제시하였다. 이 정강의 16항에서는 전반적 의무교육제를 실시할 것과, 18항에 국가기관과 인민경제의 각 분야에 요구되는 인재를 양성하는 특별학교를 설치할 것 등을 제시하였다. '20개 정강' 안에 교육에 관한 항목이 많은 것은 자체적인 교육 발전을 도모하려는 의도라기보다는 본질적으로 정통성이 결여된 김일성 정권이 북한 주민들을 하루빨리 사회주의 이념으로 무장시켜 정권의 창출과 유지에서 발생하는 저항을 극소화하려는 정책적 목적에서 출발한 것으로 볼 수 있다.

해방 후 남한 청년들이 선진 과학기술의 습득을 위하여 미국 등으로 유

---

328) 리영복, 『조선민주주의 인민공화국에서의 교육』, 평양 : 사회과학출판사, 1984. p. 56.

329) 교육도서출판사, 『해방 후 10년간의 공화국 인민교육의 발전』(평양 : 교육도서 출판사, 1955), p. 56. 한만길, 앞의 책, p. 43.

학한 것처럼, 북한 당국도 사회주의 지식인들을 양성키 위해 소련에 황장엽등의 유학생을 파견하였는데, 1946년에 160명, 1948년에 60명이었으며, 1949년에는 미지수의 학생들이 유학을 갔다[330]고 밝히고 있다.

이렇게 볼 때 일본 제국주의자들에게 지배되었던 북한의 교육은 정신적, 문화적으로 소련이라는 또 다른 강대국의 영향권 안에 다시 놓이게 되었다. 지식 습득의 원천인 소련을 제외한 여타 선진문화와 접할 수 있는 기회상실로 말미암아 북한은 한정된 '문화접변(accultulation)'만이 가능하였다. 따라서 선진 과학과 정보를 접할 수 있는 기회가 차단된 주민들 사이에서는 '소비에트화'라는 북한 정권이 의도하는 가치의 내면화는 수월치 않았다. 후에 실시된 '계급 교양', '혁명 전통교양', '주체사상' 등과 같은 이념 교육의 강조와 이에 따른 학제개편이 이를 입증해 주고 있다.

나. 1 · 2차 학제의 구성 및 특징

북한 정권은 〈도표 14〉에서와 같이, 1946년 12월 18일에 법령 제133호를 발표하여 제1차 학제개편을 단행하였다. 그리하여 1947년 4월 북조선 성인교육 및 직장교육체계에 관한 결정을 채택하여, 인민학교 4년, 초급중학교 3년, 고급중학교 3년, 대학 4년으로 하는 학제개편을 단행하였다. 그리고 인민학교와 초급중학교 단계에는 각각 성인학교와 성인중학교를, 초급중학교와 고급중학교 단계에는 각각 초급기술학교와 중학 전문학교를 설치하여 성인교육과 직장교육의 기능이 가미된 이 시기의 기본학제는 '4-3-3-4'의 골격을 유지하였다.

---

330) 조선중앙통신사, 『조선중앙년감』(평양 : 조선중앙통신사, 1950), p. 210.

학년	기본학교체제		성인학교체계	연수
21	대학(4년)			16
				15
20				14
19	교원대학(2년)			13
18				12
17	고급중학교	중학 전문학교		11
16				10
15				9
14	초급중학교	초급기술학교	성인중학교	8
13				7
12				6
11	인민학교		성인학교	5
10				4
9				3
8				2
7	예비반			1
6	유치원			

※ 출처 : 통일 조선신문사 편, '통일 조선 년감', 1955~1956, 동경 : 통일 조선신문사, 1966.

북한은 해방 이후에 소련의 사회주의 교육제도를 도입하였는데, 그 대표적인 예가 '기술전문학교'라 할 수 있다. 1946년 7월 8일 북조선 임시인민위원회는 결정 34호를 발표하면서 16개의 기술전문학교를 설립하였으며, 같은 해 10월 1일에는 김일성대학을 비롯하여 2년제 교원대학 4개를 설립하였다. 이어 1947년 2월 북조선인민위원회라는 중앙 정권이 등장하면서 사회주의 계획경제체제를 구축하기 위하여 학교를 증설하게 되는데, 이 시기에 평양의학대학, 함흥의학대학, 평양공업대학, 원산농업대학, 평양사범대학 등[331]이 설치되었다.

북한 정권은 1949년 1월에 다시 학제를 개편하였는데 그 내용은 〈도표 15〉와 같이 종전의 1년제 유치원을 3년제로, 4년제의 인민학교와 과정을 5년제로 하여 기초교육단계를 강화하였다. 따라서 기본학제는 '3-5-3-3-4'의 체계를 유지하게 된다. 이는 북한이 초등교육단계를 의무화하여 어렸을 때부터 사회주의 교육에 익숙하게 하기 위한 노력의 일환으로 볼 수 있다.

〈표 15〉 2차 학제-1949년 1월

학년	기본학교체제		성인학교체제	연수
21	대학(4년) 교원대학(3년)		성인학교	18
20				17
19				16
18				15
17	고급중학교(3년)	중학 전문학교		14
16				13
15				12
14	초급중학교(3년)	초급기술학교	성인중학교	11
13				19
12				9
11	인민학교(5년)			8
10				7
9				6
8				5
7				4
6	유치원(3년)			3
5				2
4				1
3				
학년	기본학교체제		성인학교체제	연수

※ 출처 : 통일 조선신문사 편, '통일 조선 년감', 앞의 책, p, 68.

331) 한만길(1997), 앞의 책, p. 43.

다. 초등의무교육을 위한 법령제정

1945년 8월 15일 대한민국 정부수립 이후 북한 최고인민회의는 1948년 9월 2일 헌법을 채택하였다. 이 헌법 제18조 교육에 관한 조항을 보면, '농민은 교육을 받을 권리를 가진다. 초등교육은 전반적으로 의무제이다. 국가는 빈한한 공민의 자녀에 대하여 무료로 교육을 받도록 보장한다. 전문학교 및 대학의 대다수 학생에 대하여 국비제를 실시한다. 교육용어는 국어로 한다.'332)고 규정하였다. 이어 동년 9월 9일 북한 정권의 수립·선포 이후 10일 최고인민회의를 다시 열어 1950년 9월부터 전국적으로 인민학교의 무료의무교육 실시, 빈한한 농민 자녀에게 교과서와 학용품의 무상지급을 규정하였다.

1950년 1월 최고인민회의에서는 초등의무교육 실시에 관한 법령을 보완하였다. 주요 내용을 보면, '학령 아동의 부모와 후견인은 학령 아동을 인민학교에 취학시킬 의무가 있다는 내용과 함께 교원의 확보와 우대, 교과서와 학용품의 공급, 성인학교와 특수 교육사업에 대한 지도사업을 강화한다.'333)는 내용이 포함되었다. 이와 같이 북한은 초등의무교육을 실시하기 위하여 제도적 보완작업을 추진하였으나 6·25전쟁으로 인하여 무산되고 말았다.

2. 전후 인민경제의 복구와 초등의무교육 실시(1953~1959)

가. 3차 학제 개편의 배경 : 전후복구를 위한 노력동원의 필요성

한국전쟁 중에는 교육정책의 실현이나 학교의 실질적인 교육의 기능

---

332) 북한연구소, 『북한총람』(서울 : 북한연구소, 1983), p. 1259.
333) 앞의 책, p. 1260.

은 거의 중단상태가 되었다. 1951년 전반기까지는 거의 모든 학교가 폐쇄되었으며 후반기부터 일부 학교가 개교한 것으로 알려져 있다.[334]

1953년 8월 당 중앙위원회 제6차 전원회의를 소집한 김일성은 '모든 것을 전후 인민경제복구발전을 위하여'라는 문건을 보고하고, 3개년 계획 (1954~1956)과 5개년 계획(1957~1961)을 수립하면서 중공업우선주의를 목표로 하였다.[335] 김일성은 이 회의에서 '노동력과 기술인재를 사용할 데 대한 중요성'을 강조하면서 성별에 따른 사회변동을 언급하고 있다. 그는 보다 중요한 생산활동에는 남자의 노동력을 투입하고, 경공업·공중위생·교통·체신·교육 부문에는 여성의 노동력을 투입[336]할 것을 종용하였다. 이를 위해 북한 정권은 여성들을 부엌일과 아이 보는 일에서부터 '자유롭게' 해방시키는 정책이 요구되었다. 이것은 여성을 가정으로부터 해방시킨다는 선언적 의미 이상으로 집단주의를 지향하는 공산화 작업의 일환으로 전개되었음은 물론이다. 이런 시책의 일환으로 1946년부터 유치원 및 아동 수가 꾸준히 증가[337]한 것을 알 수 있다.

여기서 주의할 점은 북한에서는 유아와 아동들에게 집단생활이 정상적으로 받아들여지기 때문에 그렇지 않은 사회에서 특수한 상황인 고아원에서 자라나는 아동처럼 정상적인 성장과 발달이 불가능하지 않을까 생각해 본다. 즉, 어느 사회에서나 어린이의 사회와는 어머니를 중심으로 한 가족이 주요 관장 기관이 된다. 그러나 북한은 정책적으로 여성 및

---

334) 한만길(1997), 앞의 책, p. 45.

335) 김동규, 『북한학 총론』(서울 : 교육과학사, 1999), p. 9.

336) 조선로동당출판사, 『김일성 선집』(5)(평양 : 조선로동당출판사, 1960), p. 76.

337) 『조선중앙년감』(1946~1963); 김형찬, 『북한 교육발달사』(서울 : 한백사, 1988), p. 209.

가족의 혁명화를 통한 전체 사회의 혁명화를 주장하며 어머니의 자녀 교양 기능을 강조하는 한편, 여성들이 노동에 동원될 수 있도록 자녀교육의 공공화, 집단화를 위한 시설의 확충을 서둘러 왔다. 탁아소, 보육원 등의 기관들은 어머니의 노동을 사회화함과 동시에 어린이의 정치 교양을 집중적으로 할 수 있는 강력한 기회를 마련한다는 이중의 역할을 하기 때문이다. 여성들이 생산 활동에 참여하는 동안 초등학교와 고등학교 학생들도 학교수업을 통하여 '사회주의 생산 활동'에 참가하게 된다. 1954~1955년에는 북한 중·고등학교가 심리학과 논리학에 대한 강의를 전폐하였고, 다음 학년도에는 수업 과정이 개조되어 중고등 및 대학생들이 '사회주의 생산 활동'에 적극적으로 참가하여 자기들의 능력을 발휘[338]했다고 주장한다.

나. 3차 학제의 구성 및 특징

위에서 제시되었듯이 이 시기 교육의 주요과제는 학교를 정상화시키고 전쟁 전 수준으로 회복하는 것이었다. 이러한 필요는 제3차 학제개편에 반영되어 1953년 7월 11일 내각결정 제111호에 의하여 채택되었다.

이 학제에 의하면 〈도표 16〉에서와 같이 인민학교는 5년에서 4년으로 수업연한이 1년 단축되었다. 초급중학교와 고급중학교는 종전과 같으나, 전문고등학교의 수업연한은 전문 분야에 따라 3년, 3년 6개월, 4년, 4년 6개월(의학 전문학교의 경우)로 증가[339]되었다. 반면에 경제 및 교육 분야의 전문 고등학교는 3년의 수업연한을 유지하였다. 따라서 기본학제는

---

338) 『해방 후 10년간의 공화국 인민교육의 발전』, 앞의 책, p. 209.
339) '인민학교 기술전문학교 및 대학의 학제개편에 관하여', 내각결정 제111호, 1953년 7월 11일.

'4-3-3-2-4'의 체계를 유지하게 되었다.

한편 성인교육기관(일하면서 배우는 학교체계)으로서 인민학교 단계에서 노동자학교(6개월~1년), 성인학교(2년), 전기 중등교육단계에서 야간기술학교(3년), 초급중학교(3년), 통신중학교가 설치되었으며, 후기 중등단계에서는 야간 기술전문학교, 통신기술전문학교, 노동청년학교에는 고급반과 기술 초급반을 두었다.

이외에 동 법령은 언어순화를 앞세워 '문화어 운동'을 전개토록 하였는데, 문화어는 주로 평안도나 함경도의 토속어를 발굴한 것으로 이것을 한자어와 대체시켜 교육과정에서 한문교육이 폐지되었고, 영어로 된 낱말은 모두 러시아어로 바꾸는 정책을 실시하였다.

이 시기 학교제도의 특징은 전쟁 후의 경제건설에 필요한 기술교육을 강조하고 초등의무교육을 충실히 하는 데 주력하였다는 점이다. 특히 학교제도뿐만 아니라 사회교육체계에서 성인근로자를 대상으로 다양한 기술교육형태를 제공하고자 하였다. 북한은 이 시기에 인민학교 4년까지 전반적 의무교육(1956)을 실시하도록 하였으며, 1958년에는 전반적 중등의무교육의 정착을 위하여 '기술의무교육제' 실시를 결정하였다.

〈표 16〉 3차 학제-1953년 7월 11일 내각결정 제111호

연령										학년
25		연구원 3년								
24										
23										
22		고급 교육기관(종합대학, 단과대학) 4~5년								15
21										14
20										13
19		교원대학 2년	고등기술 전문학교 2년		야간기술 전문학교 3~4년					12
18										11
17	혁명 유자녀 학원	노동 학원 3년	고급 중학교 3년	기술전문학교 3~4년 사범전문학교 3년	통신기술 전문학교 3.5~4년	노동 청년학교 고급반		고급반	통신 중학교	10
16										9
15						기술 초급반 1년				8
14		초급중학교 3년			야간기술학교 3년		고급반 초급반	야간 간부 학교	초급반	7
13										6
12					직공학교 2년	초급보급반 1년				5
11	초급 학원	인민학교 4년			노동자학교 0.5~1년	속성인민학교 1년	성인학교 2년			4
10										3
9										2
8					인민학교 4년					1
7	애육 학원	유치원 4년								
6										
5										
4										
3										

연령   학년

※ 출처 : 교육도서출판사 편, '교육학', (상), 앞의 책, p. 25.

다. 이데올로기교육의 강화

이 시기는, 교육체제를 새롭게 정비하여 공산혁명의 완수를 위한 재기 (再起)의 노력이 집중적으로 이루어짐과 동시에, 더욱 확고해진 김일성 독재체제하에서 사상교육을 강화하였다. 교육성은 1954년 5월에 공산주의 도덕교양의 효시가 되는 '민주적 도덕적 교양'을 발표하였다. 이 지시는 동년 7월에 '각급학교 내부 질서규정'과 동년 8월의 '학교 관리 및 학생 생활 표준 세칙'이라는 세분화된 규율과 더불어 학생 및 교원의 행동을 규제하는 지침[340]이 되었다.

1955년 4월 노동당 중앙위원회 전원회의에서 김일성은 '모든 힘을 조국의 통일독립과 공화국북반부에서의 사회주의 건설을 위하여'라는 테제를 발표하여 경제건설에 총력을 경주할 것과 계급교양사업의 강화를 강조하였다. 그는 이 연설에서 계급교양의 기본방향으로 첫째, 마르크스-레닌주의의 원리를 현실과 결부시켜 연구할 것, 둘째 유물변증법적 세계관의 확립, 셋째 최후 승리까지 투쟁하는 혁명투사 양성[341] 등이었다. 교육계에 즉시 반영된 이 연설로 인해 교원과 특히 교양을 위한 학습자료와 교과서를 만들어 출판하는 사람들이 이데올로기적 압력을 받게 되었다.

또한 이 중앙위원회 전원회의에서는 모든 교과서를 검토할 것을 결정하였고, 그해에 새로운 교과서가 발행되었다. 새 교과서들은 각 분야에서 '혁명적 낙관주의'를 강조하였는데, 특히 역사 · 정치학 · 경제 · 지리 · 물리 · 화학 · 생물과 체육에서 더욱 강조되었다.

이러한 '혁명적 낙관주의'로 대표되는 이데올로기 교육을 혁명 전통교

---

340) 『인민교육』, 1954년 8월호, p. 14.
341) 조선로동당출판사, 『김일성 선집』(4)(평양 : 조선로동당출판사, 1960), p. 252.

양이라는 명목으로 강요하였다. 김일성의 항일 투쟁을 미화하고 과장한 혁명전통교양은 후에 1930년대까지 소급되어 주체사상의 이념적 토대가 된다. 따라서 이념교육의 핵심은 패전의 책임을 회피함과 동시에 흐루시조프의 수정주의(修正主義)가 북한에 침투하는 것을 예방하고, 자신의 정치적 생명을 유지하기 위한 방어기제를 구축함에 있었다. 그러한 방어기제로 나타나는 것이 가혹한 동원에서도 김일성 정권에 순종하는 '혁명적 낙관주의'이다.

3. 산업화와 중등기술의무교육 도입(1959~1967)

가. 4차 학제개편의 배경 : 북한식 사회주의 교육체계 확립요구

이 시기는 기술교육 중심의 사회주의 교육체계를 확립하는 시기이다. 또한 북한이 전후 복구를 일단락 지으면서 정력적으로 사회주의 공업화에 박차를 가했던 시기이기도 하다. 제3차 교육제도 개혁은 산업화의 요구를 반영하여 실제적인 교육에 대한 요구, 즉 전문기술 인력에 대한 요구 속에서 이루어졌다. 이렇게 해서 개편된 학제는 지금까지의 소련 교육제도와 구분되었다. 즉 인문계열과 실업계열이 공존하는 학제가 아니라 인문계열을 폐지하고 일반교육과 기술교육을 통합하여 기술교육체계로 일원화시킨 북한식 사회주의 교육제도의 특징이 마련되는 시기[342]라 할 수 있다.

3차 학제개편의 배경에서 전술했듯이 1956년 3개년 계획을 통해 전후 복구사업이 어느 정도 성공리에 끝나자 사회주의적 공업화 즉, '농업 집

---

342) 신효숙, 앞의 책, p. 326.

단화'와 '개인 상공업의 협동화(국유화)'에 착수하였다. 그리고 1946년에 시작된 국유화 조치가 1958년에 종결됨에 따라 주민들의 노동의욕이 저하되자, 북한은 군중노선에 의해 생산성 제고를 위한 대중동원을 전개하였다. 이러한 운동의 유형에는 '천리마운동', '3대 혁명소조운동', '속도전' 등이 있다.

천리마운동[343]은 스탈린의 스타하노프 운동이나 중국의 대약진 운동과 비슷한 것으로, 1956년을 시발로 하여 1964년까지는 '천리마를 탄 기세로 달리자'라는 구호와 함께 북한 전 지역에 걸쳐서 전면적으로 추진되었다.[344] 김일성에 의해 주창된 천리마운동은 사상혁명과 기술혁명이 곧 생산확대와 경제발전의 기본역량이라고 보고 있다. 따라서 노동자들을 공산주의 사상과 교양으로 교육하여 개조함으로써 혁명적 열의와 창조적 재능을 발양시키고 잠재적인 예비와 가능성을 동원하여 이른바 사회주의 건설을 촉진시킨다는 것이다. 이 운동의 범위는 공업·농업·건설·교육 등 모든 영역을 포괄하며, 중심과업은 사상혁명·기술혁명·문화혁명 등이다. 여기서 '사상혁명'은 사람과의 사업을 잘하는 것이며, '기술혁명'은 설비 자재와의 사업을 잘하는 것이며, '문화혁명'은 책과의 사업을 잘

---

343) 천리마운동은 물질적 유인보다 공산주의 사상강화를 통해 증산을 이룩하는 데 기본 특징이 있다. 즉 당에 대한 충성이 곧 증산과 통하게 되어 있다는 점에서 최소의 비용 또는 비용을 전혀 들이지 않고 증산을 기대하는 정책인 것이다. 이는 사회주의 경제체제에 있어서도 증산을 위한 물질적 유인이 중요하다고 하는 것은 그들의 독립채산제나 분조관리실시 등을 통해서도 잘 알 수 있는 사실이다.
· 북한에서 천리마운동은 1957년(김일성의 '강선제강소 방문'), 1998년(김정일의 '성진제강소 방문'), 2009년(김정일의 '천리마 제강련합기업소 방문')에서 재강조되었다. 이에 대한 자세한 사항은 제5절 '교육제도의 문화적 성격' 부분을 참조할 것.
344) 정세현, "북한과 중국의 군중 노선 비교연구", 『자유아카데미 논총』(제1집)(서울 : 자유아카데미, 1977), p. 121.

하는 것이라고 강조하고 있다.

나. 4차 학제의 구성 및 특징

1958년 10월 9일 내각결정 제121호 '전반적 중등의무교육제를 실시하며 기술 의무교육제를 준비할 데 관한 법령을 성과적으로 집행할 데 대하여'라는 법령이 채택되었다. 이어 1959년 10월 26일 최고인민회의와 동년 10월 28일 '내각결정 제2호'로 발표된 교육법으로 인해 학제개편이 다시 이루어지게 되었으며, 1960년 9월 1일부터 시행[345]하도록 하였다.

1959년 10월 28일 발표된 교육법령에 근거하여 정리한 제4차 학제개편은 〈표 17〉과 같다. 이 법령은 4년제 초등교육과 3년제 초급중학교를 포함하는 7년제 일반교육제도를 설정하였다. 3차와는 달리 고급중학교를 폐지하고 대신 7년제 일반교육제도 위에 두 단계로 나뉜 4년제 기술학교(기술학교와 고등기술학교)제도를 창설하였다. 이렇게 하여 7년제 일반교육제도는 계급교양과 혁명전통교양[346]을 강조하였고, 그 위에 창설된 4년제 기술교육은 1인 1기 교육에 중점을 두었다. 기본학제인 보통교육 체계는 '4-3-2-2-4'의 체계를 유지하게 되며, 2년제 기술학교는 1962~1963학년도부터 의무교육으로 실시하게 되었다. 그 외 야간통신기술학교와 교원대학, 사범대학, 예술학교와 외국어학교, 체육학교[347]들은 1960년부

---

345) 대륙연구소 편, 『북한법령집 1~5』(서울 : 대륙연구소, 1982), pp. 2126~2199.

346) 한만길(1997), 앞의 책, p. 47. 1961년 9월 김일성은 7개년 계획기간(1961~1967) 동안에 교육정책의 기본방향을 ① 새로운 형의 인간육성, ② 교육과 생산의 결합, ③ 기술교육의 강화, ④ 혁명전통교양의 강화, ⑤ 성인교육의 강화, ⑥ 천리마운동의 강화, ⑦ 공산당의 지도 강화 등을 들고 있다.

347) 교원대학(3~4년)은 유치원·인민학교·중학교 교원을 양성하며, 사범대학(4년)은 기술학교·고등기술학교 교원을 양성한다. 그리고 체육학교·외국어학교·유자녀학원·영예

터 1962년 사이에 설치[348]되었다.

〈표 17〉 4차 학제-1959년 내각결정 제121호

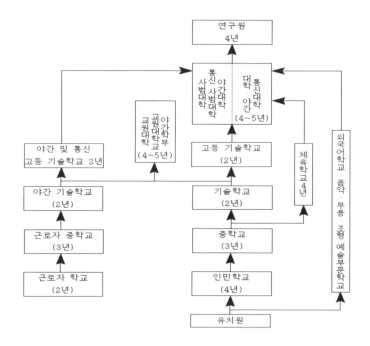

※ 출처 : 교육위원회, 〈인민교육〉, 1959년 11월호, p. 25.

기술학교제도는 1959년 학제개편이 공식적으로 발표되기 이전에 이미 운영되고 있었다. 즉 최고인민회의는 1958년 10월 2일에 법령을 제정

군인학교·맹롱아학교 등은 특수목적 교육체계에 해당한다. 그리고 성인교육체계(근로자학교, 근로자 중학교, 야간기술학교와 야간고등기술학교 및 통신고등기술학교, 그리고 대학에는 통신 및 야간학부로 통신 및 야간교육체계)를 확립하여 일하면서 배울 수 있도록 하였다.

348) "법령-인민교육체계를 개편할 데 대하여(1959. 10. 23); 『인민교육』(11호)(평양 : 인민교육사, 1959), pp. 3~6.

하여 초급중학교 졸업생을 대상으로 하는 기술학교를 설치[349]할 것을 결정하였다. 그 결과 1958년에 이미 143개의 기술학교와 4개의 야간기술학교를 개설하여 운영하고 있었다. 또한 1957년부터 시작한 5개년 경제계획으로 각급학교는 과학기술교육의 강화와 함께 혁명전통의 교양교육에 주력하게 되었다. 당시의 중학교 진학률이 1957년도의 통계로 92.2%, 1958년은 전년도 졸업자와 합하여 108.2%였다.

1959년 학제개편의 특징은 다음과 같다. 첫째, 학제개정은 무상교육 및 7년제 의무교육의 실시를 목표로 이루어졌다. 1959년의 학제개정에 앞서 1958년 11월 1일 내각결정 제133호 '교과서 및 학용품 무상급여에 관한 규정'을 통하여 북한전역에 7년제 중등의무교육이 실시되었으며, 인민학교, 초급중학교 학생들에게 교과서와 학용품을 저렴한 가격으로 공급하도록 하였고, 1959년 3월 2일 내각결정 제18호 '학생들의 수업료를 전반적으로 폐지할 데 대하여'를 통하여 모든 교육기관에서 수업료를 완전히 폐지하도록 하였다.

둘째, 해방 이후 15년간 인문계열과 실업계열로 이원화 되었던 중등학교 계열을 폐지하고 일반교육과 기술교육을 결합한 단일 기술중등교육체계를 확립하였다.[350] 기술교육강조는 기술자와 기능공의 부족을 타개하고, 당시의 북한 사정에서는 비생산적인 인문과목과 이론만을 배우게 되는 폐단을 시정하겠다는 생각에서 기술일변도 정책으로 전환시킨 것으로 생각된다. 이것은 구소련의 교육관에서 연유한 '이론과 실천의 결합원리'에 따라 각급학교에 생산노동실습을 많이 부과하여 전후 파괴된 사

349) 대륙연구소 편, 『북한법령집 4』, pp. 2123~2125.
350) 신효숙, 앞의 책, p. 329.

회의 건설 복구현장에 학생들을 투입하려고 한 것으로 생각되는데, 이러한 사실은 '배우면서 일하고 일하면서 배운다'는 구호에서도 명확히 파악된다.

다. 혁명 전통교양의 중시

'혁명전통교양'이란 김일성을 비롯한 북한의 권력층이 항일 유격투쟁을 전개한 혁명가라는 것을 주민들에게 인식시킴으로써 그들의 특권적 지위에 역사성을 부여하고 김일성에게 사이비 카리스마를 부여하자는데 있다. 따라서 '혁명전통교양'으로 구성된 주체사상은 완전히 새로운 것도 아니고 마르크스-레닌주의, 스탈린주의, 모택동주의를 혼합한 북한식 사회주의체제를 합리화하기 위한 교의(教義)라 할 수 있다.

북한 정권이 '혁명전통교양'이라는 자주노선을 내세우게 된 계기는 1960년대라는 대내외적 정치정세의 변동에 적응하면서 새로운 방향의 정치적 통합을 이루기 위한 주체성을 표면화 한 것으로 그들의 정치노선과 교육정책에 있어 커다란 전환을 의미한다. 이때부터 소련 의존적인 상태에서 탈피하여 이른바 김일성 유일사상을 확립하기 위한 모색적 정략을 펴기 시작한 것으로 볼 수 있다.

김일성 우상화의 첫 기도는 그의 미진한 항일 투쟁 기간의 신격화된 혁명전통의 조작이라고 하겠다. 이러한 신화구성은 무엇보다도 그의 인격에 있어서 초인적 자질을 부각시킴으로써 사이비 카리스마를 형성하고자 함에 있다.[351] 카리스마적 지도자는 원래 평범한 인간과는 달리 초인적인 또는 예외적 능력을 부여받은 특징적 자질의 소유자로 부각된다.

---

351) 이용필 편, 『북한 정치 체계』(서울 : 공산권 연구소, 1973), p. 520.

그러한 지도자는 모든 개인의 헌신을 요구한다. 카리스마에 의지한 정치체계는 피지배 대중으로부터 정서적 유대를 유도함으로써 정당성을 지속하려고 한다. 김일성의 사이비 카리스마도 이러한 맥락에서 설명될 수 있다.

김일성은 이러한 연유에서 1958년 '공산주의 교양에 대하여'라는 중요한 연설을 하였다. 그는 이 연설에서 교육에서 큰 변화가 있어야 한다고 강조하면서 사상교육을 철저히 할 때에만 모든 근로자들이 공산주의자가 될 것이라고 주장하였다. 또한 이를 위한 교육내용으로서 김일성은 자신의 항일투쟁시기와 민주개혁시기, 그리고 조국 해방 전쟁 시기 및 전쟁 후 복구를 위한 투쟁을 통하여 쌓아올린 혁명전통으로 사람을 교양시켜야 한다고 주장하였다.

4. 산업화 진전과 9년제 기술의무교육실시(1967~1972)

가. 5차 학제개편의 배경 : 주체사상을 통한 유일지도체제 구축

5차 학제는 사상교육 강화를 통한 권력세습의 정당화 그리고 산업화 발전[352]에 따른 산업현장에서의 기술혁신과 기술인재의 양성을 목적으로 개편되었다. 그런데 1960년대 북한을 둘러싼 국제적 환경은 긴장이 고조된 위기의 시기였다. 즉 남한에서는 5·16쿠데타의 발생과 이를 계기로 한 미국과 남한, 일본을 잇는 정치·경제·군사적 협력체제가 모색되고, 그 일환으로 한일회담이 추진되고 있었으며, 1962년 쿠바사태 그리고 북한의 동맹국들이자 사회주의 진영의 양대 강국이었던 소련과 중

---

352) 신효숙, 앞의 책, p. 329.

국의 갈등이 심화되면서 북한은 소련·중국과 격렬하게 대립[353]하면서 주체사상[354]이 교육에 적극 도입되어 김일성 중심의 유일지도체제를 구축하게 되었다.

그리고 1962년 10월 쿠바위기를 계기로 북한은 군사력 증강의 필요성을 절감하여 1962년 12월 당 중앙위원회에서 북한의 군사정책의 기본이 되며 군사정책의 완성이라고 할 수 있는 '4대 군사노선'이 채택[355]되었다. 한편 중·소 이념분쟁의 영향으로 사회주의 국가들의 대북한 원조가 격감함에 따라 경제계획이 차질을 빚기 시작했고 대내지향적 공업화 정책은 한계를 보이기 시작하자, 북한은 경제건설의 기본노선으로 '자립적 민족경제건설노선'을 전면적으로 제창하였다. 당시 사회주의적 국제분업을 주창하던 소련과의 갈등 속에서 제창된 이 노선은 '경제적 독립 없이 정치적 자주도 없다'는 구호와 함께 내세워졌다. 이것은 하나의 국가가 정치적으로 자주성을 유지하기 위해서는 경제적 자립이 필연적이라는 인식[356]에 기초하여 나온 구호였다.

---

353) 이종석, 앞의 책, p. 81.

354) 교육도서출판사, 『사회주의 교육학』(평양 : 교육도서출판사, 1975), p. 44. 주체사상이 학교 교육에 스며들기 시작한 것은 1960년대 후반 '사회주의 교육학'이라는 명칭이 사용되기 시작하면서 부터라고 볼 수 있다. 김일성은 1968년 3월 14일 연설을 통하여 '학생들을 사회주의, 공산주의 건설의 참된 후비대로 교양·교육하기 위해서는 낡은 사상을 버려야 한다'고 강조하였다. 여기서 사회주의 교육학의 원리란 '청소년들을 공산주의로 교양함으로써 그들을 혁명화·노동계급화하는 것'을 의미한다.

355) 신효숙, 앞의 책, p. 330. 4대 군사노선의 채택으로 인해 국방과 경제건설을 병행한다는 무리한 정책이 시행되어 경제희생의 대가로 얻어진 강한 군사력을 보유하게 되었다. 이로 인해 북한은 현재까지 빈곤한 경제상황을 초래하게 되었으며 교육에도 반영되어 다시 학제개편이 이루어졌다고 볼 수 있다.

356) 이종석, 앞의 책, p. 81. 이종석은 1961년 시작된 7개년 계획은 국방비 증가(국내총생산의 20~30%)와 맞물리면서 부진을 보임으로써 1967년에 끝나야 할 계획이 3년 연장되어 1970년에야 완료될 정도로 경제발전이 지체되었다고 본다.

나. 5차 학제의 구성 및 특징

북한은 1966년 11월 14일에 8개항을 포함한 4개조[357]로 된 교육개정을 발표하였다. 이 개정에 따르면 9년제 기술의무교육이 1967년 4월 1일부터 시작되며, 종전의 기술일변도에서 벗어나 공산주의 문화교양을 높여줌으로써 정치사상교육을 강화시켜 주고자 하는 의도에서 비롯된 것이다.

이 법령에 이어 1970년 11월 노동당 5차 대회에서는 교육정책의 기본원칙을 제시하였다. 이를 살펴보면, 첫째, 학교에서 기술자, 전문가를 대량 양성하는 것, 둘째, 학교의 물질적 토대 구축, 교원대열의 정비, 교육내용과 방법의 개선, 성인교육과 학령전 교육강화, 청소년들의 혁명·노동계급화, 셋째, 청소년 교양에서 부르주아사상, 봉건사상, 방임사상을 반대하고 사회주의 문화건설을 위한 사상혁명의 중요성을 역설[358]하였는데, 이는 결국 이 학제가 목적하는 바가 기술교육과 사상교육임을 알 수 있다.

9년제 종합기술 의무교육제도는 〈도표 18〉에서 보는 바와 같이 4년의 인민학교와 5년제 중등교육이 해당된다. 구체적으로 5차 학제의 구성을 보면, '일반교육체계'는 인민학교 4년, 1959년 교육개정령에 의해 설립되었던 3년제 중학교와 2년제 기술학교를 통합하여 새로운 5년제 중학교, 새로이 설립된 2년제 고등학교, 1959년에 설립된 2년제 고등기술학교는 3~4년제로 변경되었고, 대학(4~6)으로 구성된 '4-5-2-4'체계를 유지하게 된다. 한편 이 학제개편으로 사범학교도 많이 변경되었다. 보육원과 유치원 교양원을 양성하는 3년제의 고등사범학교, 인민학교의 교원을 양성

---

357) "전반적 9년제 기술의무교육을 실시할 데 대하여", 1966년 11월 24일 법령.
358) 한만길(1997), 앞의 책, p. 48.

하는 4년제 교원대학과 중학교·고등학교·고등기술학교의 교원을 양성하는 4년 내지 5년제 사범대학[359)]을 설치하였다.

〈표 18〉 5차 학제-1966년 11월 24일 법령

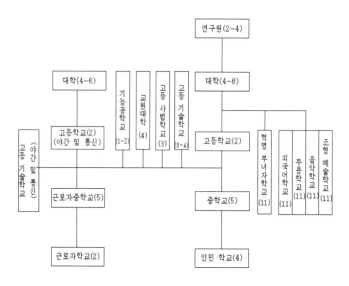

※ 출처 : 북한연구소, 〈북한총론〉, p. 25.

1967년 학제개편의 특징을 살펴보면 첫째, 1959년 학제개편과는 달리 교육과정 내용의 변경에 초점을 맞춰, 김일성 우상화 과목이 정식으로 등장하기 시작하였다. 1968년부터 김일성 혁명활동과 공산주의 도덕과목이 교과목으로 편성되어 유일사상 교양을 강조[360)]하게 되었다. 이러한 변화는 종전의 기술교육 일변도에서 벗어나 공산주의 문화교양을 넓혀 줌

---

359) 신효숙, 앞의 책, p. 330~331.
360) 한만길(1997), 앞의 책, p. 48.

으로써 정치사상 무장을 강화시켜 주는 데 있다.

둘째, 1967년 개편 이후 북한 정권은 학생들로 하여금 공산주의 후비대로 자라나게 한다는 구실하에 전투적인 군사훈련[361]을 실시하여 학생들의 군사력을 정규군화하는 데 성공하였다. 그리고 1970년 김일성 생일을 기하여 고등중학교 3~5학년 학생들 가운데 당성과 출신성분이 좋은 자를 뽑아 '붉은 청년 근위대'를 조직하였다. 이와 같은 군사훈련의 실시는 교육의 본래 취지와는 맞지 않다. 왜냐하면, 교육이란 '인간이 인간발달을 의도적으로 지도하여 하나의 성숙하며 가치 있는 인간으로 육성'하는 작용이기 때문이다. 따라서 학교현장에서 교육본래의 취지를 상실한 채, 북한의 교육은 점차 투쟁적·호전적인 성격을 띠게 되는데, 이는 결과적으로 북한 정권은 날조되고 미화된 1930년대 항일무장 투쟁시기의 김일성의 경험을 살리는 훈련을 강행하고 있다고 볼 수 있겠다.

다. 주체적 인간개조사업의 강조

주체사상은 공산주의를 최고의 목표와 가치로 인식하도록 하기 위해 교육을 강조하는데, 그것이 바로 '주체적 인간개조사업'이다. 이를 위해 북한은 소련의 철학교정을 모방한 『철학강좌』(김일성 어록으로 구성된 김일성 방송대학 교재) 제3장에서 '인간 존재 및 인간개조' 문제를 다루고 있다. 이 교재에서는 인간개조사업이 가장 중요한 혁명 과업이며, 이를

---

361) "북한 1월호"(서울 : 북한문제연구소, 1977), p. 53. 사실 북한에서 군사훈련은 5차 학제 때 처음 도입된 것이 아니라, 1958년부터이다. 1958년 인민무력부가 학생군사훈련의 지휘와 통제를 직접 관장하였다. 그리고 1959년 노동적위대의 발대와 함께 학교에서 학생적위대가 발대되어 학생들도 무장을 하게 되었고, 1964년에는 학생군사훈련소를 설치하여 대학생들에게 졸업 전에 2~3개월간 입소시켜 종합군사훈련을 받도록 제도화하였다.

모든 사업보다 우선시해야 할 근거로 두 가지를 제시하고 있는데, 첫째, 자연과 사회의 주인은 바로 사람, 즉 인민대중이고, 둘째, 세상에서 가장 힘 있는 존재는 사람이며 혁명과 건설을 추진하는 무궁무진한 힘이 사람들 인민대중에게 있다는 것이다. 사람들을 혁명과 건설로 이끌기 위해서는 그들을 공산주의로 교양개조하는 인간개조사업을 힘 있게 추진해 나가야 한다[362]고 주장한다.

그런데 주체사상은 사람을 모든 것의 중심으로 삼는 철학이라고 역설하면서도 사람이 무엇을 의미하는가의 규정은 없다. 사람이 인민대중이라고 해석할 수 있지만, 주체사상의 전반적 흐름을 볼 때 사람은 분명 김일성 일인이며, 사람을 중심으로 한다는 것은 김일성 한 사람을 중심으로 한다는 논리로 해석할 수밖에 없다. 따라서 인간개조사업을 강조한 것은 김일성 일인에 의해 유일지배체제의 공고화와 더불어 김정일에로의 권력승계를 정당화하기 위한 논리라 할 수 있다.

5. 유일사상확립과 11년제 의무교육제도 도입(1972~1987)

가. 6차 학제개편의 배경 : 김일성 유일지도체제의 확립과 김정일의 등장

북한에 있어서 1970년대는 정치적·교육적 측면에서 매우 중요한 시기이다. 왜냐하면, 1972년 12월 27일 북한 지도부는 기존의 헌법을 폐지하고 '조선민주주의인민공화국사회주의헌법'을 공포하였다. 한편 1960년대 후반부터 조선노동당 중앙위원회 주요 부서에 주체사상의 유일사상화와 체계화 작업을 주도한 김정일이 1974년 2월에 북한 권력의 핵심부인 조

---

362) 김일성 방송대학 강의록, 『철학강좌』(평양 : 김일성 방송대학 출판부, 1975), pp. 156~161.

선노동당 중앙위원회 정치위원회 위원이 되면서 후계자로 공식 등장[363)
하게 된다.

이 시기 북한의 교육정책은 '온 사회의 주체사상화'[364)를 통하여 김일성의 유일지도체제의 확립[365)을 제시하면서 주체사상을 교육원리에 반영하는 법령들이 발표되었다. 대표적으로 1975년 4월 10일 최고인민회의는 '전반적 11년제 의무교육에 관한 법령집행 총화에 대하여'를 발표하여 사회주의 공업화를 달성한 토대위에서 사회주의 제도를 더욱 발전시켜야 하며, '사상·기술·문화의 3대 혁명이 심화 발전되고 있는 새로운 요구에 맞게 인민교육제도를 더욱 완성하고 의무교육의 수준을 높이기 위하여 전반적 10년제 고등의무교육과 1년제 학교 전 의무교육을 실시하게 되었다'[366)고 밝히고 있다. 그리고 1976년 4월 29일 '조선민주주의 인민공화국 어린이 보육교양법'을 제정하여 취학 전 1년의 교육을 의무교육에 포함할 것을 규정함으로써 취학 전 교육에 대한 정책적 방향을 제시하였다. 또한 어린이들을 '혁명위업의 계승자'로 육성하기 위하여 주체사상교육강화, 국가기관의 특별한 배려, 어머니에 대한 보호, 보육교양기관의 지도관리 등에 관한 지침[367)을 결정하였다. 그리고 1977년 '사회주의 교육에 관한 테제'가 발표됨으로써 사회주의 교육학체계가 외견상 완비되었다.

363) 이종석, 앞의 책, p. 80~81.

364) 위의 책, p. 84. 온 사회의 주체사상화는 1980년 10월 제6차 조선노동당 대회에서 주창되었다. 또한 이 대회에서 사회주의 경제건설의 10대 전망목표가 제시되었고, 김정일은 당 내 3대 권력기구인 당 중앙위원회 정치국 상무위원, 비서국 비서, 군사위원회 위원으로 선임됨으로써 후계체제가 완성되었다.

365) 신효숙, 앞의 책, p. 332.

366) '전반적 11년제 의무교육에 관한 법령집행 총화에 대하여'; 신효숙, 앞의 책, p. 333.

367) 북한연구소, 앞의 책, p. 1265.

나. 6차 학제의 구성 및 특징

6차 학제는 1972년 9월 1일 노동당 중앙위원회 회의에서 전반적 10년제 의무교육의 실시 결정, 1972년 12월 27일 공포된 헌법 제41조에서 전반적 10년제 고등의무교육의 보장[368]에 이어 1973년 4월 9일 최고인민회의 제5기 제2차 회의에서 11년제 의무교육제와 학제개정안이 공포되면서 구체화되었다.

이 법령에 의하면 11년제 의무교육은 유치원, 인민학교, 고등중학교 모두 1972~1973학년도부터 시작하여 1975~1976학년도에 전국적으로 시행하도록 결정하였다. 그리고 학교 교육 대상은 만 6세 아동부터 만 16세 청소년[369]을 포함함으로써 5차 학제에 비해 인민학교 입학연령이 만 7세에서 6세로 내려가게 되었다.

〈도표 19〉에서와 같이 기본학제는 '1-4-6-4'제의 체계를 갖추게 된다. 이를 살펴보면, 1973년까지 있던 4년제 인민학교는 그대로 두되, 2단계인 중등교육기관을 모두 통합함으로써 6년제 고등중학교를 새로 만들어 10년제 의무교육을 실시하도록 조치하였다. 1972년부터 실시된 고등 의무교육제도는 1974년에 와서 91%가 실시되었고 1975년 9월 1일부터는 북한의 전 지역에 걸쳐 완전히 실시되고 있다.[370]

---

368) 대륙연구소, 『북한법령집 1』, p. 32.
369) 『북한법령집 4』, p. 2135~2138.
370) 『조선중앙년감』(1976), p. 35.

〈표 19〉 6차 학제-1973년 최고인민회의법령

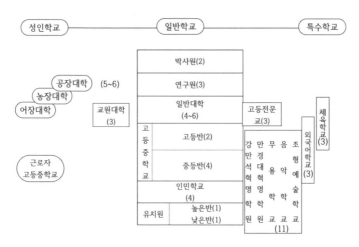

※ 출처 : 국토통일원 통일연수원, 『민주통일론』, 1988, p. 248.

1973년 학제 개편의 특징은 다음과 같다. 첫째, 의무교육은 도시와 노동자치구에서부터 농촌으로 퍼져 실시하고, 농촌에는 변방 지대로부터 산간지구로 확장되도록 계획함으로써 급격한 제도변화에 적응할 수 있게 하였다는 점이다.

둘째, 사상교육 강화를 목적으로 이루어졌다.[371] 11년제 의무교육은 '사회주의 교육학'의 원리를 철저히 관철하기 위해 '교육교양사업에서 당의 유일사상체계를 철저히 세워 모든 새 세대들을 당과 혁명에 끝없이 충실한 주체형의 공산주의 혁명인재로 튼튼히 준비'시킬 것이다. 이를 위해 각급학교의 학생들에게 전국에 널려 있는 혁명사적지나 전적지를 순례시키거나 백두산 항일 투쟁 유적지의 답사 행군, 수학여행 등의 이름으로

---

371) 신효숙, 앞의 책, p. 333.

견학을 강화했다.[372]

셋째, 해방 이후 북한에서 다섯 차례에 걸쳐 이루어졌던 학제개정 경험을 종합하여, 인문계와 실업계의 계열분화를 완전히 폐지하고 모든 학생들이 유치원 높은반-인민학교-고등중학교로 연결되는 11년제 무상의무교육을 완성했다는 점이다.

다. 고등교육의 강화

해방 당시 북한 지역에는 대학이 존재하지 않았지만, 김일성종합대학이 1946년 9월부터 개교[373]한 이래 사회 각 분야에서 공산주의 이념을 철저히 구현할 민족간부 및 전문가 양성을 목적으로 고등교육기관을 계속 확대하여, 2009년 현재 북한 고등교육기관 재학생은 총 726,766명이다. 여기에는 직업학교(1~2년), 전문학교(2~3년) 그리고 대학교(4년제 이상) 및 대학원 과정이 모두 포함되어 있다. 좀 더 구체적으로 살펴보면, 직업·전문학교 재학생은 289,970명, 대학·대학원 480개교로 재학생은 436,796명[374]이다.

북한에서 고등교육은 '학업을 전문으로 하는 고등교육체계'와 '일하면서 배우는 고등교육체계'로 구분되는데, '학업을 전문으로 하는 고등교육체계'는 종합대학과 단과대학, 전문학교에서 이루어지는데, 단과대학은 전문적인 기술을 습득한 기사양성을, 전문학교는 현장기사 양성을 목

---

372) 김동규, "북한 교육학의 성립근거와 학교 교육의 전개과정", 김형찬 책임편집, 『북한의 교육』(서울 : 을유문화사, 1990), p. 23.

373) 김동규·김형찬, 『북한 교육사 : 조선교육사 영인본』(서울 : 교육과학사, 2000), p, 103.

374) 한만길 외, 『북한의 교육통계 및 교육기관 현황분석』(서울 : 한국교육개발원, 2010), pp. 43~50.

적으로 각 도와 주요 도시에 분산·배치[375]하되, 지역적인 특성과 요구에 맞게 특성화시켰다.

'일하면서 배우는 고등교육체계'는 1971년 성천, 단천, 해산 등지에 공장대학이 새로 창설된 이후 1980년대부터 본격적으로 공장·농장·어장 대학들이 본격적으로 실설·확대되었다. 일하면서 배우는 교육체계는 생산현장에 종사하면서 교육을 받게 하려는 북한 정권의 정책과 주민의 고등교육에 대한 사회적 욕구의 증대가 결합되어 확산되었다[376]고 볼 수 있다. 그런데 여기서 주목해야 할 점은 1980년대 이후 북한의 고등교육체계는 1973년도의 학제의 기본 틀을 유지하면서도 '학업을 전문으로 하는 고등교육체계'와 '일하면서 배우는 고등교육체계'로 이원화 되었다는 점이다. 이는 고등교육체계가 목표로 하는 바가 온 사회의 인텔리화를 목표로 한 양적 확대에 주력했다고 볼 수 있다.

라. 사회주의 교육에 관한 테제

김일성은 1977년 9월 5일 로동당 중앙위 제5기 제14차 전원회의에서 이러한 교육목표를 실천하기 위한 정책지침으로 '사회주의 교육에 관한 테제'[377]를 내놓았다. 이 테제는 사회주의 교육학의 기본원리, 사회주의

---

375) 김동규·김형찬, 앞의 책, pp. 777~789.

376) 한만길 외, 앞의 책(2010), pp. 43~50.

377) 김일성, 『사회주의 교육에 관한 테제』(평양 : 조선노동당출판사, 1977). 1997년 김일성 교시문을 토대로 이루어진 정치사상교양과 과학 · 기술 · 체육, 교육원리에 따른 각급학교와 각급 교과내용이다. 여기서 테제란, '어떤 중대한 사회적 문제에 대한 입장과 태도, 그것을 행하기 위한 기본원칙과 방도' 등을 함축적으로 서술한 '강령'으로 풀이되고 있다. 북한에서는 사회주의 교육사업에서 제기되는 이론·실천적 문제들을 과학적으로 해결했다고 평가하고 있다.

교육내용, 사회주의 교육방법, 사회주의 교육제도, 교육기관의 임무와 역할 및 교육사업에 대한 지도와 강조 등의 체계로 이루어져 있다.

먼저 '사회주의 교육학의 기본원리' 장에서는 기본원리와 함께 사회주의 교육에서 지켜야 할 원칙들을 명시했다. 김일성은 사회주의 교육의 기본원리는 '사람들을 혁명화, 노동계급화,[378] 공산주의화'[379]하는 것이며, 사회주의 교육이 그 목표와 사명을 다하기 위해서는 이 기본원리를 철저히 구현해야 한다고 강조하고 있다. 또한 사람들을 자주성과 창조성을 가진 공산주의적 혁명인재로 키우는 것을 교육목적으로 제시하고 있다. 이어서 사회주의 교육에서 지켜야 할 원칙으로 교육에서 당성·노동계급성 구현, 교육에서 주체 확립, 교육과 혁명실천의 결합, 국가의 교육사업의 책임 등이다.

---

378) 테제의 핵심은 '혁명관'과 '인간관'으로 설명할 수 있다. 여기서 혁명화·로동계급화는 혁명관, 공산주의화는 인간관에 해당한다. 혁명관이란, 공산주의를 달성하기 위한 사상 혁명과정이라 볼 수 있다. 테제에서는 '사회주의 교육은 사회주의 · 공산주의를 위한 로동계급의 혁명실천과 결합되어야 한다……교육을 혁명실천과 결합하는 것은 사람들을 쓸모 있는 산지식과 실천능력을 겸비한 공산주의적 혁명인재로 키우기 위한 필수적인 요구이다.'라고 하여 '주민들로 하여금 혁명의 필요성을 계속 믿고 당이 제시하는 혁명사상과 행동지침에 따르도록 하는 정치사회화를 추진하고자 한다'고 주장한다. 이는 결국 교육내용까지도 혁명성으로 일색되어 있음을 알 수 있다.

379) 테제에 의하면 사회주의 교육학은 사람들을 사회와 인민을 위하여 사회주의·공산주의를 위하여 몸 바쳐 투쟁하는 공산주의적 혁명인재로 키움으로써 사회주의 제도를 위하여 복무하고 로동계급의 혁명위업에 이바지하여야 한다는 것이다. 이 글을 추론해 보면, 공산주의적 새인간으로 전제된 자주성과 창조성은 북한의 주체사상의 두 가지 기본입장 즉, 자주적 입장과 창조적 입장을 의미한다고 볼 수 있다. 또한 혁명인재를 양성한다는 교육이념은 마르크스-레닌주의의 교육관에 기초한 공산주의의 교육이념과도 일치한다. 이러한 공산주의적 새인간이 갖추어야 할 요건은 세 가지이다. 즉 '공산주의 혁명사상으로 무장할 것, 깊은 과학지식을 가질 것, 그리고 건강한 체력을 가질 것'이다. 이 세가지 중에서 가장 기본적이며 나머지 요건의 기초가 되는 것은 '공산주의 사상으로 무장'하는 것이다. 이것은 교육에 있어서 사상 교양의 중요성을 시사하는 것이며, 교육사업에도 공산주의 체계의 '사상 우선, 정치 제일주의'가 적용되고 있음을 나타내준다.

두 번째 장인 '사회주의 교육의 내용'에서는 정치사상교양·과학기술교양·체육교양에 대해 언급하고 있다. 사회주의 교육에 있어 정치사상교양이 가장 중요하다고 주장하며 이와 함께 혁명교양·공산주의 교양·계급교양·집단주의 교양·노동애호정신 함양 교양·사회주의 애국주의 교양·프롤레타리아 국제주의 교양 등을 강화해야 한다고 강조했다.

셋째 장은 '사회주의 교육방법'으로 교수교양, 이론교육과 실천교육, 교육과 생산노동의 결합, 조직생활, 사회정치활동의 강화, 학교 교육과 사회교육의 결합, 학교 전 교육·학교 교육·성인교육의 병진 등에 대해 언급했는데, 사회주의 교육은 과학적이며 혁명적인 교육방법에 기초해 진행할 때만 그 성과를 거둘 수 있다고 주장한다.

넷째 장은 '북한의 교육제도'에 관한 내용이다. 여기서는 로동계급의 혁명위업, 사회주의 공산주의 건설위업에 복무하는 혁명적인 교육제도이며, 국가가 완전히 책임을 지는 가장 인민적인 교육제도라고 선전하고 있다.

끝으로 다섯째 장은 사회주의에서 교육사업이 당적·국가적 사업이며 전 사회적인 사업이라고 강조하면서 학교의 사명과 임무를 비롯해 교원의 위치와 역할, 교육사업에 대한 당적지도 및 국가적 보장, 사회적 지원 등에 대해 설명하고 있다.

'테제'에서 북한 교육의 목표는 사회주의 건설을 위한 공산주의적 혁명인재[380]를 키우는 것에 초점이 모아진다. 공산주의 혁명인재를 키우는 기

---

380) 공산주의적 혁명인재(공산주의적 새인간)란, 자주성과 창조성을 가진 공산주의적 혁명인재로 키우는 것이다. 사회주의 교육학은 사람들을 사회와 인민을 위하여, 사회주의·공산주의를 위하여 몸 바쳐 투쟁하는 공산주의적 혁명인재로 키움으로써 사회주의 제도를 위하여 복무하고 로동계급의 혁명위업에 이바지하는 인간이다. 공산주의적 새인간이 갖추어야 할 요건은 세 가지이다. 즉, 공산주의 혁명사상으로 무장할 것, 깊은 과학지식을 가질 것, 그리고 건강한 체력을 가질 것이다.

본원리는 혁명화, 노동계급화, 공산주의화[381]라고 명시하고 있는데 이는 공산주의체제 유지에 적절한 인민을 양성하는 데 교육이 활용되며, 교육이념 또한 개개인의 인격함양을 위한 것이 아니라, 공산주의 사회체제 유지를 위한 체제 중심의 교육이념이라고 할 수 있다. 결국 북한의 사회주의 교육은 청소년들의 조직화와 집단화를 통한 정치사회적 목적추구(노동·충성·국방 등)에 비중을 두고 있으므로 진정한 의미의 전인교육과는 거리가 멀고, 북한 사회가 지향하는 가치의 실현에 순응할 수 있는 도구적인 인간의 조형에 가깝다. 따라서 주체사상과 혁명의 계속성을 신봉하는 실천적인 혁명가의 양성이 북한의 교육목적이며 테제의 목적이기도 하다.

6. 김정일의 교육정책과 학교 교육제도(1987~2012)

가. 체제 유지를 위한 이데올로기교육

김정일 시대[382]는 북한 스스로 '고난의 행군' 시기로 표현하듯 내우외환의 최악의 상황에서 시작했다. 그러한 시대적 상황은 필연적으로 북한의

---

381) 공산주의화는 공산주의적 새 인간의 양성에서 사람들을 공산주의 사상으로 무장시키는 것을 가리키고, 혁명화와 노동계급화는 공산주의를 달성하기 위한 사상혁명과정이 된다. 또한 혁명화와 노동계급화의 사상혁명은 북한의 기본혁명노선인 3대 혁명의 범위 안에서 설명될 수 있다.

382) 김정일 시대를 규정하는 데에는 여러 가지 견해가 있다. 우선 김정일이 당·정·군에 공식직위를 갖고 전반적으로 북한을 통치하기 시작한 1990년대 초반부터를 지칭할 수 있을 것이다. 보다 소급하면 1980년대 초 후계자로 공식화된 후 김일성과 함께 통치일선에 나선 때부터를 말할 수도 있다. 김일성은 1980년대 중반부터 김정일 시대라는 용어를 사용해 왔던 것으로 알려지고 있다. 그러나 여기서는 김일성 사망 이후부터를 김정일 시대라 지칭하고자 한다.

모든 통치행위에 영향을 주었다. 김정일 시대의 이데올로기는 김정일 사상으로 귀결된다. 김정일 시대에 즈음하여 북한에서는 시차를 두고 '우리식 사회주의'와 '우리 민족 제일주의', '붉은기사상'과 '군 중시사상' 등 새로운 이데올로기들이 잇달아 제시되었는데, 이들이 모두 김정일 사상으로 불리고 있다. 이들 이데올로기들을 차례대로 설명해 보고자 한다.

(1) 우리 민족 제일주의와 우리식 사회주의

1980년대 후반 가중된 내우외환 속에서 북한은 국가의 존속과 김정일 세습체제의 공고화에 최대한 역점을 두면서 주체사상의 틀 안에서 '조선민족제일주의'와 '우리식 사회주의'이론을 개발하여 체제수호와 회생을 도모하게 된다. 이 두 논리에서 공통적으로 발견되는 점은 북한의 사회주의체제를 매우 방어적인 측면에서 합리화[383]하고 있다는 점이다.

'조선민족제일주의(혹은 우리민족제일주의)'는 1986년 7월 15일 김정일에 의해 제시[384]되어, 오늘날 북한 사회의 지배적인 담론으로 자리 잡게 되었다. 김정일은 '조선민족제일주의를 주장하는 것은 자기민족을 귀중히 여기는 민족적 자부심을 가지고 혁명과 건설을 적극적으로 해나가는 것'이며, '세상에서 가장 우월한 사회주의제도에 사는 긍지와 자부심'이라고 주장한다. 특히 우리 민족이 제일이라는 긍지 가운데서도 가장 큰 긍지는 '수령, 당, 대중의 일심단결을 확고히 한 것'[385]으로 규정한다.

---

383) 김성철, 『주체사상의 이론적 변화』(서울 : 민족통일연구원, 1993), p. 70.

384) 김정일, "주체사상에서 제기되는 몇 가지 문제에 대하여"(1986. 7), 『친애하는 지도자 김정일 동지의 문헌집』(평양 : 조선로동당출판사, 1992), p. 156

385) 김정일, "조선민족제일주의정신을 높이 발양시키자"(당 중앙위 책임일꾼들 앞에서 한 연설, 1989. 12. 28), 『친애하는 지도자 김정일동지의 문헌집』, p. 248~273.

북한이 조선민족제일주의를 내세우는 근거는 김정일의 주장처럼 단순히 우리 민족에 대한 긍지와 자부심을 가지도록 하자는 데만 있는 것이 아니라 자체의 힘으로 사회주의 건설을 더 잘하여 민족의 존엄과 영예를 더욱 높이 떨치도록 하자는 데 있다[386]고 설명한다. 더 나아가 민족의 위대성이 영토의 크기나 인구수에 의해 규정되는 것이 아니라 민족이 모시고 있는 수령의 위대성과 당의 영도의 현명성, 민족이 지닌 지도사상의 위대성과 사회제도의 우월성에 의해 규정되며 여기서도 수령의 위대성이 결정적 요인으로 되는데, 그 까닭은 수령은 민족사회 집단의 최고뇌수이며 단결과 영도의 중심이기 때문이라고 설명한다.

한편 '우리식 사회주의'는 김정일이 1991년 5월 5일 발표한 '인민대중 중심의 우리식 사회주의는 필승불패이다[387]라는 논문 이후 '조선민족제일주의'와 더불어 지배적인 담론으로 자리 잡게 되었다. 이 논문에서 김정일은 '나라와 민족은 사회력사적으로 형성된 사람들의 공고한 결합체이며 운명공동체'라고 주장하면서, '혁명과 건설은 나라와 민족을 단위로 하여 진행되며 사회적 집단의 리익, 인민대중의 리익도 나라와 민족을 단위로 하여 실현되어 나갑니다.' 더 나아가 '인류 역사상 가장 우월한 인민대중 중심의 우리식 사회주의제도는 조선민족제일주의의 형성과 발양을 위한 사회적 기초로, 그 요인으로 되는 것[388]이라 주장한다.

결론적으로 북한의 사회주의는 수령·당·대중이 일심단결된 사회주의이므로 수령의 영도하에 당과 인민이 함께 건설해 나가는 사회주의임

---

386) 위의 책, p. 257.
387) 김정일, "인민대중 중심의 우리식 사회주의는 필승불패이다", 김정일, 『친애하는 지도자 김정일동지의 문헌집』, p. 343
388) 위의 책, p. 345.

을 의미한다. 따라서 학교에서는 '우리 수령, 우리 당, 우리 민족이 제일'이라는 우리식 사회주의의 우월성을 강조하는 교양사업을 전개하고, 당과 수령에 대한 '충실성 교양'을 보다 강화해야 한다는 논리가 성립된다.

(2) 붉은기철학과 유훈통치

김일성 사망 이후 주체사상을 이념적 토대로 하여 새로운 체제정당화 담론으로 '붉은기철학'이 등장하였다. '붉은기철학'의 첫 등장은 1995년 8월 28일 자 「로동신문」 정론 '붉은기를 높이 들자'[389]를 통해서였다. 여기서 붉은기철학의 특징을 보면, 우선 그것이 김정일의 철학으로 규정되고 그리하여 김정일과 생사운명을 같이하는 수령결사옹위정신으로 설명된다는 점이다. 붉은기철학은 '위대한 수령님께서 넘겨주신 최고의 유산'이고 '경애하는 김정일 장군님께서 안겨주신 가장 고귀한 혁명의 량식'이라는 것이다. 이로부터 붉은기철학은 단순히 위기극복의 집단적 의지를 강조하는 것 외에도 김정일을 중심으로 '령도자를 절대적으로 믿고 따르며 혁명의 수뇌부를 견결히 지켜야 한다'는 수령옹위의 당위성을 강조하게 된다.

붉은기철학은 '주체의 혁명철학'이고 '일심단결의 혁명철학'이며 '신념의 철학'[390]을 그 내용으로 하고 있다. '주체의 혁명철학'이란 '주체사상의 요구대로 오직 자기 힘을 믿고 자기 식대로 살아나가며 자기 운명을 개척해 나가는 창조의 철학'이라는 것이다. '일심단결의 혁명철학'이란 수령을 중심으로 당·군·인민 간에 혼연일체를 실현하는 것을 말한다. '신념의

---

389) "붉은기를 높이 들자", 로동신문, 1995. 8. 28.

390) "붉은기는 조선혁명의 백전백승의 기치이다", 로동신문(1996. 1. 9).

철학'은 혁명하는 사람이 견지하여야 할 규범과 관련된 것으로서, '붉은기를 든다는 것은 한번 다진 신념을 끝까지 지킨다는 것'을 의미하며 '혁명가는 첫걸음도 붉은기 앞에서 다진 맹세로부터 시작하며 인생의 전행로에서 그 맹세를 지켜 싸우게 되며 한생의 총화도 붉은기 앞에서 짓게 된다'[391]고 설명하고 있다.

또한 이 시기에는 김정일의 논문 '조선로동당은 위대한 수령 김일성 동지의 당'(1995. 10)이다, '혁명선배를 존대하는 것은 혁명가들의 숭고한 도덕적 의리이다'(1995. 12)가 발표되었다. 이들 논문들이 '김일성의 사상과 업적을 충직하게 계승·발전시키며 사회주의 업적을 대를 이어 완성할 것'을 강조하고 '혁명선배의 최고대표자는 수령이며 수령에 대한 충실성은 혁명적 의리의 최고표현'임을 역설하여 유훈통치의 의지를 표현한 것이다. 유훈통치란, 김일성은 사망했지만 그 혁명적 업적은 김정일에게 계승·발전되었으므로, 대를 이어 김정일 정권에 충성을 다하라는 것이다.

이에 따라 학교에서는 붉은기와 유훈통치사상을 기반으로 하여 모든 학생들에게는 혁명의 1, 2세들이 발휘한 당과 수령에 대한 끝없는 충실성과 혁명위업에 대한 헌신성, 불굴의 투쟁정신을 적극 따라 배우도록 하는 혁명전통교육이 강조되었다. 또한 이러한 전통을 이어받도록 하기 위해 학교의 명칭을 혁명사적지나 영웅의 이름으로 변경하였다. 이러한 변화는 결핍되어 있는 물질적 보상 대신에 김일성 유훈통치나 혁명전통교육과 같은 사상적·도덕적 자극을 통해 1990년대의 위기정국을 타개해 나가려는 시도였다고 볼 수 있다.

---

391) 로동신문, 1996년 1월 9일.

(3) 선군정치와 강성대국

1998년은 고난의 행군을 마무리하면서 새로이 강성대국 건설의 기치를 높이 들 때이다. 1998년 4월 군 창건일에 즈음해 처음으로 군 중시 사상이 언급[392]되고 이어 선군혁명영도, 선군정치(98. 10. 20), 선군후로의 정치방식(99. 4) 등의 표현이 등장했다. 그리고 1999년 6월 16일 김정일의 당 사업 35주년을 앞두고 「로동신문」과 「근로자」 공동논설 형식을 빌려 선군정치가 김정일의 통치방식이라고 공표하였다. 북한이 선군정치를 강조하는 것은 북한의 통치기제 및 김정일의 통치행위를 정당화하려는 것으로 볼 수 있다. 북한은 국방위원장을 최고의 통치자로 하는 통치체제를 '군사중시의 국가기구체계'로 부르는 가운데 이 체계를 가장 우월한 우리식의 정치체계[393]라고 주장한다.

이러한 차원에서 북한은 사회주의 사회의 구성원을 군과 인민으로 나누어 이들을 양대 축으로 하는 사회로 인식하고, 군대와 인민이 '사회주의 사회를 받드는 주춧돌이고, 사회주의를 지키는 2대 역량'이라고 본다. 따라서 북한은 선군정치가 결코 군대만을 중시하는 것이 아니라 '인민을 중심에 놓고 구사하는 가장 인민적인 정치'이며, 군대와 주민 간의 이해관계가 완전히 일치한 결과[394]라고 주장한다.

북한의 선군정치강조는 강성대국 건설과 밀접히 연관된다. 북한은 강

---

392) 로동신문, 1998년 4월 25일. 오늘날 북한은 선군정치라는 용어를 보편적으로 사용하고 있지만 여전히 군중시사상이란 표현도 사용하고 있다. 북한은 98년 9월 헌법개정을 통해 국가주석직을 김일성에게 부여해 상징화하는 대신 국방위원장을 실질적인 최고통치자로 하는 통치체제를 확립했다. 이러한 북한의 통치기제는 북한의 군사국가화에 대한 논란을 불러일으키고 있다.

393) 공동논설, "우리 당의 선군정치는 필승불패이다", 로동신문, 1999. 6. 16.

394) 위의 신문.

성대국 건설의 3대 기둥으로 사상, 총대, 과학기술을 제시하였는데, 이는 정치사상·군사·경제 부문에서 강국을 건설하겠다는 것이다. 먼저, 정치사상강국 건설은 군의 투철한 사상의식과 수령에 대한 충실성과 관련된다. 수령에 대한 충실성 교양을 위해 먼저 군을 '사상의 강군', '신념의 강군'으로 키우고, 그에 기초하여 전체 주민을 사회주의 사상으로 무장시킬 때, '사상진지가 금성철벽으로 다져질 수 있다'고 주장한다.

둘째, 군사강국건설을 위한 군의 역할이다. 즉 선군정치를 통해 군을 강화함으로써 대외적으로 북한의 힘을 과시할 뿐 아니라 나아가서는 체제안보를 유지하려는 것이다. 셋째, 경제강국건설을 위해 북한은 경제적 효율성을 증대시키기 위한 다양한 정책을 제시하고 있다. 특히 경제강국 건설을 위한 과학기술 및 정보통신교육의 중요성을 강조하고 있다.

선군정치하에서 군은 전통적 역할 외에 다른 기능을 수행한다. 즉 군이 대외교섭의 기능을 담당하고 경제건설의 정상화와 촉진을 위해 적극적인 역할을 수행하고 주민생활에 대한 치안과 사회규범을 제공하는 역할까지 맡고 있다. 따라서 학교에서는 학생들을 선군정치사상으로 무장시키기 위한 교양사업[395]을 활발히 전개하였을 뿐만 아니라 주체사상교양, 선군사상교양, 사회주의신념교양을 강화하여 새 세대들을 '선군혁명노선으로 철저히 무장하고 혁명적 군인정신을 체질화한 사회주의의 수호자,

395) 그 대표적인 예가 학생들로 하여금 '영웅따라 배우기 운동'을 전개하고 '총폭탄 선봉대'가 될 것을 촉구하고 있다. 1998년 현재 30여개의 고등중학교와 인민학교가 그 학교 출신의 '영웅'들의 이름을 따서 개명되었다. 예를 들어 황해남도 배천군의 조옥희고등중학교, 구장군의 김광철고등중학교, 중화군의 길영조고등중학교, 함경북도 김책시의 김인택고등중학교 등이 이와 같은 대표적 사례이다(연합통신, 1998년 3월 16일 자 보도). 이와 같은 학교명에 붙여진 영웅들은 대부분 한국정쟁의 영웅이거나 '노력영웅'으로서 국가를 위해 자신을 희생하고 당과 수령에 대한 충실성을 보인 인물들이다. 그리고 '영웅'을 많이 배출한 학교명에 '영웅' 칭호를 붙이기도 하였다.

견결한 선군혁명투사'로 양성하기 위해 학생들에게 '군인들의 품성을 따라 배우도록 교육'[396]하는 것을 강조하였다.

나. 과학기술교육과 IT교육 강화

북한이 과학기술에 대하여 강조한 것은 정권의 초기부터 매우 강조된 정책[397] 중의 하나이다. 김일성의 연설 가운데 가장 많이 강조된 것이 사상 다음으로 기술혁신이다. 북한이 경제발전 초기단계부터 과학기술 발전에 매달려야 했던 배경을 요약하면, 첫째, 북한의 과학기술 중시는 중공업 우선발전이라는 경제발전노선과 연관되어 있다. 기술 발전을 위해 기술교육을 강조하였고, 7개년 계획기간(1961~1970)에 9년제 기술의무교육을 완전히 실시하기도 하였다. 둘째, 노동력 절감과 내포적 성장을 위해서였다. 북한은 기술과 기계에 의거하기보다는 노동력에 의존하는 생산방식, 즉 외연적 성장전략을 '인해전술'이라고 비판하면서 내포적(또는 집약적) 성장[398]에 관심을 보였다. 셋째, 계획경제체제 때문이다. 계획경제를 채택하고 있는 북한으로서는 모든 경제의 주체와 생산의 요소들에 대한 정보의 수집과 관리, 통보가 필수적이다. 정보화와 같은 기술혁신이 경제발전의 초기단계에서부터 시장자본주의에서보다 더욱 긴요했던 것이 사실이다.

1990년대 이후 북한의 과학기술정책의 특징은 정보산업에 대한 관심

---

396) "올해 공동사설에서 제시된 과업을 철저히 관철하여 교육사업에서 새로운 비약을 이룩하자", 『인민교육』 2006년 1호, p. 4.

397) 서재진, "북한의 최근 기술 중시 및 IT산업 육성정책의 의미", 통일연구원, 『통일정책연구』 제10권 2호(서울 : 통일연구원, 2001), p. 303.

398) 위의 논문, p. 307.

의 증가이다. 북한의 정보통신 기술에 관련된 정책은 2단계[399]로 나누어 볼 수 있다. 첫 번째 단계는 1984년 김일성의 유럽 순방인 것으로 알려지고 있다. 그때 김일성은 각국의 정보기술 발전상을 보고 전자산업을 중심으로 한 첨단기술 분야의 중요성을 인식, 순방 국가들과 각각 기술협력계약을 체결하고 실습생을 유럽 각국에 파견하여 기술을 익히게 했다. 그리고 컴퓨터 관련 인재육성을 위하여 1985년에 4년제 컴퓨터 인력양성 전문기관인 조선계산기단과대학을 설립하고, 이어 1986년에는 프로그램 개발 전문기관인 평양정보센터를, 그리고 1990년에는 조선컴퓨터센터를 설립[400]하였다.

두 번째 단계는 1998년부터이다. 1998년 2월 8일 김정일이 '전국컴퓨터 프로그램 경연 및 전시회'를 시찰할 때 컴퓨터 소프트웨어 개발을 촉진시킬 것을 지시한 이후 대중적 정책으로 전환되었다. 이를 계기로 컴퓨터 대학, 컴퓨터 학부, 컴퓨터 학과, 전공반, 프로그램 센터가 설치되었고, 컴퓨터 기술자의 양성, 프로그램 개발사업에서 일대전환[401]이 일어났다.

1998년부터 각급 중·고등학교에서 컴퓨터 교육[402]을 실시한 이후 1999년 말 김일성종합대학에 처음으로 컴퓨터과학대학을 설치하였으며, 김책공업대학, 평양전자계산기대학 등 주요 대학에도 프로그램학과를

---

399) 최신림, 『북한의 산업기술 : 정보통신산업』(서울 : 산업연구원, 1999. 1)

400) 박찬모, "북한의 정보기술과 남북협력", 『統一經濟』(55)(서울 : 현대경제연구원, 1999. 7), p. 124.

401) 서재진, 앞의 논문, p. 313.

402) 통일교육원, 『김정일 시대 북한 교육의 변화』(서울 : 통일교육원, 2006), p. 27. 1998년부터 김정일의 지시에 의해 중학교 4학년 이상부터 컴퓨터 수업을 주당 2시간씩 편성하였다. 또한 과학기술인재를 조기에 양성하기 위해 자연과학 분야의 수재를 양성하는 제1중학교를 각 시·군·구역별로 확대 신설하였고, 대학에서는 정보통신 및 컴퓨터 관련 학과와 수재반을 신설하고 있다.

설치하였다. 1999년 12월에는 정보통신 부문을 전담할 주무부서로서 전자공업성이 설치되었다. 또한 2000년에 평양과 함흥에 컴퓨터 기술대학을 신설하였고, 2002년에는 정보산업 부분 인재양성을 위해 23개 대학과 6개 전문학교에 정보공학과를 신설하는 등 2000년대 이후에도 첨단과학기술 분야의 집중적인 인력양성 정책이 시행되고 있다. 2003년 현재 전국적으로 77개 대학에서 정보기술자를 양성[403]하고 있으며, 최근에 고려성균관대학을 종합대학으로 격상하고, 그 이외에도 20여개 대학을 중앙대학으로 특별 육성하고 있는 것도 첨단기술 관련 인력수요를 반영한 것으로 볼 수 있다.

〈표 20〉 김정일 정권 출범 이후 과학기술교육제도의 주요 동향

연도	내용
1998	중학교 4학년 이상 컴퓨터 의무교육 실시
1999	전국 각 시·군·구역별 제1중학교(수재학교) 개설(200여 개) 김일성종합대학 컴퓨터과학대학 신설
2000	김일성종합대학, 김책공대 등에 수재반 운영 교육성 내 프로그램 교육지도국·컴퓨터 교육센터 설치
2001	함흥 컴퓨터기술대학, 평양컴퓨터기술대학 신설 금성학원 내에 컴퓨터수재반 신설 평양 및 각도 제1중학교에 수학수재반·BT수재반 신설
2002	김책 공대 정보과학기술대학·기계과학기술대학 신설 과학원 직속 정보기술학교 신설
2003	희천 체신대 등 주요 대학 IT 중심의 학부체계로 개편

※ 출처 : 통일교육원, 『2013 북한이해』, p. 27.

403) 조선중앙년감, 2004.

북한이 정보통신분야에 관심을 가졌던 계기는 1998년 8월 광명성 1호 시험발사가 큰 계기가 된 것으로 보인다. 1999년 신년공동사설에서 '과학기술은 강성대국건설의 힘 있는 추동력이다. 조국의 부흥발전이 과학자·기술자들의 손에 달려 있다. 과학자·기술자들은 우리의 기술, 우리의 힘으로 첫 인공지구위성을 쏘아올린 그 본때로 나라의 전반적 과학기술을 세계적 수준에 올려 세워야 한다. 온 나라에 과학을 중시하는 기풍을 세우고 도처에서 기술혁신의 불길이 세차게 타 번지게 해야 한다.'[404] 또한 김정일이 1999년 1월 11일 신년 첫 현지지도로 과학원을 방문하면서 새로운 국면을 맞이하게 되었으며, 현지지도를 계기로 1999년 1월 16일 「로동신문」은 '과학중시 사상을 구현하여 강성대국의 앞길을 열어 나가자'라는 사설을 발표하여 과학중시정책을 사상 수준으로 격상시켰다.[405] 2000년 신년공동사설에서는 사상, 총대, 과학기술을 강성대국건설의 3대 기둥이라고 지칭하였다. 또한 공동사설은 높은 혁명성에 과학기술이 뒷받침되지 않으면 사회주의의 성공탑을 쌓을 수 없다고 지적하면서 '과학자·기술자들을 사회적으로 내세워 주어야 한다'고 주장하였다.

2000년 5월에 김정일 국방위원장은 18년 만에 중국을 방문하여 중국의 실리콘밸리인 베이징 소재 중관촌을 방문한 이후 정책방향은 점차 구체성을 띠게 된다. 2000년 8월 1일에는 조선로동당 창건 55돌에 즈음하여 발표한 조선로동당 중앙위원회 구호에서는 '인공위성 광명성 1호를 쏴올린 그 기세로 과학기술 발전에서 세계적인 기술을 창조해 나가자!'[406]

404) "당보·군보·청년보", 공동사설(1999. 1. 1).

405) 서재진, 앞의 논문, 314.

406) 위의 논문, p. 315.

라고 외쳤다.

2000년대 들어서 북한이 설정하고 있는 과학기술정책의 목표는 정보산업이다. 김정일은 '20세기는 기계제 산업의 시대였다면 21세기는 정보산업의 시대로 될 것'[407]이라고 주장하면서 '정보산업의 발전은 근로자들을 어렵고 힘든 로동에서 해방할 수 있게 하며 정보산업이 가져다주는 혜택이 전적으로 인민들의 복리증진에 돌려지게 되므로 누구나 다 정보산업의 발전에 절실한 리해관계를 가지게 된다'[408]고 하면서 정보산업에의 관심을 독려하고 있다.

북한이 IT산업 육성을 통해 단번에 경제난을 해결하겠다는 '단번도약'의 의지를 가지고 있는 듯하다. 이러한 사상의 단면이 「로동신문」 사설에 잘 나타나 있다. 인용해 보면, "위대한 장군님께서 백두산의 눈보라 길과 천리 전선길에서 무르익히시고 작성하신 21세기 조선의 전력은 명쾌하고 강위력하다. 선군정치로 우리의 정치, 군사적 기초를 천백배로 다지고 그 힘에 의거하여 최단기간 내에 강력한 국가경쟁력을 마련하여 21세기 세계 경제강국의 대열에 위풍당당히 들어서자는 것이 위대한 장군님의 용단이고 명략이다. 이것은 속도에 있어서 빨치산 대오의 '일행천리' 전술이며 방법에 있어서 단번도약과 같은 통쾌하고 신묘한 지략이다."[409]

북한이 선택한 발전전략은 중국처럼 농업과 공업 부문에서 자본주의 제도와 시장경제 제도를 핵심으로 하는 제도개혁을 채택하여 점진적으로 경제를 회생하는 전략이 아니라 첨단산업을 주력산업으로 하여 단번

---

407) "정론 : 과학의 세기", 로동신문, 2001. 4. 20.
408) 정광복, "정보산업에서 우리식 사회주의의 결정적 우월성", 로동신문, 2001. 4. 29.
409) 정론 : "더 용감하게, 다 빨리, 더 높이", 로동신문, 2001. 1. 17.

에 선진국으로 도약하겠다는 것이다.

다. 교육정책의 변화 : '실리주의'

(1) 실리주의 교육정책

교육에서 실리주의란 정보화시대에 필요한 과학기술분야의 수준 높은 인재를 단기간에 많이 육성하는 것을 의미한다. 그렇다고 해서 북한이 정치사상교육(홍, 이념중시)을 전문지식과 기술의 교육(전, 과학기술)보다 부차적으로 거론한다는 의미는 아니다. 담론 차원에서 보면 여전히 '홍' 위주의 담론이 전개되고 있지만, 최근에 실제로 전개되는 교육정책과 교육실천 면에서 보면 이러한 기조에 변화가 생겨나고 있다. 이러한 현상은 1990년대 이후 붉은기사상, 강성대국론, 선군정치사상으로 이어진 통치담론에 나타난 '선군시대의 혁명인재'는 주체사상과 선군정치사상에 투철할 뿐만 아니라 첨단과학기술과 외국어능력 등 정보화시대에 필요한 지식과 기술을 갖춘 인재이다. 이는 전문성과 효율성을 강조하는 실리주의적 교육정책의 단면을 보여 준다.

교원관련 간행물인 「교원선전수첩」에 실린 글에서는 교육사업의 '종자'는 '실리를 보장하는 것'이라 주장하였는데, 이를 보면, '오늘날 참다운 애국자는 자기 사업에서 실리를 따지고 실리를 얻어내기 위해 애쓰는 사람이다. 실리를 보장하는 것은 21세기의 요구에 맞게 새로운 사고방식과 투쟁기풍을 확립하는데서나, 오늘 나라의 형편으로 보나 교육사업에서 나서는 중요한 원칙적 요구로 되며 실리를 보장하는데 새 세기 교육혁명을 성과적으로 수행해 나가기 위한 중요한 담보가 있다……교육사업에서 실리를 보장하도록 하는 것은 또한 세계적인 과학기술인재를 빨리 키워 낼 수 있게 하기 위한 중요한 요구이다. 교육사업에서 가장 큰 실리는 강성대국 건설에서 큰 몫을 담당할 수 있는 과학기술인재를 빨리 키워 내는 데 있다"[410]라고 강조하고 있다.

또한 2007년 '인민교육'에 실린 실리주의에 관한 또 다른 글을 보면, '교육사업에서 실리를 보장하도록 한다는 것은 발전하는 현실과 교육목적, 시대적 특성에 맞게 교육기간과 강령, 과목편성을 합리적으로 하여 최단기간에 쓸모 있는 혁명인재를 많이 키워 내도록 한다는 것을 의미한다. 교육사업에서 실리를 보장하도록 한다는 것은 우선 해당 전문 분야에 정통한 기술자·전문가들을 빨리 키워 내게 하기 위한 중요한 요구"[411]라 주장하고 있는데, 이는 교육에서 실리주의란 '정보화시대에 필요한 과학기술분야의 수준 높은 인재를 단기간에 많이 육성하는 것'과 일맥상통한다고 볼 수 있다.

2006년 북한은 '교육 사업에서 혁명을 일으켜 정보산업시대의 요구에 맞게 교육의 질을 결정적으로 높이자'라는 신년공동사설을 발표하였다. 이 사설의 핵심인 '교육혁명'은 정책적 측면에서 네 가지의 방향성을 제시해 준다. 첫째, 과학기술교육 특히 정보통신과 컴퓨터 교육을 강화함으로써 이 분야의 인재양성에 총력을 집중하는 것, 둘째는 중등 및 고등교육에서 '수재'발굴과 양성을 핵심으로 하는 '실력본위' 교육으로의 전환, 셋째는 교육제도와 교육방법의 개선, 첨단과학기술을 응용한 교육매체의 활용 등 교육의 질 향상과 경쟁력 강화, 넷째는 교육제도와 내용 면에

---

410) 김미향, "우리 당의 종자론은 21세기 교육혁명의 위력한 무기", 『교원선전수첩』, 2003년 제4호, p. 49.

411) 신기화, "새 세기 교육사업을 발전시켜 나가는 데서 견지하여야 할 원칙", 『인민교육』, 2007년 제6호.

서 국제사회의 흐름을 연구하고 부분적으로 도입하여, 교육 분야에서의 제한적인 인적 교류를 시도하는 것이다.

(2) '실력본위'교육과 수재교육강화

북한이 줄곧 추진해 왔던 평등주의적 교육정책은 수재교육강화[412]라는 실리주의적 교육정책과는 괴리가 있다. 이를 북한에서는 실력본위교육이라 부른다. 실력본위교육이란, 학교 교육과정과 평가, 진학, 졸업생 배치 등에서 실력을 최고 기준으로 삼는 것이다. 그러나 경제난 이후 제한된 교육여건을 가지고 실력 있는 인재를 효율적으로 양성하기 위해서는 이전의 북한 교육의 원칙이었던 평등주의 교육정책을 수정하지 않고는 불가능하다. 그런 결과로 1990년대 후반 교육정책은 능력 있는 인재 선발과 그들에 대한 집중적인 교육에 초점이 맞추어지게 되고, 김정일이 1998년 11월에 각 시·군마다 제1중학교를 설립할 것을 지시하면서 교육사업에서 실리주의로 나가야 한다는 점을 강조하였다.[413]

이 조치의 핵심은 이전 시기까지 부분적으로 운영되어 왔던 중등수준에서의 수재교육체계[414]를 전면화하여 대학 수학능력을 갖춘 학생들을 제1

---

412) 1970년대까지의 수재(영재)교육은 주목의 대상이 되지 못했다. 사회주의 교육이론에 의하면 개인의 능력과 재능은 선천적으로 주어지기보다 후천적 교육에 의해 결정된다. 따라서 모든 학생들에게 동등하게 교육의 기회를 제공하는 평등교육이 강조되었을 뿐, 개개인의 능력과 재능의 차이를 인정하고 특별교육을 실시하는 영재교육은 최소한의 형태로 운영되었다.

413) 김락·최경환, "고난의 행군 : 강행군시기 대학 교육 발전에서 새로운 전환을 가져온 위대한 령도"(1), 『교원선전수첩』 2003년 제1호, p. 17.

414) 중등일반교육에서 수재교육기관의 설립은 1984년 김정일의 지시로 평양 제1중학교가 설립되면서 이루어졌다. 1985년 각 도 소재지에 총12개의 제1중학교가 설립되면서 중등교육 수준에서 수재교육이 부분적으로 도입되었다. 1990년대 말 김정일의 지시로 전국 시·군·구역마다 제1중학교를 1개교씩 추가 신설하는 조치를 취한 결과, 현재 제1중학교

중학교를 거쳐 대학에 진학시켜 '고등교육의 질적 수준을 향상'하려는 것이다. 다시 말하면 재능 있는 인재를 조기발굴하여 집중적으로 육성하는 수재교육의 강화를 과학기술분야 인재양성의 기본전략으로 삼은 것이다.

〈표 21〉 수재교육기관

분야	학교	교육현황
예체능분야	음악학교 무용학교 조형예술학교 예술전문학교 등	6~11년제(소학교~중학교) 1960년부터 신설
자연과학분야	제1중학교 금성학원 '컴퓨터수재반'	중학교 과정(6년) 1984년부터 신설
외국어분야	외국어학원	중학교 과정(6~7년) 1958년부터 신설
혁명유자녀를 위한 학교	만경대 혁명학원 해주혁명학원 강반석 혁명학원	11년제(소학교~중학교) 군사, 정치, 여성간부양성 1947년부터 신설

※ 출처 : 통일교육원, 앞의 책, p. 34.

(3) 교육의 질 향상과 경쟁력 강화 모색

북한은 교육의 질 향상과 경쟁력 강화 모색을 위해 2000년대 이후 각종 제도개혁, 교육방법 및 시험방법개선과 컴퓨터 등 첨단기술을 활용한 교육매체와 기자재활용 등 교육의 질을 향상시키기 위한 다양한 노력이 전개되고 있다. 이를 살펴보면 먼저, '제도개혁'이다. 제도개혁은 고등교육

는 전국의 시·군·구역을 통틀어 200여 개가 설립되어 있다. 이는 전국적인 수재만을 선발하는 것에 방점을 찍은 것이 아니라, 전체 중등교육체계의 등급화, 서열화라는 점에 무게를 둔 조치이다. 조정아, "교육에서의 실리주의와 교육의 불균등발전 : 2000년대 북한교육의 변화", 『한국교육사회학회지』 제17권 4호 참조.

특히 대학 교육을 강화하여 '나라와 민족의 번영을 도모하며, 강성대국건설에서 선차적으로 틀어쥐고 나가야 할 관건적인 문제'라는 인식하에 진행되고 있다.

북한에서 진행되었던 제도개혁의 네 측면을 살펴보기로 하자. 첫째, 학과 통합화 추세이다. 학과통합을 통하여 교육과정의 유연성을 확대하고 부분적으로 대학 교육의 규모 효율화를 도모하고 있다. 대표적인 예로, 공학 부문의 최고 전문인력 양성기관인 김책공업종합대학의 경우 유사 학과를 통합하여 80여 개에 이르던 학과수를 과반수 이하로 조정하였다.

둘째, 인력의 조기양성을 위해 교육기간을 단축하고 있다. 김책공업종합대학의 경우, 5~6년이던 교육기간을 4~4.5년으로 단축하였고, 이과대학도 6년에서 4년제로 개편하였다. 그리고 '박사원' 등의 대학원 유형기관에 진학하는 자는 대학 졸업 후 일정 기간을 관련 산업 현장에서 근무한 후 진학하도록 되어 있는데, 2002년부터 김일성종합대학 등 4개 대학에서 대학 졸업 후 대학원에 바로 진학하는 연계과정을 운영하고 있다. 이러한 정책으로 인해 북한의 중등수재교육기관인 제1중학교를 확대, 강화하는 정책과 병행하면서 특히 첨단과학기술 분야에서 20·30대에 박사학위를 받는 경우가 증가하고 있다.

셋째, 학제 및 학과개편에 따른 교육과정의 개편이다. 특히 과학기술과 정보통신 분야의 교육과정 개편에 주력하고 있다. 최근에는 '박사원교수요강'과 '박사원 과목시험에 관한 규정'을 제정하고, '박사원지도수업에 관한 지도서'를 시달[415]하는 등 대학원 교육과정 개편에 힘쓰고 있다.

넷째, 학점제와 선택교과제도를 도입하고 있다. 그동안 북한의 대학은

---

415) 『조선중앙년감』(2007), p. 190.

학점제가 아니라 학년별로 수강과목이 지정되는 학년제로 운영되어 왔는데, 최근에는 필수과목을 줄이고 대신 전공과목 중에서 학생들이 자신의 진로에 맞게 선택해서 수강할 수 있는 선택과목을 늘리는 등 '학년 학점제'로 전환하고 있는데, 이는 학생들의 개별적 특성을 고려하여 특성화된 인력을 양성하려는 의도로 보인다.

교육의 질 향상과 경쟁력강화를 위한 두 번째 역점사업은 '교육방법의 개선'이다. 2006년 신년공동사설에서 '교원들의 자질을 향상시키고 교육의 수준과 질을 높이며 교육방법을 끊임없이 개선하여야 한다.'고 할 만큼 교육방법 개선은 교육 부문 과제 중의 하나로 제시될 정도로 강조되고 있다. 북한의 전통적 학습방법인 교사중심의 강의식 혹은 주입식 방법에 대해 '지식을 뒤주간에 넣어주는 지식전수위주의 들어먹이는 교육방법'[416)이라 비판하고, 학생들의 '사고능력을 배양하는 교육'[417)의 개발을 독려하고 있다.

교육방법 개선에 이어 교육의 질 향상과 경쟁력 강화를 위해서 '시험방법을 개선'해야 한다는 주장이 제기되었다. 2007년 2월 1일 자 「교육신문」 사설은 학교 시험방법인 '외워바치는 식의 단답식 서술형'의 문제점을 지적하면서 이러한 시험방법 하에서는 학생들이 공부를 하지 않고 시험기간에만 '돌격식'으로 공부를 하여도 좋은 성적을 거둘 수 있고, 원리를 모르고 무조건 외우기 때문에 '힘은 곱절이나 들지만 시험을 친 다음에 남는 것이 별로 없다'는 것이다. 따라서 '원리적인 인식과 응용능력'을

---

416) 리영복, "정보산업시대의 요구에 맞게 교육방법을 개선하는 것은 실력있는 혁명인재육성의 중요담보", 「교육신문」, (2005. 1. 27.) 사설.

417) 조영철·김철, "지능교수방법을 적극 탐구해 나가자", 「교육신문」, (2005. 7. 28.) 사설.

평가할 수 있도록 시험방법을 개선해야 한다고 강조하고 있다. 그러나 새로운 시험평가방법이 어떤 것인지 알 수는 없지만, 2007년 6월 4일 자 「교육신문」에 실린 시험출제방식 개선 모범사례에 의하면, 이는 답을 그대로 외워서 서술하는 방식에서 벗어나 '이론의 원리인식과 응용에 관한 문제, 도식작성 문제' 등을 도입하는 것이며, 출제유형도 '도표에 기입하기, 빈칸에 써넣기, 짝짓기 등의 다양한 방법'을 도입하여 주관식 일변도에서 벗어나려 노력하고 있는 것으로 생각된다.

교육의 질 향상과 경쟁력 강화를 위해 마지막으로, 첨단과학기술을 적용한 '교육매체의 개발과 활용'이다. 특히 대학 교육에서 강조되고 있는 교육공학매체로는 전자도서, 동화상자료 뿐만 아니라 컴퓨터를 활용한 모의실험이나 설계 등 CMI(Compute Managed Insturction)와 CAI(Computer Assisted Instruction), 컴퓨터통신망을 활용한 원격교육 등을 포괄한다. 평양기계대학, 계응상사리원농업대학, 희천체신대학, 라진해운대학을 비롯한 35개 대학에서는 대학 내부 컴퓨터네트워크를 구축하여 운영[418]하고 있으며, 2000년대 중반 이후 북한이 자체 개발하였다는 교육지원 프로그램인 '코스모스', '전자공학 1.0', '리상' 등이 소개되고 있으며, 이 프로그램들을 널리 활용할 것을 독려하고 있다.[419] 김일성종합대학에서는 원격교육체제 '명신 2.0'을 개발하여 20개 과목을 원격교육으로 진행[420]하고 있으며, 김책공업종합대학은 2007년 1월 원격교육센터

418) 『조선중앙년감』, 2006, p. 225.

419) 김진균, "실습교육에 동화상자료를 받아들여", 「고등교육」, 2006년 제3호, p. 33; 리조양·김영철, "교수의 중심요소선택과 시간배정을 합리적으로 할 수 있는 지원체제를 개발하여", 「고등교육」, 2006년 제6호, p. 40.

420) 『조선중앙년감』, p. 192, 2007.

를 설립하여 실시간 강의와 비실시간 강의를 동시에 진행하고, 이를 지방에 있는 대학이나 공장대학과 연결하여 활용[421]할 것이라 보도하고 있다.

(4) 부분적인 대외 교육교류시도

북한은 첨단과학기술 부문과 경제 부문에서 최신 이론과 제도를 받아들일 뿐만 아니라, 학생들의 해외유학 및 외국대학과의 교류가 증가하고 있다. 가장 큰 비중을 차지하고 있는 국가는 역시 중국으로, 매년 400명 정도의 유학생을 중국으로 보내는 것으로 추정된다. 유학생 파견은 주로 중국과 구 동구권 지역에 집중되고 있기는 하지만, 2000년대 이후에는 미국이나 EU 국가에 유학하는 학생 수도 증가하고 있다. 미국 워싱턴소재 국제교육연구소(IIE)는 2001~2002년도 학기에 미국에 유학한 북한 유학생이 113명이라고 발표한 바 있다. 이들은 쿠바, 일본 등지로 유학한 후 대학 간 교류프로그램에 따라 교환학생으로 선발되어 미국으로 오거나, 미국 대학과 북한 대학 간 직접 교류를 통한 단기유학생일 것으로 추정된다.

미국 시라큐스 대학에서는 2007년부터 5년간 매년 5~6명의 북한 이공계 대학교수들을 초청하여 3개월간의 교육을 제공하는 프로그램을 실시하였다. 자유아시아방송(RFA)이 미국 국토안보부 자료를 인용해 보도한 바에 의하면, 2008년 1월 말 현재, 미국 대학에서 유학 중인 북한 국적의 학생은 34명이며, 이와 별도로 이미 미국 대학에서 학사 학위 이상을 취득한 북한 유학생은 68명에 이르는 것으로 나타났다. 자유아시아방송(RFA)은 북한 유학생들의 미국 입국은 2004년 6명, 2005년 12명, 2006년

---

421) 「교육신문」, 2007. 1. 25.

4명, 2007년 10명, 2008년 1월 2명이라고 한다. 이 중 2004년과 2005년에 입국한 유학생들은 3~4년 이상 미국에 장기 체류하면서 미국의 학부나 대학원과정을 이수하고 있다[422]고 한다.

해외교류가 증가함에 따라 외국어교육도 강화되고 있다. 외국어교육은 첨단과학기술 분야의 최신학문과 기술을 도입하는 데 중요하므로, 대학 교원들은 '한두 개 이상의 외국어에 정통하고 전공과목강의를 외국어로 하여야 하며', '대학생들도 재학 중 한 가지 이상의 외국어를 완전히 소유하도록 교육'[423] 해야 하며, 교육방식에 있어서도 문법과 독해 위주에서 탈피하여 '회화도 하고 번역도 하고 글도 지을 수 있도록 하고, 대학 교육에서는 번역서가 아닌 원서로 공부하도록 독려하고 있다.'[424]

1990년 말부터는 영국 문화원과 UNESCO로부터 영어 교수법 및 교재 지원, 교사파견, 워크숍 개최 등의 교육지원을 받는 등 국제적인 영어교육의 질 향상을 위해 노력하고 있는 한편, 교원들과 학생들을 대상으로 전국적 규모의 외국어 경연을 개최하고,[425] 외국어 교육에 '실시간음성 및 음성대화, 전자게시판을 이용한 기사투고 및 기사열람, 사이트들과의 정보교환' 등 컴퓨터 네트워크를 활용함으로써 종전의 고정 격식화된 일

---

422) 「연합뉴스」, 2008. 6. 11. 보도. 연합뉴스 보도에 의하면, 개인적인 사유로 중도에 공부를 포기하고 미국을 떠난 북한 유학생도 지난 5년 동안 100여 명에 달한다는 것으로 미루어 볼 때 실제로는 이보다 많은 인원이 유학생으로 파견됨을 알 수 있다. 또한 그 규모가 파악된 바는 없지만 학위 취득이 아닌 단기연수 형태로 해외에 파견되어 장단기교육을 받는 인원은 더욱 많을 것으로 추정된다.

423) "정보산업시대의 요구에 맞게 대학 교육의 질을 결정적으로 높이자", 「교원신문」, (2006. 5. 11.) 사설.

424) "외국어교육의 질을 더욱 높이자", 「교원신문」, (2006. 10. 26.) 사설.

425) 『조선중앙년감』, 2006, p. 225,

률적 교수 기법을 탈피하는 등[426] 정보화 시대의 흐름에 맞게 외국어 교육방법을 개선하고 있다. 또한 교육학의 최신 동향과 외국의 교육제도 등에 대한 연구활동을 진행할 뿐만 아니라, 이를 교육 관련 정기간행물에 소개하고 있는데, 주로 수재교육,[427] 교육방법과 교수매체 개선,[428] 고등교육제도 개선 등 실리주의적 교육의 핵심을 이루는 분야에 초점에 맞추어져 있다.

7. 김정은 정권의 12년제 무상의무교육제도 도입(2012~현재)

가. 김정은 정권의 성격

2012년 말 등장한 김정은 정권은 전임 지도자와 자신에 대한 우상화 작업과 함께 외부 문화의 유입 차단, 부정부패 단속, 국경 지역 보안강화 정책 등을 추진함으로써 이완된 사회 체제 강화에 관심을 기울이고 있다.[429] 그러면서도 장마당을 비롯한 사적 경제 영역에서의 활동은 통제·간섭하지 않음으로써 경제적 문제는 주민 스스로 해결하도록 하는 정책을 취하고 있다.

이와 같은 경제, 사회, 문화 측면에서의 다차원적 변화에도 불구하고 북한의 최고지도자는 여전히 강한 정치적 권력을 유지하고 있고, 군대나 경찰 등 각종 국가 기구가 지닌 힘 역시 여전히 견고하다. 이 점은 북한

---

426) 박철훈, "컴퓨터망을 통한 외국어 교육의 요구에 맞게", 「고등교육」, 2006년 제3호, p. 50.
427) 한은희, "다른 나라 대학들에서 수재교육을 어떻게 하고 있는가", 「고등교육」, 2006년 제4호.
428) 강일, "세계 교육 발전 추세-시험내용개선움직임", 「고등교육」, 2006년 제6호.
429) 박종철 외, 「김정은 체제의 변화 전망과 우리의 대책」(서울 : 통일연구원, 2013), p. 39.

사회 내 정치체제의 급격한 변화를 전망하기 어렵게 하지만, 그럼에도 불구하고 북한 사회에서 나타나고 있는 이러한 변화 추세는 되돌리기 힘든 특성이 있고, 이는 북한체제의 전환을 요구하는 구조적 압력 기제가 될 것으로 전망되고 있다.

나. 교육정책의 특징

2012년 학제 개혁으로 표면화되기 시작한 김정은 시대 교육정책은 2000년대 이후 북한 교육정책을 계승한 것임과 동시에, 김정일 시대의 교육정책과는 구분되는 차이점도 나타나고 있다. 김정일 시대에는 1990년대 경제난에 따른 공교육의 위기를 극복하기 위해 2000년대 이후 '교육에서 실리주의'를 표방하면서 교육의 전문성과 효율성을 강조해 왔다.[430] 김정은 시대의 교육정책 방향도 기본적으로는 2000년대에 등장한 '교육에서의 실리주의' 원칙을 계승하고 있다.

2013년 북한의 교육 관련 정기간행물인 「교원선전수첩」에 게재된 한 논문은 교육사업에서 '실리주의'를 구현하는데 있어서 중요한 요소로 세 가지[431]를 제시하고 있다. 첫째, "나라의 구체적인 현실과 과학기술 발전 추세에 맞게 교육의 효율성을 최대한으로 높이는 방향에서 교육체계와 교육내용, 교육방법을 개선해 나가는 것"이다. 둘째, "교육사업을 실력본위로 해나가는 것"이다. 셋째, "발전하는 현실의 요구에 맞게 교육사업을

---

430) 이교덕 외, 『새터민의 증언으로 본 북한의 변화』(서울 : 통일연구원, 2007), pp. 13~15.

431) 김용길, "교육사업에서 실리주의를 구현하는데서 나서는 중요한 문제", 『교원선전수첩』(1호), (평양 : 교육신문사, 2013), pp. 138~139 : 조정아 · 이교덕 · 강호제 · 정채관 공저, "교육정책 변화와 2012 학제개편", 『김정은 시대 북한의 교육정책, 교육과정, 교과서』(서울 : 통일연구원, 2015), p. 11 재인용.

과학화, 정보화하는 것"이다. 이는 기본적으로 교육의 효율성과 경쟁력을 강화하고 정보화 사회로의 변화를 반영하는 교육을 지향한다는 점에서는 김정일 시대와 동일하다. 하지만, 각 요소에 관한 구체적인 설명에 있어서는 이전 시기와는 약간 다른 면모를 보인다. 즉, 교육의 효율성을 얘기하면서 지식전수 위주의 교육에서 벗어나 '학생들이 탐구를 하고 지식을 발견하는 교수로 전환'시켜야 한다고 강조한다든지, 실력본위를 얘기하면서 평가방법 개선과 함께 상급학교 추천과 졸업배치 제도 정비를 언급하는 점[432] 등이 그것이다.

김정은 시대 교육정책의 특징은 김정은의 담화, 교육 관련 신문 그리고 정기간행물들을 통해 재생산되는 담론, 구체적인 교육정책 등을 통해 보다 분명히 드러난다. 학제의 개정 방향과 관련해서 「로동신문」은 2012년 4월 5일 자에서 "위대한 김정일 동지를 우리 당의 영원한 총비서로 높이 모시고 주체혁명위업을 빛나게 완성해 나가자"라는 담화를 실었다. 이 담화에서 교육에 관한 언급은 "교육사업에 대한 국가적 투자를 늘리고 교육의 현대화를 실현하며 중등일반교육 수준을 결정적으로 높이고 대학교육을 강화하여 사회주의 강성국가건설을 떼메고 나갈 세계적 수준의 재능 있는 과학기술인재들을 더 많이 키워 내야 합니다."[433]라는 문장이다. 이 짧은 문장 속에 교육정책에 대한 핵심적 개념들이 들어 있다. 즉, '국가적 투자', '대학 교육 강화', '세계적 수준', '과학기술인재양성' 등은 이후 보다 구체적인 북한의 교육담론으로 재생산될 뿐만 아니라, 학제 개정

---

432) 조정아 외, 『김정은 시대 북한의 교육정책, 교육과정, 교과서』(서울 : 통일연구원, 2015),
    pp. 11~12.
433) 「로동신문」, 2012. 4. 19.

을 비롯한 교육정책에 적용되고 있다.

2014년 9월 5일 「로동신문」은 10년 만에 열린 전국교육일꾼대회에서 발표된 "새 세기 교육혁명을 일으켜 우리나라를 교육의 나라, 인재강국으로 빛내이자"[434]라는 담화문을 실어, 교육정책 방향을 본격적으로 제시하였다. 이 담화문에 제시된 김정은 시대의 교육목표는 '전민과학기술인재화를 실현해 21세기 사회주의 교육강국이 되는 것'을 '새 세기 교육혁명'의 목표로 제시하고, 교육지도를 근본적으로 개선해 지식경제시대에 걸맞는 실천형 인재를 육성할 것[435]을 강조하였다.

이와 같은 김정은의 담화와 교육 관련 담론 속에는 김정일 시대와 연속성을 지니면서도 김정은 집권 이후 특히 현저하게 나타나고 있는 교육정책 방향의 몇 가지 특성을 찾을 수 있다. 첫째, '새 세기 인재'의 유형으로 '창조형', '실천형' 인재를 강조하고 있다는 점이다. 특히 2000년대부터 북한에서는 '정보산업시대'에 맞게 지식습득뿐만 아니라, 사고력을 비롯한 지적 능력과 지식탐구방법을 향상시키는 지능교육을 통해 지식수준과 창조력이 높은 인재를 양성해야 한다는 주장이 제기[436]되고 있다. 최근에는 '정보산업시대'와 함께 '지식경제시대'라는 시대 진단이 부각되고, 이러한 시대에 필요한 '창조형 인재'가 교육을 통해 함양해야 할 능력이라 보고, 창조적 능력, 자기주도학습능력, 연구능력, 지식활용능력 등을 강조하고 있다. '지식경제시대'가 요구하는 '창조형 인재'란, '배운 지식을 재현시키는데 머무르는 것이 아니라 축적된 짓기에 토대하여 제 머리로 착

---

434) 「로동신문」, 2014. 9. 6.
435) 조정아 외(2015), 앞의 책.
436) 위의 책, p. 13.

상설계하고 새것을 발명, 창조할 줄 아는' 사람이며, '튼튼한 기초학력과
복합형의 지식구조, 높은 정보소유능력과 경쟁능력, 협동능력을 가진 사
람'[437]을 의미한다.

둘째, '지식경제 시대', '정보산업시대'라는 시대 진단은 교육 정보화의
추진으로 연결되는 것이 김정은 시대 교육정책 방향[438]의 또 한 가지 특
징이다. 이러한 진단은 '교육의 현대화' 즉 지식경제시대에 맞게 첨단과
학기술을 적용한 교육매체의 개발과 활용으로 이어지고 있다. 예를 들
면, 교수매체의 멀티미디어화, 컴퓨터와 인터넷 기반 교육의 발전, 학습
환경 및 교수방식 설계 중시, 교육에서 인공지능 응용 연구 심화, 교육기
술 응용방식의 다양화 등 다양한 교육기술의 변화가 고등교육기관을 중
심으로 일어나고 있다. 예컨대, 전자도서, 동영상 자료 등 학습자료로 전
자매체를 활용한다든지 또는 모의실험이나 설계 등 컴퓨터를 활용한 교
육이 추진되고 있으며, 2007년에는 김책공업대학에 원격교육센터가 설
립되어 원격교육이 도입되었는데, 이러한 교육의 현대화는 김정은 시대
에 '교육사업의 정보화'로 계승되면서 더욱 발전 강조되고 있다. 이러한
'교육사업의 현대화, 정보화'는 12년제 의무교육의 수준을 보장하기 위한
필요조건의 하나로 보여진다. 특히 교수 및 실험실습의 정보화와 교육행
정관리의 컴퓨터화, 교육기관들 간의 정보통신망 구축 등이 주요과제로

---

437) 박영도, "새 세기 인재양성을 위한 중학교 교육에서 나서는 중요한 문제", 『교원선전수첩』
(3호), (평양 : 교육신문사, 2012), p. 32: 『교육신문』, 2044. 4. 13. : 조정아 외, 위의 책, pp.
13~14. 재인용.

438) 북한에서는 교육정보화를 '컴퓨터를 비롯한 현대적인 정보기술수단들과 수법에 기초하여
교육과정을 정보처리과정으로 만들어 인재양성사업과 교육행정관리사업을 현대적으로
조직 진행하는 것'으로 정의한다. 즉, '교수활동에 컴퓨터를 비롯한 첨단과학기술 및 장비
를 활용하는 것'과, '교육행정을 정보화하는 것'의 두 가지로 구분하고 있다. 위의 책, p. 16.

제시[439])되고 있다.

셋째, 김정은 시대 교육정책 방향의 가장 중요한 특징으로는, 세계적인 교육 추세에 대한 이해와 이에 입각한 제도 개선을 둘 수 있다. '세계적인 교육 발전 추세와 좋은 경험들을 우리의 현실에 맞게 받아들여 교육에서도 당당히 세계를 앞서 나가야 한다.'[440])는 김정은의 연설은 이러한 의지의 표명이라 하겠다. '세계적 수준', '세계적 교육 발전 추세'에 대한 언급은 김정은의 첫 노작이라고 선전되고 있는 2012년 4월 담화문에서도, 2012년 9월 전반적 12년제 의무교육에 관한 최고인민회의 법령에서도, 2014년 전국교육일꾼대회 담화문에서도 반복적으로 등장한다.

최고지도자인 김정은의 발언과 당의 공식 담론인 '세계적 교육 추세란 무엇을 의미하는가?'가 중요하다. 이는 곧 학교 교육을 넘어서는 평생교육의 발전, 고등교육체계 통합, 고등교육을 통한 수재 양성, 의무교육 연장, 중등교육의 다양화 및 직업화, 교육정보화, 분과형 교육과정에서 통합형 교육과정으로의 이행, 통합적·연관적 사고능력 함양, 지식전수 위주에서 사고 위주의 교육방법으로의 전환, 탐구·발견식 교수방법, 토론식 교수방법[441]) 등이라 할 수 있다. 이 중 의무교육 연장, 중등교육 직업화, 통합형 교육과정 도입, 교육방법 개선 등 많은 부분이 2012년 학제개정과 그에 따른 중등교육과정 개편 작업과정에 반영된 것들이다. 특히

439)『교육신문』, 2014. 2. 20.

440) 김정은, "새 세기 교육혁명을 일으켜 우리나라를 고유의 나라, 인재강국으로 빛내이자", 『로동신문』, 2014. 9. 6.

441)『교육신문』, 2014. 4. 3.: 본사기자, "지식경제시대의 교육", p. 71; 김영남, "교육의 형식을 높은 수준에서 보장하는 것은 지식경제시대의 절실한 요구", 『고등교육』(6호)(평양 : 교육신문사, 2012), p. 32;『교육신문』, 2012. 10. 11.: 위의 책 p. 18 재인용.

통합형 교육과정을 도입하고 통합적·연관적 사고능력을 강조하는 것은 북한 교육 역사상 없었던 일이다. 이는 결국 교육 부문에서 선진국가들의 교육정책을 연구하고 적용하고자 하는 북한 당국의 정책 의도를 단적으로 보여 주는 것이라 할 수 있다.

다. 정치사상교육의 강화

전 세계 어느 국가든 교육이 목적하는 바는 그 사회에 잘 적응하고, 그 사회가 추구하는 가치를 잘 체득할 인간을 길러내는 것이라고 한다면 북한도 역시 예외는 아니다. 북한은 1977년 9월 5일에 교육목표를 실천하기 위한 지침으로 '사회주의 교육에 관한 테제'[442]에서 '사회주의 건설을 위한 공산주의적 혁명인재'를 제시하고 있다. 이 목표에 비추어 보면 북한의 학교 교육에서 가장 중요한 교과는 정치사상 교과일 것이다.

북한에서 정치사상교육의 일환으로 1967년부터 김일성 우상화 과목이 정식으로 등장하기 시작하고, 1968년부터는 김일성 혁명활동과 공산주의 도덕과목이 교과목으로 편성되어 유일사상 교양을 강조하게 된다. 김정일도 "중등일반교육에서 가장 중요한 것은 정치사상교육을 강화하는 것입니다. 정치사상교육을 강화하는 것은 우리 당의 일관된 방침"[443]이라고 교시하였다. 그리고 이 교시에 맞춰 북한 교육당국이 펴낸 『사회주의 교육학』은 주체사상교양이 정치사상 교양의 본질[444]이라고 정의하고 있다.

---

442) 제5장 제4절, '유일사상확립과 11년제 의무교육제도의 도입' 부분의 '사회주의 교육에 관한 테제'를 참조할 것.
443) 김정일, 『주체혁명사업의 완성을 위하여 5』(1987), p. 178.
444) 남진우 외, 『사회주의 교육학』 p. 46.

북한은 주체사상이 통치 이데올로기로 작동한다. 주체사상의 사회역사원리는 '인민대중이 자연의 구속과 모든 사회적 예속에서 벗어나 자주적으로 살며, 발전하기 위해 투쟁하는 과정이 인류역사이다. 이러한 투쟁은 자연적으로 이루어지는 것이 아니고 인민대중이 자신의 자주성과 창조성을 고양시키고자 하는 자주적인 사상의식에 의해 실현된다. 그러나 주체사상 속의 인민대중은 운명개척의 길을 알지 못하며, 자기의 생활적 요구를 실현하려는 욕망과 념원을 가지고 있으나 그것을 현실에서 전변시킬 방도를 알지 못하는 존재'[445)라는 것이다. 그러므로 이러한 인민대중을 의식화하고 조직화하여 역사적 주체가 될 수 있도록 인민대중들의 자주적인 사상의식을 이끌어내는 존재가 바로 '수령'이라는 것이다. 북한에서의 수령은 인민대중의 조직적 의사의 유일한 체현자이자 대표자로서 최고의 영도적 지위를 차지하며 역사발전과 노동계급의 혁명투쟁에서 '결정적 역할'을 수행한다. 즉, 수령은 혁명사상과 혁명이론을 창시하여 인민대중을 무장시키고 노동계급과 당을 영도하여 혁명과 건설을 승리로 이끌어 나가게 되므로, 수령의 지위는 절대적이고 인민은 이러한 수령의 지위와 역할을 확고히 인식하여 수령을 최고지도자로서 무조건 받아들여야 한다[446)고 주장하는데, 이것이 바로 '혁명적 수령관'이다.

북한은 공산주의 혁명이 완성된 국가가 아니라 혁명의 계속적인 과정에 있다고 주장한다. 결국 혁명은 장기성을 띨 수밖에 없고, 혁명이 오랜 기간 계속됨에 따라 인민대중들은 혁명의욕과 투쟁열의가 낮아지며, 혁

445) 박일범, 『위대한 주체사상 총서 2: 주체사상의 사회력사원리』(평양: 사회과학출판사, 1985), p. 203.
446) 좀 더 자세한 내용은 제4장 2절, 주체사상의 구조와 원리를 참조할 것.

명이 장기화되고 복잡하게 진행됨에 따라 사람들 속에는 혁명에 대한 권태감을 가지며, 안일하고 해이한 현상도 나타날 수 있다는 것이다. 따라서 북한은 수령의 대를 이어 혁명에 대한 올바른 입장과 관점을 가지고 혁명을 지도할 수 있는 지도자가 필요하며, 전임 수령이 개척한 노동계급의 혁명위업을 굳건히 고수하고 계승해 나갈 지도자 즉, 후대 수령이 필요하다고 주장한다. 이는 곧 수령은 대를 이어 계승된다는 논리이다.[447)]

북한은 전임 수령의 대를 이어 혁명을 수행할 후대 수령의 요건으로 네 가지를 제시하고 있는데, 이 네 가지 요소는 김일성에 이어 후대 수령이 된 김정일과 김정은이 갖추고 있다는 것이다. 이 네 가지 요소가 북한의 학교에서 정치사상 교과를 통해 강조되는 핵심이 내용이 된다. 이를 살펴보면 첫째, '전임 수령에 대한 충실성'이다. '충실성'이란, 전임 수령이 내놓은 사상과 노선, 정책의 관철을 의미하며, 더 나아가 전임 수령을 높이 존경하고 수령을 위하여 자기의 모든 것을 바치는 것을 의미한다. 만약, 후대 수령이 전임 수령의 혁명사상에 충실하지 못하면 혁명이 중도에서 변질될 수 있으므로, 후대 수령은 반드시 전임 수령의 혁명사상에 정통하고 그것을 완벽하게 체현하고 있다는 것이다.[448)]

둘째, '비범한 사상적 예지력'이다. 비범한 예지력을 지닌 뛰어난 지도자라야 민중의 지향과 시대의 요구를 누구보다도 정확히 포착하여 탁월한 사상이론과 확고한 신념으로 대중을 지도해 나갈 수 있다는 것이다.[449)]

셋째, '탁월한 영도력'이다. 후대 수령은 탁월한 지도자로서의 영도력을

447) 조정아 외(2015), p. 55.
448) 이교덕, 『북한의 후계자론』(서울: 통일연구원, 2003), p. 39.
449) 조정아 외(2015), 앞의 책, p. 56.

지녀야 '력사창조의 준엄한 가시밭길을 헤쳐 나가고 복잡한 상황 속에서 능숙하게 민중을 결집시켜 수령의 혁명위업에로 그들의 무궁한 창조력을 조직 발동'할 수 있으며, 민중을 각성시키고 그들이 자기의 역할을 수행하도록 옳게 이끌어 줄 수 있다는 것이다.[450]

넷째, '고매한 덕성'이다. 수령은 인민의 운명을 책임지는 정치 지도자일 뿐만 아니라, 인민에 대한 깊은 사랑과 무한한 헌신을 보여야만 인민이 그에게 자기 운명을 의탁하고 감화되어 형극의 길도 마다하지 않고 헤쳐 나가게 된다[451]는 것이다.

북한이 혁명과업의 달성을 위해 내세우는 후대 수령론은 결국 김일성의 사상과 이론, 혁명업적, 투쟁경험, 사업방법 등을 이어받아야 한다는 것을 의미하지만, 결국 이는 김일성 가계의 생물학적인 '혈통계승'을 당연시하고 강조하는 논리에 불과하다는 것은 주지의 사살이다. 왜냐하면, 북한의 정치사상 교과는 이른바 '백두혈통'의 위대성과 그 계승을 정당화하고 후대 수령이 뛰어난 자질을 갖추고 있음을 교육하는 데 그 목표를 두고 있다는 데서도 나타난다.

김정은 정권에서 2012학제 개혁에 이어 2013년 교육과정에 등장한 정치사상 교과군을 소학교, 초급중학교, 고급중학교로 구분하여 살펴보자. 먼저 소학교를 보면, '경애하는 수령 김일성대원수님 어린 시절(1학년에서 5학년까지 주당 1시간)', '위대한 령도자 김정일 원수님 어린 시절(1학년에서 5학년까지 주당 1시간)', '항일의 녀성영웅 김정숙 어머님 어린 시절(1학년 주 1시간)', '경애하는 김정은 원수님 어린 시절(1학년에서 5학

450) 이교덕, 위의 책, p. 57.
451) 조정아, 위의 책, p. 57.

년까지 주당 1시간)', '사회주의 도덕(1학년에서 5학년까지 주당 1시간)'
이다.

초급중학교는 '위대한 수령 김일성 대원수님 혁명활동(1, 2학년 주당 2
시간)', '위대한 령도자 김정일 대원수님 혁명활동(2, 3학년 주당 2시간)',
'항일의 녀성영웅 김정숙 어머님 혁명활동(1학년 주당 1시간)', '경애하는
김정은 원수님 혁명활동(1, 2, 3학년 주당 1시간)', '사회주의 도덕(1, 2, 3
학년 주당 1시간)'이다.

고급중학교는 '위대한 수령 김일성 대원수님 혁명력사(1학년 2시간, 2
학년 1시간)', '위대한 령도자 김정일 대원수님 혁명력사(2학년 2시간, 3
학년 4시간)', '항일의 녀성영웅 김정숙 어머님 혁명력사(2학년, 2주당 1
시간)', '경애하는 김정은 원수님 혁명력사(1, 2, 3학년 주당 1시간)', '현행
당 정책(1, 2, 3학년에서 1주)', '사회주의 도덕과 법(1, 2, 3학년 주당 1시
간)' 등이다.

2013년 교육과정에서 추가된 교과목을 보면, 소학교는 '경애하는 김정
은 원수님 어린 시절'이, 초급중학교에서는 '경애하는 김정은 원수님 혁명
활동'이, 고급중학교에서는 '경애하는 김정은 원수님 혁명력사'와 '현행 당
정책' 그리고 '사회주의 도덕과 법'과목이 신설되어 백두혈통의 위대성과
그 계승의 정당성을 정치사상의 핵심이 두고 있음을 알 수 있다.

라. 외국어 교육의 강화

북한의 외국어 교육은 김일성·김정일·김정은의 세습정권으로 이어
져 오면서 교육목적이 조금씩 변화되어 왔다. 김일성은 '우리는 미·일 제
국주의자들과 싸울 각오를 해야 한다. 따라서 모든 청년이 영어와 일어

를 다 알지는 못한다 하더라도 몇 마디씩은 알고 있어야 한다. 만일 청년 들이 영어와 일어를 한마디도 모른다면 전쟁마당에서 적들을 붙잡아 놓 고도 처리하기 곤란하다. 그러므로 청년들은 누구나 영어와 일본말로 '손 들어, 총을 버리고 투항하면 쏘지 않는다.' 등 간단한 군사용어는 할 줄 알아야 한다'[452)]고 강조하면서 외국어 교육의 목적을 전쟁준비에 초점을 맞추었다.

그러나 김정일은 미·일 제국주의와 전쟁을 염두에 두기보다는 과학기 술 발전을 위한 외국어 교육의 강조에 중점을 두고 있었다. 특히 주목할 부분은 북한이 영어교육을 위해 영국과 UNESCO로부터 지원을 받아 국 제적인 영어교육의 질 향상을 위해 노력하였다는 점이다.[453)]

김정일 집권기에 시작된 이와 같은 북한 영어교육 개선 분위기는 김정 은 집권기에도 이어진다. 2014년 6월 25일 북한 주재 영국대사관 발표에 따르면, 북한과 영국은 북한 영어교육 개선과 영어교사 양성 프로그램을 2017년까지 연장한다는 양해각서를 체결하였고, 평양에 있는 주요 거점 대학을 중심으로 이루어져 오던 북한 영어교육 개선프로그램을 고급중 학교까지 확장할 계획[454)]인 것으로 알려지고 있다.

한편 김정은 집권 이후 북한 중등교육에서 가장 두드러진 변화는 과학 기술교육과 영어교육의 강화로 나타나고 있다. 2013년 교육과정 수업시

---

452) 김남식, "북한의 교육제도: 북한 영어교육 실태", 『월간 북한』(6월호)(서울: 북한연구소, 1995), pp. 178~187.

453) 제5장, 제4절, '김정일의 교육정책과 학교 교육제도' 부분 중 '교육정책의 변화 : 실리주의' 부분을 참조할 것.

454) 영국 정부, 〈http://www.gov.uk/government/world/organisations/british-embassy-promoting english-language-in-the-dprk〉: 조정아 외(2015), p. 102

수에 따른 순위[455]를 보면, 초급중학교의 수업시수의 경우 수학(578), 자연과학(510), 국어(510), 영어(408), 체육(204), 정보기술(192) 등이 전체 16개 과목 중 이들 교과가 차지하는 비중이 69.6%이다. 고급중학교의 수업시수를 보면 수학(368), 물리(331), 기초기술(272), 화학(248), 영어(243)등으로, 전체 22개 교과목 중 상위 6개 과목이 전체 수업시수의 51.7%로 차지한다.

김정은 정권에서의 이러한 수업시수 비중을 볼 때, 지속적인 체제 유지를 위해 만들어진 2013년 교육과정은 그동안 매우 중요한 비중을 차지해 왔던 정치사상 교과군보다 영어과목을 더 강조하고, 그동안 외국어 교육에서 상당한 비중을 차지해 왔던 러시아 과목을 폐지하고 외국어 과목을 영어로 단일화한 점은 김정은 정권이 영어교육에 어느 정도 역량을 강화하고 있는가를 단적으로 보여 주는 예라 하겠다.

제5절
교육제도의 문화적 성격

1. 문화적 특성

타일러(Edward B, Tylor)는 '문화 또는 문명이란 지식, 신앙, 예술, 도덕, 법률, 풍속 등 사회의 일원으로서 인간이 획득한 능력과 습관의 총

---

455) 위의 책, pp. 102~104.

체'[456]라 정의한다. 여기서는 이러한 문화개념보다는 교육제도 즉, 학교제도 속에 문화가 어떻게 투영되고 있는가를 살펴보고자 한다. 이를 위해 해방 이후부터 현재까지를 반제반봉건 민주주의혁명시기(1945. 8~1947. 2), 사회주의 혁명 및 사회주의 건설 초기(1947. 2~1960), 사회주의·공산주의 건설시기(1961~현재)의 3기로 나누어 살펴보고자 한다.

학교 교육은 사람들을 문맹에서 벗어나게 하여 그 사회가 추구하는 사상 의식수준과 문화수준을 높이는 것을 기본전제로 한다고 할 수 있다. 따라서 '반제반봉건 민주주의 혁명시기(1945. 8~1947. 2)'의 북한의 당 정책은 근로자들의 문맹퇴치를 문화혁명의 중심과업으로 설정하였다. 김일성 저작집에는 '문맹을 퇴치하는 것은 민주조국 건설에 나서는 중요한 민족적 과업이며 인민들의 문명한 생활을 위한 기본조건의 하나이며, 제국주의적 식민지 처지에서 해방된 나라에서 제기되는 문화혁명적 과업은 학교 교육을 발전시키는 것'[457]이라 보았다. 따라서 이 시기 북한의 교육정책은 근로자들 속에서 문맹퇴치운동을 힘 있게 벌려 그들을 무지와 몽매에서 벗어나게 하고 전반적 초등의무교육을 실시할 수 있는 물질적 준비를 하며, 낡은 생활양식을 없애고 새로운 생활양식을 세우는 것을 기본과업으로 제시하였다. 또한 핵심적 대학의 확대강화에 의한 기술자, 전문가의 빠른 육성에로 지향되었다.

이 시기 문화혁명의 마지막 과업은 근로자들의 생활분야에 남아 있는 낡은 사회의 악습을 극복하는 것이다. 즉 제국주의가 남겨놓은 온갖 미신행위와 허례허식을 없애기 위한 투쟁을 제기하고, 또한 여성들을 사회

---

456) '문화의 개념과 구조'에 대해서는 3장 3절을 참조할 것.
457) 『김일성저작집』(4) p. 324.

적으로 해방시키기 위해 여성들을 인신적으로 구속하는 낡은 생활인습을 근절하고자 노력하였다. 이런 차원에서 1946년 7월 30일 발표된 남녀평등권 법령은 여성들을 인신적으로 구속하던 낡은 생활관습을 없애기 위한 투쟁에서 근본적인 전환을 가져왔다[458]고 볼 수 있다.

'사회주의 혁명 및 사회주의 건설 초기(1947. 2~1960)단계'[459]에서 나타나는 문화혁명은 그 내용과 방법에 있어서 이전 시기에 비추어 보다 높은 수준에서 새롭게 진행된다. 이 시기의 중요한 과업의 하나는 인민대중의 문화지식수준을 높이는 것이며, 그러기 위해서는 특히 교육사업을 발전시켜야 한다는 것이다. 북한의 당 정책은 이 시기 전반적 중등무료의무교육을 중요과업의 하나로 제시하였다. 그리하여 북한에서는 1958년 11월 1일부터 전반적 중등무료의무교육제가 실시되었다. 더불어 고등교육기관을 늘리고 발전시켜 인민경제 각 부문에서 요구하는 기술자와 전문가들을 빨리 육성하는 데에도 주목하였다. 여기서 특히 '일하면서 배우는 고등교육체계'에 의거하여 노동계급의 새로운 지식인들이 대대적으로 육성되었다고 한다.

이 시기는 또한 능력 있는 기술자와 전문가들뿐만 아니라 근로자들의 전반적 문화기술수준을 향상시킬 것이 요구되었다. 이를 위해 북한의 당 문화정책을 보면, '문화혁명에서 가장 중요한 것은 모든 근로자들의 일반 지식수준을 높이는 문제이다. 여기에서 우리의 당면한 과업은 전반적인 중등의무교육제를 실시하며 모든 근로자들로 하여금 인민학교 또는 초

---

458) 이춘길, 앞의 논문, pp. 31~32.
459) 위의 논문, pp. 32~34.

급중학교 졸업정도 이상의 지식을 가지게 하는 것입니다'[460]라고 강조하였다. 이의 실현을 위한 북한의 문화정책은 우선 문학예술 창조와 그 보급을 위한 물질기술적 토대를 튼튼히 마련하는 데 중점을 두었다.

북한은 전후 문학예술 발전의 저해요소로 사대주의, 교조주의, 민족허무주의 등을 들고 이러한 요소들을 극복하고 주체를 철저히 세우기 위해 작가, 예술인들 속에서 당 정책교양과 혁명전통교양이 강화되었다. 또한 문학, 음악, 무용, 미술 등 모든 종류의 민족문화예술유산을 체계적으로 발굴, 수집하고 비판적으로 연구·계승하기 위한 일련의 조치가 취해졌을 때 우리 민족의 우수한 전통이 계승·발전되고 민족적 특성이 뚜렷하게 살아나게 되며, 인민들의 지향과 요구에 인민적이며 혁명적인 주체적 문학예술이 창조된다고 주장한다. 이를 위해 북한의 당 문예정책은 사회주의 혁명에로 사람들을 힘 있게 불러일으키고 계급적으로 각성시키는 전투적이며 혁명적인 문학예술작품들을 보다 많이 창작하는 데 중점을 두게 된다.

'사회주의·공산주의 건설시기(1961~현재)'에도 낡은 사회의 유물이 남아 있을 수밖에 없으며 이를 없애기 위한 투쟁은 지속된다고 본다. 이를 위해 '모든 근로자들을 사회경제적 처지와 사상 정신적 풍모에서 노동계급의 모양대로 개조하여 계급적 차이를 점차적으로 없애며 그들을 참다운 사회주의, 공산주의 건설자로 만들어야 할 과업에 전면에 나서게 되는 것'[461]이며, 이의 실현을 위한 정책은 모든 성원들을 공산주의적으로 개조하며 인민경제를 주체화, 현대화, 과학화하고 온 사회의 인테리화를 실

---

460) 『김일성저작집』(12) p. 494.
461) 『김일성저작집』(2), p. 250.

현하는 것을 이 시기 중심과업으로 제시되었다.

이 시기에는 이미 이룩한 성과에 기초하여 모든 근로자들의 일반지식 수준을 고등중학교 졸업 정도에 이르게 하고 나아가서 온 사회를 인테리화하여야 할 과업이 제기된다. 여기서 온 사회를 인테리화한다는 것은 앞서 언급한 바와 같이 사회의 모든 성원들을 노동계급화한 기초 위에서 그들을 대학 졸업 정도의 문화기술수준을 지닌 전면적으로 발전된 공산주의적 인간으로 만든다는 것을 의미한다.

온 사회의 인테리화를 실현하는 데 있어서 제기되는 중요한 과업은 우선 교육사업을 발전시키는 것이라고 보았다. 이를 위해 전반적 11년제의 중등의무교육을 원만히 실시하는 데 중점을 두고 교육사업이 진행되었다. 온 사회를 인테리화하는 높은 목표를 달성하기 위한 중요한 조건으로, 그 기초를 튼튼히 마련하는 것인데 그것은 모든 사람들이 고등중학교 졸업 정도의 지식을 소유하도록 하는 것이다. 그런데 온 사회를 인테리화하는 데 있어서 제기되는 중요한 과업은 또한 전민고등교육화를 실현하는 것이라고 파악된다. 전민고등교육화를 실현한다는 것은 사회의 모든 성원들이 대학수준의 고등교육체계에 망라되어 교육을 받게 된다는 것을 의미한다고 볼 수 있다.

이 시기 문화정책 수행과정에서는 생산문화와 생활문화 그리고 사회주의적 생활양식을 철저히 세우는 것이 중요하다고 본다. 여기서 생산문화와 생활문화를 세운다는 것은 생산환경과 생활환경을 문화위생적으로 바꾸고 생산활동과 모든 생활을 규율 있고 질서 있게 문화적으로 해나간다는 것을 의미하며, 사회주의적 생활양식을 확립한다는 것은 정치, 경제, 문화, 도덕의 모든 분야에서 사회주의적 생활규범, 사회주의적 행동준칙에 따라 모든 사람들이 활동하도록 한다는 것을 의미한다. 그런데 사회주의적 생활양식의 본질적 특징은 집단주의적 생활양식이라는 데 있다. 집단주의적 생활양식을 북한은 철저한 노동계급적 생활양식이며 자주적이고 창조적인 생활양식이라고 주장한다. 따라서 이의 실현을 위해서는 낡은 생활양식을 없애며 사람들에게 선진적 사상을 체득하고 문화적 소양을 높이기 위해 유리한 환경과 조건을 마련해 주어야 한다는 것이다. 그래야만 모든 사람들이 문화의 참다운 주인이 되어 생활환경을 알뜰하고 검소하게 꾸리며 언제나 문명적이고 낙천적이며 정서적으로 생활하게 되므로, 사회주의적 생활양식은 사람들의 문화수준을 높이는 데 커다란 작용을 하게 된다고 본다.

2. 남북한 문화통합과의 관계

교육제도와 문화통합과의 관계는 남북한이 정치적으로 통일을 이루었다는 전제하에서 논의해야 한다. 그러나 정치적 통일 이전에 현재의 시점에서 볼 때, 양자의 관계를 살펴보는 것은 유의미한 가치가 있다. 그리고 문화통합을 현실적으로 형성해 가는 데에는 통일 방식과 통일과정을 염두에 두고 전개해야 한다. 왜냐하면 통일한국의 모습도 통일방식과 과정에 따라 달라질 수밖에 없다. 우리의 통일방식에는 점진적·단계적 통일과 급속한 통일로 구분해 볼 수 있다. 어떠한 통일방식이든 문화통합은 민족통합의 선결조건이 된다.

남북한은 70여 년 가까이 분단의 과정을 거쳐 오면서 상호 간 반목이 지속되었을 뿐만 아니라 남북 간의 이질성도 심화되어 왔다고 볼 수 있다.[462] 이로 인하여 남북한의 통일이 실현된다 하더라도 분단 후유증은 개인의 심리적 차원에서부터 정치, 경제, 사회문화 등 각 분야에 걸쳐 보편적으로 나타날 것이다. 따라서 통일 이후의 북한의 사회상황을 전망하고 주민들의 적응양상을 전망하기는 대단히 어려울 것이다. 그리고 현재 북한 사회의 현실과 주민들의 생활양태를 정확히 파악하기도 어려운 상황에서 통일 이후의 상황을 예측하기는 더 어려운 작업이다.

통일 사회에서 북한 주민들의 적응양상을 예측하기 위해 이전 연구들을 검토[463]해 보는 것도 의의가 있을 것이다. 왜냐하면 통일 사회에서 북한 주민들의 적응양상은 현재 남한에서 북한이탈주민들의 적응양상과 유사할 것이다. 통일 사회는 남한 사회와 유사한 사회체제를 갖추게 될 것으로 전제할 때, 북한 주민들의 통일 사회 적응양상을 전망하는 데 있어서 북한이탈주민의 남한 사회 적응양상은 중요한 단서를 제공해 줄 것이다. 통일 사회에서의 적응양상을 보면, 정치생활, 경제생활, 사회문화, 직업생활 영역의 적응양상으로 구분해 볼 수 있다. 이들 영역 중 '사회문화 생활 영역의 적응양상'과 교육방안을 살펴보고자 한다.

사회문화 생활 영역의 적응양상[464]을 보면, 북한 주민들은 북한체제의 혼란으로 인하여 가치관의 혼란에 빠지게 될 것이며, 심각한 불안심리와

462) 한만길, "북한 주민의 통일 사회 적응을 위한 교육내용체계화연구", 민족통일연구원, 『통일연구논총』제6권 1호(서울 : 민족통일연구원, 1997), p. 95.

463) 서재진, 『또 하나의 북한 사회』(서울 : 나남, 1996); 서재진, 『북한 주민의 인성연구』(서울 : 민족통일연구원, 1992); "통일한국 당면과제 예측", 『포럼 21』(한백연구재단, 1993년 6~8집); 차재호, "통일한국의 사회심리학적 문제와 전망", 『포럼 21』(한백연구재단, 1993년 8집); 한국교육개발원, 『남북한 학생과 주민의 통일 사회 적응 연구』(1995); 박영호, 『통일 이후 국민통합방안 연구』, 민족통일연구원, 1994 ; 이우영, "통일이후 단계에서의 융화 방안", 강광식 외, 『통일후유증 극복방안 연구』(한국정신문화연구원, 1994) 등의 참조.

464) 한만길(1997), 앞의 논문, pp. 102~103.

좌절감에 휩싸일 것이다. 북한 주민들은 심한 패배의식에서 무기력감과 허탈감에 빠져들 것이며, 남한 주민들에 대하여 열등의식과 혐오감을 표출할 것이며, 북한 지도층에 대하여 강한 분노와 저항을 나타낼 것이다.

통일 사회에서 북한 주민들은 폐쇄적이고 권위주의적인 북한 문화에서 벗어나 개방적이며 물질주의적인 대중문화를 접하게 되면서 많은 부적응을 경험할 것이다. 또한 북한 주민들은 조직과 명령에 따른 통제에 익숙해 있으며 수동적이고 타율적인 태도를 형성하고 있다. 따라서 통일 사회에서 이들은 조직에 자발적으로 참여하거나 사회활동에 능동적으로 참여하는 태도를 갖지 못할 것이다. 북한 주민들 가운데 사회주의에 대한 확신이 강한 이들은 남한의 자본주의를 접하는 순간 상당히 당황하게 될 것이고, 시장경제와 개인주의에 대하여 거부감을 가질 것이다. 물론 문화적인 변화에 쉽게 적응하는 집단도 있겠지만, 적응하지 못하는 집단은 심각한 사회문제를 야기할 가능성도 있다. 특히 남한 사회의 물질주의, 이기주의, 향락과 소비풍조 등과 같은 부정적인 측면에 대하여 강한 반발심과 거부감을 표출할 것이다.

북한 주민들은 남한의 개인주의적 태도, 사유재산제도, 자유경쟁의 원리, 빈부의 격차, 자율적인 대중조직, 남녀평등의식, 개방적인 언론매체 등을 접하면서 남북한 간의 차이 때문에 부적응을 경험하게 될 것이다. 북한 주민들은 자본주의 시장경제의 현실을 경험하지 못하였다. 따라서 개인의 사적인 이득을 취하는 원리 즉 개인의 능력과 노력에 따른 재산의 취득, 개인 의사에 따른 자유경쟁과 타인과의 이해관계를 조정하는 태도를 형성하지 못하고 있다고 볼 수도 있을 것이다. 특히 개방적인 민주주의 사회에서의 남녀관계, 언론의 기능, 대중문화의 실상을 제대로 이해하는 것이 필요하다.

　이러한 북한 주민들의 사회문화적 특성을 고려할 때 심리적 정체성을 형성하고 문화의 다양성을 이해하도록 해야 한다. 또한 민족문화에 대한 인식과 대중문화에 대한 비판적인 수용태도를 갖도록 해야 한다. 무엇보다도 북한 주민들이 자발적이고 능동적인 태도를 갖고 사회문화적인 활동에 참여할 수 있도록 해야 한다. 그러려면, 북한 주민들에 대한 통일 사회 적응교육이 무엇보다 필요하다고 본다. 특히 전체주의와 획일주의, 수동성으로 내면화되어 있는 북한 주민의 의식과 태도를 극복하고, 민주주의와 다원주의, 능동성을 중심으로 하는 규범의식과 태도를 형성하는 데 목표를 두고 세 가지 측면, 즉 '심리적 정체감 형성을 위한 교육', '문화의 다양성 이해', '대중문화의 현실과 문제 인식' 등에서 적응교육이 전개될 수 있을 것이다.

　먼저, '심리적 정체감 형성'을 위한 교육이 중요하다. 북한의 사회주의 이념과 체제가 붕괴하게 되면 심리적인 정체감을 상실하고 좌절감과 당혹감에 사로잡히게 될 것이다. 또한 남한 사회의 경제적 풍요로부터 오는 상대적 빈곤의식과 빈부격차에 대한 부정적 인식이 확산될 것이며, 자본주의 사회의 경제발전실상을 체험하게 되면서 그동안 내재되어 있던 가치관과 신념이 허구임을 깨닫게 될 것이며, 그에 따른 실망감과 배신감에 심한 심리적 갈등을 겪게 될 것이다.

　따라서 북한 주민들은 통일 사회에 적합한 새로운 이념과 가치체계를 형성하고 이를 내면화하도록 해야 할 것이다. 특히 다원적인 민주사회에서 자신의 가치관을 형성하면서 다양한 가치의식을 개방적으로 수용할 수 있는 태도를 형성하도록 해야 한다. 또한 북한 주민들이 절대적으로 신봉하던 가치관은 현대의 개방사회에서는 적합하지 않다는 점을 인식하고 자신의 신념을 객관적으로 인식하는 자세를 갖도록 해야 한다.

둘째, '문화의 다양성을 이해'하도록 해야 한다. 북한 주민들이 남북한 공통의 문화적 동질성을 인식하고 우리 민족이 공유하고 있는 전통문화와 풍습을 습득하도록 해야 할 것이다. 남북한은 같은 민족임을 상기시키고, 분단 이전의 오랜 역사 속에서 동일한 전통과 문화를 지녀왔음을 강조해야 한다. 우리 민족에게 내재화되어 있고 오랫동안 계승되는 전통과 문화는 체제의 이질성에도 불구하고 같은 민족으로서 동질성을 회복하는데 기초가 될 것이다.

한편 통일 이후 북한 주민들은 실제 생활의 여러 국면에서 문화적 차이로 인해 많은 어려움을 겪게 될 것이다. 언어와 생활방식의 차이로 인한 부적응은 대표적 사례가 될 것이다. 문화적 차이로 인한 혼란은 북한 주민들로 하여금 다양한 삶의 많은 장면에 크고 작은 갈등과 이질감을 느끼도록 할 뿐만 아니라 정치·경제적 차이에서 오는 혼란을 극복하는 것보다 오랜 시간과 노력을 필요로 할 것이다. 북한 주민들은 문화적 차이를 이해하고 서로 다른 문화를 개방적으로 수용할 수 있는 태도를 가지도록 해야 할 것이다.

셋째, '대중문화의 현실과 문제를 올바르게 인식'하도록 해야 한다. 북한 주민들은 언론과 정보가 차단되어 있는 통제사회에서 살아왔기 때문에 남한의 대중적인 언론문화에 커다란 충격을 받게 될 가능성이 매우 높다. 또한 사회주의체제에서 발표와 토론의 기회는 많았을 것이지만, 이는 정치적 목적달성을 위해 활용된 경우가 대부분이며, 자유롭고 개방적인 분위기에서 토론하는 기회는 갖지 못하였다.

따라서 북한 주민들이 개방적이며 다원적인 민주사회에 적응하려면 대중적인 언론매체의 역할과 특성을 이해해야 할 것이며, 방대한 정보와 지식을 선별하여 비판적으로 수용할 수 있는 태도를 가져야 할 것이다. 또한 자신의 주장을 설득력 있게 펼치면서 상대방의 의견을 귀담아 들을 수 있는 대화와 토론의 태도를 습득해야 한다.

한편 대중문화가 갖고 있는 향락적이며 소비적인 측면을 비판적으로 바라보면서 이에 쉽사리 몰입하지 않는 자율적인 판단력과 선택의지를 가지도록 해야 한다. 북한 주민들은 개방적인 문화를 접할 기회가 없었기 때문에 대중사회의 향락적이고 소비적인 풍토에 접하게 되면 쉽게 동화될 가능성이 많다. 따라서 대중문화를 비판적으로 인식하고 자율적인 통제력을 가질 수 있도록 해야 한다.[465]

북한 주민의 통일 사회 적응교육은 기본적으로 전체주의와 획일주의, 수동성으로 내면화되어 있는 북한 주민의 의식과 태도를 극복하고, 민주주의와 다원주의, 능동성을 중심으로 하는 규범의식과 태도를 형성하는 데 목표를 두어야 한다. 이를 위해서 북한 주민에 대한 교육은 기본적으로 두 가지 접근방향에 대한 검토가 필요하다. 첫째, '교수'와 '재사회화'의 개념으로 접근하는 방법이다. 이는 통일 사회의 특성에 기초하여 이에 필요한 새로운 지식과 행동을 습득하도록 하는 것이다. 둘째는 '학습' 또는 '사회 적응'의 개념으로 접근하는 것이다. 이는 북한 사회와 주민들의 특수성을 고려하여 그들 스스로 통일 사회에 적응할 수 있는 능력을 고양하는 데 초점을 두는 것이다. 첫째 접근은 문화적 보편주의[466]를, 두 번째 접

465) 위의 논문(1997), pp. 116~118.
466) 문화적 보편주의 관점은 주로 북한이탈주민 또는 북한 주민의 적응대책을 모색하는 정책

근은 학습과 사회 적응의 접근은 문화적 상대주의의 관점[467]에 기초한다.

문화적 보편주의는 통일 사회의 보편적인 가치와 지식체계를 전제로 하고 이를 북한 주민들에게 교수하는 데 초점을 둔다. 보편적인 가치와 지식체계는 현재 남한 사회에서 중시하는 가치와 지식을 기본으로 한다. 즉 민주주의 사회, 시장경제 체제에서 추구하는 지식과 가치체계를 북한 주민들에게 전수한다는 관점이다. 이 관점은 북한 주민들은 이미 공산주의체제에서 사회화되어 있는 대상으로 간주하고 이를 민주주의체제에서 재사회화하는 과정으로 보는 것이다. 북한 주민들의 의식과 가치관은 남한과 다르다는 측면을 중시하면서 이를 동질화하는 데 초점을 둔다.

반면, 문화적 상대주의는 북한 사회와 주민들의 특성을 우선적으로 고려하여 그에 적합한 학습과정을 마련하고 사회 적응을 돕도록 해야 한다는 관점이다. 보편적인 지식과 가치를 전제하기 이전에 북한 주민들은 지금까지 어떠한 교육을 받아 왔으며 어떠한 지식과 가치관을 형성하고 있는지를 중시한다. 또한 북한 주민들이 필요로 하는 학습내용이 무엇이고 무엇을 요구하는지에 우선적인 관심을 둔다. 그리고 북한 주민들은 남한 주민들과 서로 다른 가치관과 의식구조를 형성하고 있음을 인정하고, 이를 수용하려는 관점이다. 북한 주민들의 이질성을 인정하면서 이

연구에서 취하는 접근법으로, 한만길, "탈북 이주자의 남한 사회 적응문제와 재사회화 방안"; 박종철 등의 『북한이탈주민의 사회 적응에 관한 연구』 등이 대표적 사례이다.

467) 문화적 상대주의의 접근법은 주로 문화인류학의 관점에 기초하여 북한이탈주민 또는 북한 주민이 우리와 다른 특성을 지니고 있음을 인정하고 공존을 모색해야 한다는 이론적 시도인데, 예컨대 조혜정의 "분단과 공존"-제3의 공간을 열어가는 통일교육을 지향하며 (1997); "통일공간과 문화-비판적 재해석"(통일연구 창간호, 1997); 이장호, "남북한 주민의 의식구조 격차와 통일교육에의 시사점"(한국교육개발원 제3회 통일대비교육포럼자료, 1997) 등이 대표적이다.

질적인 요인이 공존할 수 있다는 점을 수용하는 것이다.

문화적 보편주의는 남한이 통일의 주체임을 중시하면서 남한의 지식과 가치체계를 북한 주민들에게 전파하는 것을 강조한다. 따라서 문화적 보편주의는 남북한의 문화적 이질성을 극복하고 동질화 작업을 추진하는 데 효과적일 수 있다. 반면에, 문화적 상대주의는 북한 주민들이 필요로 하는 학습요소가 무엇인지를 파악하여 그들 스스로 학습의 과정을 모색하도록 하는 것이다. 따라서 북한의 문화적 특성을 보존하고 유지시키는데 효과적일 것이다.

따라서 북한 주민에 대한 통일 사회교육은 이상의 두 관점을 상호 보완할 필요가 있다. 왜냐하면, 통일 사회는 보편성과 동시에 다양성을 추구하고, 동질성을 회복하면서 이질성을 인정하는 방향으로 나아가야 하기 때문이다. 보편적인 지식과 가치체계라고 하더라도 북한 사회와 주민들의 특수성을 고려하여 교육방안을 마련하는 것이 중요하다. 또한 북한 사회의 장점을 인정하고 북한 주민들이 남한 주민들과 다른 인성특성을 지니고 있다는 사실을 인식함으로써 그들을 인간으로서 존중하고 그들의 다른 특성을 고양시키는 것도 중요하다.

제6장

ー

교육현장과 문화

북한의 학교생활

1. 수업과 반조직

북한 소학교의 반편성과 수업분위기는 상당히 경직적이고 이데올로기적이다. 이는 이영선의 증언을[468] 통해 수업 분위기를 파악해 볼 수 있다.

'북한의 인민학교는 5년제이며,[469] 각 학년의 1개 반은 70~80명의 학생들로 구성되는데, 대부분 남학생과 여학생은 반을 따로 편성하여 교육한다. 인민학교의 하루는 김일성에 대한 예찬과 노래로 시작되었다. 학교에 등교하면 담임교원이 학생들을 김일성 초상화 앞에 정렬시켜 놓고 '충성의 선서모임'부터 진행하는데, 선서내용은 모두 열 가지로 구성되어 있다. 김일성의 교시를 높이 받들고 그 집행관철을 위하여 물불을 가리지 않을 것이며, 특히 김일성의 충직한 아들과 딸이 되어 그를 목숨으로 옹호 · 보위하겠다는 말로 짜여 있다. 이를 일명 '김일성유일사상 10대 원칙'이라 부른다. 선서모임은 김일성을 찬양하는 노래를 부른 다음, 교원이 큰 소리로 선서문을 한 구절씩 읽어 내려가

---

468) 이영선의 증언, 서동익, 『북에서 사는 모습 : 그 현장증언』(서울 : 북한연구소, 1987), pp. 49~50.

469) 2012년 학제개혁으로 4년제에서 5년제로 전환되었다. 여기서는 수정된 학제로 표기하였다.

면 학생들이 엄숙한 자세로 그 구절구절을 따라 읽어야 한다. 선서가 끝난 뒤 또다시 김일성에 대한 칭송가를 부르게 되어 있다. 선서모임이 끝나면 곧 수업이 시작된다. 수업시간이 새로 진행될 때마다 학생들은 김일성 초상화를 바라보며, '아버지 김일성 원수님 고맙습니다!'라고 깍듯이 인사를 해야 한다. 교원은 수업을 진행하는 동안 김일성 초상화 앞에서 엉덩이를 돌려서는 안 된다. 만약 그렇게 했을 경우 그 교원은 김일성을 모독했다는 이유로 처벌을 받게 된다. 그래서 교원은 항상 45도로 몸을 틀어서 수업을 진행하기 때문에 자세가 매우 부자연스럽다.'

북한 청소년의 조직생활은 다음의 증언[470]을 보자.

'인민학교 1학년에 처음 입학한 날 반을 배치받고 의자에 앉았다. 의자에 앉자 분단기를 나누어 주었다. 우리 줄은 1분단이었다. 분단은 1반에서 6반까지 갈라놓았다. 그런 다음 반장을 뽑아주었다. 나는 그때 반장이 되었다. 처음에 분단위원장을 지적해주고 그다음 학급반장, 그다음 기수위원들, 그다음 반장들이었다. 분단위원장은 리(里)여맹비서의 아들이었고 학급반장은 당원의 아들, 그리고 기수위원들도 당원의 자식들이 모두 차지했다. 그 외에 반장들은 아무나 호명해서 시켰다. 분단위원장의 표시는 별 3개에 줄이 2줄이었다. 학급반장은 별 2개에 줄 2줄이었다. 위원들은 별 1개에 줄 2개로 표시했다. 반장은 별 3개에 줄이

470) 이록재의 증언, 서동익, 위의 책, pp. 56~57.

1줄이었다. 1개 학급은 약 40명씩이고 내가 인도하는 2반은 7명
이다.'

　북한에서는 학급편성과 반 내의 조직편성에 있어서도 조직을 체계화
시켜 놓고 이를 통해 학생들의 학교생활을 전반적으로 통제하고 있다고
볼 수 있다.[471]

2. 특별활동과 과외(소조)활동

　북한에서의 특별활동은 크게 2가지로 분류해 볼 수 있다. 하나는 학교
행사나 직업준비과정으로서 학생회, 음악반, 연극부, 운동부 등의 활동이
고, 다른 하나는 공식적·비공식적으로 특별한 정치조직과 연결된 특별
활동이 있다.

　『조선민주주의인민공화국에서의 교육』에 언급된 특별활동 중 조직생
활에 대한 설명을 보면, '당이 학생들을 교양하는 데서 중요한 의의를 부
여하고 있는 것은 조직생활, 사회정치활동을 통한 교양이다. 우리나라에
서 사람들은 어릴 때에는 소년단 조직생활을 하고 좀 크면 사로청 조직
생활을 하며 그다음에는 당 조직생활을 하든지 아니면 다른 근로단체조
직생활을 하든지 하여 모든 사람들이 다 조직생활을 하게 되어 있다.', '사
로청, 소년단 조직은 학생들에게 사상적 량식을 넣어주며 정치적으로 키
워준다. 부모가 자식의 육체적 생명을 보호하는 혈육적 보호자라면 사로

471) 한국청소년개발원, 『북한 청소년생활의 심층연구 : 북한 청소년 조직과 집단생활』(서울 :
　　　한국청소년개발원, 1995), p. 88.

청, 소년단 조직은 학생들의 정치적 생명의 보호자'이다.[472]

북한 주민은 모두 조직생활을 해야 하므로 소학교 2학년이 되면 누구나 소년단에 가입해야 한다. 그리고 중학교 5학년이 되면 소년단 생활을 마치고 김일성사회주의청년동맹에 가입, 소년단 일원의 상징이었던 붉은 머플러 대신 왼쪽 가슴에 청년동맹휘장을 달게 된다. 또한 청년동맹 가입 후 바로 교내 군사조직인 붉은청년근위대에 들어가게 된다. 군사교육훈련은 남녀학생 모두 해당된다. 대학생이 되면 준군사조직인 대학교 교도대에서 6개월간 군사훈련을 받게 되며, 교도대 복무졸업증이 없으면 대학을 졸업하지 못한다. 북한의 학교는 그 자체가 군대식 대열로 편성되어 있다. 예를 들면, 규모에 따라 차이가 있기는 하지만 학교는 연대로, 학부는 대대로, 학과는 중대로, 그리고 학급은 소대로 편성된다.[473]

『조선민주주의인민공화국에서의 교육』에서 리영복은 '우리나라에서는 학생들을 어려서부터 사회와 인민을 위하여 몸 바쳐 투쟁할 줄 아는 참다운 사회의 주인으로, 군중을 조직동원할 줄 아는 능력 있는 사회정치활동가로 키우기 위하여 학생들을 정치활동에 널리 참가시키고 있다'[474]고 주장하고 있다. 이처럼 북한에서 학생들의 특별활동을 강조하는 것은 학생들이 어려서부터 혁명과업에 대한 높은 정치적 자각과 책임 있게 과업을 수행하는 습성을 기르도록 교양함과 동시에 이러한 특별활동을 의도적으로 정치학습화하여 사회정치활동가로 키우기 위한 것이라 볼 수 있다.

북한에서는 우리와 같은 과외는 실시되지 않지만, 남한의 학원(과외)

---

472) 리영복, 앞의 책, p. 93
473) 『북한이해 2013』, p. 204.
474) 리영복, 앞의 책, pp. 94~95.

과 비슷한 종류인 소년궁전이라는 곳이 있는데 주로 여기서 정규 수업이 끝난 이후 주로 소조(과외)활동[475]이 이루어진다. 북한의 소조활동은 동원지시가 있을 때와 없을 때의 차이가 있다. 특별한 동원지시가 없는 평상시에는 달리기, 체조, 군중무용 등 주로 체육경기로 과외수업을 하고, 기타 분야별 학습활동도 자주한다. 분야별 학습활동은 학과목 연구서클, 예능서클, 독후감상발표회, 영화감상회, 혁명전적지답사, 창작발표회, 시낭송회, 미술전람회, 담화회, 전투영웅들과의 대화 등인데 학생들은 이런 서클에 2개 정도는 의무적으로 참가해야 한다. 그러나 분야별 과외활동은 학교마다 편차가 많고 학생의 자율적 선택에 의해 기회가 균등하게 부여되지 않기 때문에 형식적인 경우가 대부분이다. 예를 들어 '수령연구실'활동이라는 연구조가 있는데, 이 연구조에 참가할 수 있는 학생은 우선 출신성분이 좋아야 하며 정치생활에 있어서도 모범이 되고 학습에 뛰어나야 한다.[476] 나머지 학생들은 참여가 제한되어 있다.

동원지시가 있을 때는 농촌지원활동[477]에 나가게 된다. 북한 학생들의 의무노동은 '이론과 실천의 통일'이라는 원칙 아래 제도화되어 있다. 1959년에 공포된 '내각결정 18호'에 의하면, 인민학교 학생은 연간 2~4주, 고등중학교 학생은 6~8주, 고등전문학교 학생은 12주, 인문·사회계 대학은 12주, 기술계 대학은 14주로 규정되어 있다. 이러한 의무노동기간

---

475) 임정희, "우리집 가정교육", 한국교육개발원편, 『내가 받은 북한 교육』(서울 : 한국교육개발원, 1994), p. 15.
476) 서동익, 앞의 책, pp. 67~68.
477) 위의 책, pp. 68~69. 농촌지원은 주로 농번기 때 3~5개월씩 나간다. 지역이 먼 곳일 때는 수업을 전폐하고 나가며, 가까운 지역은 오전수업을 마치고 나간다. 학생들이 나가서 농촌을 지원하는 분야는 모심기, 김매기, 관수작업, 추수 등이며, 이러한 노력동원은 학생들에게 선택의 기회가 주어지지 않는다.

에는 수업을 전폐하고 노동만 하게 된다. 이밖에도 특별한 학생동원지시가 내려오면 방과 후 수시로 4~5시간씩 노동현장에 동원된다.

3. 북한 학생의 인성적 특성

북한 청소년들은 조직과 더불어 성장했고 호흡하고 있기 때문에 조직으로부터의 소외나 이탈은 곧 개인의 최대한 무기력상태를 의미하게 된다. 다시 말하면 조직 속에서만 심리적 안정감과 성취감을 느끼고, 조직에서 이탈하거나 혹은 조직구성원이 동조하지 않을 때는 심리적 소외감과 박탈감을 맛보게 된다. 즉, 조직을 통해서만 강한 귀속감을 느끼게 된다.

청소년의 사고, 태도, 가치관의 내용은 학습의 과정을 통해 이루어진다는 견해는 모든 학자들 간에 공통적으로 인정되고 있으며, 특히 사고와 가치관의 형성에 정신분석학적 기제인 '동일시'가 중요한 역할을 하는 것으로 평가되고 있다. 여기서는 주로 공식적인 집단생활에 의해서 형성된 북한 청소년들의 인성특성을 일원론적 절대주의, 집단주의, 권위주의와 의존성, 배타주의, 가족적 온정주의, 수동성으로 나누어 살펴보고자 한다.

가. 일원론적 절대주의

김일성의 사상체계가 북한 사회의 유일한 사회이념으로 적용되기 때문에 김일성의 교시를 궁극적인 행동지침으로 제공하여 이를 따르고 실천할 것을 강조한다. 북한 청소년의 본보기의 대표적인 역할모형 역시 김일성과 그의 이념을 추종하는 극소수에 제한되어 하나로 통일된 역할과 속성만을 고도의 규격화속에서 획일적으로 제시하면서 이를 기준으로 삼아 인간의 활용이나 성격을 평가하고 있다.

이와 관련하여 김정일은 1991년 5월 전국당세포비서강습회의에 보낸 서한 '당세포를 강화하자'에서 당과 수령에 한없이 충실한 충신과 효자가 될 것을 강조하고 있다. 또한 '충신의 입은 그 마음에 있고, 간신의 마음은 그 입에 있다. 충신과 효자는 어떠한 환경 속에서도 밝고 맑은 마음으로 당과 수령을 높이 받든다. 그러나 간신과 불효자는 스스로의 정치적 야망을 달성하기 위하여 순조로울 때에는 당과 수령에 따르고 있지만, 형세가 불리할 때에는 본성을 나타내 배신의 길을 달린다'고 지적[478]하고 있다.

김일성에 대한 '충실성'은 교육방법인 긍정적 감화방법을 통해 조건반사적으로 학습되는 것으로 볼 수 있다. 즉, 단순한 행동을 반복적으로 실천함으로써 조건반사적으로 김일성에 대한 충성심을 고취시키는 방법이다. 예컨대, 식사시간에 김일성이 하사한 것으로 인식하도록 하고 김일성에 대한 감사의 마음을 반복적으로 훈련함으로써 김일성에 대한 흠모의 감정을 내면화하는 것이다. 또한 김일성과 김정일의 혁명활동이나 모범적 행동에 대하여 교사들은 이를 담화와 설복의 방법을 동원하여 학생들에게 감동적으로 전달함으로써 학생들이 마음속깊이 간직하도록 한다. 이러한 교수방법을 반복적으로 실천함으로써 학생들의 사상교화는 더욱 내면화되는 것이다. 이에 따라 북한 청소년들의 의식과 행동은 생활 전반에 걸쳐서 규정되어 있는 표준적인 규칙에 따라 획일화, 규범화되면서 매우 단순하며 경직되어 나타나고 있다.

---

478) 양태영, "당과 수령에 대한 충성과 효성은 간부와 당원의 정치사상적 풍모와 자질의 기본", 『근로자』(제6호, 통권 590호, 1991), p. 42.

나. 집단주의

북한에서 집단주의와 개인주의는 근본적으로 대립되는 것으로 인식하고 있지만, 자유민주주의에서는 개인의 이익이 집단의 이익이 된다는 공리주의에 기초하고 있다. 북한 사회에서 개인은 하나의 개체로서의 독립된 존재라기보다는 집단속의 한 일원으로서만 존재하며 집단의 영속성이 개개인의 개인적 존재가치나 개인적 생활보다 우선시되고 있다. 그러므로 개인성보다는 사회의 통합성, 조직 중심의 공동체의식 등의 집단주의 정체성을 강조하는 협동성, 단결, 충성, 공익봉사, 동료애, 책임감 등과 같은 집단주의적 가치지향의 규범이 공산주의적 인간의 가장 중요한 가치덕목으로 매우 중요시되고 있다. 이러한 집단주의적 가치는 개인보다 집단의 이익이 우선시되면서 조직과 집단 나아가 국가와 지도자를 위해서는 항상 어떠한 희생, 즉 자신의 생명까지 감수해야 한다는 자기희생, 헌신의 개념을 바탕으로 하고 있다. 김정일은 '개인주의적 인생관이 개인의 안일과 향락을 최고의 목적으로 여기는 인생관이라면, 집단주의적 인생관은 자기의 운명을 집단의 운명과 결부시키고 집단을 위한 투쟁에서 참다운 삶의 보람과 행복을 찾는 인생관'이라고 강조하고 있다.[479]

북한에서 집단주의가 발달하게 된 배경은 두 가지이다. 먼저, 북한이 사회주의체제하에서 집단노동과 군중노선을 사회체제 유지 및 발전의 근본으로 삼았기 때문이며, 또 하나는 주체사상에서 세계의 주인, 자기 운명의 주인으로 되는 것이 아니라 인민대중, 사회적 집단이라고 규정하고 있기 때문이다. 따라서 북한에서 사회적 기본단위는 개인이 아니라

---

479) 김정일, "주체의 혁명관을 튼튼히 세울 데 대하여", 조선중앙통신사 편, 『조선중앙년감 1988』(평양 : 조선중앙통신사, 1988), p. 97.

인민대중이 된다. 북한에서는 사람은 개인으로서가 아니라 사회와 집단의 한 성원으로서 살아간다고 보고 사회와 집단을 위하여 얼마나 이바지하는가 하는 것이 생활의 가치척도가 된다고 본다.[480]

북한 청소년들에게 있어서 집단주의는 이기주의에 대한 비판의식을 심어주기도 하지만, 다른 한편으로는 협동성, 단결, 충성, 공익봉사, 동료애, 책임감 등과 같은 집단주의적 가치지향을 형성하기도 한다.[481] 이와 관련하여 북한 소설에서 사례를 들어본다. 먼저 개인의 이익과 안일을 추구하는 타인에 대한 비판소설인 〈절정〉의 일부분을 보자.

'신문을 들고 나온 학생은 우리 학급민청초급단체선동원으로서 대리석처럼 차가운 인상을 주는 청년이었지만 불타는 듯한 열정적인 목소리로 신문기사를 읽었습니다. 그는 독보 끝에 우리 학급을 대학적인 모범학급으로 꾸릴 데 대한 격동적인 호소를 하였는데, 그 과정에 뜻밖에도 내 이름이 말밥에 오르게 되었습니다. "아무래도 오늘은 리상옥 동무에 대해 말을 좀 해야겠습니다. 이 동무는 병 치료 때문에 등교를 못 한다고 하지만 너무합니다. 이 동무도 우리 학급이 어떤 학급인지 이제는 소문으로라도 들었을 텐데 웬만하면 나와서 인사를 하는 게 옳지 않겠는가! 이 동무야말로 규율 밖에서 살기를 좋아하고 집단과 동지들에 대해서는 꼬물만큼도 생각하지 않는 동무입니다. 이 한 동무 때

480) 강민구, "집단주의적 인생관은 공산주의자들이 지녀야 할 참다운 인생관", 『근로자』(평양 : 근로자사, 1989. 4), p. 55.
481) 서재진·김태일, 앞의 책, pp. 77~80.

문에 우리 학급의 명예가 훼손되고 있습니다. 우리 학급에 있을 자격이 없는 동무입니다." 나에 대한 선동원의 비판은 점점 더 냉혹하고 무자비해졌습니다.[482]

그리고 집단주의적 가치지향 형성에 관한 사례로 단편소설 〈버들개 지〉에서는 청년여성돌격대에 들어와 생활하기 시작한 주인공이 어느 날 화장을 하지 않고 작업장에 나가려 하자 소대장이 그를 불러 세워 이렇게 말했다.

'인옥 동무, 얼굴을 익히기도 전에 이런 소리를 해서 안 됐어요. 하지만 말해야 되겠기에 이렇게 나오라고 했어요. 동무는 이제 껏 화장이나 몸차림을 자기를 위해 한다고 생각했어요? 〈예?!〉 나는 두 눈만이 잔뜩 커졌어. "우린 사회와 집단을 위해서 살고 있다는 걸 명심해야 돼요. 이 건설장에서 우리 처녀돌격대원들 의 단정한 용모가 건설자들에게 얼마나 큰 힘을 주는지 동문 아 마 모를 거예요. 생각을 바로 가져요."'[483]

이처럼 북한 청소년들에게 있어 가장 기본이 되는 원칙인 집단주의가 모든 생활을 지배하고 여기서부터 기본적인 의식구조가 형성된다고 볼 수 있다.

---

482) 백보흠, "절정", 『공화국창건 40돌 기념작품집, 보금자리』(평양 : 문예출판사, 1988), p. 153.
483) 장옥순, "버들개지", 『청년문학』(1990. 1), p. 17.

다. 권위주의

인간관계에 있어서 철저한 상하의 위계서열적인 질서를 존중하는 과거의 전통적인 권위주의가 평등을 지향하는 사회주의 사회인 북한에 존재한다는 것은 주목할 만하다.[484] 권위주의는 부모-자녀관계와 부부관계를 비롯한 가족 내의 인간관계에서 비롯하여 남녀관계, 연장자와 연소자와의 관계, 그리고 지도자와 국민간의 관계에 이르기까지 모든 기본적인 인간관계가 지배와 복종 또는 강자와 약자 같은 종적이고 양분적인 관계로 일반화됨에 따라 청소년들의 인성 또한 권위주의적 특성을 지니게 된다. 이와 관련된 대표적인 권위주의적 가치규범으로는 부모에 대한 자녀의 도리요 의무로써 극진한 효도, 복종과 헌신적인 태도를 강조하는 전통적인 여성의 역할, 연장자에 대한 공경자세, 지도자에 대한 국민들의 맹목적인 복종과 충성 등이 그 예라 할 수 있다.

한편 권위주의에 대한 의존성은 청소년들에게 심리적 동일시를 제공하기도 하는데, 북한의 집단주의는 인민해방자라는 김일성에 대한 집단구성원의 관계를 통해서 설명할 수 있다. 인간은 누구나 '자아이상'을 가지고 있는데 구속력이 약한 집단에서는 자기 이상과는 서로 다른 가치판단과 삶의 태도가 충돌하게 되므로 갈등을 일으킨다. 그러나 안정된 집단 안에서는 지도자가 모든 집단구성원 간의 동등성이 자기 이상으로 나타나게 되므로 지도자에 대한 사랑을 통해 서로가 단결을 도모하게 된다. 따라서 누구나 눈앞의 이상이 같으면 평등하다는 느낌을 갖게 되면서 거기에서 애정과 집단의 목표지향성이 형성된다. 이러한 심리적 동일시 현상은 북한의 경우 김일성과의 관계에서 잘 나타난다. 집단주의 성

484) 서재진·김태일, 앞의 책, p. 72.

향을 가진 북한 청소년에게 내재해 있는 김일성의 가치규범은 사회화 과정에서 자신들과 높이 솟은 아버지상으로 동일시하게 된다.[485]

따라서 김일성에 대한 불만은 곧 아버지에 대한 도전에 해당하므로 권위주의 사상체계에서는 상상할 수 없고, 그 불만을 해소하기 위해 '희생양'을 설정하여 공격성을 전위시키도록 유도하게 된다. 예를 들어 2차 세계대전 당시 독일이 자신들이 가지고 있었던 정치·경제 등의 사회문제를 유태인에게 전가하여 모든 책임을 그들에게 돌리고 국민들의 공격대상으로 하여 희생양을 삼은 것이 대표적이다.

라. 배타주의

북한 청소년들 의식의 또 다른 특징으로는 배타주의를 들 수 있다. 이 역시 부분적으로는 집단적 조직생활의 결과이기도 하지만, 자기집단을 가장 이상적인 집단으로 간주하고, 자기집단 중심의 관점에서 다른 집단을 비교·평가하기 때문이기도 하다. 이는 물론 후천적인 교육의 결과라 할 수 있다. 북한에서는 주체사상이나 조선민족 이외에는 다른 민족이나 사상을 수용할 수 있는 지적 자율성이 학교 교육에서 배제된다. 반면에 자기집단 내에서는 의리, 인정적 유대, 상부상조 등 인정주의적 요소를 강조하면서 귀속적인 집단의식을 보이는 반면 자기집단 이외의 다른 집단들은 무조건 부정적 또는 적대적으로 평가하고 비판하여 배척한다.

북한의 이러한 배타주의의 연원은 무엇보다도 일본의 식민지배, 한국전쟁을 통한 미군으로부터의 피해가 가장 큰 영향을 미쳤다고 볼 수 있다. 그리고 북한의 지배이념인 주체사상에 의해 배타주의가 더욱 강화되

---

485) 김일균, 『통일대비남북청소년 교류방향』(서울 : 문체부, 1994), pp. 14~16.

었다. 배타주의는 집단주의의 연장선상에 있다고 볼 수 있다. 또한 북한의 문화예술 창작물들이 주로 한국, 미국 등의 주변국이나 체제로서의 자본주의 그 자체와 지주, 자본가 등의 적대계급에 대한 비판을 담고 있기 때문에 청소년들도 이러한 문화예술 및 교육의 영향을 받아 배타주의적이고 적대적이다. 일례로 북한의 단편소설 〈밭갈이 전야에〉와 〈심장의 외침〉은 지주와 일제 및 미국에 대한 적대감을 청소년들에게 강도 높게 인식시키고 있다.[486]

'몇 해 전 지주놈은 윤두 소를 덕준에게 주었다. 윤두 소라야 제 발로 걷지도 못하는 병든 송아지였다……그 동안 병든 소를 얼마나 애지중지 키웠는지 모른다. 어쩌다 생긴 한 되박의 콩도 여물에 섞고 퉁퉁 부어오른 얼굴로 오빠를 바라볼 때면 슬그머니 돌아서 눈굽을 훔치던 덕준이었다……죽은 줄로 알고 있던 덕준에게 주었던 송아지가 살아나자 지주놈은 안달이 나서 며칠밤을 세웠다. 지주놈은 순사놈과 짜고들어 돈궤가 잃어졌다고 소동을 피우고는 그 루명을 덕준에게 들씌웠다. 그리고는 품싻대신 주겠다던 송아지를 빼앗아갔던 것이다. 불쌍한 두 동생을 두고 경찰서로 끌려간 덕준은 1년 만에야 집으로 돌아왔다.'[487]

'원쑤는 바로 미제입니다. 그놈들은 남반부를 영원히 식민지로 만들려고 하고 있단 말입니다. 기자선생들 속에는 조국이 통일되기를 원하지 않는 사람이 없으리라고 봅니다. 저는 그러자면

---

486) 서재진 · 김태일, 앞의 책, pp. 81~83.
487) 김용일, "밭갈이 전야에", 「청년문학」(1991. 3), pp. 36~37.

어버이수령님께서 창시하신 주체사상의 기치를 높이 들고 미제
를 남조선에서 당장 몰아내야 한다고 봅니다.[488]

위 두 소설의 사례를 보더라도 북한의 대중매체, 즉 텔레비전, 라디오,
신문에서는 일본, 미국, 남한 등의 주변 나라들에 대한 비판을 담은 내용
을 매일같이 보도하여 주민과 청소년들을 의식화시키고 있다. 이러한 내
용들은 계몽성의 내용들이지만 일상적으로 되풀이 계몽을 받는 주민과
청소년들의 인성은 그렇게 이미 계몽되어 잠재의식 속에 내면화되었다
고 보아야 마땅할 것이다. 이러한 관점에서 본다면 북한 청소년들이 왜
한국에 대한 적개심과 함께 공격적이고 투쟁적인 태도를 가지고 있는지
를 충분히 이해할 수 있다.

마. 가족적 온정주의

온정주의란 대인관계에 있어서 상대방을 객관적이고 일반적인 기준보
다는 자신과의 개인적인 친분관계를 중요한 평가기준으로 삼아 평가하
고 대하고자 하는 경향을 말한다. 즉 합리적이고 냉철한 논리인 이성보
다는 사랑, 의미, 믿음 등과 같이 가슴속에서 느끼는 감정에 더 근거하여
인간관계를 이끌어가는 것을 말한다. 이러한 차원에서 본다면 북한 사회
는 하나의 거대한 가족이다. 가족이라고 인식되는 성원에 대해서는 온정
주의가 발달해 있다. 이것은 집단주의에서 집단 간의 경쟁이 야기시킨
집단 내부의 통합적 속성이라고 볼 수 있다. 북한의 청소년들은 거대한
가족이라는 집단생활을 통해 타 집단과의 경쟁의식을 고조시킨 결과 타

---

488) 한정남, "심장의 외침", 「청년문학」(1991. 1), p. 20.

집단에 대해서는 냉혹하리만큼 무관심하거나 적대적이지만 반면에 자기 집단의 성원에 대해서는 가족과 같은 온정을 강하게 느끼게 된다.[489]

북한은 사회의 혁명화를 위한 중요한 거점의 하나로 가정의 혁명화를 강조하고 있다. 다시 말하면 북한은 사회주의적 인간의 생산을 위해서 가정의 강화를 기하고 있다.[490] 즉, 가정을 사회주의 혁명과 교화를 위한 수단으로서 더욱 공공화하는 시책을 편 뒤 오히려 가족성원들의 정서적 유대나 감정을 더 긴밀하게 하는 잠재적 기능이 나타났다고 볼 수 있다.

이러한 정감적인 유대관계는 무엇보다도 지도자와 국민간의 관계에 있어서 특히 중요시되고 있다. 커다란 가부장적 가족사회에서 한 식구들인 인민들에게 어떤 조건이나 원칙 없이 자상한 관심과 배려를 한없이 베푸는 가부장인 지도자 김일성과 김정일 그리고 이에 대한 인민들의 끝없는 감격과 열성적인 헌신은 온정주의의 한 단면을 나타내 주고 있다.

바. 수동성

북한 청소년의 인성 특성은 권위주의로 인한 수동성과 타율성을 들 수 있다. 왜냐하면 북한은 통제사회이고 권위주의적이고 획일화된 사회이기 때문에 청소년들은 학교생활 초기부터 자율성과 자발성, 창의성에 대한 훈련이 되어 있지 않고 오히려 수동성, 복종성, 타율성 등 권위주의 사회에서 주민들이 가질 수 있는 인성특성이 형성되어 있다.

북한이탈주민인 '여만철' 씨에 의하면 남한에서 자신의 자녀가 학교에서 적응하기 어려운 문제 중의 하나가 자발성에 따른 자율적인 판단력이

---

489) 서재진 · 김태일, 앞의 책, pp. 84~85.

490) 최홍기, "북한의 가족제도", 『북한 사회론』(서울 : 북한연구소, 1977), p. 397.

부족하다는 점이라고 증언하고 있다.[491] 이탈주민의 자녀들은 북한에서 교육받은 습성 때문에 모든 것을 선생님이 시키는 대로 수행하기만 하면 되는 것으로 인식하고 있다. 하지만 남한에서는 자신의 판단과 선택에 따라 행동하고 생활해야 하기 때문에 어려움이 따른다고 증언한다. 이러한 수동성과 타율성이 1980년대 후반 소련과 동구권 공산주의체제가 자유세계와의 경쟁에서 패배한 이유 중의 하나라는 연구결과들이 속속 나오고 있는데, 이러한 문제점은 북한 청소년들에게도 그대로 나타나고 있을 것이다. 독일이 통일된 후 서독에서 취업한 동독 출신 청소년들의 수동적인 작업태도는 학계에서 상당한 관심을 끌었는데, 이와 비슷한 태도가 이탈 청소년에게서도 나타나고 있다는 점이다.[492]

북한 청소년들도 이탈 청소년들과 마찬가지로 대안을 탐색하는 비판적 사고가 발달하지 않고, 국가의 시책에 순종하며, 획일적인 행동유형을 가지고 있을 것이라 판단된다. 북한의 통치자들에게 열광적으로 환호하는 북한 텔레비전의 화면은 그 한 예이다. 우리는 제2차 세계대전 말기에 일본에서 있었던 젊은 자살특공대 비행사들의 행동에서도 정보와 경험의 차단, 통제되어 있는 상황에서는 이러한 행동이 가능하다는 점을 상상해 볼 수 있다. 북한이탈주민들도 이러한 북한인들의 의식을 인정하고 있다. 또 한국에 오랫동안 살면서 한국어를 잘하고, 북한에 10여 차례나 다녀온 컬럼비아대학교 동아시아 연구소의 스테판 린튼 교수도 '북한 사람들은 대부분 국가의 시책에 따라서 그대로 행동하고 있다'고 월간조선

---

491) 한만길, 앞의 책(1997), p. 263.
492) 차경수, "남북한 청소년정책 연구", 한국청소년학회, 『청소년학 연구』(서울 : 한국청소년 연구원, 1994), p. 82.

과의 인터뷰[493])에서 그의 관찰결과를 서술하고 있다.

4. 학생의 일탈과 처벌

가. 학생의 일탈행동

북한 학생들은 학교규칙과 조직생활 즉 소년단, 청년동맹 등에 의해 규율통제를 받지만 다양한 형태의 저항과 일탈행위를 하기도 한다. 북한 학생의 일탈행위는 주로 결석을 비롯한 각종 학교규율 위반과 용의복장 불량, 흡연과 음주, 이성교제, 학교폭력 등의 생활규율 위반 등이다. 그리고 경제난 이후 특징적인 규율위반 행위는 절도와 마약(빙두) 거래·복용 등 불법행위와 장발, 쫑대바지(쫄바지), 외국어가 쓰인 옷 등 '자유주의', '황색바람' 등으로 불리는 자본주의 문화유입에 따른 모방행위 등이다.[494] 이 중에서 몇 가지만 소개하면 다음과 같다.

먼저, 술과 담배에 대한 것이다. 대개 16세(중학교 5학년)에 이르면 남자청소년들은 술을 마시고 담배를 피운다. 이처럼 이른 나이에 술과 담배를 접하는 이유는 선배들의 강권이나 남자들만이 향유할 수 있는 일종의 멋으로 인식하고 있으며, 경제난이 심각해지면서 억눌린 심리적 탈출구 역할을 하기 때문인 것으로 보인다. 이렇게 북한의 청소년들이 술, 담배를 일찍 배우고 즐기는 것은 특별히 즐길 만한 청소년 문화가 없기 때문이기도 하지만, 혼란스러운 사회적 환경과도 밀접한 연관성이 있는 것으로 보인다. 한 탈북 청소년은 이와 관련하여 '이렇게 술, 담배를 많이

---

493) 위의 논문, p. 82.
494) 『북한이해 2013』, pp. 204~205.

접하게 된 것은 1994년도 이전과 이후에 많은 차이가 있다고 진술한다. 1994년 이전에는 사회의 질서가 확실하였고, 배고프고 굶주리는 일도 거의 없었기 때문에 술을 마시는데도 제재가 많이 가해졌지만, 1994년도 이후에는 사회의 질서가 무너지면서 먹을 것을 구하기에 급급했다. 그러기 때문에 학생들의 비정상적인 행동에 누구도 신경을 쓰지 않게 되었다'라고 말한다.

다음으로는 학교폭력에 관한 것이다.[495] 1990년대 초반부터 청소년들 사이에서의 폭력문제는 심각한 사회문제로 등장하였다. 이처럼 청소년 폭력이 심각해진 주요 이유는 남한과 달리 폭력에 대한 법적 제재조치가 매우 미흡할 뿐만 아니라, 식량난이 가중되면서 청소년들의 사회에 대한 불만심리가 폭력으로 표현된 것이라 볼 수 있다. 특히, 학교 내에서 발생하는 폭력은 그 정도가 심해 청소년이 심한 부상에 이를지라도 사상투쟁회, 생활총화 등에서 비판하는 것과 같은 간단한 처벌만을 받는다고 한다. 그러므로 북한의 학교폭력실태는 매우 심각하고 위험한 상태에 이르고 있다.

그리고 비교적 사소한 문제에도 매를 때리는 교사나 부모의 행태도 청소년들의 폭력을 조장하는 한 원인으로 작용하고 있다. 북한의 교사에게는 학생들을 통제할 수 있는 절대적 권한이 부여되고 있다. 또한 북한 청소년들 사이에서는 '조직폭력배'와 같은 폭력조직들이 많아 또 다른 청소년 비행의 원인으로 작용하고 있다. 예를 들어 술, 담배를 구입하기 위하여 조직적으로 절도나 폭력을 자행하고, 그 조직의 인원을 확대하기 위하여 여타 청소년들을 협박하거나 집단구타 하는 등의 파생적 비행이 저질

---

495) 길은배, 앞의 책, pp. 146~147.

러지고 있다.

마지막으로, 성문제에 관한 것이다. 성비행 관련 범죄는 최근 부분적 개방화 추세와 맞물려 조금 증가하고 있는 것이 사실이지만, 그렇게 심각한 수준은 아니라고 한다. 북한은 학교 내에서 이성교제를 절대로 금기시하고 있을 뿐만 아니라, 야한 책을 보면 퇴학은 물론이고 그 벌칙이 매우 크게 적용되고 있다.

나. 일탈행동의 처벌

북한 학생들의 학교규율 위반현상은 특히 1990년대 경제위기 이후 더욱 심각해지고 있는데 이는 경제난 이후 가족해체와 북한 사회의 전반적인 통제이완에 따른 것이라 할 수 있다. 김정일은 1994년 6월경 '불량청소년이 급증하여 사회질서가 문란해지고 있으니 이들의 교양선도를 위해 사로청 활동을 더욱 강화하라'고 지시한 것으로 알려지고 있다. 이에 따라 사로청은 조직 내에 '불량청소년 과외교양 지도사업부'라는 기구를 설치하여 강도·절도·강간 등 중범죄를 저지른 청소년들은 사회안전부로 이첩하고, 학교결석이 잦거나 자본주의 풍습을 유포·모방하는 청소년들을 색출하여 수시로 '사상투쟁회의'를 통해 교양 선도[496]하고 있다.

북한 당국은 비행청소년들의 반사회적·비윤리적 행위가 증가함에 따라 이들을 격리 수용하는 시설을 운영하고 있는 것으로 알려지고 있다. 평양을 비롯한 각 도 및 직할시 단위에 설치된 수용 시설에는 주민통제조직인 이른바 '인민반' 또는 '5호 담당'조직 등을 통해 고발당했거나 사회안전부 계통에서 적발된 불량·비행청소년들을 강제 수용, 일반 사회와 격

---

496) 내외통신사, 『내외통신 : 주간판』(서울: 내외통신사, 964호), p. 4

리시키면서 주로 강제노동을 통한 교육을 시키고 있다는 것이다. 그리고 일단 수용된 청소년들은 가족과의 면회도 허용되지 않는 등 일체 외부접촉을 금지당한 채 집단감금 생활을 감수해야 하며, 퇴소 후에도 광산, 탄광, 벌목장 등 중노동 노역장에 강제 배치되고 있다.[497]

그러나 일반적으로 학교규율 위반 학생에 대한 처벌권한은 청년동맹에 있다. 물론 교원들도 수업 중에 떠드는 학생이나 숙제를 하지 않은 학생 등에 대하여 처벌을 하지만, 교실 밖에서는 소년단이나 청년동맹에서 벌을 준다. 수업을 받으면서 방과 후 교양을 받기도 하며, 수업에 참여하지 못하고 교양만을 받는 경우도 있다. 심한 경우는 시·군·구역별로 문제학생을 모아놓고 집단적으로 교양을 하기도 한다.

제2절
북한 청소년의 가치관 변화

1. 가치관 변화의 이론적 배경

가. 가치관과 태도의 형성

가치 혹은 가치관이라는 개념은 다양하게 정의된다. 가치관이란, '비록 실천은 따르지 않더라도 마음속에 일어난 관념으로서 가치의식, 또는 실

---

497) 내외통신사, 『내외통신 : 종합판』(서울: 내외통신사, 제33권), p. 485.

제 행동의 원동력으로서의 의지작용'[498]이라 정의하기도 하고, 또는 '여러 가지 인간문제에 관하여 바람직한 것 또는 해야 할 것에 관한 일반적인 생각, 또는 개념'[499]으로 정의되기도 한다. 클러크혼(C. Cluckhohn)은 '가치란 이용가능한 행위의 양식, 수단, 목표의 선택에 영향을 미치는 한 개인 또는 한 집단에 특유한 그리고 바람직한 것에 대한 명시적 또는 묵시적 관념'[500]이라 정의한다. 이들을 종합해 보면, 일반적으로 가치 혹은 가치관이란 개념은 대개 사람들이 '바람직하다고 여겨 성취하기를 원하는 것' 혹은 '여러 가치들에 관한 사람의 생각'으로서, 주로 개인의 수준에서 지칭할 때 사용하는 명칭이다. 반면 가치개념을 사회의 수준에서 논의할 때는 사회 구성원들의 집합적인 가치의식의 방향을 일반화하는 뜻에서 '가치지향(value orientations)'이라는 명칭을 사용하기도 한다.

한편 태도에 대한 정의들은 학습적 혹은 인지적 접근들과 관련하여 다양한 관점에서 이루어졌다. 따라서 오늘날 보편적으로 사용되는 정의들은 '학습적 접근'과 '인지적 접근'에서 나온 요소들을 종합하여 이루어지는 경우가 많다. 태도의 정의와 관련된 학습적 관점을 보면, 태도란 '경험을 통해 조직된 것으로서, 이것에 관련되어 있는 모든 대상들과 상황들에 대한 개인의 반응에 직접적이거나 역동적인 영향을 주는 정신적 및 신경적 준비상태'라 정의한다. 이는 과거의 경험이 개인에게 영향을 미침으로써 개인의 가치와 태도를 형성한다는 것을 강조하는 관점이다.

---

498) 김태길, 『새로운 가치관의 지향』(서울 : 민중서관, 1975), pp. 14~15.

499) 정범모, 『가치관과 교육』(서울 : 배영사, 1992), p. 14.

500) Clyde Kluckhohn et al., "Value and Value Orientations in the Theory of Action", in Talcot Parsons, Edward A. Shils et al., Toward a General Theory of Action(Cambridge, Mass : Havard University Press, 1961), p. 395.

학습적 접근은 가치와 태도 역시 학습되는 일종의 습관들로서 파악하고자 하는 관점이다. 이 관점은 개인이 비교적 수동적으로 자극에 접하면서 정보들과 사실들을 습득한다고 본다. 이 과정에서 개인은 그러한 사실들에 연결된 감정들과 가치들을 학습하게 되며, 이를 통해 가치와 태도가 형성된다는 것이다. 학습적 접근은 학습에서 적용되는 원리들이 가치와 태도의 형성에 결정적인 역할을 한다고 보는데, 학습을 통제하는 과정과 기제들 중 대표적인 것이 연합, 강화, 모방 등을 들 수 있다.

반면 인지적 관점은 개인을 '사려성 있고 적극적으로 구성하는 유기체'로 간주하면서, 태도의 기원과 형성보다는 개인의 현재의 주관적 경험에 관심을 둔다. 태도에 대한 제 학자들의 정의를 보면, '어떤 대상에 대하여 호의적 혹은 비호의적으로 반응하게 만드는 체제화된 성향' 또는 '개인적 세계의 어떤 측면에 대한 동기적·정서적·지각적 및 인지적 과정들의 지속적인 구성체'[501]로 정의한다.

인지적 관점에 따르면 어떤 특정한 대상이나 생각 및 사람에 대한 태도는 인지적, 감정적 및 행동적 요소들을 지니는 지속적인 지향성이라 간주한다. 여기서 태도의 인지적 요소는 특정의 태도 및 대상에 관해서 개인이 갖고 있는 모든 사실과 지식 및 신념으로 구성된다. 또한 태도의 평가 혹은 감정적 요소는 대상에 대한 개인의 모든 선호감정이나 정서로 구성된다. 마지막으로 태도의 행동적 요소는 대상에 대한 반응 준비성이나 행동 경향성으로 구성된다.

---

501) James F. Brennan; 홍대식 역, 『심리학의 역사와 체계』(서울 : 양영각, 1993), p. 185.

나. 가치관과 태도의 변화

북한 청소년들에게 가치관과 태도변화의 결정적 계기는 1989년 평양에서 개최된 '제13차 세계청년학생축전'부터이다. 북한 청소년들에게 이 행사에 참가한 세계 각국 청년 학생들의 자유스런 몸짓과 복장은 하나의 충격이었으며, 자신들의 모습과 북한의 현실을 되돌아보게 하는 계기가 되었다. 축전 이후 북한의 신문·방송이 북한 새 세대의 사상적 이완현상, 무사안일풍조, 개인주의적 생활태도 등 혁명 의식 약화와 노동 기피 풍조를 강도 높게 비판해 오고 있음은 이를 입증해 준다. 그리고 평양을 방문한 바 있는 방북자들이 밝힌 바에 따르면, 북한 청소년들 가운데 일부는 디스코풍의 록음악을 들으며 은밀한 곳에 모여 디스코를 추기도 하고, 또한 북한 청소년들 사이에서 한국 가요가 은밀히 애창되고 있을 뿐만 아니라, 한국 가요가 수록된 테이프를 많이 가진 사람이 가장 인기를 모으고 있다[502]고도 한다.

이상과 같은 예로 미루어 볼 때, 최근 북한의 새 세대 사이에는 사상적 동요내지 가치관 및 태도의 변화가 일어나고 있음은 주지의 사실이라 할 수 있다. 여기서는 북한 새 세대들의 가치관 및 태도 변화를 가져오게 하는 요인들을 정치·경제·사회·문화의 네 측면으로 나누어 살펴보고자 한다. 첫째, 정치적 측면에서의 가치 및 태도 변화와 관련된 요인을 보면, 1990년대 중반 '사회주의 고난의 행군'으로 지칭되는 국가적인 위기라 할 수 있다.[503] '고난의 행군' 기간을 거치면서 이전까지 주민을 통제하는 효과적 수단이었던 배급체제가 붕괴되면서 주민들이 희망하는 생필품을

---

502) 『내외통신 종합판 44』(1991. 7. 1~12. 31), p. 336.

503) 『북한이해 2013』, p. 17.

충분히 공급받지 못하게 되면서 국가제도와 체제에 대한 권위를 실추시키는 배경으로 작용하였을 뿐만 아니라 욕구불만과 좌절감이 표출되어 변화를 초래하였다고 볼 수 있다.

둘째, 경기 침체에 대응하는 양식으로서 주민들의 자구적인 노력이 요청되면서 북한 내에서 제2 경제라는 사적 경제 영역이 확대되었다는 점이다. 이에 따라 북한 주민들은 자생적으로 등장한 시장(장마당과 암시장 등)에 기대어 생존을 영위해 나갈 수밖에 없는 상황이 되었다. 이러한 상황에서 북한은 2002년 7월 1일 '경제개선관리조치'(7·1조치) 이후 북한식 계획경제의 핵심이라고 할 수 있는 국가에 의한 배급제를 축소하고, 주민들이 시장과 상점에서 생필품을 자체 구입하도록 조치하였다. 이러한 일련의 조치들은 주민들과 새 세대들의 경제관념의 변화가 초래될 수밖에 없다. 즉 식량과 생필품의 획득이 이전처럼 정치적 순종에 대한 보상으로서가 아니라 개인의 능력에 전적으로 맡겨지는 과정이 된 것이다. 이는 북한 사회에서 전통적으로 강조해 왔던 금욕주의 이념이 약화되면서 개인 소유주의, 물질주의, 배금주의 등의 가치관이 만연되고 있다.

셋째, 혁명의 세대교체를 들 수 있다. 김일성과 함께 '항일혁명과 빨치산투쟁'을 함께한 혁명 1세대와 '조국보위전쟁(6·25)참전 로병'인 제2세대의 비율이 급격히 줄어들고, 3대 혁명소조세대인 제3세대의 영향력이 확대되고 있다. 북한 당국은 사회주의 제도하에서 태어나고 자라난 새 세대들이 국가와 사회의 주인으로 등장하고 있다는데 주목하고 있다. 북한에서 새 세대에 대한 공식적인 정의는 이른바 혁명의 4세대[504]이다. 북

---

504) 임순희, "북한 새 세대의 가치관", 민족통일연구원, 『통일과 북한 사회문화(상)』(서울 : 민족통일연구원, 1995), p. 80. 북한에서는 청소년, 청년, 학생 등이 '새 세대'로 지칭된다. 한

한의 새 세대는 김일성 사망, 극심한 경제난, 핵 문제와 외교적 고립 등을 겪었으며, 동시에 서구 사조와 서구 문물의 침투로 인해 가치관의 혼란마저 겪고 있다고 북한 당국은 우려하고 있다. 새 세대만큼은 자유화와 민주화, 개방과 개혁이라는 세계적인 대조류에 물들지 않고 오로지 주체사상화될 것을 다그치고 있다.

이상과 같은 북한 당국의 우려는 '새 세대'의 정의에서도 잘 드러나고 있다. 즉 북한의 새 세대는 '주체사상의 열렬한 신봉자, 옹호자',[505] '당의 믿음직한 전투부대, 혁명의 계승자, 당의 근위대, 결사대' 등으로 불리고 있으며, '청년들이 혁명의 계승자로서의 책임을 다하기 위하여서는 우리 당의 주체사상으로 튼튼히 무장하고 혁명과업 수행에서 높은 충실성과 혁명성을 발휘하여야 한다'[506]라고 강조하고 있다.

새 세대의 가치관의 변화 내지 동요의 위험성에 대해 김일성은 '착취계급의 도덕과 썩어빠진 부르주아 생활양식은 청년들을 병들게 하는 위험한 독소입니다. 청년들은 제국주의자들이 퍼뜨리는 자유화 바람과 날나리풍에 유혹되지 말아야 하며 그것을 철저히 배격하여야 합니다'[507]라고 강조하였다. 김정일은 '사회주의를 말살하려는 제국주의자들의 책동은

편 북한의 청소년은 소년기(9세~13세)와 청년기(14~30)에 해당하는 모든 연령층을 의미하며, 1990년을 기준으로 북한 전체 인구의 약 43.2%를 차지하고 있다: 김재용, 『북한 문학의 역사적 이해』(서울 : 문학과 지성사, 1994), pp. 292~294; 박성희 외, 『북한 청소년의 가치관 연구』(서울 : 민족통일연구원, 1993), pp. 10~14 참조.

505) 김일성, "청년들은 당의 령도를 높이 받들고 주체혁명 위업을 빛나게 완수하자", 『청년문학』(1993.4), pp. 6~7.

506) 김정일, "현 시대와 청년들의 임무", 『김정일 저작선』(서울 : 경남대학교 극동문제연구소, 1991), pp. 474~475.

507) 김일성, "청년들은 당의 령도를 높이 받들고 주체혁명 위업을 빛나게 완수하자", 『청년문학』(1993. 4), p. 7.

사상문화적 침투로부터 시작되며 그것은 청년들에게 제일 먼저 미치게 됩니다. 오늘 제국주의자들과 반동들은 사회주의 기치를 높이 들고 나아가는 우리나라를 퇴폐적인 생활양식을 류포시키려고 악랄하게 책동하고 있습니다[508]라고 하여 서구 사조와 문물의 침투로 인한 북한 새 세대의 동요와 혼란을 경고하고 있다.

넷째, 문화적 측면의 가치변화 요인이다. 이는 1989년의 평양축전 이후 서방 자유주의 문화의 유입, 또한 중국이 개방되면서 중국으로부터 유입되어 온 정보, 상품, 자본주의적 암시장의 성행 등에 대해 북한 당국이 언론매체를 통하여 '자유주의 황색바람'을 경계하면서 '맹아기부터 꽉 눌러 놓아야' 하며, '모기장을 단단히 칠 데 대하여' 등을 강조하고 있다는 데서도 감지할 수 있다. 이는 특히 새것에 민감하고 혁명적 시련을 겪지 못하고 당의 품속에서 행복만을 알며 자라난 북한 새 세대의 경우 더욱 가치관 및 태도 변화 가능성은 높다고 할 수 있다.

대표적 사례로 국경 지역인 연길지방은 북한 사람들의 왕래가 잦은 지역이다. 여기를 방문하고 있는 북한 청소년들의 행동을 보면 그 변화는 매우 크다고 한다. 중국을 방문한 청소년들이 중국인을 만나 이야기하거나 자신들끼리의 모임에서 이전에는 오로지 북한 당국과 김 부자에 대한 충성구호 일색이었으나 최근에 와서는 모여 놀 때에는 한국 노래 부르기를 즐겨 한다고 한다. 연길 지역에는 한국의 가요 테이프가 상당한 양이 복사되어 유통되고 있어 쉽게 구입할 수 있다. 여기서 구입한 테이프를 북한 지역으로 가지고 가서 북한 주민들에게 유포하고 있는 것으로 알려

---

508) 김정일, "청년들은 당과 수령에게 끝없이 충실한 청년전위가 되자", 『천리마』(1991. 11), p. 22.

지고 있다.

북한 청소년들에게 한국 가요가 확산되자 북한 당국은 1992년 6월 사회안전부 명의로 '행처불령의 노래를 부르지 말 데 대하여'라는 지시문까지 하달하는 등 한국 가요 확산 방지에 나서고 있지만 젊은이들 사이에서 한국 노래 부르기는 계속 확산되고 있다. 이로 인해 북한 청소년들 사이에서는 한국 노래 3~4곡 정도는 기본으로 부르고 있으며, 한국이 북한보다 훨씬 더 잘살고 자유로운 나라라고 인식되기 시작함으로써 북한 청소년들에게 있어서 남한에 대한 가치관이 변화될 가능성[509] 또한 다분히 있다고 하겠다.

2. 경제위기 확산에 따른 가치관 변화

가. 경제위기 확산에 따른 사상성의 약화

1990년대 북한의 경제위기[510]는 이전에는 경험해 본 적이 없는 치명적인 것이었다. 구조화된 경제난은 체제의 정당성을 위협할 정도에까지 이르렀고 사회주의권의 총체적 붕괴는 사회주의 북한의 생존 자체를 위협할 만큼의 정치적, 경제적, 이데올로기적 충격을 주었다. 즉, 주민들의 사

---

509) 『내외통신 주간판』(964호)

510) 북한은 당시의 상황을 30년대 말 김일성과 그 일행이 일본군에 쫓겨 100여 일 동안 행군하던 것에 견주어 고난의 행군으로 묘사했다. 즉 당시 북한의 처지가 70여 년 전의 상황과 비슷하다는 것이다. 북한의 주장에 따르면 1990년대 중반의 고난의 행군은 북한에서 세 번째로 행해진 것이다. 첫 번째는 김일성과 그 일행이 1938년 12월부터 이듬해 3월까지 중국 몽강현 남패자로부터 장백현까지 북대정자까지 일본군을 피해 행군한 것이고, 두 번째는 1956년 8월 종파사건을 전후한 시기의 어려움을 일컫는다: 곽승지, "김정일 시대의 북한 이데올로기 : 현상과 인식", 민족통일연구원 편, 『통일정책연구 제9권』(서울 : 민족통일연구원, 2000), p. 119.

상적 동요와 외교적 고립으로 인한 체제위기에 대한 불안을 해소시키기 위해 대내적으로는 우리식 사회주의론을 체계화하여 주민들에게 체제의 정당성과 우월성을 주입시켜 왔으며, 체제적 측면에서는 동구 사회주의 국가들과의 차별성을 강조하여 주민들의 동요를 불식시키려 하였다. 대외적으로는 이 무렵부터 군 중심의 비상체제를 구축하는 한편 폐쇄체제를 강화함으로써 외부로부터의 도전에 대비했다.

그러나 식량난을 비롯한 경제난[511]이 지속됨에 따라 북한 주민뿐만 아니라 새 세대들 사이에 의식변화가 확산되고 심화되어 가고 있다. 이러한 의식변화는 경제난과 1980년대 말 이래 점차 확산되어 온 외부사조와 문물의 침투가 주요 원인이며, 식량 구입을 위한 이동의 급증과 장마당의 활성화 등으로 인해 상호 간 정보교환 및 유통의 증대로 인해 보다 가속화되었다.

북한 새 세대의 사상성 약화의 요인을 세 가지로 요약할 수 있다.[512] 첫째, 교육 수준의 급등으로 인한 자의식의 상승현상이다. 조선중앙통신사 보도(1992년 12월 5일 자)에 의하면 1992년 당시 북한에는 김일성대학을 비롯하여 단과대학과 공장대학, 농장대학, 어장대학 등을 포함하여 총 280여 개 대학이 있으며 이를 통해 1백 60여만 명의 인텔리들이 배출되

---

511) 경제난으로 인한 생활고가 다른 지역들보다 더 심했던 함경도, 자강도, 양강도 등 북·중 접경 지역을 중심으로 나타나기 시작한 주민의식 변화가 최근 들어서는 평양을 비롯한 내륙 지역 곳곳으로 확산되고 있으며, 이러한 북한 주민의 의식변화에 있어 중대한 계기는 2009년 11월 단행된 화폐개혁이라 볼 수 있다 : 임순희·이교덕, "최근 북한 주민의 의식변화와 북한체제의 불안정성 : 화폐개혁 이후를 중심으로", 『통일정세분석』(서울 : 통일연구원, 2011. 5) p. 1.

512) 이원봉, 『북한 청소년생활의 심층연구 : 북한 청소년 조직과 집단생활』(서울 : 한국청소년개발원, 1995), pp. 191~193.

었다고 발표했다.[513] 이로 미루어 보면 북한의 학력 수준이 매우 높은 수준임을 알 수 있다. 교육 수준이 높으면 높을수록 사회에 대해 비판적이고 독자적인 사유를 할 수 있는 가능성이 높아지며 따라서 북한 당국의 정치사회화의 효과는 감소될 수밖에 없다.

이를 반영하듯, 1990년대 이후 새 세대의 사상·이념약화에 대한 지적이 보다 구체적인 형태를 띠고 나타나기 시작한다. 즉, '부르주아사상', '자본주의사상', '비사회주의적 현상' 등이 대표적이다. 로동청년(1993. 9. 11)[514] 기사를 인용해 보면, '비사회주의적 현상'이란, '사회주의 원칙과 생활규범에 어긋나는 모든 현상들을 통틀어 이르는 말'로서, '정치·경제·문화·도덕 등 사회생활의 모든 분야에서 사회주의 원칙, 집단주의 원칙과 어긋나며 사회주의 사회의 생활규범과 어긋나는 여러 가지 비원칙적이며 비건전한 현상'들을 말한다. 좀 더 구체적으로는 '사회주의 사회의 법규범과 법질서를 어기는 각종 위법현상들, 사회주의적 공중도덕을 어기면서 사회질서를 문란시키는 현상들 즉, 사기협잡행위, 국가재산략취, 장사질하는 것, 도박, 부화방탕한 생활, 미신행위' 등을 '비사회주의적 현상'에 포함시키고 있다.

---

513) 2008년 현재 북한의 유치원 높은반 1년에서 소학교 4학년까지 재학생수는 총 2,184,608명이고, 중학교 재학생수는 2,474,033명이며, 고등교육기관(직업학교, 전문학교, 대학 및 대학원 과정)을 포함하여 726,766명이므로, 인텔리의 배출인원은 이 당시보다 훨씬 증가했다: 한만길 외,『북한의 교육통계 및 교육기관 현황분석』(서울 : 한국교육개발원, 2010), pp. 10~18.

514) '로동청년'은 현재는 '청년전위'로 개칭되었다. '청년전위'는 원래 1946년 11월 1일 북한의 청년조직인 '북조선 민주청년동맹' 창립과 함께 발간하기 시작한 '민주청년'으로 시작한 일간지이다. 이는 1964년 5월 12일 동 연맹의 명칭이 '조선사회주의 로동청년동맹'(약칭 사로청)으로 바뀌면서 기관지의 명칭도 「로동청년」으로 개칭되었다. 이는 다시 1996년 1월 사로청 대표자회의에서 사로청이 '김일성사회주의청년동맹'(약칭 청년동맹)으로 바뀜에 따라 1월 19일 「청년전위」로 명칭이 바뀌어 발간되고 있다.

한편 '부르주아사상'에 대해 로동청년(1993. 1. 29)에서는 '자본가 계급의 리익을 위하고 착취제도인 자본주의제도를 옹호하며 미화분식하는 반동사상'으로서, '극도의 개인리기주의에 기초하고 있다. 부르주아사상은 착취와 략탈, 로동에 대한 천시, 근로대중에 대한 멸시, 기만과 사기, 개인영웅주의, 자유주의, 계급적 및 인종적, 민족적 차별과 인간증오, 개인의 향락과 부패타락, 전쟁선동 등 반인민적, 반혁명적인 것으로 가득차 있다'고 비판하고 있다. 그리고 '자본주의적 착취관계가 청산된 사회주의 사회에서는 부르주아사상이 나올 수 있는 물질적 조건은 없어지지만 사람들의 머릿속에는 아직 낡은 부르주아사상의 잔재가 오랫동안 남아 있게 된다. 또한 제국주의자들이 이 세상에 있는 한 외부로부터의 부르주아사상의 침투가 계속된다. 이러한 부르주아사상은 저절로 없어지지 않으며 장기적인 사상교양과 심각한 사상투쟁을 통해서만 그것을 없앨 수 있다'고 우려하고 있다.

이는 사회주의 사회인 북한에서도 이러한 부르주아사상의 잔재가 남아 있다는 것을 스스로 인정하고 있는 것으로 볼 수 있으며, 동시에 '부르주아' 및 '자본주의'사상의 침투에 대한 구체적이고 강도 높은 경계를 할 뿐만 아니라, 이러한 경계의 대상이 미국이나 남한이 아니라 북한 내부의 새 세대들을 향하고 있다는 점이 특징이라 할 수 있다.

둘째, 국제화·도시화의 진전에 따른 정보통제의 약화현상이다. 이는 유비통신을 활성화시킬 것이고 그렇게 될 경우, 정보통제에도 불구하고 비공식적 정보망이 대두될 것으로 보아 북한 청소년들의 기존 체제에 대한 비판의식도 고조될 수 있다. 이를 우려한 북한은 자본주의 나라 책자들과 영상매체의 국내유입을 철저히 차단, 통제하고 있지만 과학기술과 관련된 잡지나 영상매체에 대해서는 필요하다고 하면 도입하고 있다. 북한의 도서관인 평양 대학습당에는 특별열람실이 설치되어 있는데, 그곳에는 미국과 일본을 비롯한 자본주의 국가들의 기술잡지와 책자들이 배열되어 있어 과학자 및 특별열람증을 지닌 지정된 사람들은 이들 잡지와 영상매체를 열람할 수 있다고 한다.

셋째, 생활조건의 개선을 시도하는 사회정책의 변화이다. 1984년 이후 김정일의 지시로 인민생활향상을 위한 갖가지 정책적 조치들이 취해졌다. 예를 들면, 획일화된 생활규제의 완화, 자본주의적 요소의 부분적 도입(능력별 임금제도 실시, 상설자유시장의 부분적 허용, 개인부업 허용, 외화상품의 등장, 종교활동의 외면적 활성화 등)으로 주민들의 생활환경과 가치체계의 변화조짐이 나타나고 있다.[515] 또한 여가문화시설의 확대, 문화적 욕구의 상승, 외화상점의 등장, 영어교육의 장려 등 외래문화 수용의 폭이 넓어지고 있다. 이는 장기적으로 북한 주민, 특히 변화에 민감한 청소년의 생활문화가 종래의 획일적이고 순종지향적인 형태에서 점차 비판적이며 비교적인 형태로 변화하게 될 것이다.

나. 경제위기 확산에 따른 조직생활의 약화

그동안 북한은 식량과 주택의 배급제를 유지함으로써 주민들을 직장과 지역사회 내의 공적 관계망[516] 즉 직맹, 여맹, 청년동맹 등 각종 근로

---

515) 윤덕희, 앞의 논문, p. 56.

516) 장세훈, "북한 도시 주민의 사회적 관계망 변화", 『한국 사회학』(제39집 2호, 2005), pp. 106~107. 장세훈은 사회적 관계망을 공동체적 관계망, 사적 관계망, 공적 관계망으로 구분한다. 공동체적 관계망은 개인, 국가, 사회의 분화가 이루어지기 전에 형성된 소규모 집단에서 집단의 집합적 이해관계에 기반해서 주로 대면적인 접촉을 통해 맺어지는 정서적 유대관계를 가리키며, 사적 관계망은 시민사회가 형성되고 그 구성원들이 사적인 이해관

단체, 당 조직 등 관료적 관계망을 형성하여 주민들의 일상생활을 통제해 왔다. 그러나 경제난으로 인한 배급제의 붕괴는 공적 관계망의 속박으로부터 주민들을 해방시키는 요인으로 작용했다. 배급제라는 공적 관계망을 통해 통제의 물질적 기반이 와해되자 기존의 공적 관계망이 약화되고 사적 관계망과 같은 비공식적 관계망이 이를 대체하였다.

그러나 북한에서 조직생활의 이완현상을 촉발시킨 대표적 사건은 평양에서 열린 제13차 세계청년학생축전이라 할 수 있다. 이 축전을 계기로 북한 사회에 외부 자본주의 사회의 정보와 상품이 유입되었고, 더불어 관광사업의 확대는 관광객과 새세대들에게 새로운 문화적 충격을 가져올 만한 변화들을 초래했다. 일례로 '화면반주 음악홀'로 불리는 영상음악반주실(노래방)의 등장은 비싼 가격에도 불구하고 평양의 젊은이들에게 인기가 많아서 2000년 말 당시 20여 개에 불과하던 노래방 시설이 계속 늘어나고 있다. 특히 사회주의 국가의 붕괴 이후 이들 나라에서는 마피아, 포르노, 매춘, 알코올, 마약 등으로 상징되는 '황색문화'가 빠르게 확산되었다. 북한 역시 폐쇄정책에도 불구하고, 소련 및 동구의 경우보다는 훨씬 미약하지만 서방의 문화가 유입되어 외부사조가 점차 번져 가고 있다.

김정일은 '황색바람과 반혁명에 대하여서는 한 치의 양보도 하지 말고 맹아시기에 꽉 눌러놓아야 합니다.'라고 하면서 이른바 '모기장론'을 통해 자본주의 문화의 유입을 지극히 경계하고 있다. 북한 당국이 경계하

계에 입각해서 비인격적이고 이해타산적인 방식으로 주변 사람들과 맺어가는 사회적 관계를 가리킨다. 공적 관계망은 국가사회 내에서 형성된 관료제적 조직체계가 시민사회로 침투해서 위로부터의 관리가 이루어지는 사회적 관계만을 의미한다.

는 황색바람은 '제국주의자들이 퍼뜨리는 반동적이며 반혁명적인 부르주아사상과 퇴폐적이며 말세기적인 부르주아 생활양식과 풍조로 사람들을 부패타락시키고 정신적 불구자로 만들며……황색바람이 스며드는 곳에서는 례외 없이 사람들 속에서 혁명성이 마비되고 혁명하려는 자각이 없어지게 된다'[517]고 역설하고 있다.

자유주의 황색바람의 영향으로 인해 1980년대[518]와 달리 1990년대에는 대체적으로 '비사회주의적인 현상'들에 대한 경계가 자주 나타나는데, 일례로 새세대들이 조직관념이 약하다는 것은 결국 이러한 불건전한 사상과 행위로 이어지게 된다고 지적하고, '조직생활의 용광로 속에 있어야 어떠한 잡사상에도 오염되지 않을 수 있다', '사로청조직과 떨어져 임시로 로동작업에 동원되는 청년들과 독립임무를 맡아 수행하는 청년들의 사상생활에서는 조직의 통제가 적게 미치는 틈에 우리식 사회주의와 인연이 없는 현상들이 일부 나타났다',[519] '그들을 조직생활에서 풀어놓으면 우리 당의 사상으로 무장시킬 수 없고 사상적 공백이 생길 수 있으며 나아가서 자유화바람에도 물젖을 수 있다'[520]라고 경계하고 있다. 결국 이러한 지적은 '말썽꾼' 청년들이라 하더라도 밀어 놓지만 말고 구체적인 지도에 힘써야 한다는 주장하고 있다.

이러한 주장은 직장에 출근을 하지 않고 떠돌아다니는 청년들에 대해

---

517) 『청년전위』, 1998. 10. 15.

518) '청년동맹' 기관지인 『로동청년』에서는 '불성실, 나태, 안일해이, 형식주의, 보수주의, 소극성, 주인의식부재, 조건타발, 흥정, 패배주의' 등의 개념이 자주 나타나는 데 반해, 1990년대에는 '조직을 싫어함' 혹은 '비조직성', '무규율성'과 같은 적극적 이탈방식에 대해 언급하고 있다.

519) 『로동청년』, 1993. 1. 24.

520) 『로동청년』, 1993. 1. 28.

서도 적극적으로 조직생활에 참여하도록 교양해야 한다는 의미이다. 만약 이들을 그대로 내버려둘 경우, '일부 학생들 속에서는 색다른 물건에 눈을 파는 현상도 있었고 학교 졸업증이나 받고 기술자격을 가지면 된다는 그릇된 관점을 가지고 조직사상생활과 학습에 잘 참가하지 않는 현상'[521]으로 빠지게 되며, 또한 '사로청 생활에서 건전하지 못했던 일부 청년들이 공사장에서도 배짱 맞는 사람들끼리 밀려다니며 다른 청년들에게 좋지 않은 영향을 주는 경우가 발생한다'는 것이다. 따라서 모든 청년들을 강연회나 총화에 빠짐없이 참가시키는 것을 철칙으로 삼으라고 강조하며, '찍하면 리유 없이 결근하고 건달을 피우며 조직과 집단은 안중에도 없이 제멋대로 행동하는 청년들에 대해서까지도 스쳐 지나지 않고 왜 오지 않았는가의 원인을 밝히면서 해당한 대책'[522]을 세우라고 지적하고 있다.

청년들의 조직이탈에 대한 우려는 1990년대 말경에는 심각한 우려로 나타난다. 즉 조직이탈이 결국 사상·이념적 측면의 약화에도 연결되는 것으로 파악하면서 조직에서 이탈한 결과 '청년들이 자본주의에 대한 환상과 비사회주의적 행위에 빠지면 저도 모르게 황색바람에 말려들게 되며 혁명적으로 일하며 생활하는 것을 싫어하게 된다'[523]고 보고, 문제가 되는 청년들의 구체적 행위로 '조직생활을 부담'으로 여기며 그에 불성실하게 참가하는 사람, 가끔 출근하지 않아 말밥에 오르고, 동맹조직생활에 권태를 느끼면서 모임이나 동맹생활총화에 이유 없이 빠지거나, 참가하

521) 『로동청년』, 1993. 11. 28.
522) 『로동청년』, 1993. 1. 30.
523) 『청년전위』, 1998. 10. 29.

는 경우에도 적극성이 없이 자리지킴이나 하는 경향 등을 지적하고 있다.

북한 당국은 이러한 조직이탈 현상을 경계하기 위해 예술영화 '줄기는 뿌리에서 바란다' 등의 토론회를 열었는데, 그 내용들을 보면, '이처럼 조직생활을 싫어하며 조직을 떠나서 자유주의를 부리던 나였다. 지금에 와서 생각하면 얼굴이 붉어지는 일이지만 그때는 내가 왜 그처럼 조직생활을 싫어했던지…', '나도 영화의 주인공처럼 불량행위로 사회와 집단의 건전한 분위기를 흐리게 했었다. 세상이 좁다 하게 여기저기 떠돌아다니며 저속한 생활풍조에 물젖어 귀중한 청춘시절을 헛되게 보내던 지난날들을 돌이켜보면 지금도 자책감이 뼈저리게 파고든다', '얼마 전까지만 하여도 나는 조직생활에 유리되어 역 기다림칸과 식당 등에서 사회질서를 문란시키며 못된 장난만을 일삼던 독버섯과 같은 존재였다'[524] 등의 자아비판이 주를 이루고 있다. 이러한 토론 내용을 볼 때 북한 새세대들에게 '조직이탈'은 1990년대 이후 현재까지도 일상적으로 상존할 가능성이 있음을 짐작하게 해 준다.

3. 개인주의와 출세주의 가치관의 확산

가. 개인주의 가치관의 확산

북한이 공식적으로 강조하는 대표적 가치정향은 '집단주의'이다. 북한의 청소년들은 어린 시절부터 집단생활을 통해 개인보다는 전체, 자유나 권리보다는 수령과 당에 대한 동지애와 혁명적 의리가 보다 고차적인 가치임을 학습하게 된다. 집단주의는 '하나는 전체를 위하여 전체는 하나를

---

524) 『청년전위』, 1998. 11. 12.

위하여'라는 원칙에 따라 사회성원들이 서로 돕고 이끌며 개인의 리익을 사회와 집단의 리익에 복종시키고 모두가 굳게 뭉쳐 공동의 목적을 실현하기 위하여 투쟁할 것을 요구한다. 집단주의에 대한 북한 당국의 설명을 보면, '집단주의는 사회주의, 공산주의 사회생활의 기초일 뿐만 아니라 공산주의자들의 활동원칙이다. 따라서 집단주의는 자유와 평등, 협력과 단결 그리고 인간의 자주성을 철저히 옹호하며 사회발전을 힘 있게 추동한다'[525]고 주장한다.

북한은 집단주의 이외의 다른 가치관 즉 개인주의와 이기주의를 금지하기 때문에 인간의 보편적 속성인 개인주의는 감추어져 있고 정치적으로 허용된 행위와 태도인 공적 선호(public preference)만 겉으로 표출되고 있다. 따라서 외부의 억압이 약화되면 언제든지 사적 선호(private preference)가 드러날 수 있는 가능성이 있다. 즉 개인이 정치적 불만이 있을 때는 정부를 비판하면서 저항운동에 참여하느냐 또는 비판을 하지 않으면서 운동에 참여하지 않느냐의 갈림길에 있다. 저항운동에 참여하면서 입게 되는 정치적 박해 때문에 공적으로는 정부를 두둔하면서 사적으로, 즉 내심으로는 정부를 비판할 수도 있을 것이다. 즉 개인의 선택은 사적 선호와 공적 선호에 차이가 있는 한 개인은 선호위장을 하는 것이다. 공적 선호는 혁명에 참여하면서 입게 될 외적 박해와 참여하지 않음으로써 느끼게 될 양심의 손상 사이의 균형에 의해서 결정된다. 따라서 사적 선호는 고정되어 있지만 공적 선호는 얼마나 많은 사람들이 혁명에 참여하느냐에 따라 변화[526]하게 된다.

525) 『로동청년』, 1993. 8. 21.

526) Timur Kuran, "Now out of never : the Element of Surprise in the East Europen

사적 선호에 해당하는 개인주의적 태도의 배경을 외부적 요인으로 돌리던 1980년대와는 달리,[527] 1990년대 이후에는 비판의 화살을 북한 새세대들에게 맞추면서 다양한 측면에서 보다 구체적인 사례를 제시하기 시작한다.

먼저, '안일과 해이' 및 집단주의를 좀먹는 '무규율성'과 관련된 사례를 보면, '우리 대학생들에게 이런 개인주의의 사소한 표현도 허용될 수 있겠는가. 절대로 허용될 수 없다. 혹시 집단생활을 싫어하면서 제 혼자 편안히 지내려고 하지 않았는지, 개인의 안일과 명예발전에 대해서만 신경을 쓰면서 집단과 동지를 위한 일에 팔을 걷고 나서지 못한 적은 없는지, 만일 집단주의 정신을 지니지 않고 개인주의사상에 물젖어 남이야 어떻게 되든 자기 한사람의 안일과 향락만을 추구하면서 국가재산이나 남의 물건에 마음대로 손을 대는 날라리를 부리며 제멋대로 생활한다면 결국 자신의 삶은 물론 혁명도 망쳐먹고 조국도 잃게 된다.'[528]고 하여 도덕적 규범의 타락을 지적하고 있다.

다음으로는 가장 많이 지적하고 있는 것은 경제적 측면이다. 이를 살펴보면 첫째, 직장 배치와 관련된 경우이다. 예컨대 '청춘의 참된 삶이란, 청춘의 정력과 지혜를 다 바쳐 사회와 집단에 이바지하는 값있고 자랑스

Revolution of 1989", 『World Politics 44』: 서재진 · 김태일, 앞의 책, p. 92에서 재인용.

527) 1980년대까지만 하더라도 개인주의 가치관을 비판할 때는 주로 미국식의 생활양식과 남조선에 대한 비판으로 초점이 맞추어진다. 그리고 북한 사회 내에 문제의 초점을 맞출 경우에도 '편하게 살려고 하는'(로동청년, 1983. 1. 19), '자기 리속만 차리는'(로동청년, 1983. 5. 13, 11. 22) 등의 표현을 주로 사용한다. 이러한 자기 리속만 채우는 행동은 미국 등의 자본주의 사회에서처럼 범죄의 길로 굴러떨어지게 만든다고 경계하고 있다 : 이인정, "1980년대 이후 북한 새세대의 가치변화연구 : 청년전위 분석을 중심으로", (서울대학교 박사학위논문, 2004), pp. 119~122.

528) 『로동청년』, 1993. 10. 10.

러운 삶을 말한다…. 다시 말하면 로동을 사랑하고 일하기를 좋아하며 창조적 로동에 청춘을 성실하고 근면하게 바쳐나가며, 로동은 물질적 부의 원천'이란 인식을 가져야 하며, 이런 태도에서 벗어난 것이 개인주의라 보고 비판한다. 일례로 '만일 자기 개인만을 위하여 살다가 죽는다면 그런 사람의 삶은 가치가 없다', '청춘시절에 편한 곳만 찾고 쉬운 일을 바란다면 생을 빛내일 수 없으며 혁명을 끝까지 해나갈 수 없다. 더욱이 청춘을 값있게 빛내일 대신 남의 뒷꼬리를 따른다면 사회와 집단, 혁명동지들 앞에서 부끄럽고 수치스러운 일'[529]이라 비판한다.

둘째, 물질적 이익추구와 관련된다. 예컨대 '청렴결백하게 생활한다는 것은 돈과 재물에 대한 욕심을 모르고 개인의 리익을 추구함이 없이 늘 깨끗하고 순결한 마음을 지니고 살아간다는 것을 말한다. 청년들이 경제도덕생활을 청렴결백하게 하지 못하면 돈과 물건에 유혹되어 저속하고 방탕한 생활에 물젖게 된다. 돈과 물건에 맛을 들이면 혁명을 할 수 없다. 물욕에 눈이 어두운 사람은 자기 개인의 리익을 위해서라면 사회와 집단의 리익도 서슴없이 희생시키며 나중에는 동지도, 혁명도 배반하게 된다. 자기의 개인생활을 위하여 이리저리 뛰여다닐 것이 아니라 혁명임무수행을 위해 아글타글 애쓰며 특혜와 특권을 바라지 않고 자기보다 먼저 동지를 생각하고 좋은 것은 양보하는 것이 바로 우리 청년들이 지녀야 할 미덕이다'[530]라고 강조하고 있다.

셋째, 개인적 이익을 위한 국가재산을 절취하는 경우에 대해 매우 강력하게 비판하는 경우이다. 예컨대 '국가와 사회재산을 탐오낭비하거나 공

---

529) 『로동청년』 1993. 5. 1.
530) 『로동청년』 1993. 5. 13.

동재산으로 제 리속을 차리며 국가물건을 가지고 낯내기를 하는 등 비사회주의적 현상들을 철저히 없애는 것이 중요하다.',[531] '만일 집단주의 정신을 지니지 않고 개인주의 사상에 물젖어 남이야 어떻게 되든 자기 한사람의 안일과 향락만을 추구하면서 국가재산이나 남의 물건에 마음대로 손을 대고 날라리를 부리며 제멋대로 생활한다면 결국 자신의 삶은 물론 혁명도 망쳐먹고 조국도 잃게 된다.'[532]고 경고하고 있다. 왜냐하면 사회주의 국가에서는 모든 것이 국가와 전체 인민의 재산이기 때문에 그것을 자기의 것으로 만드는 것은 나라의 살림살이를 좀먹는 해독행위가 되기 때문이다.

마지막으로는 문화적 측면과 관련된 것이다. 이는 평양 축전이후 황색바람의 경계 내지는 차단과 관련되어 있다고 볼 수 있다. 즉, '황색바람은 무엇보다도 극단한 개인리기주의와 자유주의를 고취하고 사람들을 부화방탕한 생활에로 이끌어가는 독소이다. 황색바람은 허위와 기만에 찬 각종 잡다한 반동적인 사상을 류포시켜 사람들이 건전한 사고와 행동을 하지 못하게 한다.', '황색바람은 사회의 단합과 단결을 파괴하는 위험한 독소이다. 황색바람은 개인주의와 황금만능주의를 퍼뜨리고 조장시켜 사람들 사이의 관계를 비인간적인 관계로 만든다.', '사회주의 사회에서 사는 사람들이 황색바람에 물들면 사람들 사이의 서로 돕고 이끄는 고상한 인간관계가 개인리기주의적인 관계, 금전관계, 적대적인 관계로 되게 되며, 사회에 무질서와 혼란이 조성되고 각종 범죄가 성행하게 된다'[533]고

531) 『로동청년』, 1993. 5. 13.

532) 『로동청년』, 1993. 10. 10.

533) 『청년전위』, 1998. 10. 15.

주장하면서 황색바람과 황금만능주의, 개인주의, 비인간적인 관계 등 복합적인 개념을 사용하면서 이를 경계할 것을 강조하고 있다.

또한 '부르죠아지들이 퍼뜨리는 유행 옷, 머리단장, 노래와 춤 등에 마취되게 되면 저도 모르게 개인리기주의에 빠져 사회와 집단, 조국과 혁명을 외면하게 되며, 후대들 앞에 떳떳한 삶을 꽃피워 낼 수 없게 된다는 교훈을 주고 있으며, 술 놀이나 장사질과 같은 비사회주의적 현상의 요소에 불과한 것이라 할지라도 항상 경멸'[534]하면서 투쟁해야 한다고 강조한다.

나. 출세주의 혹은 공명주의 가치관의 확산

출세주의 혹은 공명주의[535]는 북한뿐만 아니라 어느 사회에서든지 나타나는 일반적 현상이라 할 수 있다. 그러나 북한에서 이런 가치관의 확산을 경계하는 이유는 북한 사회의 특성인 집단주의에 연원한다고 볼 수 있다. 왜냐하면 북한 당국은 집단주의를 통해 청소년들에게 사상심화(통치 이데올로기의 정당화 및 심화, 공산주의적 인간조형), 통치자 우상화(김일성 우상화, 김정일 가계의 우상화, 권력세습의 정당화), 동원의 극대화, 남한에 대한 왜곡된 인식구조형성과 선전-선동(남한 정부 비판, 남한의 사회단체 선동, 남한 학생 선동, 남한 국민 선동, 노학연대투쟁 선동)[536] 등을 주입함으로써 개인보다는 전체, 자유나 권리보다는 수령과

---

534) 『로동청년』, 1993. 10. 10.

535) 북한에서는 출세주의보다는 '공명주의'라는 용어가 더 일반적으로 사용되고 있는 듯하다. 하나의 예를 들어보면, '당의 방침을 철저히 관철하려는 사람이 진정한 충신인 반면, 당 정책을 흥정하려 드는 것은 곧 '이름이나 내보자는 속심'이자, '공명심'에 사로잡혀 결국 당의 방침을 흥정하고 에누리하는 것으로 배신행위'라고 지적하고 있다(『로동청년』, 1983. 11. 9).

536) 길은배, 앞의 책, p. 82.

당에 대한 동지애와 혁명적 의리가 보다 더 고차적인 가치임을 학습시키기 위함이라 볼 수 있다.

출세주의 혹은 공명주의에 대한 비판은 개인주의 비판과 마찬가지로 1990년대에 본격화된다. 김일성은 공명의식과 출세주의는 원래 남조선과 미국 등의 자본주의 사회에서나 보편화되어 있는 것[537]이라 주장하지만 공명의식이 북한 사회 내에도 존재하고 있음을 보여 주는 사례는 여러 군데서 등장한다. 대표적 사례를 보면, '사로청 청년들에 대한 교양사업을 실속 있게 짜고들지 않고 멋을 부리는 것과 같은 형식에 치우치는 놀음을 하는 것은 사로청 일군들의 그릇된 사상관점과 낡은 사업태도에 근원을 두고 있다. 사로청 일군들은 공명주의, 형식주의와 같은 낡은 사상에 오염되어 사로청 사업에서 소문이나 내고 멋이나 피우는데 흥미를 느끼면서 청년교양사업을 실속 있게 짜고들지 않는 현상이 나타나지 않도록 사상투쟁을 강하게 벌려야 한다.'[538]고 하여 형식주의와 공명주의에서 벗어날 것을 강조하고 있다.

공명의식과 출세주의는 '물질적 이익'과 관련된 직업 배치와 관련해서도 드러난다. 대학 졸업반 학생들 속에서 '지방 대신 평양에 떨어질 것을 바라는 현상', '좋은 곳으로 가기 위한 공작을 하는 출세지향적인 노력'을 낡은 사상으로 비판한다. 김정일은 '직업의 귀천을 가리는 것은 지난날 착취 사회에서 생겨나 지배하였던 낡은 사상관점과 태도'라고 비판하면서 '사회주의사회에서 직업은 보수나 명예를 위한 일자리가 아니며 권세와 세도를 위한 수단도 아니다'라고 강조하면서 '사회주의사회에서 일

537) 김일성, 『로동청년』, 1993. 8. 24.
538) 『로동청년』, 1993. 1. 27.

부 나타나는 직업의 귀천을 가리는 관점과 태도는 개인주의, 리기주의에 바탕을 두고 있다'고 역시 비판한다. '직업이 좋고 나쁜 것을 가리는 사람은 례외 없이 당과 혁명의 리익, 사회와 인민의 리익보다도 개인의 리익, 개인의 취미를 전면에 내세우는 사람들이다. 이런 사람들이 바라는 것은 본질상 보다 편안한 곳에서 쉽게 일하고 보수를 많이 받는 것이거나 개인의 '명예'를 떨쳐보자는 것이다.'[539]라고 비판한다.

이러한 출세주의와 공명심은 대학생들의 혁명의식 약화와 관련된다. 즉 '만약 전 세대들의 피와 땀이 스며 있는 혁명의 '붉은기'와 사회주의 전취물들을 지켜 억세게 싸우려는 투쟁기풍, 혁명적 각오가 없는 사람, 조직생활을 부담으로 여기며 그에 불성실하게 참가하는 사람, 어렵고 힘든 일에서 몸을 사리는 사람, 개인의 리익과 공명을 앞세우고 향락을 바라며 부화방탕하게 생활하는 대학생이 있다면 그런 사람은 혁명하는 세대와는 인연이 없는 인간추물로 락인받게 된다'고 낙인 찍고, '어렵고 힘든 일을 맡아나서는 데서 청춘의 보람을 찾고 당의 구상을 꽃피우기 위한 투쟁의 앞장에서 근면하고 성실하게 일하며 사리와 공명, 굴욕과 사치, 허례허식 등 온갖 낡고 썩어빠진 것들을 철저히 반대배격하고 건전하고 검박하게 생활하는 여기에, 청년 대학생들이 지녀야 할 순박한 품성이 있는 것이다.'[540]라고 강조한다.

---

539) 『로동청년』, 1993. 2. 2.
540) 『청년전위』, 1998. 6. 7.

4. 물질주의와 배금주의 가치관의 확산

가. 물질주의 가치관의 확산

북한에서 경제적 측면과 관련된 기사의 빈도는 비교적 시대별 차이가 큰 부분에 속한다. 1980년대에는 '돈', '물질', '황금만능주의' 등에 대한 직접적인 언급 자체는 거의 존재하지 않지만, 설령 존재한다 하더라도 남조선과 미국, 유럽 등의 부자들의 행태를 비판하는 과정에서 주로 등장한다. 예컨대 '돈이 모든 것을 지배하는 자본주의 사회에서는 사람의 인격도 돈에 의하여 평가되며 돈 없는 사람은 물건처럼 취급되고 있다.',[541] '자본주의 나라는 여자와 결혼하는 것이 아니라 여자가 가지고 오는 재산과 결혼하며 교제에서 어떤 물질적 리득을 볼 수 있는가에 따라서 동무를 고르며, 유산에 대한 욕망이 부모에 대한 사랑을 배제한다.'[542] 등의 기사를 통해 돈을 위해서라면 부부간, 부자간, 형제간의 의리를 저버리고 부모나 자식을 거리낌 없이 죽이는 패륜패덕이 판치는 자본주의의 부도덕성을 비판하는데 주력하고 있다. 그러나 북한 사회를 대상으로 언급할 경우에는 북조선 사회에서는 '돈이 없어도 교육과 치료를 받는다'는 식의 자부심을 표현하는 과정에서 나타나는 정도이다.

그러나 고난의 행군을 거친 직후인 1998년 이후에는 북한 청년들이 내면에 '물욕'이 존재하고 있다는 것을 암시적으로 드러내고 있다. 이에 대해서는 긍정적인 측면과 부정적인 측면으로 나누어 살펴볼 필요가 있다. 긍정적인 측면을 먼저 보면, '그들은 돈맛을 모르며 물질에 눈이 어두워

541) 『로동청년』, 1983. 1. 28.
542) 『로동청년』, 1983. 5. 1.

협잡질을 하는 것도 모른다. 그들은 참으로 당이 하라는 대로만 하고 일밖에 모르는 끝없이 근면하고 순박한 주체조선청년의 특질을 그대로 보여 주고 있다.'[543]고 선전하고 있다. 반면에 부정적인 측면의 내용을 보면, '제 호주머니 불굴 생각을 하며 딴 짓을 하는 청년들'[544]이 있다거나, '제 맡은 일과 관련된 기술실무적 문제는 잘 몰라도 농민시장가격이나 외국제 물건 이름과 값은 환히 꿰뚫고 그게 큰 자랑거리나 되는 듯 입 다물 줄 모르고 주절대는 청년들'[545]이라고 비판하고 있다.

1990년대 말부터 2000년대 초까지는 대체적으로 새세대들의 물질주의 경향은 '외국상품'에 대한 환상 혹은 원조의 결과로 보고, 이를 극복하기 위해 '진리'와 '도덕'을 강조하고 있다. 먼저 외국상품에 대한 환상을 지니는 태도에 관해서 살펴보면, '청년들은 썩고 병든 자본주의를 옳게 보지 못하고 환상적으로 대하는 그릇된 사상경향과 다른 나라 상품과 외화에 대한 우상화, 국가사회재산을 아끼지 않거나 집단의 리익을 침해하는 현상들이 나타나지 않게 하여야 하며 그 자그마한 요소도 제때에 사상투쟁을 벌려 철저히 극복하여야 한다.'[546] 하여 '상품과 외화'에 대한 우상화를 경계하고 있다. 북한은 이러한 자본주의에 대한 환상은 황색바람에 빠지게 만들며, 이러한 황색바람을 막아내기 위한 계급교양을 강화해야 한다고 본다. 예컨대 '청년들이 자본주의에 대한 환상과 비사회주의적 행위에 빠지면 저도 모르게 황색바람에 말려들게 되며 혁명적으로 일하며 생활

---

543) 『청년전위』, 1998. 8. 13.
544) 『청년전위』, 1998. 1. 8.
545) 『청년전위』, 1998. 1. 8.
546) 『청년전위』, 1998. 10. 29.

하는 것을 싫어하게 된다……우리가 부르주아 황색바람을 혁명의 열풍으로 단호히 막아내어 온갖 비사회주의적 요소들이 침습되지 않게 하자면 청년들 속에서 그 어느 때보다 계급교양을 강화하여 청년들 누구나가 다 계급적 원칙에서 이탈함이 없이 언제나 혁명적으로 일하고 생활하도록 하여야 한다.'[547)]고 강조하고 있다.

또한 미국 등 제국주의 국가들의 '원조'에 의한 물질적 영향력에 대한 우려를 드러내기도 한다. 「로동신문」의 기사를 보면, '미국은 허위와 기만으로 가득 찬 비방중상과 돈이나 물건을 통한 생명안전담보 등을 내용으로 하는 삐라작전을 감행하여 해당 나라들에서 불신을 조성하고 사람들을 사상정신적으로 변질시켜 저들의 침략적 목적을 손쉽게 이룰 것'[548)]이라고 우려하고 있다. 또한 '미국은 국제적으로 민심을 낚기 위한 작전의 일환으로 딸라 외교, 원조 외교를 끈질기게 벌리고 있다. 그들은 딸라와 물건을 내혼들며 다른 나라들에게 추파를 던지고 환심을 사려하고 있다.'[549)]고 경계하고 있다.

이러한 물질주의적 경향을 경계하기 위해 북한 당국은 '고상한 도덕품성을 지닌 우리 민족'이라는 기사를 통해 재물이나 권력보다도 진리와 도덕을 더 존중히 여기는 것은 옛날부터 우리 인민이 계승하여 내려오고 있는 전통적인 아름다운 풍습이라고 말할 수 있다. 일찍부터 문명하고 문화적인 생활을 하여 온 우리 인민은 재물이나 권력보다도 진리와 도덕을 더 존중히 여기는 높은 도덕관념을 소유하였으며, 자기의 성실한 로동으

---

547) 『청년전위』, 1998. 6. 24.
548) "미제의 심리모략전에 각성을 높이자", 『로동신문』(2003. 8. 6)
549) "미제의 심리모략전에 각성을 높이자", 『로동신문』(2003. 7. 20)

로 물질적 및 문화적 재부를 창조하면서 건전한 인간관계를 맺고 생활하여 왔다. 따라서 청렴결백한 도덕풍모는 로동에 대한 근면한 태도에서 남의 물건을 탐내지 않고 자기의 노력으로 생활을 개척해 나가야 함을 강조한다. 더 나아가 우리 인민은 먼 옛날부터 울타리 없이 살아왔으며 남의 재물을 탐내는 자를 증오하고 엄하게 처벌하였다[550]고 하여 숭고한 도덕관념을 지닐 것을 강조한다.

나. 황금만능주의와 배금주의 가치관의 확산

1990년대에 접어들면서 '황금만능주의'에 관한 내용이 자주 등장하며, 그 표현도 구체적이고 자세하게 제시하고 있는 것이 특징이다. 예컨대, '황금만능은 자본주의제도의 사회경제적 기초로부터 흘러나오는 합법칙적 현상'[551] 혹은 자본주의 사회에서 '돈은 정치의 열쇠이다', '돈만 있으면 늪가의 오리도 대통령이 될 수 있다', '돈만 있으면 귀신에게도 멍에를 메울 수 있다' 등의 표현을 사용하고 있다. 그리고 '극단한 개인리기주의와 황금만능주의에 기초한 자본주의 사회에서는 약육강식의 생존경쟁과 승냥이 법칙이 작용하며 온갖 악행이 빚어진다', '사람을 물건처럼 팔고 사는 인신매매업, 무덤에서 유물을 파내어 돈벌이하는 유물판매업, 인재를 훔쳐다 파는 인재도매회사, 살인을 전업으로 하는 살인주식회사들이 있으며 이를 통하여 황금노예들이 막대한 돈을 긁어모으고 있다'[552]고 강력하게 비판한다.

---

550) 『로동신문』, 2003. 5. 10.
551) 『로동청년』, 1993. 11. 10.
552) 『로동청년』, 1993. 6. 26.

북한에서 황금만능은 '낡은 사회에서 돈이 모든 것을 좌지우지하고 돈이면 모든 것이 다 해결된다는 뜻으로 쓰이는 말'로 정의된다. 따라서 황금만능의 사회에서는 '한줌도 못되는 몇 놈의 억만장자들이 국가권력도 나라의 재부도 다 틀어쥐고 좌지우지한다'면서, '황금만능은 각종 범죄와 사회악을 빚어내며 사람들을 돈의 노예로 만든다고 주장'하고 있다. 이는 새세대들의 '돈'에 대한 관심이 혁명의식의 약화를 초래할 우려를 표명한 것으로, 새세대들에게 경제도덕생활의 청렴성을 강조함으로써 혁명의식과 자주성을 확립하고자 하는 노력의 일환이라 볼 수 있다.

김정일은 '청년절 5돌에 즈음하여 김일성사회주의청년동맹 중앙위원회 기관지 「청년전위」에 준 담화'에서 '청년들은 사상정신적으로 성숙과정에 있는 세대들이며 청년시기는 세계관이 형성되는 중요한 시기입니다……청년들은 자본주의 사회의 반인민성과 부패성에 대하여 똑바로 인식하고 자본주의에 대한 온갖 그릇된 환상을 철저히 배격'[553]해야 한다고 강조하여 청년들이 교양에 집중할 것을 강조하고 있다. 또한 청소년들을 혁명적으로 교양하지 못하여 사회주의 의식에 '진공상태'가 형성되면 '물욕'과 같은 다른 이념이 그 자리를 차지하고, '다른 영웅들, 돈주머니나 채울 줄 아는 자들, 사회주의제도를 때려부시라고 부르짖는 자들이 바로 청년들의 본보기가 된다'[554]고 비판한다.

북한은 이러한 '물욕'을 억제하기 위한 덕목으로 '검소'와 '순박성'을 강조한다. 즉 대학생 청년들이 '개인의 리익과 공명을 앞세우고 향락을 바라며 부화방탕하게 생활하는 대학생이 있다면 그런 사람은 혁명하는 세

553) 『로동신문』, 1996. 8. 28.
554) 『청년전위』, 1998. 4. 29.

대와는 인연이 없는 인간추물로 락인받게 된다'고 비판하고 대학생들이 '힘든 일을 맡아나서는 데서 청춘의 보람을 찾고 당의 구상을 꽃피우기 위한 투쟁의 앞장에서 근면하고 성실하게 일하며 사리와 공명, 굴욕과 사치, 허례허식 등 온갖 낡고 썩어빠진 것들을 철저히 반대배격하고 건전하고 검박하게 생활하는 것'[555]이 청년대학생들이 지녀야 할 순박한 품성이라 지적한다.

또한 겸손성과 소박성, 정직성과 소탈성, 검박성은 도덕관념과 기풍에서 중요한 내용으로 제시되고 있다. 즉 우리 인민은 다른 사람과의 관계에서 언제나 상대방을 존중하고 예절이 밝게 행동하였으며 허심하고 점잖았다. 정직하고 소탈하며 검박하기 때문에 우리 인민은 솔직하고 허위와 기만, 그 어떤 꾸밈이나 겉치레를 모르고 소박하게 생활하였다고 강조하면서, 먼 옛날부터 진리와 도덕을 더 존중히 여기는 우리 민족의 높은 도덕관념이 황금만능주의에 미쳐 인생의 목적을 재부의 축적에 두고 있는 배금주의적 관념과 파렴치성, 위선과 비인간성 등 온갖 졸렬한 것으로 두루 엮어진 미국식 '가치관'보다 비할 바 없이 우월하다는 것은 더 론의할 여지가 없다[556]고 강조하고 있다.

---

555) 『청년전위』, 1998. 6. 7.
556) 『로동신문』, 2003. 5. 10.

제3절
가치관 변화에 따른 규범의 약화 및 일탈 증가

1. 규범의 영향력 약화와 자율성 증대

북한 사회의 주요한 규범적 가치의 하나는 집단주의적 가치관이다. 이는 사회주의체제의 특성에서 비롯되었지만 북한체제의 특성상 유교적 가족주의와 연결되어 강조되는 부분이다. 북한은 1998년 개정된 사회주의헌법 제63조에 '조선민주주의 인민공화국에서 공민의 권리와 의무는 하나는 전체를 위하여, 전체는 하나를 위하여'라는 집단주의 원칙에 근거한다'라고 규정하고 있다. 그리고 북한의 사회과학원 철학연구소가 발행한 『철학사전』을 보면 집단주의란 '사회와 집단의 이익을 귀중히 여기고 그 실현을 위하여 모든 것을 다 바쳐 투쟁하는 공산주의적 사상과 도덕'이라고 규정하였다.

북한에서 집단주의는 가장 중요한 사상교양적 목표로서 '공산주의도덕'의 핵심이다. 그럼에도 불구하고 북한 새세대의 실생활에서는 이러한 집단주의와 대립되는 가치관이나 행동특성이 나타나고 있다. 예컨대 '조직에 곁을 주지 않고 조직생활을 게을리하는 결합', '동맹조직생활에 권태를 느끼면서 모임이나 동맹생활총화에 이유 없이 빠지거나, 참가하는 경우에도 적극성이 없이 자리지킴이나 하는 경향', 혹은 '쩍하면 이유 없이 결근하고 건달을 피우며 조직과 집단은 안중에도 없이 제멋대로 행동하는 것' 등은 집단주의와 대립되는 개인주의나 이기주의 행동 특성이다.

한편 북한은 '집단주의' 가치관을 어려서부터 주입시키려 한다 해도 자유의지를 지닌 인간에게는 나름의 자율성과 특유한 개성이 존재한다. 또한 연령별로 심리적 특성이 다르다면서 새세대의 특성상 계속하여 변화해 나갈 수 있음을 인식해야 한다고 강조한다. 따라서 청년조직사업을 조직하고 수행하는 데 있어서 새세대 개인의 '취미와 요구'를 맞추어 행할 것을 권고하고 있다. 따라서 북한 당국은 새세대들에게 단순한 주입식 교양이나 과외활동을 넘어서서 '흥미'를 돋울 수 있을 때 교양사업의 성패가 달리는 것으로 판단하고, '같은 연령의 학생들이라 할지라도 심리적 특성이 다르고 학년별로도 차이가 있다는 것을 인식하고, 일군들이 고정 격식화된 틀에서 벗어나 어떻게 하면 흥미 있고 인기 있는 사업으로 되게 하겠는가 하는 데 머리를 써야 한다'고 강조하고 있다.

또한 '학생소년들 속에서 과외활동을 하나 조직하고 모임을 한번 진행하여도 그들의 나이와 의식 수준, 심리적 특성과 취미에 맞게 하기 위하여 머리를 많이 써야 한다. 그리하여 학교 사로청, 소년단 조직들에서 진행하는 모든 사업이 학생 소년들의 적극적인 참가 밑에 흥미진진하고 생동하게 되며 그들의 세계관 형성과 지적 발전, 육체적 발육에 좋은 영향을 주도록 방법론을 가지고 참신하게 벌어지도록 하여야 하며, 지도원들은 책상머리에 앉아서 분단, 초급단체 지도원들과 열성자들이나 만나 일하는 낡은 사업방법을 철저히 배격하고 학생소년들 속에 들어가 함께 어울리면서 그들의 취미와 요구에 맞게 사업하여야 한다'[557]고 강조한다.

북한 새세대들에게도 '불량행위'와 '조직이탈'이 자주 발생하고 있다고 하는데, 이를 해결하기 위해서 단순히 강제력을 동원하거나 처벌함으로

---

557) 『청년전위』, 2008. 11. 12.

는 이러한 청년들을 되돌릴 수 없다고 경계하고, 오히려 과오를 범한 청년들을 용서하고 그들을 포섭해야 한다고 강조한다. 이는 두 가지 측면에서 해석할 수 있는데 하나는, 새세대의 자율성 증대라는 측면이고, 다른 하나는 '이탈'청년들의 수가 많아 회유와 포섭이 요청된다는 측면이다. 만약 두 번째 사례라면 북한 당국이 조직을 통한 새세대 장악능력이 과거만큼 영향력 있게 보유하고 있지 못할 가능성도 암시해 준다고 할 수 있다.

2. 규범약화에 따른 폭력성과 일탈행위의 증가

1990년대에는 '항일혁명의 핏줄기를 이어받은 제3세대, 제4세대 청년들이 친애하는 김정일 동지를 또 한 분의 탁월한 영도자로 높이 받들고 충성의 만세를 높이 부르자'라는 구호와 표현들이 등장하게 된다. 이들은 현재 북한 인구의 다수를 차지하고 있다. 이는 곧 북한 권력 계층의 세대교체가 이루어졌음을 의미한다. 그런데 세대교체와 더불어 1990년대 이후 확대된 북한 사회의 경제난은 인간사이의 정(情)을 소원하게 만든 원인 중 하나이다.[558] 또한 경제난은 집단주의에 기초한 규범 즉 '사회주의적 생활양식'과 '공중도덕'의 해이를 가져오게 된다.

일례로 성분이 좋지 못한 청소년들의 경우, 정치적 성공보다는 오히려 경제 분야로 진출하는 것을 선호하는 경향이 늘고 있다. 북한이탈주민들 중에는 소위 당원들이 상당수를 차지하는데, 이는 결국 '고난의 행군'기와 같은 위기상황에서는 정치적 성공이 큰 역할을 하지 못한다는 것이다.

---

558) 이인정, 앞의 논문, pp. 147~157.

또한 당원이 되더라도 얻게 되는 혜택이 줄어들었기 때문에 당원이 되기 위해 군 입대를 하고자 하는 욕구도 줄어들게 된다. 이런 상황에서 북한 새세대들이 자신의 힘으로 통제 불가능한 배경요인에 의해 원치 않는 상황에 처하게 되었을 때는 무기력감과 좌절, 분노를 경험할 가능성이 크다는 것이다. 즉, 북한 새세대들이 선호하지 않은 직업군이라 할 수 있는 탄광, 농촌에 배치되었을 경우가 이러한 경우라 할 수 있다.

중학교를 졸업한 북한 청년들의 폭력적인 '패거리 문화'는 '청년돌격대' 경험을 통해 접하게 된다. 북한에서는 대규모 건설공사마다 '사로청'의 주관 아래 공장 기업소 등에서 선발한 20대 청년들을 위주로 '건설돌격대'를 조직하여 투입한다. 돌격대원들은 군사 조직체계를 본따서 지역별로 연대, 대대로 편성하여 현장에서 숙식을 하며 집단노동을 하게 된다. 돌격대원들은 후일 입당 같은 정치적 혜택을 바라고 스스로 자원하는 사람들도 있지만, 대부분의 경우에는 공장, 기업소 간부들이 상부에서 내려오는 노동력 차출지시에 따라 자기 조직 내의 '말썽꾼' 청년들을 차출하여 보내는 경우가 많다고 한다. 따라서 이러한 청년들이 집중적으로 모인 돌격대의 경우 폭력 발생빈도가 높게 된다. 대표적 폭력사건으로는 1980년대 북한의 서북부 순환철길공사에 투입된 속도전 청년돌격대원들의 패싸움이 있다.[559]

북한에서 폭력조직이 많은 도시는 평양, 신의주, 함흥, 원산, 청진 등 대도시이며, 비교적 늦게 개발된 순천이나 개천 등지로 확산되는 것으로 알려지고 있다. 최근에는 함흥, 평양 등지보다는 생활이 어려운 신의주, 개천, 순천 등의 청년들의 폭력성향이 높다고 한다. 폭력조직 즉, '뒤떨어진

---

559) 김승철, 『북한동포들의 생활문화양식과 마지막 희망』(서울 : 자료원, 2000), p. 64.

청년들'의 주된 활동무대는 주로 기차역 기다림칸, 버스정류소, 장마당, 영화관, 공원 및 식당 등이 가장 많다. 특히 경제위기로 인해 배급이 중단되고 식량난으로 인한 북한 당국의 사회통제가 느슨해지면서 이러한 폭력적 청년들의 조직화가 더욱 심화된 것으로 보인다. 이들은 단순히 패싸움에 그치는 것이 아니라 소매치기, 절도, 밀수, 골동품 밀매, 되거리장사, 공장이나 기업소의 생산품을 장마당에 가져가서 팔기, 장사행위에 대한 이권개입, '외화벌이사업'을 위한 권력층과의 유착 등으로 다양화[560]되고 있으며, 생존 및 조직활동자금의 마련을 위해 다양한 사업에 관여하고 있다고 한다.

일반적으로 급격한 사회변동으로 인한 아노미적 상태는 전통적인 규범과 새로운 규범이 갈등하거나 혹은 규범자체가 부재한 것으로 느껴지게 된다. 이로 인해 과도기 동안에는 범죄와 일탈행위가 증가하게 되며, 사회가 규범기능을 회복하여 안정을 되찾게 되면 이러한 행위는 줄어들게 된다. 북한의 배급제 붕괴와 경제침체는 계획 부문의 생산에 필요한 원자재 및 식량의 부족 등은 사회일탈행위 증가의 직접적인 배경이 된다. 이러한 경우 당국의 규범과 제도는 구성원들에게 과거와 같은 영향력을 발휘하기 어렵다. 특히 청년기는 또래 집단과의 교류가 증가하고 그에 대한 의존성도 강해지는 시기로서, 이러한 요인들이 복합적으로 작용하여 새세대의 일탈행동의 확산을 초래할 가능성이 매우 높다.

북한에서 법과 규정을 어기는 행위에 대한 구체적인 증거들을 제시하기 시작한 것은 평양축전의 개최를 전후한 시기이다. 평양축전 이전에는

---

560) 위의 책, p. 66.

주로 공중도덕을 강조하는 준법정신과 관련된 내용[561]들이 주를 이루었지만, 평양축전개최 이후 특히 1990년대 초반 경제위기가 표면화되는 시기에 일탈행동에 대한 언급이 본격화되지만 주로 자본주의에 대한 비판이 주를 이룬다. 먼저 북한에서 주장하는 '사회악'이란 착취사회에서 그 제도 자체의 본질로부터 정치 도덕적으로나 경제 문화적으로 사회의 이모저모에서 빚어지는 온갖 악한 것들을 통틀어 말한다. 즉 착취계급이나 외래 침략자들이 지배하는 사회에서 빚어지는 온갖 죄악들 또는 죄악적인 현상이라 정의한다. 이어 자본주의 사회는 '썩고 병든 사회이므로 착취와 압박, 사회적 불평등이 지배할 뿐 아니라 각종 범죄와 사회악이 판을 치는 사회'이며, 자본주의 사회에서 유래한 사회악 즉, '관료들의 부정부패행위, 범죄자들에 의한 살인, 강도, 강간, 인신매매 그리고 사기협잡, 매음 그리고 여러 가지 동물적 취미에 의한 해괴망측한 행위들, 패륜패덕 등은 근로인민대중을 마음 놓고 살 수 없게 하는 온갖 악하고 추한 현상들'이라 설명하고 있는데, 이는 곧 이러한 범죄행위들이 북한 사회에서 일어나고 있음을 반증해 준다.

1990년대 말이 되면 일탈행위를 사상문화적 측면 즉 '황색바람'과 대비시켜 비판하기 시작한다. 예를 들어보면, '사회주의 사회에서 사는 사람들이 황색바람에 물들게 되면 사람들 사이의 서로 돕고 이끄는 고상한 인간관계가 개인리기주의적인 관계, 금전관계, 적대적인 관계로 되게 되며 사회에 무질서와 혼란이 조성되고 각종 범죄행위가 성행하게 된다'[562]고

---

561) 예를 들면, 출퇴근 질서 지키기, 로동행정규율 준수, 거리와 마을, 극장과 영화관, 렬차와 버스를 비롯한 공공장소들에서 제정된 질서와 규율을 자각적으로 준수하도록 하기, 늙은 이와 어린이들을 존경하고 사랑하는 풍모 등을 강조하고 있다.

562) 『청년전위』, 1998. 10. 15.

비판하는데, 이는 1990년대 초반 이후 일탈과 물욕의 증가는 제국주의 황색바람의 침투에 의한 결과로 인식하고 있다. 결국 제국주의의 사상문화적 침투가 '비사회주의적 현상' 즉 '절취(특히 국가재산)', '뇌물행위', '부정부패현상', '직장이탈'을 증가시켰고, 그로 인해 사회범죄나 일탈이 횡행하고 있다는 것이다.

이들을 살펴보면, '고속도로주변의 시설물, 도로표식기, 빛반사안내주, 굴조명장치들을 파괴하거나 거기에 손을 대는 위법행위가 없도록 하여야 한다', '청년들은 썩고 병든 자본주의를 옳게 보지 못하고 환상적으로 대하는 그릇된 사상경향과 다른 나라 상품과 외화에 대한 우상화, 국가사회재산을 아끼지 않거나 집단의 리익을 침해하는 현상들이 나타나지 않게 하여야 하며 그 자그마한 요소도 제때에 사상투쟁을 벌려 철저히 극복하여야 한다.'[563]고 강조하고 있다.

또한 뇌물행위[564]와 관련된 일탈행위는 선행연구나 이탈주민들의 증언에 의하면, 이미 1980년대 이후 보편화되어 1980년대 후반에는 직장 배치, 벌목공선발, 주택거래 등으로 확산되었을 뿐만 아니라 청소년들이 다니는 학교에서도 뇌물이 오고간다고 증언하고 있는데, 이는 교원들의 업무가 과중하면서도 월급이 적고 지위가 낮은데 기인한다고 볼 수 있다. 북한에서는 모든 물자를 국가로부터 지급받는 것을 원칙으로 하는데, 국가로부터의 물자공급이 부족해지면서 돈보다는 식료품 또는 생필품 등

---

563) 『청년전위』, 1998. 10. 29.

564) 북한에서 뇌물행위란 '낡은 사회에서 인민을 억압하고 탄압하는 반동관료배들을 비롯한 각급 기관의 관리들과 그밖에 일정한 직무에 있는 자들이 상전에게 아부아첨하거나 남을 매수하기 위해서 돈이나 물건을 주고받는 현상'이라 정의하고, 뇌물행위는 상전에게 잘 보이고 자기 리속을 채우기 위해서는 수단과 방법을 가리지 않는 봉건사회나 자본주의사회와 같은 낡은 사회에만 있는 전형적인 부정부패행위라 본다.

의 물건을 학부모로부터 요구하는 경우가 많다는 것이다. 특별히 담임의 경우 학생조직 간부선발 및 임명에 대한 권한을 가지고 있으며, 학생들의 졸업시기, 직업 및 상급학교 추천문제 등으로 인해 뇌물이 오고가게 된다고 한다. 소년단간부가 되면 우수학생이라는 명목으로 학교를 졸업하거나 장차 상급학교를 가는데도 우선권을 갖기 때문에 명절이나 특정 기회에 술, 담배, 가구 등이 제공하기도 한다. 이 외에도 뇌물이 제공되는 경우는 '노력동원'을 회피하기 위해서 혹은 탁구부 같은 체육소조나 예술소조에 가입하기 위해서도 이루어진다.

그런데 이러한 뇌물행위는 고등교육기관에서도 폭넓게 일어나고 있다고 한다. 특별히 통신대학생이나 야간대학생의 경우 자신이 다니는 공장이나 지역의 특산품 또는 술과 담배를 대학교원들에게 바치는 경우가 많다고 한다. 이러한 뇌물의 목표는 시험문제 유출 또는 시험성적을 후하게 받는 것이며, 졸업을 수월하게 하는 것도 포함된다.[565]

북한 당국이 새세대 청년들에게 강력하게 경계하고 비판하고 있는 '비사회주의적 현상' 혹은 '부정부패현상'은 위에서도 언급한 국가 사회재산 절취와 뇌물수수 등이다. 이는 역으로 해석하면 북한에서도 이러한 부정부패와 뇌물수수가 존재하고 있음을 인정하는 셈이다. 결국 이러한 행위들로 인해 로동당과 정부가 인민들의 대중적 지지를 받지 못하거나 혹은 이러한 지지의 약화가 발생할 가능성도 암시해 준다.

---

565) 김승철, 앞의 책, pp. 49~52.

제4절
교육현장의 문화적 성격

지금까지 북한 학생의 학교생활, 북한 청소년의 가치관 변화, 가치관 변화에 따른 규범의 약화 및 일탈 증가에 대해 살펴보았다. 이를 토대로 하되, 북한의 교육제도의 변천과 문화를 기초로 하여 교육환경 중 교육현장(학교환경)에서의 문화적 성격을 규명해 보고자 한다.

먼저, 북한 교육의 모든 영역에서 김일성 부자에 대한 우상화 교육은 최고의 성역으로서 신성불가침한 것으로 취급되고 있다. 일례로 각급학교 교육내용의 구성을 보면, 김일성과 김정일의 교시로부터 출발하고 있으며, 또한 충효교육과 충실성 교양을 강조하고 있다. 이는 우리 민족의 전통적인 도덕규범이라고 할 수 있는 충효교육도 궁극적으로 김일성 부자에 대한 충실성 교양으로 연결되고 있다고 볼 수 있다. 그리고 소년단과 사로청 활동 그리고 과외활동과 노력동원에서도 정치사상 고취[566]를 위해 혁명사적지를 꾸미고 당 정책 선전활동을 벌이도록 하고 있다. 그러나 탈북 학생들의 일화를 통해 북한 학생들이 사상교육에 대해 회의적 태도를 보이는 측면을 발견할 수 있다. 일례로, 김일성대학의 교수가 강의 중에 '미국 사람들은 이미 이것을 다 하였습니다.'라고 발언하였다가 곧바로 '미제국주의자들은 이미 이것을 하였습니다.'[567]라고 발언을 정정

---

566) 한국교육개발원 편, "다양한 활동으로 이루어지는 학교 교육", 한만길 엮음, 『북한에서는 어떻게 교육할까』(서울 : 우리교육, 1999), pp. 218~219.

567) 위의 책, p. 219.

하였다고 한다.

그러므로 대학 교육에 있어서도 정치사상교육이 전문성 교육보다 우선하고 있음을 미루어 짐작할 수 있다. 전문성을 중시하여야 할 자연과학계열의 교육에 있어서도 정치사상교육이 30%를 차지하고 있을 정도이다. '과학자는 과학자가 되기 전에 혁명가가 되어야 한다'[568]는 말이 이를 단적으로 지적해 주고 있다.

둘째, 북한의 모든 청소년들은 소년단과 청년동맹 조직에 입단하여 집단적인 조직생활을 해야 한다. 이 조직에서 수행하는 활동은 매우 다양하다. 소년단은 인민학교 2학년부터 고등중학교 4학년까지의 학생들이 주로 정치사상교양, 생산노동, 생활총화 등에 참여한다. 생산노동으로는 '좋은 일하기 운동'이라 하여 토끼 기르기, 파리 잡기, 소년단림 가꾸기, 각종 폐품수집[569] 등 각종 좋은 일하기 운동을 전개하고 있다고 한다. 과외활동도 요일과 시기에 따라 집단적으로 이루어진다. 이를테면 월요일에는 사상학습, 화요일은 과외 체육, 수요일은 소조활동, 목요일은 소년단이나 사로청의 날, 금요일은 대청소, 토요일은 주생활총화와 같이 계획적으로 진행되고 있다. 이러한 과외활동이 모두 집단활동을 통하여 진행되고 있다.

그러나 친구들끼리 비밀리에 남한과 외국 이야기를 나누면서 남한이 잘 살고 있다는 사실을 전해 듣기도 한다. 특히 중국이나 미국에 친척을 두고 있는 가족을 통해 외국을 왕래하는 간부 자녀들은 부모나 친척을 통해 남한이 북한보다 잘살고 있으며, 북한이라는 고립된 사회 밖에는 다른

---

568) 한만길(1997), 앞의 책, p. 268.
569) 한국교육개발원 편, 앞의 책, p. 220.

세계가 존재하고 있다는 사실[570]을 깨닫게 된다는 것이다.

학생들 사이에서는 조직생활의 구속에서 벗어나 자유로운 생활을 잠시라도 누려 보려고 안간힘을 쓰는 사람들이 있다고 술회한다. 그 사례가 '자유조직'이라는 패거리이다. 개인적이고 제한된 공간에서나마 정치적인 이념이나 사상을 뛰어넘는 순수한 우정의 결합체라는 '자유조직'을 만들고 있다. 학생들은 조직을 만들어 친구 집에서 술을 마시고 담배도 피우며 춤도 춘다. 북한에는 담배피우는 학생들이 많다고 하는데, 그 이유도 조직생활의 억압에서 도피해 보려는 잠재의식이 작용하고 있기 때문이라고 볼 수 있다.

셋째, 북한에서는 이론과 실천의 결합 또는 교육과 생산노동의 결합을 강조한다. 김책공과대학의 경우, 이론강의는 50% 정도에 지나지 않고 나머지는 실습을 하고 공장에 나가 노동자들과 같이 일하면서 현장경험을 축적[571]하였다고 한다. 교육과 생산노동을 경험하는 활동은 모든 학생들이 집단활동을 통해 다양하게 수행하고 있다. 소년단에서는 토끼 기르기, 파리잡기, 소년단림 꾸리기 등 비교적 가벼운 생산노동에 참여하는 데 비해, 사로청 조직은 노력지원 전투라는 이름으로 행해지는 증산활동이나 대형건설사업에 참여한다. 대학생들은 최근에 와서는 돈이 되는 수매활동이나 외화벌이 사업에 치중하고 있어 북한의 경제난이 가중되고 있음을 알 수 있다.

넷째, 북한은 교육의 전통적 요소 즉, 교육에 대한 열의가 대단히 높다. 북한에서 출세는 출신성분이나 충성도의 영향이 크지만 그중에서도 교

---

570) 한만길(1997), 앞의 책, p. 271.

571) 위의 책, p. 269.

육은 출세의 중요한 수단으로 인식되고 있으며, 자식들이 공부 잘해서 훌륭한 사람이 되기를 기대하는 우리 사회의 부모와도 같다. 또한 북한은 대가족제도를 유지하고 있으며, 부모는 엄격하면서도 자식 사랑의 정이 매우 깊다. 또한 자식은 부모의 권위를 절대 인정하고 있으며, 가정에서는 전통적인 남녀역할을 철저히 지키도록 하고 있다. 그리고 남녀 간의 이성교제를 금지하고 있으며 성을 부끄러운 것으로 여기고 성교육도 하고 있지 않다. 또한 명절 때에는 집에서 가족이 모여 음식을 직접 만들어 먹는 습관도 그대로 남아 있다[572]고 하는 등 전통적 요소가 많이 남아 있는 점이 특징이다.

교육을 소중히 여기는 전통은 남북한이 공통점을 갖는다. 특히 부모의 사랑이 지극하고 자녀의 바람직한 성장과 출세를 위하여 헌신하는 부모의 양육태도에서 우리의 전통적 교육관을 발견할 수 있다. 또한 부모에 대한 존경이나 형제간의 우애도 강조한다. 그리고 남북한의 부모들은 누구나 자신의 안락보다는 자식의 성장과 출세를 소중히 생각하고 있다.

한편 남북한 모두 교사들은 책임감과 소명감을 가지고 학생들을 가르치고 일깨우는 일에 열성을 다하고 있다. 대다수 북한 학생들은 교사에 대한 존경심을 가지고 교사들의 가르침을 소중하게 여기고 있는 것[573]으로 보이며, 학생들 사이에서 우정을 소중히 생각하고 있으며, 절친한 친구 사이에서는 남한과 외국에 관한 이야기도 은밀히 오가고 있다.

마지막으로, 북한은 공산주의 교육목적을 달성하기 위하여 교육방법을 개발하고 있는데, 반복적 훈련, 긍정적 감화교양, 깨우쳐 주는 교수방

---

572) 위의 책, p. 273.
573) 한국교육개발원 편, 앞의 책, p. 225.

법, 원문통달식 학습방법 등을 들 수 있다. 먼저, 북한 학생들은 기초적인 생활규범 훈련을 체계적으로 받고 있다. 그러나 이러한 방법은 학생들의 자발적인 의식훈련을 결여하고 있다. 즉, 학생 스스로 자율적인 판단과 선택에 따라 도덕적인 규범을 지키는 것이 아니라 당과 수령의 명령이기 때문에 무조건적으로 따라하는 교육방법이다. 따라서 이러한 방법은 권위에 맹목적으로 복종하는 권위주의적 인성을 형성시키게 한다고 볼 수 있다.

교육현장에 대한 문화적 성격을 기초로 하여 교육환경과 남북한 문화통합과의 상관관계를 살펴보기로 하자. 교육현장의 영향력은 클 수밖에 없다. 왜냐하면 개인이 가정에서 습득한 가치, 태도, 관습, 생활규범 등은 청소년기에 접어들면서 상대적으로 감소되는 반면에 학교에서는 직접적이고 조직적으로 차츰 강화시키므로 가정의 영향력은 상대적으로 줄어들기 마련이다. 대부분의 경험은 학교에서 이루어지며 가정에서 형성된 태도나 행동유형들을 유지하거나 새로운 정치적 정향을 키울 수도 있다. 학교는 공식적이며 의도적인 교수를 통해서 또는 비공식적이며 무의도적인 경험을 통해서 정치적 신념을 가르치기 때문이다.

특히 집단주의에 근거한 공산주의 사상을 주입하는 북한은 청소년들에 대해 공산주의적 인간을 조형하기 위해 더욱더 학교 교육에 국가의 전 목표를 내걸고 있음을 알 수 있다. 북한의 공식적인 학교수업은 정치사상교육의 핵심기관으로서 취학 전에 이루어진 의도적인 정치사회화의 이론과 실제를 경험할 수 있도록 계속 발전시켜 나갈 뿐만 아니라, 직접적이고 조직적으로 사전 통제된 기관인 만큼 가정과 구별되며, 정치적 메시지의 전달기관이 된다는 측면에서 보면 장차 남북한 문화통합에 있어서 장애요소로 작용할 가능성이 매우 크다. 이러한 측면을 고려하여 다음 장에서는 교육현장의 문화적 특성을 고찰해 보고, 남북한 문화통합의 가능성을 살펴보고자 한다.

제7장

남북한 문화통합 방향 모색

제1절
교육환경이 남북한 문화통합에 미치는 영향

교육환경이 남북한 문화통합에 미치는 영향을 살펴보기 위해서는 먼저 남북한 학교제도비교를 통해 공통점과 한계점을 살펴보고, 이를 기초로 하여 문화통합에 미치는 영향을 분석해 보기로 한다.

남북한 학교제도분석의 준거로는 이념적 측면, 기능적 측면, 질적 측면으로 나누어 살펴볼 수 있다. 이념적 측면에서는 교육기회의 균등성을, 기능적 측면에서는 교육체제의 다양성과 개방성으로 준거로 설정할 수 있다. 교육기회의 균등성은 성별, 연령, 사회계층 및 거주지역에 관계없이 교육기회가 균등하게 제공되는 것을 의미하며, 교육체제의 다양성이란, 학교제도가 국가와 개인의 다양한 요구를 수용할 수 있도록 하고 학교 및 교육계열이 다양하게 제공되는 것을 의미한다. 그리고 교육체제의 개방성이란, 교육체제 내외에서 학생들의 수직적 이동과 수평적 이동이 자유롭게 이루어지는 것을 의미한다.

먼저, 교육기회의 균등성을 보자. 남한은 모든 학생들에게 취학기회의 조건을 보장하고 있다는 점에서, 북한은 의무교육연한이 12년으로 연장되어 있기 때문에 취학기회가 보장되어 있다는 점에서 양 체제의 의의가 있다. 특히 북한은 12년제 무상의무교육을 실현하고 있어서 취학의 기회가 보장되어 있다. 그러나 남한은 취학기회를 포착하는 과정에서 개인의 사회경제적 조건이 교육기회의 평등성을 저해하는 요인으로 작용하고 있고, 북한은 출신성분에 따른 교육기회의 불평등이 야기되는 문제점을 동시에 안고 있다.

둘째, 교육체제의 다양성 측면에서 볼 때, 남한은 고등학교 단계에서 분화가 이루어지며 특성화학교, 특수목적고, 자율형 학교, 외국어고교, 예체능학교가 설치되어 있다는 점에서, 북한은 영재교육기관이 설치되어 있다는 점에서 의의가 있다. 북한은 예능계통의 영재교육기관이 초등학교 단계부터 설치되어 있어서 지나치게 조기에 분리되어 있다는 문제는 있지만, 중등학교 단계에서는 영재교육기관인 제1중학교와 외국어 학교가 설치되어 있다는 점에서 학교의 다양성은 마련되어 있다고 볼 수 있다.

셋째, 교육체제의 개방성 측면에서 볼 때 남북한은 공통적으로 문제를 안고 있다. 남한은 학교 단계 간의 수직적 이동에서 학생들은 대학 진학이라는 강력한 지향성을 갖고 있기 때문에 학교제도가 실제로는 획일적으로 운영되고 있다는 문제를 제기할 수 있다. 최근 들어 고등학교 단계에서 직업교육체제를 강화하기 위하여 인문고의 직업반 운영은 이러한 학생이동의 폐쇄성을 완화하려는 시도라 볼 수 있다. 반면 북한에서는 학교 선택의 재량이 허용되지 않고 있다. 학교 선택은 언제나 학생의 학습능력뿐만 아니라 출신성분과 조직 활동에 따라 결정[574]되기 때문에 개방되어 있다고 보기 어렵다.

이상에서 살펴본 바와 같이 남북한의 학교제도는 공통점보다는 차이점이 더 많이 나타나고 있다. 이는 남북한의 분단과정만큼이나 간극이 존재한다고 볼 수 있다. 이는 통일 이후 '문화통합'의 과정이 순탄치 않을 것임을 짐작하게 해 준다. 왜냐하면, 통일 이후 북한 주민들의 갈등과 부적응은 남한 주민들에 비해 더욱 심각할 것이다. 그것은 통일 이후의 사

---

574) 최영표 외, 『통일에 대비한 교육정책연구』(Ⅱ), (서울 : 한국교육개발원, 1993), pp. 57~59.

회는 어떠한 형태이든지 개방적인 민주사회일 것이며 자유경쟁을 원칙으로 하는 시장경제체제가 수립될 것이기 때문이다.[575] 현재 북한 주민들은 폐쇄적인 독재체제, 국가통제의 계획경제 체제에서 생활하는데 익숙해 있기 때문에 통일 이후의 개방적인 민주사회, 시장경제 체제에서 적응하는 데 어려움이 많을 것이기 때문이다.

남북한 통일의 의미는 단순히 정치체제의 통합이 아니라 한민족 모두의 삶의 질을 높이고 민족동질성을 회복함으로써 민족공동체를 형성하는 것이다. 여기서 민족동질성은 문화통합을 추진하는 데 있어서 필수적인 조건이라고 할 수 있다. 앞에서도 언급했듯이 통일의 방법과 형태에 관계없이 문화통합은 민족동질성을 회복하고 상호 간의 이해와 화합을 추구하면서 점진적인 방법으로 달성되어야 한다. 그래야만 남북한이 통일 사회에서 공동의 번영과 안정을 추구할 수 있는 진정한 민족공동체 형성이 이루어질 수 있다.

문화통합을 위한 전통문화 요소 중에서 '언어'와 '풍속'은 가장 중요한 요소로 작용한다. 의식의 표현으로서의 예술, 가치의 정제된 표현으로서의 종교도 문화동질성을 감지하게 하는 주요 요소로 작용한다. 따라서 우리가 해야 할 가장 원초적인 작업은 전통문화의 확인, 승계, 발전, 보급의 과업이라 할 수 있다. 또한 남북한 주민을 의식 차원에서 묶어주는 연대의식도 역시 전통문화의 공유에서 비롯된다고 본다고 하면 바로 그 연대를 강화하고 유지시켜야 할 것이다. 이는 지속적인 문화교류와 협력,

---

575) 이 책은 통일 이후 국가 체제를 기본적으로 개방적인 민주주의 정치체제, 자본주의 시장경제체제로 전제한다. 이는 국제적인 추세일 뿐만 아니라 공산주의체제의 붕괴, 중국의 개혁과 개방정책, 그리고 남북관계에서 남한의 전반적인 국력 우위, 북한의 경제침체 등 요인을 고려할 때 타당한 전제라고 본다. 제3장 제3절 참조할 것.

그리고 교육[576)]을 통해서 지속적으로 신장시켜야 할 과제들이다.

문화통합을 위해 교육이 수행해야 할 과제를 살펴[577)]보기로 하자. 첫째, 남북한 교육의 다양성과 이질성을 인정하고 그것을 이해하는 노력이 필요하다. 어느 한쪽은 전적으로 올바르고 다른 한쪽은 전적으로 그르다는 논리는 위험한 발상이다. 또한 어느 한쪽의 시각과 논리로 다른 쪽을 판단하고 평가하는 태도도 오류를 범할 가능성이 많다. 물론 남북한 교육 나름대로의 배경과 논리를 가지고 변화 발전해 왔다는 사실을 인정하고 그러한 과정을 이해하도록 노력해야 한다는 전제 위에서, 서로 간에 교육이념과 목적, 내용, 방법의 '다름'에 대한 인정과 이해가 필요하다.

둘째, 남북한의 교육은 점진적인 교류와 협력을 거치면서 서로 상대방을 이해하고 상호 시정하고 보완할 수 있는 과정이 마련되어야 한다. 현재의 남북관계에서는 이 과정이 절실히 필요하다. 남북한 분단 상태에서 상호 대화와 왕래, 접촉이 단절되어 있는 상태에서는 서로를 이해하고 인정할 수 있는 여지가 없다. 먼저 남북한은 교류와 협력이 가능한 분야부터 시작하고, 서로의 관심사가 합치되는 사업부터 교류와 협력이 재시도되어야 한다.

셋째, 남북한의 교육은 우선적으로 이데올로기적인 편향성을 최대한 배제하는 동시에 상대방에 대한 왜곡과 비방의 교육을 중단하는 데서부터 출발해야 한다. 현재 남북한의 교육에는 각기 자기 쪽은 전적으로 올바르고, 다른 쪽은 전적으로 그르다는 식의 편향적인 요소들이 존재하고

---

576) 이상우, 『함께사는 통일』(서울 : 사회비평사, 1997), pp. 171~172.

577) 한만길 외, 『민족통합을 위한 교육대책연구』(Ⅰ)(서울 : 한국교육개발원, 1993), pp. 35~37.

있다. 또한 상대방에 대한 왜곡과 비방의 요소도 있는 것이 사실이다.

넷째, 남북한의 교육은 교육의 동질성을 발견하고 이를 발굴해 나가면서 상호 간의 화합과 통합의 가능성을 모색하는 노력을 기울여야 할 것이다. 남북의 교육에는 언어와 역사, 전통문화, 생활관습, 도덕규범 등 많은 부문에서 동질성을 찾을 수 있다. 남과 북은 하나의 역사와 문화를 지니고 생활해 온 한민족이라는 사실이 동질성의 원천이라 할 수 있다. 말하자면 과거의 유산과 현재의 생활방식, 미래의 사회상에 기초하여 남북한의 동질성을 발굴하고 이것을 승화 발전시키려는 노력은 남북한 모두 기울여 나가야 한다.

다섯째, 교육의 보편적 가치를 구현하는 방향을 추진해야 한다. 남북한의 교육이 상호이질성을 지니고 있다고 하더라도 기본적으로 현대 사회에서 교육이 추구할 보편적인 가치는 중시해야 한다. 즉 교육의 보편적인 가치로서 민주주의 교육, 인간의 존중, 개성의 실현, 자아의 성장과 발달을 도모하는 교육, 도덕규범의 훈련 등은 교육통합의 방향으로서 중시할 요소들이다. 또한 우리 민족이 추구하는 전통적인 가치로서 전통적인 도덕규범, 전통문화도 교육통합의 방향을 중시해야 할 것이다. 이와 같이 남북한이 동질성을 발견하고 이를 발굴해 나가면서 상호 간의 화합과 통합의 가능성을 모색하는 노력을 기울여야 할 것이다.

제2절
교육환경적 측면에서
문화통합의 가능성과 한계

1. 문화통합의 가능성

가. 문화통합의 원리로서 유교문화

'유교문화'란 '유교사상'을 바탕으로 사회구성원들이 공유하는 사고방식과 생활양식 전부를 의미한다. 한국의 유교문화는 성리학에 그 근본을 두고 '군신, 부자, 부부, 장유'관계에 서열과 위계질서를 중시하면서 가정·사회·국가의 질서와 기강을 유지시켜왔다.[578] 그러나 북한은 해방 이후 유교를 '봉건적 사회정치사상'[579]으로 간주하고 낡은 시대의 봉건적 산물로 보았다. 또한 지배계급의 이데올로기로 작동하는 반동적 역할을 수행하고 사회주의 혁명과 건설에 방해가 된다고 결론짓고 이를 신봉하는 것을 금기시하였다. 그럼에도 불구하고 북한의 정치·사회·문화 전 분야에 걸쳐 유교적 사고와 행위규범이 실질적 영향을 미치고 있고, 그 본질과 전통이 완전히 사라지지 않은 채 유교적 맥을 이어 내려오고 있다는 것은 여러 경로를 통해 접할 수가 있다.

---

578) 윤사순, 『한국의 성리학과 실학』(서울 : 열음사, 1993), pp. 9~13.

579) 북한은 유교를 '왕권을 신성화하고 신분제도를 합리화하며 계급, 즉 압박의 정당화, 천명에 대한 순종, 지배계급과의 타협 등을 설교'하는 봉건적 사회정치사상으로, '봉건사회에서의 통치자와 피통치자, 착취자와 피착취자, 량반귀족과 평민간의 적대적 관계를 가리우기 위한 것이며, 근로인민들을 봉건제도의 노예로 영원히 얽어매 놓으려는 악랄한 책동'으로 여기고 있다. 『철학사전』(평양 : 사회과학출판사, 1970), p. 573.

다시 말하면 북한은 유교의 실체를 완전히 혁파하지 못하였으며, 심지어 유교를 체제 유지 차원에서 최대한 활용하고 있다고 볼 수 있는데, 이를 분류해 보면, 정치문화에서는 '수령중심의 주체사상, 유기체적 가족국가관과 사회정치적 생명체론', 가정에서의 유교문화를 보면 '가족주의(온정주의), 가부장적 권위주의, 효(반포지효),[580] 조상제사' 등을 강조하고 있으며, 사회에서의 유교문화는 '남성우위, 장유유서, 붕우유신' 등이 강조되고 있다. 이들 중 효(孝)사상이 통일 이후 문화통합의 과정에서 긍정적으로 작용할 수 있는지를 알아보고자 한다.[581]

가정의 유교문화 중 '효(孝)'사상을 중심으로 살펴보기로 한다. '효'와 관련된 부분으로 첫째가 부자유친(父子有親)이다. 이는 '아버지는 아버지답고 자식은 자식다워야 한다'(父父子子)를 의미하면서 부자간에 합당한 도리를 다할 것을 강조한다. 따라서 자식이 성장하여 부모님의 은혜에 보답하는 의미의 반포지효(反哺之孝)는 당연지사이다. 그러나 초기 북한 공산 성권은 '효'가 집단주의 생명관에 위배된다고 판단하여 효의 관념을 당과 인민의 이익에 부합되었을 경우에만 정당화하였다. 그러나 김정일은 '일부 사람들은 마치도 공산주의 혁명가는 가정도 모르고 오직 혁명만을 아는 인정미 없는 사람인 것처럼 생각하고 있는데 그것은 잘못된 생각이다. 자기를 낳아 키워 준 부모를 사랑하고 존경하는 것은 인간의

---

580) 반포지효(反哺之孝)는 북한의 '가족법' 제28조 '부모는 자녀의 건강과 신체의 발육을 책임지고 그에 대하여 일상적으로 관심을 돌려야 한다. 자녀는 부모를 사랑하고 존경하며 로동능력을 읽은 부모의 생활을 책임지고 돌보아 주어야 한다.'는 조항에서 잘 나타난다.

581) 왜냐하면, '수령중심의 주체사상, 유기체적 가족국가관과 사회정치적 생명체론'은 '제4장 북한 교육의 이론적 배경으로서 주체사상과 문화'에서 중점적으로 다루었고, '가족주의(온정주의), 가부장적 권위주의'는 '제6장 제1절 북한 학생의 인성특성'에서 다루었다.

초보적인 도리이다'[582]라고 강조하고 있다. 이는 북한 정권이 효에 대한 새로운 인식과 강한 애착을 보이기 시작하였다는 것을 의미하며, '유기체적 가족국가관' 및 '사회정치적 생명체론'에 의해 변질된 방향을 다시 부모로 돌리고 있는 셈이 된다.

둘째는 효의 차원에서 행해지던 유교적 조상제사의식이다. 제사의식을 북한에서는 미신행위로 그리고 낡은 생활습성의 하나로 간주하고, 6·25전쟁 이후 제사를 금지하였다. 그러나 1958년 제3차 당 대회 이후부터 당은 제사를 완화하기 시작한 후, 1960년대 말부터 직계존속의 경우 사망 시부터 탈상 때까지 이를 묵인하였다. 이는 전통적 제사방식이 아닌 '사회주의적 제사방식'[583]으로 치러졌다. 그리고 1988년 이후부터는 4대 명절을 휴무일로 지정함과 동시에 제례를 허용하였다. 북한에서 장례, 조상제사, 성묘 등 유교적 전통풍습이 간소화된 형태로나마 유지되고 있음은 북한 주민이 조상에 대한 회상을 할 수 있게 한다.

적어도 한국 사회에서 뿌리를 내린 유교문화의 핵심적인 부분이라고 할 수 있는 조상제사는 가족 및 더 넓은 범위의 혈연관계를 같이 하고 있는 친족집단의 응집력을 재확인하는 데 기여한다. 사실 경제발전 및 이

582) 김정일, "주체의 혁명관을 튼튼히 세울 데 대하여",(조선로동당 중앙위원회 책임일꾼들과 한 담화, 1986. 7. 15); 조선로동당출판사 편, 『친애하는 지도자 김정일 동지의 문헌집』(평양 : 조선로동당출판사, 1992), p. 216.

583) '사회주의적 제사방식'이란 간소한 방식의 제사를 의미한다. 김일성은 1974년 1월 10일 '전국동업자대회'에서 한 연설에서 '죽은 사람의 무덤이나 사진 앞에다 많은 음식을 차려 놓고 절을 하는 것은 아무런 의미도 없다. 제사를 지내는 것은 죽은 사람을 잊지 않기 위한 것이다. 그러므로 제삿날에 무덤에다 꽃을 갖다 놓든가 가족들이 한자리에 모여서 경건한 마음으로 죽은 사람의 지난날의 투쟁을 회상하면서 그가 다하지 못한 일을 살아 있는 사람들이 마저 하기 위하여 노력하자는 결의를 가지는 것이 좋을 것이다.' : 『김일성 저작집』(7), p. 21,

에 수반한 도시화로 친족 구성원들이 지역적으로 넓게 분산되면서 친족 집단의 응집력은 전통사회에서보다는 약화되었다고 말할 수 있겠지만, 남북한 공히 전통적인 친족의식은 뿌리 깊게 남아 있으며, 조상제사는 친족원들을 통합[584]시키는 구심점이 되고 있다.

문화적 측면에서 볼 때, 민족의 재결합으로 인해 민족문화의 창조가 그리 비관적인 것이 아니라는 확신감을 얻게 된다. 비록 사회조직의 거의 모든 영역에서 남북한 공히 변화가 일어난 것은 사실이지만, 그것이 우리 문화의 구조적인 핵심 그 자체를 근본적으로 변화시킬 만한 것은 아니었다는 것이다. 이런 점에서 남북한 사회조직에 나타난 변화도 거시적으로 본다면 전통사회로부터의 연속선상에서 이해[585]될 수 있는 것이라 판단된다.

나. 남북한의 언어

언어는 민족을 구분하는 기본 척도들 중의 하나이며 민족특성을 보여주는 문화적 유산으로서 민족문화를 논할 때 매우 중요한 의미[586]를 가진다. 남북한 문화는 문화 형성의 주체가 바로 우리 민족이라는 단일성에 근거하여 그 공통적 기반을 확보하고 있다. 문화의 본질이며 수단이 되기도 하는 '언어'도 부분적으로는 차이가 드러나기도 하지만 '한국어'라는 동일성을 유지하고 있다. 남북 문화의 통합을 이루기 위해서는 무엇보다

---

584) 이문웅, "남북한 사회의 변화와 전통유교문화 : 가족과 친족을 중심으로", 경남대 극동문제연구소, 『분단반세기 남북한의 사회와 문화』(서울 : 경남대 극동문제연구소, 1996), pp. 157~158.

585) 위의 책, p. 160.

586) 이헌경·최대석, "남북한 문화예술정책 및 교류현황분석", 민족통일연구원, 『통일문화연구』(上)(서울 : 민족통일연구원, 1994), p. 424.

도 문화의 내적 형성에 기여하는 여러 요소들 중 '언어'의 공통적 기반을 철저하게 연구하여 그 동질성을 확보해야 한다. 따라서 남북한의 상이한 언어관과 언어 정책을 분석하여 통합의 가능성을 알아보고자 한다.

먼저, 문자통일을 통한 민족문화창출에 있어서 남북한은 어느 한쪽도 가장 합리적이고 과학적인 문자통일방안을 가지고 있지 않다. 남한은 서울말을 표준어로 사용하고 있음에 반해 북한은 평양말에 함경도 사투리가 가미된 이른바 '문화어'를 표준말로 삼고 있다. 따라서 남북한의 언어는 한 겨레의 말이면서도 여러 면에서 차이가 드러난다. 예컨대 발음의 차이, 리듬의 차이, 억양의 차이 같은 음성학적인 차이를 비롯하여 어휘, 문법, 의미, 문체 및 맞춤법 등 언어 전반에 걸쳐서 상당한 차이를 보인다. 그중에서도 가장 심각한 차이는 어휘 분야에서 나타나는데, 어휘의 차이를 몇 가지 예시하면 〈표 22〉과 같다.

〈표 22〉 표준말과 문화어의 차이

표준말	문화어	표준말	문화어
산책길	유보도	레코드	소리판
채소	남새	대중가요	군중가요
화장실	위생실	투피스	동강옷
고기잡이	추어전	커튼	창문보
개고기	단고기	그룹	그루빠
아이스크림	얼음보숭이	소년단	삐오네르
도시락	곽밥	주제	쩨마

※ 출처 : 이현복, "남북한 언어의 이질화 현상과 전망", 최명 편, 『북한개론』(서울 : 을유문화사, 1996), p. 488.

남한과 북한의 어휘 차이를 보이는 〈표 22〉는 여러 유형으로 나누어 볼

수 있다. 먼저 한자말이나 서양말을 순수 우리 토박이말로 바꾼 것이 있
는가 하면 소련에서 들어온 외래어가 그대로 쓰이는 것도 있다. 또한 같
은 한자말이나 순우리말이라고 해도 남북 간에 아주 다른 것도 있음을 알
수 있다. 이유야 어떻든간에 이러한 어휘의 차이는 남북 간의 언어소통
에 커다란 장애[587]가 되고 있다. 따라서 어느 기준에 의해 사정하고 통일
표준어를 정해야 하는가의 어려움이 있다.

〈표 23〉 남북 언어 이질화 대표 사례

북한	남한	북한	남한
가는 바람	미풍	미역발	미역양식장
가슴조임증	협심증	반일투쟁	항일투쟁
고기크체	고딕체	번호판(전화의)	다이얼
관풍금	파이프오르간	벌차기	프리킥
기둥선수	스타플레이어	부풀음제	베이킹파우더
나비헤엄	접영/버터플라이	불벼락을	화염병을
날래	빨리	들씌우며	터뜨리며
녀성고음	소프라노	사기판	타일
늄밥곽	알루미늄도시락	살짝공	연타/배구
담배칸	흡연실	설기과자	카스테라
도는 네거리	로터리	양말바지	팬티스타킹
따라난병	합병증	잠약	수면제
물말	하마	줴기밥	주먹밥
물스키	수상스키	포전정리	종지정리

※ 출처 :「동아일보」, 1994. 10. 5. : 이현경 · 최대석,『통일문화연구 上』, p. 436.

587) 위의 논문, p. 489.

둘째, 남북한은 각각 나름대로 언어변화를 겪음으로 인해 언어 이질화 현상이 심각해졌는데 이는 〈표 23〉에서 나타나는 예를 보면 잘 알 수 있다. 이 결과 일상 생활언어에 있어서 양자 간의 의사소통은 가능할지라도 다양화되고 전문화된 언어의 사용을 서로가 이해할 수 없을 정도며, 서로 다르게 발음하거나 글자가 다른 명사가 2천 4백여 개에 이른다.

셋째, 문법용어를 보면 북한은 「조선어문법」(1960), 「조선문화어문법규범」(1976), 「조선문화어문법」(1979) 등의 편찬으로 문법을 체계적으로 정리하였으나, 1976년판을 분석할 때 문법용어 308개 가운데 남북이 일치하는 것은 42개에 불과하고, 문법사용에 있어서도 차이점이 많음을 알 수 있다. [588]

넷째, 맞춤법에 있어서 남북한은 「한글 맞춤법 통일안」(1933)을 분단 직후에도 사용하였다. 그러나 북한은 「조선어 철자법」(1948, 1954), 「조선어철자법사전」(1956) 그리고 「조선말규범집」(1966, 1988)을 공포해 사용하고 있다. 이에 반해 남한은 1988년 1월 14일 새로운 「한글맞춤법」을 고시하여 사용하고 있다. 이를 보면 북한은 단어 내부의 표기에 한정되지만, 남한의 경우 띄어쓰기까지 포함하고 있다. 또한 남한이 형태주의의 발음 현실을 어느 정도 수용하나 북한에선 원칙적으로 두음법칙을 사용하지 않으며, 사이시옷도 나타내지 않는 규범적 형태주의 표기[589]를 지키고 있다.

다섯째, 띄어쓰기를 살펴보면 북한은 단어를 단위로 하여 띄어쓰는 것을 원칙으로 하면서 의존적 요소는 모두 붙여쓰기 때문에 단어들이 너

588) 위의 논문, p. 437.
589) 위의 논문, pp. 437~438.

무 붙여져 띄어 쓰는 방향으로 조절된 반면, 남한은 극히 일부에 한해 붙여 쓰는 것을 허용하고 있고 대부분의 경우 너무 띄어져 있는 것은 붙이는 방향으로 조절하였다. 문장부호와 문장부호법에 있어서는 북한에서 글을 쓸 때 가로쓰기 원칙을 하는 반면 남한에선 가로쓰기와 세로쓰기를 병행하고 있어 문장부호의 모양 역시 북한은 한 가지로 남한은 두 가지로 규정되어 있다.

여섯째, 남북한 사전의 자모배열이 서로 다른 것은 큰 문제로 남아 있다. 남북한은 조선시대 「훈몽자회」에서 언급한 자모배열을 근거로 기본음 24자 다음에 「복합철자」를 가르치는 음성학이론을 그대로 따르고 있다. 예를 들면 자음의 경우 남한사전에는 「ㄱ」「ㄴ」 다음에 「ㄲ」「ㄸ」이 오지만 북한사전에는 모두 맨 뒤로 위치한다. 모음의 경우 역시 마찬가지다. 남한의 경우 「ㅏ」 다음에 「ㅐ」가 위치하는데, 북한은 「ㅏ, ㅑ, ㅕ, ㅗ, ㅜ, ㅡ, ㅣ」 등의 기본음 다음에 「ㅐ, ㅒ, ㅖ, ㅔ」 등의 복모음은 뒤편으로 간다. 그리고 「ㅅ」 항목 다음에 「ㅇ」이 오는 것이 남한의 경우인데 북한의 경우는 좀 더 복잡하다. 「ㅇ」 초성은 음가가 없기 때문에 맨 끝에 위치하지만 받침 「ㅇ」은 「ㅅ」에 이어진다. 북한사전은 특히 소리의 높낮음을 표시하고 있다.

결론적으로 위에서 살펴본 바는 결국 남북한의 언어관의 차이를 반영한다고 볼 수 있다. 남한은 언어를 의사소통의 수단이요, 사고의 바탕이며 인품을 가늠하는 척도로 본다면, 북한은 언어를 단순한 의사소통의 수단으로 보는 데 만족하지 않고 이를 공산혁명과 주민동원 및 통치의 중요한 수단으로 본다. 그리고 남한은 언어를 보는 눈이 자연적이고 소극적이라면, 북한의 언어 시각은 인위적이고 적극적이라 볼 수 있다. 이것은 커다란 언어관의 차이이다. 이러한 본질적인 언어관의 차이로 인하여 남북한 간에는 언어 정책에도 큰 차이가 드러나게 된 것이며, 결과적으로 남북한의 언어는 급속도로 이질화가 심화[590]된 것이다.

따라서 남북한의 언어 이질화를 극복하는 것은 민족적인 과제이며 대단히 시급한 일이다. 왜냐하면 시간이 흐를수록 그 격차는 더욱 벌어질 것이기 때문이다. 이질화를 극복하는 길을 몇 가지 단계로 나누어 살펴보고자 한다.

첫째, 우선 남북한 간의 교류를 확대하여야 한다. 교류가 이루어지는 가운데 언어 차이를 실감하고 문제의식을 느낄 수 있다. 사실 상호접촉을 해 보지 않고는 언어의 차이를 실감하기 어렵다.

둘째, 한국 언어학자들의 전문적인 연구가 폭넓게 진행되어야 하며, 정부에서는 이들의 연구를 지원하여야 한다.

셋째, 남북한 언어학자들의 공동연구를 통하여 남북 언어의 동질성 회복을 꾀하여야 한다. 이 작업은 어느 연구나 회담이나 교류보다도 시급[591]하다고 본다.

결론적으로 남북통일이라는 민족적 여망을 달성하기에 앞서서, 그리고 이에 대비하여 먼저 남북의 언어가 통일되어야 한다. 언어의 통일은 단순히 언어 자체의 문제에만 머무르는 것이 아니라, 남북한 간의 사고와 행동양식 및 의식구조의 이질화라는 민족적인 문제에까지 파급되어 확대되기 때문이다. 그러므로 우리는 남북 언어의 이질화를 방지하고 하루 속히 남북언어의 동질성을 회복하기 위한 적극적인 대책을 마련해야 할 것이다.

590) 이현복, 앞의 책, p. 488.
591) 위의 책, p. 503.

다. 주체사상의 전통문화인식

북한은 1993년 12월에 열린 최고인민회의 제9기 6차 전원회의에서 '민족문화유산을 옳게 계승발전시키기 위한 사업을 더욱 개선강화할 데 대하여'[592]라는 결정을 채택함으로써 민족문화에 대한 관심을 보이고 있다. 이에 따라 북한지도부는 민족문화유산의 계승발전 문제를 '민족의 존엄과 나라의 자주적 발전과 관련된 정치적 문제'이자 '자주시대의 기본요구와 민족자주노선과 관련된 중대한 정치적 문제이며 민족의 존엄과 나라의 자주적 발전과 관련된 민족사적 과제'로 규정하고 있다. 북한의 '민족에 대한 입장은 민족유산에 대한 입장에서 중요하게 표현되며 민족문화유산에 대한 긍지와 자부심은 곧 민족적 자존심과 민족제일주의의 표현'[593]이라며 민족에 대한 입장의 가늠자로서의 민족문화유산에 대한 태도를 강조하고 있다.

그러나 북한에서 김일성 유일사상체계가 확립되기 시작한 1967년 이후부터 수령에 대한 개인숭배가 전면화되고 모든 문화 형성의 원천을 수령으로부터 찾아야 하는 새로운 상황이 전개되면서 상대적으로 민족전통과 문화에 대한 강조가 둔화되었다.

북한이 민족전통과 문화를 다시 강조하기 시작한 것은 김정일이 '민족제일주의'를 제창하면서부터이다. 그 이후 북한은 민족문화의 우수성과 민족에 대한 자긍심을 강조해 왔으며, 1993년 10월 2일 '단군릉' 발굴을 발표하면서 유골에 대한 연대측정 결과치를 가지고 단군이 5012년 전에 출생한 실재한 인물로, 반만년 전에 오늘의 평양에 고조선이라는 나라를

---

592) 『로동신문』, 1993. 12. 11. 참조.

593) 김기남, "민족문화유산을 옳게 계승발전시키기 위하여", 『로동신문』, 1993. 12. 10.

세웠다는 것이다. 그리고 단군이 도읍했던 평양은 검은 모루유적 주인공, 역포사람, 만달사람[594] 등 인류발상지의 하나이고 조선민족의 발상지였다는 것이다. 어떻든 단군의 존재인정은 그것이 순수학문적인 것이든 아니면 대남전략적인 면이든간에 남북한 문화통합에 그 상징성을 활용할 수 있다는 면에서 매우 긍정적이다.[595]

한편 북한은 서민 민족주의를 강조하면서도 그동안『이조실록』,『팔만대장경』,『삼국사기』,『삼국유사』,『고려사』를 전문 번역하고, 실학자를 비롯한 유명한 학자·문인들의 문집들과 고전문학 작품들 그리고『동의보감』을 비롯한 의학도서들을 수집·정리·번역해 왔다. 이는 북한이 문화정책에 내재된 민족주의적 정향[596]을 보여 주는 것이다.

2. 문화통합의 한계

전술한 바와 같이 북한은 1993년 '조국통일을 위한 전민족대단결 10대 강령', 단군릉 발굴, 민족문화유산 계승사업의 강화 등 일련의 발표과정을 통해 대내적으로는 김일성 우상화를 지속시키고 대남 면에서는 민족정통성, 특히 문화적 정통성 계승 주장[597]을 강화하였다.

그러나 다른 한편으로는 북한의 전통문화정책을 '통합기능으로서 민족

---

594) 검은 모루유적 주인공은 평안남도 상원읍 흑우리에서 발견된 유적의 주인공이고 구석기인 역포사람은 평양 역포구역 대현동에서 1977년에 고인류화석의 주인공으로 고인이라 한다. 만달인은 평양 승호구역 만달리에서 발견된 화석인류로서 후기 구석기시대 사람들이다.

595) 임채욱, '북한의 문화유산계승과 정통성인식',『북한 문화연구』(제3집)(서울 : 한국문화예술진흥원 문화발전연구소, 1995), pp. 221~223.

596) 이종석, 앞의 책, p. 202.

597) 임채욱, 앞의 책(2004), pp. 383~384.

주의적' 차원에서 보면 우려할 만한 반정향의 모습도 보인다. 무엇보다도 우려되는 것은 단군왕릉 발굴 보도선전에서 보여 준 바와 같이 북한 지도부가 민족발상지로서 평양의 유구성을 강조하고 나아가 평양이 대대로 민족문화의 중심지였음을 강조하고 있다. 즉, '단군이 평양에서 태어나 고조선을 세운 실존인물이라는 것이 과학적으로 확증됨으로써 평양은 인류의 발상지이며, 민족문화의 중심지, 조선민족의 성지로 온 세상에 이름을 떨치게 되었다'라는 글이나, '평양은 인류발상지의 하나로 우리 민족사에서 첫 계급국가가 성립하여 번성한 고대문명의 시원인 동시에 대대로 도읍지로 번영하여 온 조선민족문화발전의 중심지'라는 주장은 모두 평양 중심적 사고를 드러내는 것이다. 김정일의 말대로 '민족성은 민족이 계승하는 전통에 체현[598]된다. 따라서 전통은 우리 민족 모두가 공유해야 한다. 남한에서 전통문화를 의도적으로 서울 중심으로 강조해서는 안 되는 것과 마찬가지로 북한에서도 이 전통을 배타적으로 독식하려는 정치적 태도를 보여서는 안 된다.[599] 왜냐하면 이러한 태도는 민족 분열적 행위이기 때문이다.

북한의 문화정책 중 민족주의적 정향에 반하는 또 다른 현상으로는 체제와 이념을 넘어서 남북한이 공유할 수 있는 문화 영역의 상당 부분이 일련의 정치적 사건을 거치면서 전통문화 영역에서 배제되거나 형식화되어 버렸다는 점이다. 제4장에서도 언급했듯이 북한은 1967년 이후 민족적 자긍심과 사회주의적 애국주의를 고양하기 위해서 대대적으로 전

598) 김정일, 『조선민족제일주의주의정신을 높이 발양시키자』, 『친애하는 지도자 김정일동지의 문헌집』(평양 : 조선로동당출판사), p. 267.
599) 이종석, 앞의 책, p. 203.

개해 왔던 실학사상가들과 의병장 이순신, 강감찬과 같은 전쟁영웅들에 대한 선전이 금지되어 왔다. 이러한 배제 대상이 북한이 지향하는 사회주의라는 이념 때문에 원천적으로 배제된 지배계층문화나 관념론적 사상, 철학이 아닌 북한 사회의 이데올로기적 지향에 부합된 사상이나 인물이었다는 점에서 심각한 문제를 안고 있다고 볼 수 있다. 즉 사회주의와 자본주의라는 이데올로기적 지향을 넘어서 공유할 수 있는 전통문화 영역이 봉쇄되었다는 점에서 문제의 심각성이 있다.[600]

북한은 2002년 10월 북핵 문제 대두 이후 대남 민족공조를 주장하고 있다. '오늘 북과 남은 다 같이 미국으로부터 엄중한 침해와 위협을 받고 있다. 남이 불편할 때 동족인 북이 편안할 수 없고 북이 불편할 때 동족인 남이 편안할 수 없다.'[601] '핏줄도 하나 언어도 하나, 문화도 하나, 역사도 하나인 우리 민족에게 있어서 민족공조는 당연한 이치이며 생존방식'[602] 이라 선전하고 있다.

그리고 북한은 2003년 1월 한 달 동안 핵확산금지조약(NPT)탈퇴 지지 군중집회에서도, 제9차 남북장관급회담에서 북측 김영성 단장의 기조발언에서도, 서울에서 열린 '평화와 통일을 위한 3·1 민족대회' 때 북측 장재언 대표단장은 연설 때마다 '민족공조'를 역설했다. 또한 인민군창설기념일(4·25) 등 기념행사 때마다 민족공조가 되풀이하여 외쳤고, 정권수립 55주년 기념 당 중앙위원회 구호에서도, 남한의 전교조방문단(2003. 7. 29~8. 2)을 맞이한 북한의 중학생도 민족공조를 외쳤다.

600) 위의 책, p. 203.
601) 2002. 10. 28. 조국평화통일위원회 대변인 성명.
602) 2003. 1. 1. 신년공동사설.

그리고 부산아시아 경기대회(2002. 9. 29~10. 14) 기간에도, 대구하계유니버시아드 대회(2003. 8. 21~31) 기간에도 북한의 미녀응원단의 응원가 중에서 가장 자주 부른 노래는 〈우리는 하나〉[603]였다. 이 '하나'라는 표현에 담겨 있는 통일지향적 염원 때문에 남한 관중들에게 호소력이 있었다.

북한은 우리 민족은 강인성, 의지력, 강한 단결력, 높은 도덕관념과 기풍을 가졌고, 민족긍지와 자부심도 높았으며 애국심·정의감·탐구심이 강하며, 고상한 예술적 취미와 우아한 미감을 가진 민족이라 주장한다. 북한의 민족관이 어떠하든 민족문화 면에서는 혁명적 문화유산이 아닌 고전적 문화유산을 통해 민족이 하나가 되는 민족공조가 필요하다는 점을 북한은 깊이 인식해야 한다.

제3절
청소년(새 세대) 문화를 통한 남북한 문화통합

1. 자유주의적 황색풍조의 확산

자유주의적 황색풍조의 등장[604]은 1989년 평양축전 이후부터이다. 여기서는 황색풍조의 확산경향을 자유로운 이성교재와 연애결혼 풍조, 북

---

603) 가사는 '민족도 하나, 핏줄도 하나, 이 땅도 하나, 언어도 하나, 문화도 하나, 력사도 하나'로 되어 있으며, 핏줄·언어·땅·문화·역사를 1·2·3절에 집어넣었다. 황진영 작사·작곡으로 2002년 4월 발표되었다고 한다.
604) 자유주의적 황색풍조의 등장배경 및 전개는 제6장 제2절을 참조할 것.

한의 소설, 시, 영화의 내용을 중심으로 전개하고자 한다. 평양축전 이후 북한 새세대의 문화변화 현상 중의 하나가 자유로운 이성교제와 연애결혼에 대한 의식변화라 할 수 있다. 평양축전 이전에 북한 청소년들이 갖고 있는 이성교제는 결혼 상대자와만 해야 하는 것으로 여기기 때문에 자유로운 이성교제를 의식적으로 부담스러워한다는 점이다. 탈북자의 증언에 따르면, '중학교 때 사귀더라도 그것의 바탕에는 결혼이라는 조건이 깔려 있죠. 그래서 중학교 때 사귀던 사람들이 결혼까지 가는 경우가 제 주변에는 종종 있었습니다.'[605]라고 증언하고 있다. 그러나 1990년대부터 중학교 졸업반 정도에 이르면 짝이 있는 학생들을 중심으로 반지와 같은 선물을 주고받기도 한다는 것이다. 특히 북한의 대학생이나 군인과 같은 청년들을 중심으로 '자유연애' 바람이 불고 있고, 심지어 부모가 반대하면 집을 뛰쳐나가면서까지 교제를 고집[606]하기도 한다는 것이다. 1980년대까지만 해도 중매가 압도적이었지만 요즘은 연애결혼이 늘고 있고, '연애 따로, 결혼 따로'라는 유행어가 생겨나기도 하였다. 평양의 경우에는 '인민대학습당'이나 '미술박물관'과 같은 공공장소가 공인된 데이트 장소로 이용되며, 남한과 달리 영화관은 사람이 많아 복잡하고 시설도 노후되고 영화 내용도 낭만적이지 않아 청소년들이 즐겨 찾는 데이트 코스가 아니라고 한다. 결국 북한의 청소년들은 '성'이라는 개념에 대해 남한 청소년들이 생각하는 것처럼 그렇게 느끼지 못하는 것이 현실이다.

새세대들의 자유연애경향이 증가한다는 것은 가족이나 단체의 뜻보다는 개성과 취미가 중시된다는 것을 의미한다고도 볼 수 있다. 신상성 등

---

605) 길은배, 앞의 논문, p. 103.
606) 위의 논문, p. 104.

의 연구에 의하면 1980년대 이후의 북한 소설에서는 현실을 일방적으로 미화하는 경향에서 벗어나 주제가 다양화되는 경향을 보이는데, 일례로 도시와 농촌, 육체노동자와 사무직 노동, 세대 간의 갈등, 남녀 간의 차별, 이혼 등 여성문제, 애정윤리 문제 등이 등장하며, 특히 장·단편 소설에 자유로운 연애 감정이나 희열, 행복, 생활, 청춘의 아름다움에 대한 찬양 등이 증가한다는 것도 특징이다. 그리고 북한 문학에서 남녀 애정문제를 본격적으로 다루게 된 것은 1980년대 후반으로, 〈청춘송가〉에서는 주인공인 현옥과 진호가 눈 덮인 강변을 거닐면서 서로 뜨거운 애정을 느끼며 포옹하는 장면이 묘사[607]되고 있다.

신상성 등의 연구에 의하면 소설뿐 아니라 시 분야에서도 간혹 이념성이 배제된 채 남녀 간의 애정문제를 소재로 한 시도 등장한다. 이를 살펴보면, '숫저이 지녔던 그 말들은 / 설렁이는 잎새들이 걸어가고 말았는지' 혹은 '수렁수렁 설레는 수림가에서 천년을 기다린 듯 우리 다시 만날 적에 / 나는 알았네, 긴 밤을 공간 없이 채우는…' 등과 같이 감정에 충실한 표현이 드러난 시[608]들이 등장하기도 한다.

소설과 시에 이어 영화에서도 변화가 나타나고 있다. 특히 북한 당국은 최근 젊은이들을 위한 영화창작과 관련하여 청춘 남녀들의 사랑 문제를 깊이 있게 형상화할 것을 제시했는데, 대표작이 〈아무도 몰라〉, 〈우리는 청춘〉, 〈내가 사랑하는 처녀〉 등이며, 이들 작품은 사랑과 성을 고려하여 제작한 영화[609]들이어서 청소년들 사이에서 인기를 끌고 있다고 한다. 특

---

607) 신상성 외,『북한 소설의 역사적 이해』(서울 : 두남, 2001), pp. 186~191.
608) 위의 책, p. 36.
609) 이인정, 앞의 논문, p. 193

히 〈민족과 운명〉 시리즈에서는 화면 배경에 화려한 한국의 자본주의나 연애 장면을 포함하고 있고, 2001년 3월 재방영을 마친 천세봉 원작 〈석개울의 새봄〉은 남녀 간 삼각관계나 불륜까지 현실감 있게 그려 내고 있는데, 로동청년 등과 잡지들에서 종종 반복적으로 소개되고 있다.

이와 같이 북한의 새세대들을 중심으로 일어나고 있는 자유화 바람과 황색풍조에 대한 경계 역시 만만치 않다. 그러나 '자유주의 황색바람'에 대한 경계는 비교적 최근의 표현방식인데, 과거 공산주의 붕괴 이전의 자유주의 개념과는 그 맥락상에 있어서 다소 차이가 보여진다. 북한에서 정의하는 자유주의는 '조직적이며 규율적인 생활을 싫어하고 제멋대로 생각하고 행동하는 사상관점과 행위를 의미한다. 자유주의는 개인주의에 그 바탕을 두고 있다. 자유주의가 허용되면 사업과 생활에서 혼란과 무질서가 생기고 혁명과 건설을 다그쳐 나갈 수 없다. 자유주의를 없애기 위해서는 조직생활을 강화하며 사상교양과 사상투쟁을 더욱 강화하여야 한다'[610]고 강조하고 있다.

2. 자유주의적 문화생활의 확산

자유주의적 황색풍조의 확산은 북한 청소년들에게 있어서 자유주의적 문화생활의 확산으로 이어지고 있는데, 이를 좀 더 세분화하여 의식주 생활과 기호문화의 측면, 그리고 체육 및 여가 문화의 측면, 대중문화의 측면, 유행문화의 측면을 중심으로 살펴보기로 한다.

---

610) 『노동청년』, 1983. 9. 28.

가. 의식주 및 기호문화측면

먼저, 의식주 생활의 측면이다. 북한은 식량 부족으로 인해 결혼식이나 직장 내 회식 등에서 먹고 마시는 일이 우선적인 관심이 되는 경우가 많다. 최근의 「청년전위」 기사를 보면, 새세대 청년들 사이에서 유행하고 있는 먹자판, 술판 등에 대한 지적이 늘어나고 있다. 북한의 식량 사정상 다양한 음식을 먹어보기 어렵기 때문에 어린이들이나 새 세대들은 일 년에 한두 번 명절 때 식당에서 식사하는 것을 매우 선호한다는 것은 잘 알려진 사실이다. 그러나 북한에서 외식이 가능한 식당은 극히 제한적이지만, 1980년대 이후 인민생활의 질을 높이기 위한 봉사혁명의 방향에서 보면 식당이 급격히 늘어나고 있다. 아울러 여름철 길거리에는 아이스크림 장사나 냉차장사가 등장하여 장사진을 치는 모습이나 청량음료점, 요구르트 판매점 등이 속속 들어서고 있기도 하다.

북한에서 외식이 가능한 대표적 식당은 평양의 옥류관, 평양시 경흥관, 평양시 창광거리의 식낭망, 원산시 해안거리 봉사망 등이 있는데, 이들 식당에서 이용 가능한 메뉴로는 불고기백반, 냉면 등이 주종을 이루어 매우 제한적이다. 또한 광복거리 청춘관의 경우에 단고기 식사실, 불고기 식사실, 중국요리 식사실, 조선요리 식사실 등으로 구분되어 있다. 이러한 것들을 볼 때, 바로 북한식 생활문화가 아직은 햄버거나 피자는 물론이고 외래식 생활의 영향을 거의 받지 않는 단계라는 것을 암시해 준다.

북한 주민들의 의(依)생활도 식량과 마찬가지로 배급제도에 의존하게 되는데, 1990년대 중반에는 일상복 공급이 거의 중단되어 주민들 스스로 옷을 만들거나 혹은 장마당에서 구입해야 하는 실정이다. 북한 주민들의 의복에 대한 변화양상을 살펴보면, 1960년대에는 고급스런 옷을 입었던 북송교포를 통해 '옷'에 대한 인식이 바뀌기 시작했다면, 1970년대에는 남북적십자회담 등 남북교류의 영향으로 인해 형태와 색상이 다양화되었다고 볼 수 있다. 특히 1989년 개최된 '제13차 세계청년학생축전'은 세계 각국 청년 학생들의 다양하고 세련된 옷차림을 직접 접하는 계기가 되었다고 볼 수 있다. 이때 남한의 전대협 대표로 참석한 임수경의 청바지는 자유분방한 젊음의 상징으로 선풍을 일으켜, 1990년대 초반 대학생 등 젊은 층을 중심으로 청바지, 미니스커트 등의 유행으로 인해 이런 제품들이 유입되기 시작했으나 사상적 해이를 우려한 북한 당국에 의해 철저히 단속되었다.

다음으로 주(住)생활이다. 북한은 민법 제50조에 '국가는 살림집을 지어 그 이용권을 노동자, 농민, 사무원에게 넘겨주며 그것을 법적으로 보호한다'고 명시함으로써, 일반 주민에게는 소유권이 아닌 이용권만 있음을 밝히고 있다. 집은 주로 아파트와 2~3세대용 연립주택으로 되어 있으며, 입주자의 사회적 신분이나 계층에 따라 그 형태 및 구조가 다르다. 당·정부 부장급 이상 고급간부 등이 거주하는 특호부터 일반근로자와 협동농장 농장원이 배정 받는 1호 주택에서까지 모두 5단계로 구분되는데, 특호를 제외하고는 대부분의 집이 1~2칸과 부엌 1칸[611]으로 이루어져 있다.

이런 상황에서 개인 공부방을 갖고 있으며, 고성능 컴퓨터와 책상, 옷장, 침대를 비롯한 피아노와 같은 고급 악기도 갖추고 있는 남한 청소년

---

611) 길은배, 앞의 논문, pp. 113~114. 세간에 대해 북한 주민들은 사람에게 오장육부가 있듯이 가정에도 '5장 6기'가 있어야 한다는 것이다. 5장이란, 이불장, 양복장, 책장, 신발장, 찬장을 의미하고, 6기란 TV수상기, 냉동기(냉장기), 세탁기, 재봉기(재봉틀), 사진기(혹은 녹음기), 선풍기(혹은) 직기를 말하는데, 이들을 갖추는 것을 가장 큰 소망으로 여긴다고 한다.

들과 북한 청소년들을 비교한다는 것은 매우 어려운 일이다. 방 두 칸에서 부모 방, 자녀 방이 있는 경우는 그나마 나은 상황이다. 심지어 다섯 가족이 한방에서 지내는 일도 흔한 북한 청소년들에게 나만의 공간, 나만의 주(住)생활은 당 일군이거나 아니면 고위 간부 자녀에게나 가능한 일이라 하겠다.

둘째, 술(음료)·담배 등의 기호문화의 확산이다. 북한 사회는 보수적인 가부장적인 전통이 아직도 존재하고 있어서 할머니들을 제외하고는 여성이 술이나 담배를 피우는 경우가 거의 없지만, 회식자리에서는 이러한 금기가 다소 완화될 뿐만 아니라 혁명 등의 정치적 표현도 거의 등장하지 않는 등 비교적 자유로운 분위기가 형성된다고 한다. 평양시내에는 직장인들을 대상으로 하는 맥주집이 있는데, 「로동신문」 기사를 보면, 인민들의 좋아하는 맥주를 더 많이 생산하도록 대동강 맥주공장 노동자들을 독려[612]하는 기사가 등장한다. 그러나 북한에서는 지역특산술 즉 개성인삼주, 백두산 들쭉술 등이 보편화되어 있다. 음료의 경우에도 커피문화보다는 오미자차, 들쭉차, 구기자차, 감나무잎차, 결명자차, 보리차, 인삼차, 생강차, 솔잎차, 율무차, 대추잎차, 사과차 같은 향토적인 차와 식혜, 수정과 같은 음료, 심지어는 배단물, 사과단물 같은 이름의 음료수가 판매되고 있는데, 이는 수입원자재를 달러로 들여오기 어려운 북한의 경제여건과도 관련된다고 볼 수 있다.

북한 새세대들에게 있어서 술(음료) 이외의 기호품으로 담배를 들 수 있다. 북한의 청소년들은 중학교 5~6학년이 되면 거의 공개적으로 떳떳하게 담배를 피우게 되며, 가정에서 부모님들이 알게 되더라도 거의 공식

612) 『로동신문』, 2003. 2. 18.

적으로 묵인한다는 것이다. 그 이유는 중학교 졸업 후 바로 17살에 입대하여 30살이 돼서야 제대하는 군사제도와 밀접한 연관성이 있다는 점이다. 약 13년 동안 군 복무를 해야 하고, 그 기간 동안 휴가나 외출이 거의 불가능하기 때문에 부모들로서는 안타까운 마음에 술, 담배와 같은 자녀들의 일탈에 대해 관용적인 태도[613]를 취한다고 한다. 이렇게 북한 청소년들이 술, 담배를 일찍 배우고 즐기는 것은 특별히 즐길 만한 청소년 문화도 없고, 혼란스러운 사회적 환경과도 밀접한 연관성이 있는 것으로 보인다.

나. 체육 및 여가생활문화의 측면

북한에서는 스포츠라는 외래어 대신 체육이라는 용어를 선호한다. 북한 청소년들은 학교 체육수업을 통해 기본 운동, 질서 운동, 던지기 운동, 오리내리기 운동, 계절 운동 등을 배운다. 계절 운동에서는 수영이나 스키타기 등을 배운다. 수영은 인민학교에서 중학교에 이르기까지 여름 시기에 적극적으로 실시되지만, 정작 북한 청소년들이 가장 선호하는 종목은 축구와 탁구라고 한다. 그리고 북한의 학교 체육에는 '키크기 운동'이 있는데, 여기에는 달리기, 철봉, 줄넘기, 체조, 뜀틀, 농구, 배구, 핸드볼 중에서 2~3종목을 10~15일 주기로 실시하도록 권장하고 있다.

북한에서 축구는 가장 대중적인 인기를 끌고 있는 체육종목이며, 여자축구팀만 평양에 6개 팀이 있다고 한다. 체육에 대한 국가의 관심사를 반영하듯 1980년대에는 로동청년의 기사에서도 상당히 많은 지면이 체육 관련 기사에 할애되고 있다. 그러나 1990년대에는 경제위기로 인해 체육

---

613) 길은배, 앞의 논문, p. 145.

관련 기사가 많이 줄어들기는 했지만 여전히 국방 차원에서 강조되고 있으며, 특히 별다른 기자재가 필요하지 않은 종류의 체육 즉 건강태권도와 대중율동체조(에어로빅) 등이 강조되고 있다. 건강태권도는 북한의 '조선태권도 위원회'에서 체력적 부담이 적은 쉬운 동작과 어렵고 복잡한 동작을 배합해서 50개 동작으로 구성한 것이다. 한편 남한의 에어로빅 같은 북한의 대중 율동체조는 북한의 국가체육지도위원회 체육과학연구소에서 만든 것인데, 특히 피로 회복뿐만 아니라 건강과 몸매 가꾸기에도 효과적이라 하여 큰 인기를 얻고 있다고 한다.

체육에 이어 '놀이문화'를 살펴보자. 사실 북한 청소년들은 남한 청소년에 비해 놀이문화가 제한적일 수밖에 없다. 남한 청소년들은 PC방이나 집 안에 설치되어 있는 인터넷을 이용해서 컴퓨터 게임을 즐기는 것은 어려운 일이 아니다. 그러나 북한의 청소년들이 즐겨 하는 놀이문화는 우리나라에서 1960~1970년대에 크게 행해졌던 자연환경을 이용하거나 몸으로 부딪치는 놀이문화가 주를 이루는데, 대표적으로 보물찾기, 수건돌리기, 숫자 알아맞히기, 암호놀이, 망차기, 뜀줄 놀이들인데, 특히 소풍 때면 가장 즐겨 하는 놀이가 수건돌리기이며, 어린 아이들은 숨바꼭질도 즐겨한다고 한다.

북한은 단오를 1990년대 이전에는 명절로 여기지 않았지만, 지금은 김정일의 지시로 2~3일간 휴식을 가지면서 학급 전체가 야유회를 가서 개울가에서 밥 짓기 경기, 숫자 알아맞히기 등의 게임을 즐기기도 한다. 또한 북한 청소년들은 우리의 전통민속놀이 즉 다이아몬드 놀이, 장기, 윷놀이 등 설이나 단옷날에 많이 행하는 놀이들로 놀이문화를 형성하고 있다. 그리고 북한의 북부 지역을 중심으로 여자아이들은 친구들끼리 집에 모여 앉아 이야기를 하거나 망차기, 뜀줄 놀이 등을 즐겨 하고, 남자 청소년들은 스케이트 타기, 썰매타기 등과 같은 야외놀이를 많이 한다.

다. 대중문화의 측면

북한 청소년들이 가장 선호하는 TV채널은 1983년 설립된 '만수대 TV 채널'이다. 이 채널은 주파수가 평양시내로 한정되어 있고, 주말(토요일 오후 5시부터 10시까지)과 명절 때만 방영된다. 1990년대에 인도 영화 〈방랑아〉를 반영하면서 그 영화의 주인공이 추었던 디스코는 평양의 청소년들 사이에 유행될 정도로 인기가 절정에 이르렀다. 이 채널은 외국 영화들을 정기적으로 방영하기 때문에 평양의 청소년들이 이 채널에 심취할 수밖에 없는데, 그동안 방영되었던 대표적인 외국 영화들이 일본 영화 〈설녀〉, 인도 영화 〈방랑아〉, 〈아내〉, 중국 영화 〈갈망〉 시리즈, 〈북양함대〉 시리즈, 〈이지러진 달〉, 〈나를 왜 낳았나요?〉, 〈여대생 기숙사〉, 〈붉은 수수밭〉, 〈아큐정전〉, 〈축복〉 등이다. 만화영화로는 〈알리바바와 40명의 도적〉, 〈톰과 제리〉, 〈우둔한 고양이와 꾀 많은 생쥐〉, 〈백조의 호수〉, 〈유리구두〉 등이다. 북한 청소년들이 가장 선호하는 프로그램은 외국 영화이고, 다음은 동물 세계를 다룬 프로그램, 그다음이 스포츠 관련 프로그램이다.

북한 청소년들에게 인기를 끌었던 TV드라마로는 소설을 각색한 드라마들인데, 소설작가 천세봉의 〈석개울의 아침〉, 소설작가 김진성의 〈첫 기슭에서〉, 소설작가 김문창의 〈백금산〉 등이다. 특히 〈백금산〉이나 〈처녀측량대원들〉 같은 드라마들은 주 내용은 다르지만 드라마 속에서 남녀 간 사랑에 관한 소재를 다루고 있어 청소년 사이에서 많은 인기를 끌었다고 한다.

음악 테이프로는 한국 음악 테이프와 일본 음악 테이프, 외국 영화에 나오는 세계 명곡 테이프들이 인기를 끌고 있지만, 이 역시 북한에서는 불법으로 금지시키고 있어서 은밀한 암거래를 통해 구입하고 있으며, 이 역시 북한 청소년들이 선호하고 있다고 한다. 하지만 컴퓨터 게임은 컴퓨터 보급률이 낮아 확산속도가 매우 낮다. 그러나 일부 상류층이 보유하고 있어 그들 자녀들을 중심으로 컴퓨터 게임이 성행하고 있다. 한때는 컴퓨터 게임의 비사회주의적 오락성이 문제시되어 게임프로그램이 전부 회수되기도 하였다.

북한에서 유행하였던 영화와 연예인들을 보면, 영화로는 〈이름 없는 영웅들〉, 〈우리 집 문제〉, 〈민족과 운명〉의 연속시리즈 들이다. 그리고 이춘구의 시대적 문제를 다룬 예술영화 〈보증〉, 〈자신에게 물어보라〉 등의 작품은 청소년들에게 그 영향력이 대단했던 것으로 알려지고 있다. 그 외에도 〈도시처녀 시집와요〉, 〈사랑사랑 내사랑〉, 〈춘향전〉 그리고 옛날 무술을 소재로 다룬 〈홍길동〉 같은 영화들은 나온 지가 오래되었음에도 불구하고 여전히 북한 청소년들이 사랑하고 즐겨 보는 영화들이다.

북한 청소년들이 좋아하는 연예인들로는 먼저 정탐영화 〈이름 없는 영웅들〉과 〈민족과 운명〉의 주인공으로 출연하면서 일약 최고스타로 떠오른 김정화를 들 수 있고, 〈이 세상 끝까지〉에서 열연한 김영숙, 오미란도 청소년들이 좋아하는 스타이며, 신상옥 감독이 발굴하여 키워 낸 장선희도 김정화를 능가하는 스타이다. 또한 〈4·25영화촬영소〉의 남자배우 이익승도 북한 청소년들이 좋아하는 스타이며, 홍길동 역을 맡았던 이영호가 있다. 가수들을 보면, 전혜영, 조금화, 이분희, 이경숙 등이 있다.

위에서 살펴본 바와 같이 북한 청소년들은 외국 영화나 음악을 선호하고 있으며, 이들을 주로 방영하는 만수대 TV채널에 심취해 있는 것으로 보이는데, 이는 북한 영화나 문학 작품들에서는 찾아볼 수 없는 이성 간의 애정문제나 지적 감각에 관한 다양한 욕구들을 외국 영화나 이들을 주로 방영하는 만수대 TV 프로그램들을 통해 간접적으로 충족시킬 수 있기 때문이며, 이색적인 외국 문화를 향유하는 과정에서 자기들이 의문을 품었던 사회적인 문제점들이나 지적갈증 등을 조금씩 해소시켜 나갈 수 있기 때문이다.

북한 청소년들에게 있어 대중문화의 영향은 비교적 외국문물을 접하기 쉽고 경제적 부를 축적하기에 용이한 직업을 절대적으로 선호하기에 이르렀다. 예를 들어, 북한 최고의 인재가 모여 있는 평성이과대학(북한 최고 엘리트들이 모여 수학과목을 교육하는 대학)에 재학 중인 청소년들조차도 장사를 위해 학업을 중단하거나 졸업 후의 진로를 과학계통보다는 무역업과 관련된 직종을 희망하고 있다고 한다고 한다. 탈북자들의 증언을 종합해 보면, 평양시에 거주하고 있는 80% 정도가 장사를 하면서 공부를 하고 있다는 증언은 시사하는 바가 크다고 하겠다.

라. 유행문화의 측면

북한 청소년들의 유행 패션은 평양 등 대도시를 중심으로 유행이 확산되었지만, 1980년대 중반부터 외화상점이 급속히 증가하면서 그 일반화가 눈에 띄게 확산되었다. 특히 소학교 학생들을 중심으로 1980년대 손목시계 차기 유행이 나타났다. 이에 대해 대부분의 교사들은 이를 자본주의의 열풍으로 보고 학생들의 손목시계 착용을 단호히 단속하였지만,

일부 교사들은 청소년 유행문화로 인정하여 암묵적으로 인정하기도 하였다. 그리고 일부 소학교 학생들 사이에서는 교복 대신에 드레스나 외화상점에서 파는 외제 기성복을 입고 등교하는 유행도 나타났는데, 초기에는 제재를 받았으나 지금은 거의 일반화된 상황이라고 한다. 그리고 1980년대 이전에는 여자 청소년들은 단발을 하지 않으면 학교에 등교할 수 없도록 하는 학교 규정이 있었다. 그러나 1980년대 말부터 머리를 길러 따거나 동여매는 헤어스타일이 시작되었고, 1990년대 초에는 전국적으로 확산되어 단발규정은 거의 유명무실화된 상태이다.

1980년대 후반부터 북한 청소년들 사이에서 가장 유행한 패션은 짐바지라고 할 수 있다. 특히 1989년 '제13차 세계청년학생축전' 때 임수경이 줄곧 입었던 디스코바지(청바지)가 알려지면서 청소년들 사이에서 급속도록 유행하기 시작하였다. 이 바지를 입으면 엉덩이 윤곽이 선명하게 드러나 섹시하게 보일 뿐만 아니라 어디서나 편하게 입을 수 있다는 실리적 타산이 이 바지에 대한 욕구를 더욱 부추기게 된 동기이기도 하다. 당시 북한 청소년들은 일제 짐바지 한 벌을 구하기 위해 북한 돈 350~400원의 거금을 주고 암거래 시장에서 구입하여 입었는데, 만약 남자 청소년들 사이에서는 짐바지가 없으면 왕따를 당할 정도로 인기가 높았다.

또한 1980년대 후반기부터 고등중학교 및 대학생들을 중심으로 장발 유행이 급속히 번졌는데, 이러한 변화의 내부적 동인을 보면 '제13차 세계청년학생축전'을 앞두고 북한 당국이 외국의 행사 참가자 및 여행객을 고려해 감시·통제의 강도를 완화했기 때문에 청소년들을 중심으로 억눌려 왔던 표현의 욕구가 장발의 형태로 표출된 것으로 봐야 할 것이다. 그러나 김정일이 '제13차 세계청년학생축전' 기간 중 외국의 귀빈들과 광복

거리주택 건설현장을 시찰하던 중 장발족을 발견하고는 '남자인지 여자인지 구별을 못 하겠다. 당장 머리를 깎게 하라!'는 지침이 내려진 이후 철저한 단속이 시작되었고, 심지어 일부 청소년들을 비판대에 세우기도 하였다. 이에 따라 '제13차 세계청년학생축전'이 끝남과 동시에 북한 청소년들 사이에서 유행하였던 장발은 사라지고 다시금 속도전머리(스포츠머리) 형태로 정착되었다.

또한 1990년대를 전후한 시기에 북한 청소년들 사이에서는 유리알(선글라스)에 붙은 상표를 떼지 않고 일종의 멋으로 끼고 다닐 정도로 선글라스가 유행이 된 적이 있었고, 체육복(아디다스)을 멋으로 입는 유행이 일기도 하였다. 그리고 여자 청소년들 사이에서는 양말 대신에 스타킹이 현대적 미로 인식되면서 크게 유행하기도 하였다.

최근의 북한 청소년들이 선호하는 액세서리를 보면 소학교 여학생들 사이에서는 머리를 묶는 방울이 달린 끈, 세공 한 머리 핀 등이 있고, 남학생들 사이에서는 김일성 배지가 하나의 액세서리로 유행되어 종류에 따라 350~450원 선에서 암거래되기도 하였다. 또한 1989년 '제13차 세계청년축전'을 계기로 목걸이, 반지가 중학교 이상의 여자 청소년들 사이에서 유행되었는데, 특히 중류층 이상의 여자 청소년들은 이것을 여성의 징표로 여기게 되었다. 1990년대 후반에 들어서는 눈썹문신과 눈 쌍꺼풀 수술도 확산되어 남성들까지 이용할 정도로 대중화되었다. 팔지 및 귀걸이와 같은 액세서리도 관절염에 좋다는 핑계로 또는 부의 상징으로 최근 북한 청소년들 사이에서 많은 인기를 끌고 있다.

3. 새세대(청소년) 문화가 문화통합에 주는 시사점

지금까지 살펴본 바와 같이 1989년 '제13차 세계청년축전'을 변곡점으로 하여 북한 청소년들의 일상생활에서는 많은 변화가 일어나고 있다. 이러한 변화의 움직임은 북한체제가 부딪치고 있는 경제난의 가중에 따른 사회적 통제이완과 지속적으로 중국 및 서구 세계를 통하여 유입되고 있는 외국의 문물과 문화적 침투에 영향을 받고 있는 바가 크다고 하겠다.

이러한 변화의 징후는 탈북 청소년 대상의 심층면접 결과를 통해서 확인[614]할 수 있다. 이는 폐쇄적이며 통제일변도의 사상교육 강화를 통해 형성된 북한 청소년의 국가·사회·개인관의 급격한 변화는 북한체제가 강압적인 통제로 그들의 내면적 변화 움직임을 더 이상 억제할 수 없음을 보여 주는 것이라 할 수 있다. 더욱이 공고한 사회주의체제임을 자부하고 있던 북한 사회 속에 자본주의 사회의 특징들이라 할 수 있는 '황금만능주의', '개인주의' 등의 확산을 비롯한 전통적 규범·가치관의 해체현상은 북한의 사회문화 변동이 이미 상당 부분 진행되고 있음을 단적으로 보여 주는 징후라 할 수 있다.

그리고 북한 사회문화변동의 기제가 다양한 영역에서 여러 가지 요인들 즉 경제난, 외국 문화 유입, 주민들의 가치관 변화 등에서 전개되고 있다는 사실은 그 변동이 단순한 징후에 그치지 않고 폭 넓은 영역에 걸쳐 점진적으로 이행될 수 있음을 시사해 주는 징표들이라 하겠다. 또한 북한 당국 및 최고 통치자의 발언을 통해 확인할 수 있는 바와 같이, 북한 사회의 변동을 제도적으로 수렴하기 위한 노력들 예컨대, 화폐 가치 조

---

614) 위의 논문, p. 148.

정, 신의주 특구 지정 등이 가시적으로 진척되고는 있지만, 근본적으로 북한 사회의 개혁·개방이 전제되지 않고서는 미봉책만으로는 그러한 변동의 추진력을 수용하기는 어려울 것으로 보인다.

이상의 논의를 바탕으로 하여 북한 새세대(청소년) 문화가 남북한 문화통합에 주는 시사점을 정리해 보기로 한다. 첫째, 우리 청소년들에게서 발견할 수 있는 문화적 특성이 북한 청소년들에게도 유사하게 나타나고 있다는 점이다. 특히 1980년 '제13차 세계청년학생축전'을 계기로 북한 청소년들 사이에서 크게 유행하기 시작한 짐바지, 장발, 액세서리 부착, TV드라마 주인공, 영화배우, 가수 등과 같은 유명 스타 추종 현상은 정도의 차이는 있겠지만 남북한이 공유하고 있는 청소년 문화의 특성이라 봐야 할 것이다. 따라서 양 사회에 존재하고 있는 청소년들의 문화적 욕구를 비롯한 발달단계에서 나타나는 특징들을 정확하게 진단하여 북한 사회 내로의 건전한 대중문화 유입과 확산을 위한 노력이 필요하다.

둘째, 남한 청소년은 물론이고 북한 청소년들도 역시 사회문화적 변동에 따른 아노미적 현상이 청소년문제 혹은 비행으로 급속하게 전이, 확산되고 있다는 점이다. 최근 들어 북한 청소년들 사이에서 크게 확산되고 있는 술, 담배를 비롯한 지위비행과 절도, 폭력 그리고 성비행의 증가현상을 그대로 방치할 경우 남북한 통합단계에서 장애요인으로 작용할 것이다. 그러므로 남북한 청소년들이 사회변동의 주체로 작동하게 하기 위해서는 국내외적 차원에서 세심한 배려가 필요함을 시사해 준다.

셋째, 북한 청소년들의 인권상황에 대한 국내외적 지원·대처 방안 마련이 요구된다 하겠다. 이미 국제적으로 잘 알려진 바와 같이 많은 북한 청소년들은 심각한 식량난과 영양실조상태에 있으며, 이에 따른 가족해체, 학업중단, 그리고 유랑 생활 등의 확산으로 '꽃제비'라는 신조어가 생겨난 실정이다. 그러므로 국내외 NGO를 비롯한 정부 차원의 인도적 지원 활성화 방안이 강구되어야 할 것이다.

넷째, 중국의 접경 지역을 통한 북한 사회로의 외국 문물·문화의 유입이 빠르게 진행되고 있으므로 이에 대한 대처 방안이 요구된다. 왜냐하면, 이러한 경로를 통한 문화적 침투가 주로 청소년들에게 유해한 환경에 집중되어 있기 때문이다. 그러나 또 다른 측면에서 판단한다면 북한 사회로의 외국문물 및 문화의 유입은 더욱 확산되어야 하지만, 북한 사회 및 청소년들이 이들을 올바르게 수용할 준비나 조건이 갖추어지지 않았다면 오히려 역기능을 초래할 것이다. 따라서 중국의 접경 지역을 중심으로 북한 사회로의 유해한 문화 유입을 관리할 정책적·사회적 노력 또한 추진되어야 할 것이다.

다섯째, 우리 사회의 참모습을 북한 사회에 보다 정확하게 알릴 수 있는 노력 또한 필요하다. 대부분의 탈북 청소년들은 북한에서 남한 사회의 실상을 어느 정도 알고 있었던 것으로 증언하고 있다. 이것이 탈북을 결심하게 된 직·간접적 원인이라고 말하는 탈북자들도 상당수이다. 하지만 북한은 여전히 폐쇄적이고 통제적 정책의 시행으로 인해 더 많은 북한 주민들은 남한 사회에 대해 왜곡된 정보를 주로 접하고 있다고 한다. 그러므로 장기적 전략에 기초하여 교류와 협력을 위한 활성화 방안을 정부 차원에서 마련해야 할 뿐만 아니라 위성방송, 인터넷, 인도적 지원 등을 통해 우리 사회의 실상을 정확하게 북한 주민 및 청소년들에게 제공해 주는 노력이 추진되어야 한다.

제4절
전통문화를 통한 남북한 문화통합

1. 남북한 전통문화의 특성 비교

남북한은 서로 상이한 정치이념과 사회·경제제도 및 정치사회화 과정에 의해 이질화 현상이 심화된 것이 사실이다. 그럼에도 불구하고 최소한의 공통요인을 찾아내어 이를 바탕으로 한 민족공동체 기반을 조성하려는 노력이 보다 중요하다. 따라서 남북한의 문화통합을 위해 긍정적 역할을 수행하게 될 전통문화적 특성을 살펴보면 다음과 같다.

먼저, 북한 가정에서의 경로효친은 남한과 별반 다를 바가 없다. 효의 세 가지 의미인 어버이 존경, 욕되지 않게 하는 것, 봉양 잘하는 것 중에서 봉양 잘하는 것 외에는 북한과 남한이 다를 것이 없다. 그런데 북한에서는 효성과 함께 충성이 강요되거나 충성을 더 앞세우는 사례가 자주 나타난다. 대표적으로 가정에서도 부모에 대한 효성보다 '가정의 모든 성원들이 다 같이 경애하는 장군님을 충성과 효성을 다해 높이 받들며 그들이 다 같이 혁명사업에 충실하도록 서로 적극 도와주어야 합니다'[615]라고 충성이 강조되고 있다.

다음으로 남북한 공히 한국전쟁 이전의 명절풍습은 이전 시기와 커다란 차이가 없었다. 따라서 전래 민속명절은 여전히 명절풍습의 중심을 이루었다. 그러나 전쟁 이후 본격적인 전후복구와 사회주의 건설로 접어

---

615) 김정혁, "혈육과 동지", 『조선여성』, 2000. 1. p. 31.

들면서, 특히 농촌이 사회주의 협동화로 바뀌면서 전통명절이 사라졌거나 축소조정된 것으로 보인다. 그러나 수천 년 동안 풍습으로 지켜온 과거의 명절들은 단번에 없어지는 것이 아니라 점차 새로운 풍습으로 바뀌게 된다. 또한 풍습이란 워낙 장기적이고 지속적인 것이라 북한 사회에서 그대로 온존하는 방향으로 지속되어 온 것으로 보인다. 많은 증언들은 공식적으로 사회주의 명절만을 강조한 것으로 되어 있지만 실상 민족명절을 즐기고 차례도 지냈고 민족음식으로 명절을 즐겼다고 한다.[616] 이는 새로운 명절이 강조되는 가운데서도 민족전래의 명절을 잊어버린 것은 아니라는 의미이다.

북한은 사회주의 명절이 최대의 명절로 자리 잡고 있는 탓에 민속명절은 민속적인 차원에서 간소하게 차려진다. 가령, 한식날은 조상의 묘를 찾아 벌초를 한다든지, 사회적으로는 '애국열사'의 무덤을 찾는 방식으로 지켜지고 있다.

북한은 1967년 5월 김일성 주석이 '봉건잔재를 뿌리 뽑아야 한다'라는 교시에 의해 공식적으로 사라졌다가 1980년대 후반과 1990년대 초반 이후 전통명절을 되살리려는 노력을 꾸준히 이어 오고 있다. 특히 1970년대 남북회담을 계기로 추석명절이 내부적으로 묵인되었으며, 1988년에는 추석, 1989년에는 설날과 단오가 각기 공식적으로 복권되었다. 비슷한 시기에 남한도 설 명절을 구정에서 민속명절로, 다시금 설날로 복권되는 절차를 밟았음을 고려할 때 어떤 상관관계가 있지 않을까 하는 생각이 든다.

유교전통으로 대표되는 관혼상제 풍습은 남북한 공히 현대화·간소화

616) 『북한총람』, p. 1066.

경향을 띠고 있지만, 북한이 남한보다 좀 더 전통문화적 성격이 강하게 남아 있다고 볼 수 있다. 남한은 고려 말 주자가례가 유입되면서 정착된 육례, 즉 유교적 혼인의식이 전통 혼례의 맥을 잇고 있는 부분이 있으나, 북한은 봉건 유교사상의 영향이 거의 없었던 고구려의 혼례를 민족 고유 풍습으로 지정하여 전승하고 있다. 그러나 북한은 결혼의례 시에 정치적 선언이 반드시 들어간다는 특성을 보인다. 한편 북한은 현재 사회주의적 생활양식에 따른 간략화된 상장례예법이 보편화되었고 풍수를 미신으로 여기고 있으나, 남북한 공히 화장을 기피하고 묘지를 선호하는 등의 전통적 의식을 보여 주고 있다. 또한 남북한은 공히 효(孝)를 문화유산으로서 보존해야 할 미풍양속의 하나로 규정하고 있다. 특히 북한은 1958년 제3차 당 대회 이후 효의 차원에서 행해지던 유교적 제사의식은 현재 사회주의적 제사의식의 형식으로 이루어지고 있다.

북한은 전래의 민속놀이에는 풍부한 인민성과 문화성 그리고 낙천적 기상과 풍부한 정서로 가득 차 있다고 평가하는 가운데 군중노선에 입각하여 전승해 오고 있다. 그러나 사회주의 생활양식 속에서 민속놀이의 현주소는 과거 전통 가운데 긍정적인 것은 보존하면서 낡은 것은 청산하는 관계로 나아간다는 것이다. 그러나 민속놀이 분야에서도 북한에서 공식적으로 주장하는 것과 현실의 편차는 유심히 보아야 한다. 가령, 아이들의 놀이들도 다수 사회주의적 생활양식에 맞는 놀이가 생겼지만 전래 민속놀이의 많은 것들이 여전히 그대로 전승된다는 점이다. 아이들의 대막치기, 실뜨기, 산가지놀이, 꽃싸움, 풀싸움, 제기차기, 연띄우기, 가막잡기, 숨바꼭질 등 북한 아이들이 놀고 있는 모습을 소개하는 자료가 많으며, 실제로 북한을 방문했던 사람들의 방문기에도 아이들의 전래놀이가 다수 확인된다. 시대가 변하였다고 소녀들의 공기놀이까지 변할 수는 없는 것[617]이다.

　남한의 민속춤은 고유한 모습과 향토적 특성을 살리면서 계승시켜 가고 있다. 예술무용의 경우 서양 무용인 발레와 현대무용의 기본을 바탕으로 창작을 하는 무용과 전통적인 각종 무용을 내용과 형식의 측면에서 현대적 감각으로 창작하는 각양각색의 무용작품으로 발전시키고 있다. 그러나 북한의 경우는 남한의 춤과는 대조적으로 민족적 형식에 사회주의적 내용이라는 대원칙하에서 조선 춤의 양식을 계승하면서도 혁명과업에 맞도록 가공하여 획일적인 민족무용으로 전형화시켰다. 이러한 경향은 주로 무용창작의 기본방향에서 사상적 알맹이로서 종자의 중요성에 대한 강조[618]로 볼 수 있다.

　음악의 경우, 북한 민족음악의 역사적 원천은 민족전통음악을 복원하고 보존하되, 그것은 역사 주체인 인민대중들의 현대적 미감을 중심적인 근거로 삼고 발전시키는 데 있다. 여기서 우리는 북한의 민족음악이 현대적으로 발전시킨 민족음악은 풍부하게 발전하였지만, 바로 그 역사적 원천 때문에 민족전통음악의 기반이 약할 수밖에 없다. 반면에 민족전통음악의 기반은 남한이 상대적으로 장점을 지니고 있다. 특히 2000년대 이후 제7차 교육과정에는 피리, 단소, 북, 장구, 꽹과리, 가야금 등이 음악 교과서에 반영되어 학교에서 교육받을 수 있도록 하였다.

　연극의 경우, 남한은 정치사, 정신사와 궤적을 같이 해 왔다. 해방 이후

617) 주강현, "북한 주민생활에 나타난 전통문화적 요인연구", 민족통일연구원 편, 『통일문화연구 下』(서울 : 민족통일연구원, 1994), p. 345.

618) 김정일, 『무용예술론』(평양 : 사회과학출판사, 1992), pp. 18~51.

부터 1960년대까지는 일제잔재청산, 봉건잔재청산, 분단문제(좌우익 사상의 대립), 1970년대에서 1980년대까지는 분단문제와 더불어 전쟁, 이데올로기, 독재권력의 인권침해가 극작가들의 최대 관심사였다. 또 1980년대 중반부터는 5공화국 정권이 빚어낸 각종 정치적 사회적인 악(惡)과 환경문제, 붕괴된 도덕성이 그리고 1990년대 이후에는 산업사회에서의 윤리의 피폐성이 새롭게 쟁점화되고 있다.[619] 또한 남한은 열린사회만큼이나 희곡이 다양하다는 측면에서 다양성이 장점으로 꼽히지만, 반대로 어느 한 형태도 확고하게 정립시킨 것은 아니었다는 평가도 받고 있다. 특히 마당극이 1970~1980년대 풍미했음에도 불구하고 하나의 희곡형태로 정립되지 못했으며, 오늘날 무대를 점유하다시피 하고 있는 뮤지컬의 경우 극본을 제대로 쓰는 작가 한사람 없다는 평가를 받고 있다.

반면 북한은 공연예술 분야로서 연극과 우리에게는 낯설다고 볼 수 있는 가극이라는 분야를 발전시켜왔다. 우선 가극부터 살펴보면, 북한에 있어 혁명가극이란 김일성이 1930년대 항일무장 투쟁시기에 직접 각본을 썼다는 연극을 1960년대 말부터 김정일의 지도로 다시 가극으로 각색된 작품을 말한다.[620] 북한에는 이 혁명가극 외에 혁명연극, 혁명가요 등이 있는데, 이것도 역시 김일성이 1930년대 항일무장투쟁 시기에 창작했다는 작품들이다. 북한 연극에 대한 강령적 문헌은 김정일의 논문인 '연극예술에 대하여'이다. 이 논문은 북한 연극에 있어 지침서로서 역할을 하고 있다. 이 논문에서는 연극혁명의 필요성, 극문학론, 연극무대형상

---

619) 김웅태, 『연극이란 무엇인가』(서울 : 현대미학사, 1997), p. 185; 이미원, 『포스트모던시대와 한국연극』(서울 : 현대미학사, 1996), pp. 36~37; 유종호 외, 『한국현대문학 50년』(서울 : 민음사, 1997), pp. 224~235.

620) 한국비평문학회편, 『북한가극, 연극40년』(서울 : 신원문화사, 1990), pp. 56~58.

론으로 구분하여 연극예술[621]에 대하여 설명하고 있다.

미술의 경우, 남한은 해방 후 일본에 의해 강제로 이식된 서구양식인 리얼리즘적 전통이 강하였다. 그러나 6·25 이후 대략 10년 주기로 신속하게 서구미술을 수용해 왔다. 따라서 외부로부터 도입된 서구적인 미술양식은 양식과 이념 면에서 한국의 전통미술과는 거리가 먼 것이었다. 이에 비해 북한의 미술은 '민족적 형식에 사회주의적 내용을 담는다'는 주체사실주의 방법이 강조되고 있다. 특히 미술은 당성과 노동계급성, 인민성이라는 특성을 지니며, 여기서 당성은 사회주의 미술의 본질적 특성으로 강조되고 있다. 무엇보다도 조선화가 강조되고 있으며, '우리식' 유화기법[622]이 중요시되고 있다.

2. 전통문화에 기초한 남북한 문화교류 확대

분단 이후 남북한은 상이한 체제하에서 언어·문학·예술·종교 등 문화전반에 걸친 광범위한 이질화로 인하여 민족문화의 정체성마저 위협받고 있다. 문화 분야에서 남북 간 교류는 이러한 문화적 정체성 위기의 극복과 민족문화의 재창조를 위한 대안의 하나가 될 수 있다. 또한 문화교류는 민족의식의 동질성에 대한 이해를 전제로 하여 민족동질성 회복이라는 통일의 실질적 기반을 조성함으로써 통일과정에서뿐만 아니라 통일 이후 민족의 내적 통합을 이루어 내는 데 커다란 기여를 하게 될 것

---

621) 김정일, "연극예술에 대하여"(영화예술 부문 일군들과 한 담화, 1988. 4. 20), 조선중앙통신사 편, 『조선중앙년감』(평양 : 조선중앙통신사, 1989), p. 103.
622) 김정일, 『미술론』(평양 : 조선로동당출판사, 1992), pp. 21~22.

이다.[623]

문화통합을 위한 실천정책으로서 문화교류는 남북 간 교류·접촉을 통해 상호인식과 이질화의 폭을 좁혀 나감과 동시에 공동활동과 협력을 통해 상호의존도와 문화접변을 촉진시키는 데 목적이 있다. 그러나 남북한 문화교류[624]는 장기적인 안목에서 점진적으로 추진되어야 한다. 여기서는 전통문화에 기초한 남북한 문화교류 확대의 실천 가능한 측면을 탈춤, 음악, 연극, 미술 분야에서 찾아보고자 한다.

탈춤의 경우 남북한 문화교류의 가능성을 발견할 수 있다. 우선 남한에서 계승되고 있는 북청사자놀이, 봉산탈춤, 강령탈춤, 은율탈춤 등은 원래 북한 지역의 가면극이었다. 그중 봉산탈춤의 경우, 구성상 사회의식이 강하게 작용하고 있으며 인간본성을 표현하여 깊은 극예술의 경지로 발전하였다는 평가를 받고 있으며, 남북한 공히 보유하는 민속전통이라는 점에서 중요한 의의를 지니고 있다. 또한 북청사자놀이의 경우 탈춤의 내용 면에서 경기도 산대놀이의 '침놀이'와 유사하고, 그 주제나 특징에 있어서나 다른 가면극에 비해 계급 간의 갈등을 비롯한 반봉건 사상과 풍자정신이 약하게 나타난다는 점에서 문화교류 시 접목을 시도할 여지가 상당하다고 여겨진다.

전통의 현대화라는 차원에서 볼 때, 북한 음악에 있어 새로운 악기를 개량하여 실제 음악계에 적용·활용하고 있는 점은 주목할 만하다. 북한의 개량악기 중에서 개량단소나 옥류금이 지니고 있는 특성은 전통음악

---

623) 최대석, "남북 문화교류 활성화 방안연구", 민족통일연구원, 『통일과 북한 사회문화 下』 (서울 : 민족통일연구원, 1995), p. 205.

624) 문화교류 및 협력에 관해서는 3장 3절을 참조할 것.

연주는 물론이고 서양음악도 연주할 수 있도록 한 점과 전통악기와는 달리 배음과 음량이 풍부해져 합주할 때 저음이 풍부하고 음량이 확대되고 독주악기로도 활용할 수 있도록 한 점, 그리고 독주 때 전통악기보다 기교를 더 부릴 수 있게 된 점, 서양식 관현악단과 배합이 이루어져서 같이 편성될 수 있도록 한 점 등은 문화교류 시 접목을 시도할 여지는 상당하다고 본다.

1985년 9월 남북분단 이후 처음 남한과 북한의 예술단이 평양과 서울에서 각각 방문공연을 가졌다. 북한 측은 남성 4중창, 민요 2중창, 여성 4중창, 장새납 독주, 가야금 독주 그리고 무용프로그램을 선보였다. 여기에서 특히 남한 측의 관심을 집중시킨 것은 18줄로 개량된 가야금 독주였다. 한편 1990년 12월에는 서울에서 평양민족음악단의 〈송년통일전통음악회〉 공연이 개최되었다. 이 공연에서 옥류금은 섬세하면서도 풍부한 소리로 관객을 사로잡았으며, 젓대, 장새납 등 개량 민족악기들이 소개되었다. 특히 1990년의 공연은 민요와 연주위주로 구성되어서 같은 뿌리의 달라진 소리, 변화된 개량악기의 모습이 크게 부각되었으며, 남한 국악계 내에서도 북한의 국악기 개량을 긍정적으로 인정하고 활용할 가능성이 있다는 견해[625]가 지배적이었다.

체육 분야와 관련하여 민속놀이는 그 자체 스포츠이기도 하다. 민속놀이 중에서 경기놀이라 할 수 있는 그네뛰기, 널뛰기, 씨름, 활쏘기, 줄다리기, 돌팔매놀이, 쥐불놀이, 차전놀이, 제기차기, 횃불싸움, 장치기, 공치기, 격구, 마상재, 소싸움 등은 그 자체가 민족스포츠였고, 하나의 유쾌한 오락으로서 그리고 외침에 대비하는 무술로서의 역할을 도맡아했

---

625) 『한국일보』, 1990. 12. 12; 『일간스포츠』 1990. 12. 13; 이헌경·최대석, 앞의 논문, p. 386.

던 민족놀이 고유의 전통을 계승한 것이다. 북한에서는 이러한 민속놀이를 민속체육종목으로 경기화시켜 정착시켰다. 다시 말하면, 세세한 경기법칙이 없이 이루어지던 민속놀이도 경기규칙을 부여하여 민족체육으로 만든 것이다.

북한의 체육은 국방·노동·체력이라는 3요소를 고려한 것으로 대중국방체육과 국방실용체육으로 나뉘는데, 대중국방체육에 사격, 봉체조, 밧줄당기기, 씨름, 그네, 활쏘기 등이 있다. 그네, 씨름, 활쏘기 등은 민속체육 종목들로 전국민족 체육대회를 개최하기도 한다. 민속체육 종목으로는 그네뛰기, 널뛰기 등 10여 개 종목이 있다고 하며, 또한 체육교예를 중시하여 교예에서도 밧줄타기, 공중그네비행, 널뛰기 등 전통놀이를 교예화시키고 있음도 같은 맥락이다. 민속놀이를 민족체육으로 정착시킨 사례는 비단 북한에서만이 아니다. 연변의 동포들도 매년 민족경기로 체육대회를 열고 있으며 오늘날까지 전승이 이루어지고 있다. 그러나 남한은 상당 기간 등한시해 오다 88올림픽 이후에 세계한민족체전을 개최하면서 공식 민족경기종목으로 여러 놀이를 채택하여 전승에 힘쓰고 있다. 따라서 이러한 민속놀이들은 하나의 어엿한 민족경기로 남북한 전체만이 아니라 연변의 동포에 이르기까지 폭넓게 계승이 이루어지고 있는 셈이다. 그중에서 활쏘기나 씨름의 규칙을 통일시켜 계승·발전시키고 남북한 교류가 진행된다면 민족정통성은 물론이고 문화통합에도 긍정적으로 작용하게 될 것이다.

북한의 연극은 혁명연극과 혁명가극으로 둘로 나뉜다. 혁명연극은 1930년대 만주 지방에서 항일무장투쟁을 기조로 김일성의 주체사상과 맥을 같이하는 연극으로, 이 시기 대표적 작품은 〈혈해(일명 피바다)〉,

〈성황당〉, 〈꽃파는 처녀〉 등인데, 혁명연극의 특징은 사상적 무장을 공고히 하고 무대를 현실감 있게 꾸미며 연극에 음악적 요소를 잘 활용하는 것이라고 할 수 있다. 따라서 북한은 이러한 혁명연극을 위해서 희곡의 창작, 연기, 무대, 음악 등에 대한 새로운 가치 기준을 확립하고 있다.

북한에서 가극이란 '가사와 음악적 형상수단을 기본으로 하고 무용, 미술 등 여러 가지 형상수단들을 통하여 인간생활을 반영하는 종합적 무대예술의 한 형태'라 정의된다.[626] 아울러 혁명가극이란 종래 가극의 낡은 형식을 없애고 내용과 형식을 주체적 인간학의 요구에 맞게 새롭게 개조한 것이라고 설명하고 있다. 북한의 혁명가극 중에서 가장 먼저 창작된 〈피바다〉는 1971년 김정일의 지도로 〈혈해〉를 가극으로 옮긴 것인데, 〈피바다〉의 창조는 〈피바다〉식이라는 가극형식을 탄생시켰을 뿐만 아니라 모든 혁명가극의 표본이 되었다.

북한 연극의 경우 주목되는 부분은 연극무대형상 부문에서 제시되고 있는 흐름식 입체무대 미술론이다. 흐름식 입체무대미술은 장면을 중단 없이 전환시킴으로써 관객의 감정흐름을 단절 없이 지속시키며, 짧은 시간에 많은 내용을 보여 줄 수 있는 장점[627]이 있다. 그 사례의 대표적인 연극이 〈성황당〉이다. 〈성황당〉은 종래 연극의 형식과 틀에서 벗어나 일반인들의 사상과 감정에 맞은 현대적 미감을 가진 연극형식과 형상수단을 동원하여 다양한 종류와 양상의 연극작품들을 새롭게 창조했다고 평가되는 혁명연극의 모델이며, 〈성황당〉식 연극이론으로 체계화되었다.

---

626) 『문학예술사전』, p. 1.

627) 서연호, 이강렬, 『북한의 공연예술 Ⅰ』(서울 : 고려원, 1990), pp. 258~259; 이강렬, "북한 연극 50년, 회고와 전망", 『북한 문화연구』(제3집, 1995), p. 57.

〈성황당〉식 연극이론에 의하면, 연극을 효과적으로 만들기 위해서는 먼저 문학적 형상수단인 희곡을 목적에 맞게 창작해야 하며, 희곡을 창작하기 위해서는 대사를 잘 구사해야 한다는 것이다. 이는 연극 창작에서 대사를 구사하는 방법이 바로 작품의 사상예술적 질과 형상수준을 좌우하는 중요한 문제이기 때문이라는 것이다. 따라서 작품의 모든 대사를 명대사로 만들어야 한다. 명대사란 '심오한 생활적 내용이 알기 쉬운 언어적 표현형식을 통하여 간결하고 명백하게 표현된 대사'[628]를 뜻한다.

아울러 북한의 공연장들은 우리의 것과는 조금 다르게 무대의 깊이가 매우 크다. 이러한 독창성은 무대장치나 공연에서 입체감을 살릴 수 있는 특성이 있다. 따라서 연극의 경우 남북한은 이질적 양상을 보이고 있지만, 남한의 다양한 장르의 연극발전과 북한의 공연장기술, 흐름식 입체무대예술은 한국 연극의 보편성 속에서의 독특성 확립을 위해 서로 교류·발전시킬 수 있는 부분이라 보여진다.

북한의 조선화는 독특한 형식과 내용을 수립하여 대중 속에서 폭넓은 공감대를 형성하고 있다는 점이 주목을 끌고 있다. 또한 미술적 기량이 비교적 충분히 확보되어 있다는 점도 강점이다.[629] 북한 미술에서 주목되는 점은 기념조형물 제작 기법, 쪽무늬 벽화기법, 검은 옥돌에 수작업으로 초상화를 새기는 특이한 기법 등으로써 이들은 북한 미술가들이 창출해 낸 것이다. 따라서 다양성을 기초로 서구적 미술양식과 한국전통미술양식의 조화를 지향해 온 남한의 미술과 북한의 독특한 미술기법의 묘합(妙合)을 위해 남북이 협력한다면 이러한 노력의 결과는 세계 미술계에

---

628) 한중모 · 정성무, 『주체의 문예이론 연구』, pp. 470~477.
629) 정희섭, "북한 미술의 이해를 위하여", 『민족예술』(1996. 4), pp. 40~41.

서도 경쟁력이 있을 것이라 생각된다.

3. 전통문화에 기초한 민족동질성 회복과 민족정체성 확립

남북한은 해방 이후 이질적인 정치체제하에서 정권의 정통성을 주장하기 위해 '민족문화'를 강조한 점에서 유사점을 보인다. 즉 문화논의가 양체제 모두에서 지배집단의 체제 유지를 위해서 이용되어 왔던 것이다. 다시 말하면 '민족문화'를 계승했다는 점을 부각시킬 필요에서 전통문화를 정비하고 민족문화를 강조하는 정책을 펼치는 한편, 국내 가부장적 권위주의적 지배를 강화하기 위해 전통문화의 일면을 강조[630]하였던 것이다.

남북 간 민족동질성을 확인하는 중심에는 '가족' 즉 '유교적 가족주의'가 자리하고 있다. 물론 북한에서 유교문화의 저변에는 부모와 자식의 관계를 중심으로 한 한국 사회의 오래된 심리문화적 전통을 정치적인 담론으로 상승, 활용[631]한 것으로 보아야 할 것이다. 그리고 남과 북 모두 가족 간 강한 유대의식은 남북한 동질화를 쉽게 추진할 수 있다. 남북 이산가족들의 왕래가 가능해진다는 전제하에 만약 '성묘'라는 하나의 관례만으로도 문화통합에 기여하는 바는 크다 할 것이다. 또한 남북 간의 제도적·사상적 차이를 무색케 하는 유교적 사고체계 중 하나인 '교육'을 빼놓을 수 없다. 한민족 구성원은 한반도 이외의 어디에서든 자녀교육에 대한 열정은 적극적이기 때문이다.

---

630) 송자·이영선 편,『통일 사회로 가는 길』(서울 : 오름, 1996), p. 51.

631) 강진웅, "북한의 가족국가 체제의 형성 : 국가와 가족, 유교문화의 정치적 변용을 중심으로",『통일문제연구』(제13권 2호), (서울 : 평화문제연구소, 2001), p. 343.

또한 남북한은 강한 민족의식을 갖고 있다는 점이다. 북한은 사회주의적 애국주의로 표현되는 민족의식을 나타내고 있으며, 남한은 애국심, 반미·반일주의 등 민족적 의식 또한 크게 남아 있다. 남북한은 아직까지 강한 민족적 일체감을 가지고 있으며, 생활의 곳곳에 공통의 문화유산을 이어받아 보존하고 있으며, 이러한 동질성의 잔존은 향후 남북한 문화통합을 통한 동질성 회복과 주체성 확립에 유용한 자원이 될 것이다.

문화통합을 통한 우리 민족의 동질성과 주체성 확립을 위해서는 남북한 간에 공통적으로 존재하고 있는 미풍양속과 명절의식에서도 찾아볼 수 있다. 먼저, 우리의 공통적인 생활규범에서 웃어른에게 예의를 갖춘다는 사실은 만고불변의 진리로 여겨져 왔다. 특히 유교사회를 거치면서 연장자, 특히 노인들에게 예의를 갖추는 기풍이 강화되었다. 남한과 마찬가지로 북한에서도 바로 미풍양속을 강조하면서 웃어른에 대한 예의를 강조하고 있다. 이러한 생활예절상의 문제는 바로 전래 미풍양속에서 이어져 온 것으로 보아야 한다.

구체적으로 북한 사람들의 생활 정서적 측면을 보면, 실생활에서 조상과 웃어른에 대한 공경심이 매우 강하다는 점에 주목해야 한다. 최근의 많은 기행문을 보면, 북한 사람들의 예의바름과 친절은 그 어느 곳보다 두드러지고, 가정 내 가족관계에서도 여전히 부모를 공경하고 부양해야 한다는 강한 의무감이 살아 있고, 또한 자식들에 대한 부모의 사랑 역시 남한 사회 못지않다고 한다. 학자에 따라서는 '중세사회의 봉건성이 가장 잘 남은 사회'라고까지 표현하는 이도 있다. 이와 같은 잠재의식은 성묘를 조상에 대한 최대의 효도로 생각하는 데서 나타나고 있으며, 가능한 한 조상의 묘소를 자주 찾기를 희망한다고 한다. 부모와 자식, 형제간의 우애도 비록 떨어져 살 경우에도 변함이 없다고 한다.

그리고 음악사와 관련하여 살펴보면, 우선 '민요'의 경우 남북한 공히 민족음악의 핵심적 장르로 인정받고 있을 뿐 아니라, 민요 중에서도 특히 노동민요를 중시한다는 점에서 공통분모를 찾을 수 있다. 특별히 평안남도와 황해도 지방에서 불렸던 서도민요의 경우 현재 남북한 지역 모두에서 공통적으로 전승되는 민요이다. 그리고 '판소리'의 경우 북한은 봉건시대의 양반 통치배들에 의한 노래라고 하여 강도 높게 비판하였으나, 1980년대 이후 민족가극을 통한 판소리의 내용·계승이 이루어져 〈춘향전〉(1980), 〈박씨부인전〉(1990) 등이 공연된 바 있다. 따라서 〈춘향가〉와 같이 음악적으로 다양하고 문학적으로도 정교한 작품들을 통해 공통된 민족문화적 전통을 통해 남북 간 문화적 동질성 발견을 모색하는 것도 가능할 것이다.

하지만 남북한이 공유하고 있는 배타성과 획일성 등의 공통점은 통합을 수월하게 하기보다는 어렵게 할 수도 있다. 즉 전통에 기초한 가족주의, 권위주의, 집단주의(혈연, 지연 등), 이기주의(개인, 가족, 지역 중심) 성향, 분단 이후 강화된 상호불신과 적대 그리고 민족주의 성향 등은 동질적 요소이기는 하되, 통합을 유도하는 친화력으로 작용하기보다는 오히려 분리와 해체, 갈등을 유발하는 동질요소로 작용할 수 있다.[632] 이 점을 간과한 민족문화의 무조건적인 동질화 추구는 더 큰 문화갈등을 야기할 수 있다는 점을 유의해야 할 것이다.

---

632) 조혜정, "북조선과 남한의 동질성과 이질성", 또 하나의 통일 소모임, 『통일된 땅에서 더불어 사는 연습』(서울 : 또 하나의 문화, 1996), p. 46; 배성인, "남북한 민족문화건설과 문화통합 모색", 민족통일연구원, 『통일정책연구』(11권 1호)(서울 : 민족통일연구원, 1993), p. 217.

제8장

—

결론

제1절
요약 및 정리

먼저, 서론에서는 남북 문화의 통합을 이루기 위해서는 무엇보다도 먼저 문화의 내적 형성에 기여하는 요소들, 이를테면 언어, 관습, 민족성 등의 공통적 기반을 철저하게 연구하여 그 동질성을 확보해야 한다고 전제했다. 그리고 남북한 문화통합은 무엇보다도 먼저 한민족공동체 문화의 확립을 목표로 하며, 남북한 문화통합에 의해 이루어지는 민족공동체 문화는 우리 민족문화의 정신적 기반을 이루고 있는 인본주의적 사상을 현대적으로 구현하는 데 목표를 두어야 한다는 점을 강조하였다.

2장에서는 교육이 문화 형성에 미치는 영향이 크기 때문에 문화통합에도 영향을 준다는 관점과 함께 특히 교육은 그 자체가 문화적 산물인 동시에 교육은 문화를 유지하고 계승하며 나아가 발전시키기도 한다. 따라서 교육은 문화전달의 과정이며 또한 문화혁신의 과정이라는 관점에서 논의를 전개하였다. 이와 같은 성격을 가진 교육의 과정에는 필연적으로 다양한 문화와의 만남, 즉 전통문화와의 만남, 외래문화와의 만남, 성인문화와의 만남, 계층문화와의 만남 등이 일어난다. 이러한 다양한 문화와의 만남은 항상 질서 있고 조화로운 것만은 아니며 간혹 문화단절이나 문화갈등이 발생하기도 한다.

3장에서는 북한의 문화와 남북한 문화통합에 관한 연구 경향을 다루었다. 먼저 북한의 문화정책의 형성과정을 체제 구축기, 체제 확립기, 김정일체제 수립기의 세 시기로 구분하여 살펴보았고, 그 성격을 '사회주의 민족문화건설을 위한 근로자 교양, 그리고 김일성의 유일사상과 김정일 후계체제 확립을 목표로 수립되고 실천'되어 왔다고 정의하였다.

그리고 남북한 문화의 이질성과 동질성에 관해 논의하였는데, 이질성의 이면에는 해방 이후 남북한이 추구했던 이념 즉 자본주의와 자유민주주의, 사회주의와 인민민주주의가 서로 대립하면서 경쟁을 해 왔던 것이 문화구조의 이질성을 심화시킨 주원인으로, 동질성의 중요요소로 민족의식이라 보았다. 또한 1990년대 초부터 북한 문화에 대한 새로운 변화가 나타나기 시작하면서 '북한 주민의 인성연구', '통일문화 개념정립', '민족문화와 문화통합'과의 상관관계에 초점을 맞추어 연구가 진행됨으로써 문화통합연구에 있어서 외연이 확장되고 있음을 확인하였다.

문화통합을 위한 과정모델로 기능주의와 신기능주의, 문화변동모델(신진화론, 문화전파와 문화접변, 기술적 상호작용론), 흡수통합모델, 수렴적 통합모델, 계기적 통합모델을 살펴보았다. 이 중에서 계기적 통합모델이 유효성이 있어 보인다. 왜냐하면, 이 모델에서는 남과 북은 통일을 지향하면서 민족공동체를 회복하기 위해서 중간수준의 통합과 낮은 수준 또는 중간수준의 범위의 연합체 즉 남북연합을 형성하는 것이며, 이러한 계기적 과정을 통해서 종국적으로 통일국가를 실현할 것이라 보기 때문이다.

4장에서는 북한 교육의 이론적 배경이 되는 주체사상과 문화를 분석하였다. 주체사상은 이원적 구조(이론과 역사)로 이루어져 있다는 점과, 좁은 의미와 넓은 의미의 주체사상(김일성주의)으로 구분됨을 밝혀 보았다. 그리고 주체사상의 형성과정을 보면, 1967년을 기점으로 하여 이전의 주체사상과 이후 주체사상으로 구분되어진다. 이전의 주체사상은 북한 사회주의 발전전략적 차원에서 제시된 것으로 공동체 전체의 생존을 위한 담론적 성격에서, 이후에는 수령의 유일체계 구축의 정치적 기반이 되었다는 점에서 성격이 구분된다.

마지막으로, 과연 주체사상이 남북한 문화통합에 긍정적이냐 부정적이냐의 문제이다. 현재 시점에서 내릴 수 있는 결론은 주체사상으로는 남북한 문화통합을 통한 통일국가의 궁극적 생존과 장기적 발전을 보장할 수 없으므로 주체사상은 변화해야 하며, 만약 주체사상이 진정으로 인간중심철학으로 재탄생할 수만 있다면, 사회발전 이데올로기로서 다시 활력을 찾을 수 있을 것으로 본다.

5장은 북한의 교육제도와 교육제도의 문화적 성격을 분석하였다. 먼저, 북한 교육의 사상적 배경을 이념적으로는 주체사상, 경제적으로는 자립경제노선을, 사회·문화적으로는 자기가 속한 계층에 따라 사회적 지위나 대우에 차등을 두며, 교육적 배경으로는 공산주의적 새 인간양성에 두었는데, 특히 공산주의적 새 인간은 북한 교육의 이념과 목표에 있어서 중요한 위치를 차지한다는 점과 교육행정조직은 당, 내각, 학교로 구성되는 3원 구조에 기초하지만, 노동당의 지도에 의해 수립되고 집행된다는 점을 인지하였다.

다음으로 북한의 교육과정에서 중요하게 다루어지는 내용은 정치사상교육, 과학기술교육, 체육교육으로 구분되는데, 정치사상교육은 김일성·김정일의 혁명역사와 혁명활동을 가르치는 데 역점을 두고 있다. 이는 소학교, 중학교, 대학교의 교육과정에서 중요한 위치를 점유한다. 그리고 북한의 교육방법은 깨우쳐 주는 교수교양, 이론교육과 실천교육, 교육과 생산노동의 결합, 조직생활과 사회교육의 결합, 학교 전 교육·학교 교육·성인교육의 병진에 기초하고 있는데, 이 중 가장 중시하는 방법이 깨우쳐 주는 교수교양이라는 것을 이해하였다.

그리고 북한의 교육과정은 여러 차례 개정되어 왔다. 교육과정 변천에 관한 시기 구분은 기술의무교육을 중심으로 하는 시기 구분과 사회주의 제도 및 정치사상교육을 중심으로 하는 두 가지 기준으로 대별된다. 본 책에서는 교육에 대한 사회적 요구와 교육의 변화, 중요한 교육방침의 제시와 교육제도의 변화 그리고 시기별 교육 발전 추세를 고려하여 6기로 나누어 살펴보았다. 그러나 김정일 시대에는 김정일 사상이라 불리는 '우리식 사회주의'와 '우리 민족 제일주의', '붉은기사상'과 '군 중시사상' 등의 통치담론뿐만 아니라 선군시대의 혁명인재는 첨단과학기술과 외국어능력 등 정보화시대에 필요한 지식과 기술을 갖춘 인재양성을 강조하여 전문성과 효율성을 강조하는 실리주의적 교육정책을 추구하였다는 데 역점을 두었다.

마지막으로 교육제도와 문화통합과의 관계는 남북한이 정치적 통일을 이루었다는 전제하에서 논의되어야 한다. 그러나 정치적 통일 이전에 현재의 시점에서 볼 때, 양자의 관계를 살펴보는 것은 유의미한 가치가 있다. 따라서 북한 사회와 주민들의 특수성을 고려하여 그들 스스로 통일 사회에 적응할 수 있는 능력을 고양하도록 하는 데 초점을 두어야 할 것이라는 관점에서 살펴보았다. 첫째 접근은 문화적 보편주의를, 학습과 사회 적응의 접근은 문화적 상대주의의 관점에 기초하여 전개하였다. 그러나 통일 사회는 보편성과 동시에 다양성을 추구하고, 동질성을 회복하면서 이질성을 인정하는 방향으로 나가야 하기 때문에 통일 사회교육은 두 관점을 상호 보완할 필요가 있다.

6장은 교육현장과 문화에 대해 다루었다. 이 장에서는 북한의 학교생활, 북한 청소년의 가치관 변화 그리고 가치관 변화에 따른 규범의 약화 및 일탈증가를 살펴보았다. 그렇지만 아무래도 주목을 끄는 것은 북한 학생의 인성특성과 가치관 변화와 이에 따른 규범의 약화 및 일탈증가라 할 것이다. 이들 중 먼저, 공식적인 집단생활에 의해 형성된 북한 청소년들의 인성특성을 일원론적 절대주의, 집단주의, 권위주의와 의존성, 배타주의, 가족적 온정주의, 수동성으로 나누어 살펴보았다. 여기서는 북한 사회의 전형적인 특성과 더불어 사고와 가치관의 형성에 정신분석학적 기제인 동일시가 중요한 역할을 했다고 볼 수 있다.

다음으로, 북한 청소년의 가치관변화의 계기는 1989년 평양에서 개최된 '제13차 세계청년학생축전'과 1990년대의 경제위기부터라 할 수 있다. 특히 축전 이후 신문·방송에서 북한 새 세대의 사상적 이완현상, 무사안일풍조, 개인주의적 생활태도 등 혁명의식 약화와 노동기피 풍조를 강도 높게 비판해 오고 있음은 이를 입증해 준다. 이를 계기로 북한 사회는 출세주의 가치관이 확산되고, 물질주의와 배금주의 가치관이 확산됨으로써 북한이 도덕관념으로 내세우는 겸손성과 소박성, 정직성과 소탈성, 검박성은 약화되고 있다고 보여진다.

마지막으로, 이러한 가치관의 변화는 필연적으로 도덕규범이 약화되고 일탈행동의 증가를 수반하게 된다. 다시 말하면 도덕규범의 약화는 집단주의 가치관의 약화를 초래하고, 개인주의와 이기주의 그리고 자율성의 증대를 수반하게 된다. 이러한 변화는 1990년대에 이르러 '항일혁명의 핏줄기를 이어받은 제3세대, 제4세대 청년들이 현재 북한 인구의 다수를 차지되었는데, 이는 곧 북한 권력 계층의 세대교체와 더불어 1990년대 이후 확대된 북한 사회의 경제난은 집단주의에 기초한 규범 즉 '사회주의적 생활양식'과 '공중도덕'의 해이를 가중시켰다고 볼 수 있다. 북한은 1990년대 초반 이후 일탈과 물욕의 증가는 제국주의 황색바람의 침투에 의한 결과로 인식하고 있다. 결국 제국주의의 사상문화적 침투가 '비사회주의적 현상' 즉 '절취(특히 국가재산)', '뇌물행위', '부정부패현상', '직장이탈'을 증가시켰고, 그로 인해 사회범죄나 일탈이 횡행하고 있다는 것이다.

제7장에서는 위에서 논의한 내용들을 바탕으로 하여 남북한 문화통합의 방향을 모색하였다. 이를 위해 먼저, 문화통합을 위해 교육이 수행해야 할 과제를 다섯 가지로 제시했으며, 그리고 교육적 측면에서 문화통합의 가능성과 한계에 대해 논의하였다. 먼저, 문화통합의 가능성으로는 '유교문화', '남북한의 언어', '주체사상의 전통문화인식'을 살펴보았다. 그리고 문화적 측면에서 볼 때에 민족의 재결합으로 인해 민족문화의 창조가 그리 비판적인 것이 아니라는 확신감을 얻을 수 있었다. 왜냐하면 남북한 공히 사회조직의 거의 모든 분야에서 변화가 일어난 것은 사실이지만 그것이 우리 문화의 구조적인 핵심 그 자체를 근본적으로 변화시킬 만한 것은 아니었다는 점이다. 따라서 남북한 사회조직에 나타난 변화도 거시적으로 본다면 전통사회로부터 연속선상에서 이해될 수 있으리라 판단된다. 그러나 다른 한편으로는 북한의 전통문화정책에는 '통합기능으로서 민족주의적' 차원에서 보면 우려할 만한 반정향의 모습도 보이는데, 특히 북한 지도부가 '평양은 인류발상지의 하나로 우리 민족사에서 첫 계급국가가 성립하여 번성한 고대문명의 시원인 동시에 대대로 도읍지로 번영하여 온 조선민족문화발전의 중심지'라 주장함으로써 평양 중

심적 사고를 드러내고 있다는 점이다.

남북한 문화통합의 방향모색에서 핵심으로 본 것은 청소년 문화와 전통문화이다. 먼저, 북한 청소년 문화에 대한 논의이다. 특히 1989년 평양축전 이후 자유주의적 황색풍조확산의 원인을 서술하였고, 자유주의적 황색풍조의 확산은 북한 청소년들에게 있어서 자유주의적 문화생활의 확산으로 이어지고 있다. 이를 좀 더 세분화하여 의식주 생활과 기호문화의 측면, 그리고 체육 및 여가 문화의 측면, 대중문화의 측면을 중심으로 살펴보았다.

둘째, 전통문화에 주목하였다. 즉 전문통화가 남북한 문화통합에 어떠한 기여를 할 수 있을까 하는 점이다. 그리하여 전통문화 중 남북한 공히 공통적 요소를 내포하고 있는 경료효친 사상, 명절풍습, 관혼상제, 민속놀이, 민속춤, 음악, 연극, 공연예술, 미술 등을 통해 민족의식을 강화하며, 더 나아가 이를 바탕으로 민족동질성을 회복하고 민족정체성을 확립할 수 있다는 가능성을 발견할 수 있었다.

제2절
평가와 과제

1절에서는 본 논문의 흐름을 개괄적으로 정리하였다. 이 절에서는 이 책에서 다루어진 내용에 대한 평가작업과 함께 통합을 추진해 가는 데 있어서 우리가 유념해서 추진해야 할 과제를 짚어 보고자 한다. 그럼으로써 앞으로의 연구에 유용한 단초가 마련될 수 있기를 기대한다.

본 책의 원래의 주제는 '북한의 교육환경이 남북한 문화통합에 미치는 영향에 관한 연구'이다. 그러나 이 책의 진행과정에서 부딪친 한계는 워낙 북한이라는 사회가 폐쇄적이어서 정권의 홍보성 자료 이외에는 자료 유출을 엄격히 금지하고 있기 때문에 북한의 교육 및 문화에 관한 연구를 진행함에 있어서 제한된 자료에 근거하여 유추하는 연구가 대부분이었다는 점이다.

그리고 문화통합을 위해서는 남북한 문화구조의 개선이 선행되어야 하지만, 본 책의 기저에는 북한보다는 남한이 먼저 능동적으로 앞장서야 한다는 남한 중심적 시각이 깔려 있음을 인정한다. 다시 말하면 남한이 먼저 문화구조 개선에 앞장서야 한다는 의미이다. 그 이유는 먼저, 남한이 문화통합을 위해 남북관계의 변화를 주도할 가능성이 높기 때문이고, 둘째는 북한에게 문화통합방안을 실증적으로 제시함으로써 북한 내부의 사회·문화적 변화를 유도할 수 있을 것이기 때문이다. 셋째는 남한이 포용력을 키움으로써 문화통합과정에서 북한 문화가 소외되는 것을 방지할 수 있고, 남북한 주민 간 문화적 갈등을 완화하여 진정한 통합에 이를 수 있다고 보기 때문이다. 넷째로, 북한의 정치·경제·사회·군사·문화 등 제반 현실을 정확하게 인식했을 때 통일방법이나 통일과정에 관계없이 문화통합을 위한 노력이 꾸준하게 추진할 수 있는 계기가 될 수 있다는 믿음에서이다.

다음으로 남북한 문화통합을 위한 과제를 세 가지로 제시해 보고자 한다. 첫째는 남북한 문화구조의 개선, 둘째는 전통문화를 통한 남북한 문화의 공유 확대, 셋째, 통일 이후 문화갈등해소이다. 이들을 차례대로 살펴보기로 하자.

먼저, '남북한 문화구조 개선'이 보편적인 문화변화 방향에 부합하기 위해서는 다원주의, 합리주의, 시민문화의 활성화, 인간중심의 사회문화적 가치를 추구해야 하는데, 이러한 개선방향은 북한보다는 남한이 더 앞서 있다고 볼 수 있다. 그 이유를 보면 첫째로, 다원주의란 '다양한 신념, 사상 또는 태도들이 자유롭게 공존하며, 이를 주장하는 사람들이 자유롭게 상호 연대할 수 있는 문화'를 의미하는데, 남한은 북한보다는 다양한 문화가 존재할 뿐만 아니라 사회도 다원화 방향으로 나아가고 있지만, 아직도 상이한 신념, 의견 등을 포용할 사회적 관용이 부족한 것도 사실이다. 이에 반해 북한은 집단주의, 전체주의, 획일주의가 문화의 특성을 이루고 있지만, 1980년대 이후 특히 평양축전 이후 다원화의 방향으로 나아갈 가능성을 엿보게 한다.

둘째, 시민사회의 활성화를 위해서는 먼저 남한에서는 시민사회가 국가로부터 보다 많은 자율성을 확보해야 하며 북한에서는 전체주의적 체제에 의해서 소멸된 시민사회를 회생시켜야 한다. 시민사회는 통일과정에서 남북한의 의식과 문화의 통합을 주도함으로써 문화통합의 주요 동력으로 기능해야 한다. 만약 국가와 같은 공적기구가 문화통합을 주도할 경우 이념적 통합이라는 명분하에 획일화되고 전체주의화된 의식을 재창조할 수 있기 때문이다.

셋째, 인간주의적인 사회문화적 가치의 추구이다. 인간주의적 문화의식은 산업화 사회에서 강조되던 합리주의, 근면, 개인의 희생 등의 가치를 초월하여 평등, 자유, 소외의 극복, 환경보존, 대규모 사회조직과 획일화·표준화 경향의 거부 등의 요소들을 내포하고 있다. 이러한 요소들은 통일국가에서도 강조되어야 할 것이며, 문화통합의 방향도 이러한 요소들을 존중하는 방향에서 진행되어야 할 것이다. 인간주의적 문화의식은 예술, 종교, 인문·사회과학의 이론과 사회운동을 통해서 강화되어 갈 수 있으며, 이를 통해 문화가 사회구조의 변화를 선도해 나가야 한다.

다음으로, 전통문화를 통한 남북한의 문화공유를 확대하기 위해서는 전통문화의 계승·발전, 공동체 문화의 재조명, 민족주의의 정립 등이 요구된다. 특히 이 중에서 문화통합을 위해 전통문화는 그 중요성이 강조되어야 한다. 그 이유는 남북한이 문화적 동질성과 민족적 정체성을 회복하는 근간으로 삼을 수 있고, 통일문화체계를 형성해가는 과정에서 제기될 수 있는 부정적인 측면을 전통문화의 특수성으로 보완하고 재구성함으로써 새로운 통합문화유형으로 토착화할 수 있을 것이기 때문이다. 이를 위해서 강조되어야 할 정책방향으로는 첫째, 전통문화에 대한 긍지를 회복해야 할 것이며, 둘째로는 전통문화의 재발견, 셋째는 전통문화의 회복, 넷째, 전통문화의 정치적 이용을 배제해야 하며, 마지막으로 전통문화 속에서 탈이념적인 문화요소를 찾아내어 공통문화로 발전시킴으로써 민족동질성을 추구해 나가야 할 것이다.

마지막으로, 통일 이후 문화갈등해소를 위한 노력이 절실히 요구된다. 이는 남북한 문화의 이질화 정도를 감안할 때 통일과정은 물론이고 그 이후에도 상당한 갈등이 발생하리라 예상할 수 있기 때문이다. 따라서 통일 이후 예상되는 문화갈등의 양상을 예측하고 이를 해소하는 방안을 마련하는 것이 필요하다. 예상되는 갈등의 양상을 예측해 보면 첫째, 문화통합과정에서 남북한 주민 간의 문화적 접촉에 의한 문화적 충격이 있을 수 있다. 둘째, 남북한 주민 간 문화적·심리적 불평등에 따른 갈등양상이 나타날 수 있을 것이다. 셋째, 남북한 주민들의 세대 간 갈등도 예상할 수 있다. 넷째, 통일 이후 경제적 여건이 만족스럽지 못할 경우 남북한 주민 간 갈등양상은 여러 형태로 나타날 수 있다. 통일에 대한 기대치는 남북한이 서로 상이할 수 있다. 예를 들면, 남한 주민들은 오랫동안 통일에 대한 높은 기대감 즉, 국제적 위상강화, 남북한의 보완적 경제통합으로 인한 경제부흥, 국토의 효율적 이용 등 통일이 민족의 번영에 기여할 것이라는 막연한 기대를 해 왔다. 이에 반해 북한 지역 주민들도 통일 이전의 생활수준보다 훨씬 나은 생활을 영위할 수 있다 하더라도 남한 지역 주민들과의 격차 때문에 심한 상대적 박탈감을 느끼게 될 것이다. 다섯째, 통일 이전에 존재하고 있던 지역감정이 증폭될 수 있다. 여섯째, 통일 후에는 사회의 과도기적 현상인 가치관의 혼란을 겪게 될 것이고, 이 과정에서 새로운 민주주의체제에 적응하지 못하는 집단들의 갈등도 예상할 수 있다. 일곱째, 여성문제를 중심으로 한 갈등이 야기될 수 있다.

끝으로 남북한 문화통합을 위한 실천정책으로 민주시민교육, 재사회화 정책, 문화교류의 확대, 통일문화운동 지원 등이 다각적으로 전개될 필요가 있다는 점을 밝히고자 한다.

| 참고문헌 |

1. 국내문헌

(1) 단행본

· 국토통일원, 『국토통일 23』, 서울 : 국토통일원, 1972.

· 국토통일원, 『조선로동당대회 자료집 1집』, 서울 : 국토통일원, 1988.

· _____, 『북한 최고인민회의 자료집 3집』, 서울 : 국토통일원, 1988.

· _____, 『남북한 비교총서』, 서울 : 국토통일원, 1988.

· 공안문제연구소, 『공안연구 22』, 경찰대, 공안문제연구소, 1992.

· 경남대학교 극동문제연구소, 『분단 반세기 남북한의 사회와 문화』서울 : 경남대학출판부, 1996.

· _____, 『북한 사회의 구조와 변화』, 서울 : 경남대학출판부, 1999.

· 구영록 · 임용순 공편, 『한국의 통일정책』, 서울 : 나남, 1993.

· 교육50년사편찬위원회 편, 『교육 50년사』, 서울 : 교육부, 1998.

· 강성윤 외, 『북한 정치의 이해』, 서울 : 을유문화사, 2001.

· 길은배, '남북한 청소년의 이질성과 동질성 비교를 통한 남북 사회통합적 대안 모색', 『청소년학연구』(제13권 제6호), 서울 : 한국청소년학회, 2006.

· _____, 『사회문화 변동에 따른 북한 청소년의 변화전망과 대책 연구』, 서울 : 한국청소년개발원, 2002.

· 김경동 · 이온죽, 『사회조사연구 방법 : 사회연구의 논리와 기법』, 서울 : 박영사, 1993.

· 김경동, 『현대의 사회학-사회학적 관심』, 서울 : 박영사, 1995.

· 김경웅 외, 『신북한개론』, 서울 : 을유문화사, 1999.

· 김계동, 『남북한 체제통합론 : 이론 · 역사 · 정책 · 경험』, 서울 : 명인문화사, 2006.

· _____ 외, 『북한체제의 이해』, 서울 : 명인문화사, 2009.

· 김국후, 『평양의 소련군정』, 서울 : 한울아카데미, 2008.

· 김갑철 · 고성준, 『주체사상과 북한 사회주의』, 서울 : 문우사, 1998

· 金東圭, 『社會主義 敎育學』, 서울 : 主流, 1988.

· 김동규, 『북한학 총론』, 서울 : 교육과학사, 1999.

· 김동규, 김형찬 공편,『북한 교육사 : 조선교육사 영인본』, 서울 : 교육과학사, 2000.

· 김승철,『북한동포들의 생활문화양식과 마지막 희망』, 서울 : 자료원, 2000.

· 김수곤 외 저,『통일이후의 사회와 생활』, 서울 : 미래인력연구센터, 1996.

· 김웅진,『냉전의 역사, 1945~1991』, 서울 : 비봉출판사, 1999.

· _____ 외,『정치학조사방법』, 서울 : 명지사, 2000.

· 김웅태,『연극이란 무엇인가』, 서울 : 현대미학사, 1997.

· 김영준,『통일문화 창조 과정에서 제기되는 문제점과 타개 방안 : 통일문화연구 하』, 서울 : 민족통일연구원, 1994.

· 김윤태,『교육행정경영신론』, 서울 : 배영사, 1994.

· 김재현, "마르크스 · 레닌주의와 주체사상",『북한의 정치이념 주체사상』, 서울 : 경남대 극동문제연구소, 1990.

· 김태길,『새로운 가치관의 지향』, 서울 : 민중서관, 1975.

· 김형찬,『북한 교육발달사』, 서울 : 한백사, 1988.

· _____ 編,『북한의 교육』, 서울 : 을유문화사, 1990.

· _____ 著,『북한의 주체 교육사상』, 서울 : 한백사, 1990.

· 김학준,『북한 50년사』, 서울 : 두산동아, 1996.

· 대륙연구소 편,『북한법령집 1~5』, 서울 : 대륙연구소, 1982

· 돌베개 편집부 엮음,『조선로동당대회 주요 문헌집』, 서울 : 돌베개, 1988.

· 민족통일연구원,『통일정책연구』, 1권~21권.

· _____,『統一文化硏究 上』, 서울 : 民族統一硏究院, 1994.

· _____,『統一文化硏究 下』, 서울 : 民族統一硏究院, 1994.

· _____,『통일과 북한 사회문화 上』, 서울 : 民族統一硏究院, 1995.

· _____,『통일과 북한 사회문화 下』, 서울 : 民族統一硏究院, 1995.

· 박기덕, 이종석 편저,『남북한 체제비교와 통합모델의 모색』, 성남 : 世宗硏究所, 1995.

· 박성희, '교과서 분석에 의한 북한 청소년의 가치관 연구',『통일문제연구』, 제6권 2호, 1994. 겨울.

· 박영호,『統一以後 國民統合方案 硏究』, 서울 : 民族統一硏究院, 1994.

· 박정원,『북한 김정일체제의 법제정비의 현황과 전망』, 서울 : 한국법제연구원, 2002.

· _____,『북한의 교육법제에 관한 연구』, 서울 : 한국법제연구원, 2003.

· 박종철 외,『통일 이후 갈등해소를 위한 국민통합 방안』, 서울 : 통일연구원, 2004.

· _____,『민족공동체 통일방안의 새로운 접근과 추진방안 : 3대공동체 통일구상 중심』, 서울 : 통일연구원, 2010.

· _____,『김정은 체제의 변화 전망과 우리의 대책』, 서울 : 통일연구원, 2013.

· 박형중 외 저, "고난의 행군과 북한 주민의 일상생활 변화", 민족화해협력범국민협의회 정책위원회 편,『북한 주민의 일상생활과 대중문화』, 서울 : 오름. 2003.

· 변형윤 외,『분단시대와 한국 사회』, 서울 : 까지, 1986.

· 백학순,『북한 권력의 역사 : 사상 · 정체성 · 구조』, 서울 : 한울 아카데미, 2010.

· 신상성 외,『북한 소설의 역사적 이해』, 서울 : 두남, 2001.

· 신효숙, '북한의 교육제도와 정책 : 학교 교육제도 변천을 중심으로',『북한체제의 이해 : 제도와 정책의 지속과 변화』, 서울 : 명인문화사, 2009.

· _____, 통일부 통일교육원,『김정일 시대 북한 교육의 변화』, 서울 : 통일교육원, 2006.

· 서도식, '사회 이론에서 행위와 체계의 결합 : 하버마스의 파슨즈 비판을 중심으로',『哲學論叢』, 제28집(2002. 4) pp. 331-356.

· 서동만,『북한 사회주의체제 성립사 : 1945~1961』, 서울 : 선인, 2005.

· 서동익,『북에서 사는 모습 : 그 현장증언』, 서울 : 북한연구소, 1987.

· 서울대학교 교육연구소 편,『교육학 용어사전』, 서울 : 하우동설, 2011.

· 서연호, 이강렬,『북한의 공연예술 Ⅰ』, 서울 : 고려원, 1990.

· 서재진, "북한의 최근 기술 중시 및 IT산업 육성정책의 의미", 통일연구원,『통일정책연구』제10권 2호, 서울 : 통일연구원, 2001.

· _____,『또 하나의 북한 사회』, 서울 : 나남, 1996.

· _____,『세계 체제이론으로 본 북한의 미래』, 서울 : 황금알, 2005.

· 서재진 · 김태일,『북한 주민의 인성연구』, 서울 : 민족통일연구원, 1992.

· 성혜랑,『등나무집』, 서울 : 지식나라, 2001.

· 송자 · 이영선 공편,『통일 사회로 가는 길』, 서울 : 오름, 1996.

· 오기성,『남북한 문화통합론 : 문화의 구조분석에 의한 통합과정 연구』, 서울 : 교육과학사, 1999.

· 유동식, 『韓國巫敎의 歷史와 構造』, 서울 : 연세대학교 출판부, 1975.

· _____ 외, 『통일시대에 대비한 북한 교육지원방안에 관한 연구』, 서울 : 한국교육개발원, 2007.

· 유종호 외, 『한국현대문학 50년』, 서울 : 민음사, 1997.

· 윤종혁 외, 『남북한 교육체제변화와 통합전망』, 서울 : 한국교육개발원, 2008.

· 이교덕, 『북한의 후계자론』, 서울: 통일연구원, 2003.

· 이규환, 『북한의 고등교육체제 연구』, 서울 : 韓國大學敎育協議會, 1990.

· 이미원, 『포스트모던시대와 한국연극』, 서울 : 현대미학사, 1996.

· 이범웅 외, 『통일시대의 북한학』, 서울 : 양서원,

· 이우영, 『北韓 政治社會化에서 傳統文化의 役割 : 北韓映畵分析을 中心으로』, 서울 : 民族統一研究院, 1993.

· _____, 『남북한 문화정책 비교연구』, 서울 : 민족통일연구원, 1994.

· 이상우, 『함께 사는 통일』, 서울 : 나남출판, 1997.

· 이온죽 외 공저, 『북한의 사회와 문화 그리고 통일』, 서울 : 철학과 현실사, 2010년.

· _____ 외 공저, 『남북한 사회통합론』, 서울 : 삶과 꿈, 1997.

· _____, 『북한 사회연구-사회학적 접근』, 서울 : 서울대출판부, 1988.

· _____, 『북한 사회의 체제와 생활』, 서울 : 법문사, 1993.

· 李容弼 외저, 『南北韓技能統合論』, 서울 : 신유, 1995.

· _____ 外著, 『남북한 통합론』: 이론적 및 경험적 연구', 부천 : 인간사랑, 1992.

· _____ 편, 『북한 정치체계』, 서울 : 교육과학사, 1985.

· 이종각, 『교육인류학의 탐색』, 서울 : 하우, 2011.

· 이종석, 『분단시대의 통일학』, 서울 : 한울, 1998.

· _____, 『새로쓴 현대북한의 이해』, 서울 : 역사비평사, 2000.

· 이종태, 『분단시대의 학교 교육』, 서울 : 푸른나무, 1990.

· 이찬교·최정숙·조화태 공저, 『교육의 이해』, 서울 : 한국방송대학교 출판부, 1999.

· 이춘길, '북한 문화정책의 이념과 전개에 관한 연구; 3대 혁명의 하나로서의 문화혁명정책을 중심으로', 『북한 문화연구』, 제1집, 1993.

· 이태환, 『한반도 통일에 대한 중국의 입장』, 성남 : 세종연구소, 2011.

· 이헌경 · 최대석, "남북한 문화예술정책 및 교류현황 분석", 『통일문화연구 상』, 서울 : 민족통일연구원, 1994.

· 유영옥, 『남북교육론』, 서울 : 학문사, 2002.

· 윤사순, 『한국의 성리학과 실학』, 서울 : 열음사, 1993.

· 임순희, 『북한 청소년의 교육권 실태 : 지속과 변화』, 서울 : 민족통일연구원, 2005.

· _____, "북한 새 세대의 가치관", 민족통일연구원, 『통일과 북한 사회문화(상)』, 서울 : 민족통일연구원, 1995.

· 임재해, 『민속문화론』, 서울 : 문학과 지성사, 1989.

· 임정희, "우리집 가정교육", 한국교육개발원편, 『내가 받은 북한 교육』, 서울 : 한국교육개발원, 1994.

· 林孝善, '價値統合을 위한 政治社會化의 課題 : 自由 · 平等의 경우를 中心으로', 『민주문화논총』, 민주문화아카데미, 1991.

· 임혁백, "남북한 통일정책의 비교분석", 이용필 외, 『남북한기능통합론』, 서울 : 신유, 1990).

· 임채욱, 『북한 문화의 이해』, 인천 : 자료원, 2004.

· 윤덕희, 『南北韓 社會 · 文化共同體 形成方案 : 社會 · 文化的 同質性 增大方案 中心』, 서울 : 民族統一硏究院, 1992.

· 윤덕희, "통일문화의 개념정립과 형성방향 연구" 『統一文化硏究 上』, 서울 : 民族統一硏究院, 1994.

· _____, 『統一文化와 民族共同體 建設』, 서울 : 民族統一硏究院, 1994.

· _____, 『통일문화 형성을 위한 실천과제』, 서울 : 韓國政治學會, 1996.

· 조정아, "종합기술교육의 도입과 현 실태 : 전면적으로 발달된 인간의 형성", 『북한의 교육과 과학기술』, 서울 : 경인문화사, 1996.

· _____, "종합기술교육의 도입과 현 실태", 북한연구학회 편, 『북한의 교육과 과학기술 7』, 서울 : 경인문화사, 2007.

· 조정아 · 이교덕 · 강호제 · 정채관 공저, 『김정은 시대 북한의 교육정책, 교육과정, 교과서』, 서울 : 통일연구원, 2015.

· 조정원, 『남북한 통합론』, 서울 : 희성출판사, 1989.

· 조찬래 외저,『남북한통합론』서울 : 大旺社, 1998

· 주강현,『북한의 민족생활풍습 : 북한 생활풍습 50년사』, 서울 : 대동, 1994.

· 주강현, "북한 주민생활에 나타난 전통문화적 요인연구", 민족통일연구원 편,『통일문화 연구 下』, 서울 : 민족통일연구원, 1994.

· 정광하 외저,『21세기 한민족 통합론』, 인천 : 인천대학교 평화통일연구소, 2000.

· 정신문화연구원 편,『예화와 증언으로 엮은 북한의 실상』, 서울 : 고려원, 1996.

· 정진환 외,『교육제도론』, 서울 : 한국교육행정학회, 1996.

· 장기욱,『학교 교육제도』, 서울 : 대한교과서 주식회사, 1991.

· 장경모, "탈냉전시대에 부응하는 남북한 통일방향 모색(2)",『공안연구 22』, 경찰대, 공안 문제연구소, 1992.

· 정범모,『가치관과 교육』, 서울 : 배영사, 1992.

· 정원식,『교육환경론』, 서울 : 교육출판사, 1991.

· _____ 외,『최신 교육학개론』, 서울 : 교육출판사, 1995.

· _____,『현대 교육심리학』, 서울 : 교육출판사, 2000.

· _____,『인간의 동기』, 서울 : 교육출판사, 2001.

· 차재호, '남북한 문화통합의 심리학적 고찰',『북한 문화연구』, 서울 : 한국문화예술진흥 원 문화발전연구소 제1집, 1993.

· 최대석, "남북 문화교류 활성화 방안연구", 민족통일연구원,『통일과 북한 사회문화 下』, 서울 : 민족통일연구원, 1995.

· 최영표, 한만길, 김홍주,『북한과 중국의 교육제도 비교연구』, 서울 : 한국교육개발원, 1988.

· 최영표 · 한만길 · 홍영란,『통일에 대비한 교육정책연구』(I), 서울 : 한국교육개발원, 1992.

· 최영표 · 한만길 · 홍영란,『통일에 대비한 교육정책연구』(II), 서울 : 한국교육개발원, 1993.

· 최영표 · 박찬석 공저,『북한의 교육학 체계 연구』, 서울 : 집문당, 2010년.

· 최홍기, "북한의 가족제도",『북한 사회론』, 서울 : 북한연구소, 1977.

· 차종환, 신법타, 양학봉편저,『이것이 북한 교육이다』(10~21), 나산출판사, 2009

· 최현호,『남북한 민족통합론』, 서울 : 형설출판사, 2003.

· 최명 외,『북한개론』, 서울 : 을유문화사, 2000.

· 함병춘, "남북한 단일문화권 형성발전에 관한 연구-남북한 가치구조의 통합을 위한 서

설", 『국토통일』 서울 : 국토통일원, 1972.

· 홍대식 역, 『심리학의 역사와 체계』 서울 : 養英閣, 1993.

· 홍순호 외, 『북한 인식과 한반도』 서울 : 살림, 1999.

· 한국교원단체총연합회 한국교육신문사 편, 『한눈에 보는 교육법전』 서울 : 한국교원단체총연합회 한국교육신문사, 2012.

· 韓國精神文化硏究院, 『統一韓國의 未來像과 삶의 樣式 : 論評』 성남 : 韓國精神文化硏究院, 1990.

· _____, 『統一韓國의 未來像과 삶의 樣式』 성남 : 韓國精神文化硏究院, 1991.

· _____, 『통일한국의 삶의 양식과 가치체계 탐색』 성남 : 한국정신문화연구원, 1993.

· _____, 『전통문화와 21세기한국』 성남 : 한국정신문화연구원, 2003.

· 한국교육개발원, 『통일에 대비한 교육정책 연구(Ⅰ) 통일 단계별 정책방향과 과제를 중심으로』 서울 : 한국교육개발원, 1992.

· _____, 『남북한 중등학교 도덕 · 사회과 교육과정 및 교과서 비교분석 연구』 서울 : 한국교육개발원, 1997.

· _____, 임정희, "우리집 가정교육", 한국교육개발원편, 『내가 받은 북한 교육』 서울 : 한국교육개발원, 1994.

· 한국청소년개발원, 『북한 청소년생활의 심층연구 : 북한 청소년 조직과 집단생활』 서울 : 한국청소년개발원, 1995.

· 한만길, 『북한 교육의 현실과 변화』 서울 : 한국교육개발원, 2001., pp. 83~85.

· _____, 『통일시대 북한 교육론』 서울, 교육과학사, 1997.

· _____ 외, 『북한의 교원 양성제도와 고등교육』 서울 : 대학 교육, 1997.

· _____ 외, 『민족통합을 위한 교육대책연구』(Ⅰ), 서울 : 한국교육개발원, 1997.

· _____ 외, 『민족통합을 위한 교육대책연구』(Ⅱ), 서울 : 한국교육개발원, 1998.

· _____, 『통일교육의 이론과 실천 : 평화와 통일을 위한 교육』 서울 : 교육과학사, 2001.

· _____ 외, 『남북 교육공동체 구성을 위한 교육통합 방안 연구 : 남북한 평화공존상황을 중심으로』 서울 : 통일연구원, 2001.

· _____, 『북한에서는 어떻게 교육할까 : 16인의 교육체험기』 서울 : 우리교육, 2001.

· 韓國政治學會, 『통일한국의 새로운 이념과 질서의 모색』 서울 : 韓國政治學會, 1993.

· 한상복, 이문웅, 김광억,『문화인류학』, 서울 : 서울대학교 출판문화원, 2011.

· 한종하 외 저,『남북한 교육제도 통합방안 연구』, 서울 : 한국교육개발원, 1994.

· 한홍수, '민족주의와 민족공동체 형성',『민족의식의 탐구』, 성남 : 한국정신문화연구원, 1985.

· 황병덕 외,『독일의 평화통일과 통일독일 20년 발전상 : 통일대계연구 남북합의통일 마 스터플랜』, 서울 : 늘품플러스, 2011.

· _____ 외, '독일,베트남,예멘의 統一이 남북한 統一에 주는 시사점', 서울 : 대륙연구소, 『北韓研究』, 17. 1994.

· 황장엽,『개인의 생명보다 귀중한 민족의 생명』, 서울 : 시대정신, 1999.

· 황장엽,『나는 역사의 진리를 보았다』, 서울 : 한울, 1999

· 대한변호사협회,『2009 북한인권백서』, 서울 : 대한변호사협회, 2009.

· 고대 평화연구소,『북한 교육의 조명』, 서울 : 법문사, 1990.

· 나항진, '북한 교육의 사회통합적 기능에 관한 연구' 서울 : 중앙대학교 국제여성연구소 『연구논총』8. '99.8.

· 통일연구원, 박종철 외,『통일 이후 갈등해소를 위한 국민통합 방안』, 서울 : 통일연구원, 2004.

· 통일교육원,『김정일 시대 북한 교육의 변화』, 서울 : 통일부 통일교육원, 2006.

· _____,『2012 북한이해』, 서울 : 통일부 통일교육원, 2012.

· _____,『2013 북한이해』, 서울 : 통일부 통일교육원, 2013.

· _____,『2012 통일문제 이해』, 서울 : 통일부 통일교육원, 2012.

· _____,『2014 북한이해』, 서울 : 통일부 통일교육원, 2013.

· _____,『2016 북한이해』, 서울 : 통일부 통일교육원, 2015.

(2) 논문집류

· 곽승지, "김정일 시대의 북한 이데올로기 : 현상과 인식", 민족통일연구원 편,『통일정책 연구 제9권』, 서울 : 민족통일연구원, 2000.

· 강진웅, "북한의 가족국가 체제의 형성 : 국가와 가족, 유교문화의 정치적 변용을 중심으 로",『통일문제연구』제13권 2호, 평화문제연구소, 2001.

· 김동규, '남북통일 이후의 학교 교육제도에 관한 기본모델(안)의 연구', 高麗大學校人文

大學,『人文大論集』, 15('97. 6).

· 김남식, "북한의 교육제도: 북한 영어교육 실태",『월간 북한』(6월호)(서울: 북한연구소), 1995.

· 김성철,『주체사상의 이론적 변화』, 서울 : 민족통일연구원, 1993.

· 김정수, "이명박 정부의 통일세 제안 배경과 향후 추진과제",『통일정책연구』제20권 제1호, 서울 : 통일연구원, 2010.

· 김혁동, '북한의 학제와 교육과정에 관한 연구', 2000. 2.

· 권영민, "북한 문학 50년-회고와 전망",『북한 문화연구』3집, 서울 : 한국문화정책개발원, 1995.

· _____, '남북한 문화통합', 21세기논단. 6('92. 12), pp. 11-20. 대통령자문21세기위원회.

· 권혁범, '남북한 통합론과 차이 담론에 대한 비판적 성찰',『동향과전망』통권64호, 서울 : 박영률출판사, 2005.

· 강민석, '民族共同體 倫理體系의 再定立을 위한 統一敎育의 接近方向', 공주대학교 교육연구소,『敎育硏究』제9집, '93. 2.

· 도홍렬, '北韓의 戰後世代論', 북한연구소 편,『北韓』, 137('83. 5).

· _____, '북한 사회 변화와 주체사상',『동아연구』, 제13집, 1988.

· _____, "남북한 문화체제의 비교", 한국정신문화연구원,『통일이념 정립을 위한 연구』(서울 : 정신문화연구원), 1985.

· 명순구, "북한의 법학교육과 법률가 양성",『북한법 연구』제3호, 서울 : 북한법연구회, 2000.

· 배규한, '사회통합론적 시각에서 본 남북한의 통일' 국민대학교사회과학연구소 : 社會科學硏究. 제8호, '95. 12.

· 배성인, "남북한 민족문화건설과 문화통합 모색", 민족통일연구원,『통일정책연구』, 11권 1호, 서울 : 민족통일연구원, 1993.

· 박찬모, "북한의 정보기술과 남북협력",『統一經濟 55』, 서울 : 현대경제연구원, 1999. 7.

· 조해란,『북한의 중학교 교육과정에 대한 연구』, 공주대학교, 2006.

· 박성희, '교과서 분석에 의한 북한 청소년의 가치관 연구', 평화문제연구소,『통일문제연구』, 제6권 제2호. 1994, 가을.

· 박태수, 조해란, 이향진, 권성아, 신효숙 저, 『북한 교육의 현황과 대학 교육』, 공주 : 공주대학교, 2006.

· 이봉주, "인적자본과 불평등, 그리고 사회복지 서비스", 한국 사회복지학회, 『춘계학술대회 자료집』, 2006.

· 이서행, '남북한 사회의 변화와 이질적 가치관의 극복과제', 『정신문화연구』 제1집, 1993.

· 이장호, '남북통일의 문화심리적 장애 요인', 한국심리학회, 『남북의 장애를 넘어서-통일과 심리적 화합』, 통일문제 학술 심포지움 발표논문, 1993.

· 이춘길, '북한 문화정책의 이념과 전개에 관한 연구; 3대 혁명의 하나로서의 '문화혁명'정책을 중심으로', 『북한 문화연구』 제1집, 서울 : 한국문화예술진흥원 문화발전연구소, 2003.

· 이진철, 『한국 교육공동체론의 전개과정과 특성 분석』, 공주 : 공주대학교, 2012.

· 임채욱, "북한의 문화유산계승과 정통성인식", 『북한 문화연구』(제3집), 서울 : 한국문화정책개발원, 1995.

· 오양열, '통합이론을 통해 본 남북한 문화통합 연구' 서울 : 통일정책연구원, 『北韓調査硏究』(1, 2, '98. 2).

· 오수성, '통일한국과 심리적 화합', 서울大學校社會科學大學心理科學硏究所, 『心理科學』 제10권 제1호, 2001. 10.

· 오석종, '도덕과 교육의 방향과 전통윤리와 시민윤리의 조화, 서울 : 한국도덕윤리과교육학회, 『도덕윤리과교육』 제13호(2001년 7월).

· _____, 『小學』의 德教育論 研究』, 서울: 서울大 大學院박사학위 논문, 1999. 2.

· 尹桂月, 『北韓 教育課程 變遷에 관한 研究』, 서울 : 단국대학교 박사학위 논문. 1989.

· 윤선희, "북한 청소년의 한류 읽기 : 미디어 수용에 나타난 문화정체성과 한류문화", 『韓國言論學報= Korean journal of journalism & communication studies』 제55권 1호, 2011년 2월.

· 윤종진, 2004. "북한 김정일 정치사상교양 정책연구", 『윤리교육연구』 제6집, p. 130

· 윤종혁 · 이찬희 · 조정아 공저, 『남북한 교육 체제 변화와 통합 전망』, 서울 : 한국교육개발원, 2008.

· 장세훈, "북한 도시 주민의 사회적 관계망 변화", 『한국 사회학』 제39집 2호, 2005.

· 정갑영, "우리나라 문화정책의 이념에 관한 연구", 『연구논문 1집』, 서울 : 문화발전연구

소, 1993.

· 정세현, '북한과 중국의 군중 노선 비교연구', 『자유아카데미 논총 제1집』, 서울 : 자유아
카데미, 1977.

· 정성장 외 ; 세종연구소 북한연구센터 엮음, 『북한의 사상과 역사인식』, 파주 : 한울, 2006.

· 정영수, 『통일대비교육의 방향', 교육학 연구 31』(4), 서울 : 한국교육학회, 1993.

· 조정아, "교육에서의 실리주의와 교육의 불균등발전 : 2000년대 북한 교육의 변화", 『한
국교육사회학회지』, 제17권 4호.

· 차경수, "남북한 청소년정책 연구", 한국청소년학회, 『청소년학 연구』, 서울 : 한국청소년
연구원, 1994.

· 최신림, 『북한의 산업기술 : 정보통신산업』, 서울 : 산업연구원, 1999. 1.

· 최영표, 『북한 사회변화 전망과 교육의 과제-중국의 경우를 참조하여』공주대학교, 2004.

· _____ 외, 『북한과 중국의 교육제도 비교연구』, 서울 : 한국교육개발원. 1998.

· 한국교원대학교 부설 통일교육연구소, 『남북한 교육제도 비교 후 통일 후의 전망과 방
안』, 충북 : 한국교원대학교 출판부, 2007.

· 한만길, 김창환, 정영순, '남북한 교육체계 비교연구 : 상호 대립과 보완의 관계를 중심
으로', 서울 : 韓國教育開發院 韓國教育, 제31권 제1호, 2004. 4.

· 한만길, '민족 동질성 회복을 위한 統一教育의 方向 (上) · (下)', 韓國教育生産性研究所
教育研究社 : 학교경영, 學校經營. 8, 10('95. 10).

· _____, "북한 주민의 통일 사회 적응을 위한 교육내용체계화연구", 민족통일연구원, 『통
일연구논총』, 제6권 1호, 서울 : 민족통일연구원, 1997.

· 한만길 · 이향규 공저, 『북한의 교육통계 및 교육기관 현황분석』, 서울 : 한국교육개발원,
2010.

· 황진숙, '민족동질성 회복을 위한 통일교육', 『平和問題研究所 : 統一問題研究』32('99. 10).

· 통일원, 『남북통일 이후 학교 교육이념 및 제도와 관한 모델 연구』, 서울 : 통일원, 1992.

· _____, 『주간북한동향』

· _____, "2012년과 후계구축 및 강성대국 건설" 서울 : 통일연구원, 2012.

· _____, "북한 최고 인민회의 제12기 제6차 회의 결과 분석과 전망", 서울 : 통일연구원, 2012.

· _____, "북한인권 : 국제사회 동향과 북한의 대응(제7권 2호)", 서울 : 통일연구원, 2013.

· 백종억 외, "남북한 초중등학교 교육과정과 교원 양성대학 교육과정과의 관련성 비교연구, (한국 교원대학교 통일대비교육과정 연구위원회)", 2001.

· 이진철, "한국 교육공동체론의 전개과정과 특성 분석", 공주 : 공주대학교, 2012.

(3) 학위논문

· 김지수, 『북한 교육관료제의 변천에 관한 연구』, 서울 : 서울대 대학원 박사학위논문, 2005. 2.

· 김현수, 『북한의 도시계획에 관한 연구』, 서울대 대학원 박사학위논문, 1994.

· 박석주, 『남북한 도덕교육 비교연구-초등 도덕교육과정과 교과서를 중심으로』, 한국교원대학교 대학원 박사학위 논문, 1995.

· 오경섭, 『북한의 위기관리동학에 관한 연구』, 고려대학교 박사학위논문, 2008.

· 오기성, 『문화의 구조분석에 의한 남북한 문화통합 연구』, 서울대학교 박사학위논문, 1998.

· 오양열, 『남·북한 문예정책의 비교연구』, 성균관대학교 박사학위논문, 1997.

· 李鍾奭, 『조선로동당의 指導思想과 構造 變化에 關한 研究 : 主體思想과 唯一指導體系를 中心으로』, 서울: 成均館大 大學院 博士學位論文, 1993.

· 이진우, 『남북한 문화통합을 위한 삼위일체적 인간관 형성의 의의』, 서울 : 장로회신학대학교 대학원 박사학위논문, 2012.

(4) 내외통신 및 일간지

· 내외통신사, 『내외통신 : 종합판』, 서울 : 內外通信社, 1988).

· 내외통신사, 『내외통신 주간판』, 961~978호.

2. 북한 문헌

· 김일성 저, 『김일성 선집 4』, 평양 : 조선로동당출판사, 1960.

· _____, 『김일성 선집 5』, 평양 : 조선로동당출판사, 1960.

· _____, 『김일성 저작집 6』, 평양 : 조선로동당출판사, 1960.

· _____, 『김일성 저작선집 8』, 평양 : 조선로동당출판사, 1978.

· _____, 『김일성 저작집 15』, 평양 : 조선로동당출판사, 1981.

· _____, 『김일성 저작집 19』, 평양 : 조선로동당출판사, 1982.

· _____, 『김일성 저작집 21』, 평양 : 조선로동당출판사, 1983.

· _____, 『김일성 저작집 23』, 평양 : 조선로동당출판사, 1983.

· _____, 『김일성 저작집 27』, 평양, 조선로동당출판사, 1984.

· _____, 『사회주의 교육학에 대하여』, 평양 : 조선로동당출판사, 1975.

· _____, 『사회주의 교육에 관한 테제』, 평양 : 조선노동당출판사, 1977.

· _____, "청년들은 당의 령도를 높이 받들고 주체혁명 위업을 빛나게 완수하자", 『청년 문학』, 1993. 4.

· 김정일 저, 『김정일 선집 1』, 평양 : 조선로동당출판사, 1992.

· _____, 『김정일 선집 10』, 평양, 조선로동당출판사, 1997.

· _____, 『사회주의 교육학에 대하여』, 평양 : 조선로동당출판사, 1975.

· _____, 『김정일 선집 11』, 1997, 평양, 조선로동당출판사.

· _____, 『김정일 선집 13』, 1997, 평양, 조선로동당출판사.

· _____, 『김정일 선집 14』, 1997, 평양, 조선로동당출판사.

· _____, 『영화예술론』, 평양 : 조선로동당출판사, 1973.

· _____, 『주체혁명위업의 완성을 위하여』, 1987, 평양, 조선로동당출판사.

· _____, 『주체문학론』, 평양 : 조선로동당출판사, 1992.

· _____, 『미술론』, 평양 : 조선로동당출판사, 1992.

· _____, 『무용예술론』, 평양 : 사회과학출판사, 1992.

· _____, "주체사상에서 제기되는 몇 가지 문제에 대하여"(1986. 7), 『친애하는 지도자 김 정일 동지의 문헌집』, 평양 : 조선로동당출판사, 1992.

· _____, "연극예술에 대하여"(영화예술 부문 일군들과 한 담화, 1988. 4. 20), 조선중앙 통신사 편, 『조선중앙년감』, 평양 : 조선중앙통신사, 1989.

· _____, "조선민족제일주의정신을 높이 발양시키자"(당 중앙위 책임일군들 앞에서 한 연 설, 1989. 12. 28), 『친애하는 지도자 김정일동지의 문헌집』, 평양 : 조선로동당출판사, 1992.

· _____, "인민대중중심의 우리식 사회주의는 필승불패이다", 『친애하는 지도자 김정일 동지의 문헌집』, 평양 : 조선로동당출판사, 1993.

· _____, "주체의 혁명관을 튼튼히 세울데 대하여",(조선로동당 중앙위원회 책임일꾼들과 한 담화, 1986. 7. 15), 조선로동당출판사 편,『친애하는 지도자 김정일 동지의 문헌집』(평양 : 조선로동당출판사, 1992

· _____, "청년들은 당과 수령에게 끝없이 충실한 청년전위가 되자",『천리마』1991. 11.

· _____, "주체의 혁명관을 튼튼히 세울데 대하여", 조선중앙통신사 편,『조선중앙년감 1988』, 평양 : 조선중앙통신사, 1988.

· _____, '주체사상에서 제기되는 몇 가지 문제에 대하여',『근로자』제7호 통권 534호, 1987.

· 김정은, "새 세기 교육혁명을 일으켜 우리나라를 고유의 나라, 인재강국으로 빛내이자",『로동신문』, 2014. 9. 6.

· 강민구, "집단주의적 인생관은 공산주의자들이 지녀야 할 참다운 인생관",『근로자』, 평양 : 근로자사, 1989. 4.

· 강일, "세계 교육 발전 추세-시험내용개선움직임",『고등교육』, 2006년 제6호.

· 강근조,「조선교육사 4」, 평양 : 사회과학출판사, 1991.

· 교육도서출판사, '사회주의 교육학', 평양 : 교육도서출판사, 1975.

· 김기남, "민족문화유산을 옳게 계승발전시키기 위하여",『로동신문』, 1993. 12월 10일 자.

· 김락 · 최경환, "〈고난의 행군〉 : 강행군시기 대학 교육 발전에서 새로운 전환을 가져 온 위대한 령도 (1)",『교원선전수첩』2003년 제1호.

· 김미향, "우리당의 종자론은 21세기 교육혁명의 위력한 무기",『교원선천수첩』, 2003년 제4호.

· 김용길, "교육사업에서 실리주의를 구현하는 데서 나서는 중요한 문제",『교원선전수첩』(1호), (평양 : 교육신문사, 2013).

· 김용일, "밭갈이 전야에",『청년문학』, 1991. 3.

· 김정웅,『종자와 그 형상』, 평양 : 문예출판사, 1988.

· 김정혁, "혈육과 동지",『조선여성』, 2000. 1.

· 김진균, "실습교육에 동화상자료를 받아들여",『고등교육』, 2006년 제3호.

· 남진우 · 리명복 · 리병모 · 리성석 · 김강호 외,『사회주의 교육학-사범대학용』, 평양 : 교육도서출판사, 1991.

· 리조양 · 김영철, "교수의 중심요소선택과 시간배정을 합리적으로 할 수 있는 지원체제

를 개발하여", 『고등교육』, 2006년 제6호.

· 백보흠, "절정", 『공화국창건 40돐 기념작품집, 보금자리』, 평양 : 문예출판사, 1988.

· 신기화, "새 세기 교육사업을 발전시켜나가는데서 견지하여야 할 원칙", 『인민교육』, 2007년 제6호.

· "강성대국건설의 요구에 맞게 대학 교육을 더욱 강화하자", 『교원신문』, 2002년 9월 12 일 자 사설.

· "정보산업시대의 요구에 맞게 대학 교육의 질을 결정적으로 높이자", 『교원신문』, 2006 년 5월 11일 자 사설.

· "외국어 교육의 질을 높이자", 『교원신문』, 2006년 10월 26일 자 사설.

· 『당보 · 군보 · 청년보』 공동사설, 1999. 1월 1일.

· "붉은기를 높이 들자", 『로동신문』, 1995. 8. 28.

· "붉은기는 조선혁명의 백전백승의 기치이다", 『로동신문』, 1996. 1. 9.

· "우리당의 선군정치는 필승불패이다", 『로동신문』, 1999. 6. 16.

· "과학중시사상을 틀어쥐고 강성대국을 건설하자", 『로동신문』, 2000. 7. 4.

· "정론 : 더 용감하게, 다 빨리, 더 높이", 『로동신문』, 2001. 1. 17.

· "정론 : 과학의 세기", 『로동신문』, 2001. 4. 20.

· 정광복, "정보산업에서 우리식 사회주의의 결정적 우월성," 『로동신문』, 2001. 4. 29.

· "올해공동사설에서 제시된 과업을 철저히 관철하여 교육사업에서 새로운 비약을 이룩 하자", 『인민교육』, 2006년 1호.

· "우리당의 선군정치는 주체혁명위업 완성의 확고한 담보", 『인민교육』, 2007년 3호.

· 박일범, 『위대한 주체사상 총서2: 주체사상의 사회력사원리』, 평양: 사회과학출판사, 1985.

· 박영도, "새 세기 인재양성을 위한 중학교 교육에서 나서는 중요한 문제", 『교원선전수 첩』(3호), 평양 : 교육신문사, 2012.

· 박철훈, "컴퓨터망을 통한 외국어 교육의 요구에 맞게", 『고등교육』, 2006년 제3호.

· 방정학, '사회주의적 생활방식은 혁명하는 사람들이 지녀야 할 중요한 활동방식', 〈근로 자〉, 제3호. 1989.

· 박승덕, 『주체사상의 심화발전』, 평양 : 사회과학출판사, 1984.

· _____,『사회주의 문화건설이론』, 사회과학출판사편, 서울 : 조국, 1989.

· 북한 개정헌법, 2010. 4. 9.

· 조선민주주의인민공화국 사회주의헌법, (개정: 2012. 4. 13).

· 리수립, "수령형상문학을 끊임없는 개화발전에로 이끄는 불멸의 사상리론",『조선문학』, 1993년 7월호.

· 리승록 · 김정남,『계급투쟁과 프롤레타리아독재』, 평양 : 조선로동당출판사, 1962.

· 리영복,『조선민주주의 인민공화국에서의 교육』, 평양 : 사회과학출판사, 1984.

· _____, "정보산업시대의 요구에 맞게 교육방법을 개선하는 것은 실력 있는 혁명인재 육성의 중요담보",『교육신문』, 2005년 1월 27일 사설.

· 은종섭, "주체사실주의의 발생과 특징",『김일성종합대학 학보』212호, 1993. 2.

· 사회과학력사연구소,『조선전사 21』, 평양 : 과학백과사전출판사, 1981.

· _____,『조선전사 30』, 평양 : 과학백과사전출판사, 1982.

· _____,『조선전사 32』, 평양 : 과학백과사전출판사, 1982.

· 사회과학원 언어학연구소 편,『조선 문화어 사전』, 평양 : 사회과학출판사, 1973.

· 조선중앙통신사,『조선중앙년감』, 평양 : 조선중앙통신사, 1946~1988.

· 조영철 · 김철, "지능교수방법을 적극 탐구해 나가자",『교육신문』, 2005년 7월 28일 사설.

·『철학사전』, 평양 : 사회과학출판사, 1970.

·『철학사전』, 평양 : 사회과학출판사, 1985.

· 장옥순, "버들개지",『청년문학』, 1990. 1.

· 최성욱,『우리 당의 주체사상과 사회주의적 애국주의』, 평양 : 조선로동당 출판사, 1966

· 한은히, "다른 나라 대학들에서 수재교육을 어떻게 하고 있는가",『고등교육』, 2006년 제4호.

· 한중모 · 정성무,『주체의 문예리론 연구』, 평양 : 사회과학출판사, 1983.

· 한정남, "심장의 외침",『청년문학』, 1991. 1.

·「청년전위」

·「로동신문」

·「교육신문」

3. 국외서

· Birch. A. H, Nationalism and National Integration, London」: Unwin Hyman Ltd, 1989, pp. 40~46.

· Etzioni, Amitai, Political Unification : "A Comparative Study of Leaders and force, N. Y. : Holt, Reinhart & Winston, 1965.

· _____, The Active Society, New York : The Free Press, 1968.

· Kluckhohn F. R. and Strodbeck, F. L., Variations in Value Orientations, New York : Row, Peterson & Co., 1961.

· Lauer. R.H, 『Perspectives on Social Change』, Boston : Allyn and Bacon, 1973.

· P. E. Jacob., J. V. Toscano(eds), The Integration of Political Communities, N. Y. : Lippincott Company, 1964.

· Ralph Linton, The Study of Man, 1936.

· Ogburn. W, Social Change, New York : Free Press, 1966.

· Rogers, E.M, Diffusion of Innovations, New York : Free Press, 1962.

· Steward J.H, Theory of culture Change, Urbana, Ill. : University of Illinois Press, 1955.

· White, L. The Science of Culture, New York : Farrar, Straus and Giroux.

· _____, The Evolution of Culture, New York : McGraw-Hill, 1959.

남북한
문화통합과
교육환경

ⓒ 이용을, 2023

초판 1쇄 발행 2023년 10월 10일

지은이   이용을
펴낸이   이기봉
편집   좋은땅 편집팀
펴낸곳   도서출판 좋은땅
주소   서울특별시 마포구 양화로12길 26 지월드빌딩 (서교동 395-7)
전화   02)374-8616~7
팩스   02)374-8614
이메일   gworldbook@naver.com
홈페이지   www.g-world.co.kr

ISBN   979-11-388-2382-1 (03340)